W0024207

Liebe Schülerinnen und Schüler,

mit diesem Band von *lebenswert* wollen wir euch mit auf eine Reise nehmen. Die Reise führt über fünf Stationen, an denen ihr zu einem bestimmten Leitthema jeweils drei Ausflüge unternehmt, von denen wir glauben, dass sie spannend sind und euch interessieren. Wie auf jeder Reise werdet ihr euch dabei manchmal Herausforderungen stellen müssen, euch mit ganz anderen Lebensumständen, Sichtweisen und Ideen auseinandersetzen und vielleicht auch einmal eure bisherigen Gewohnheiten und Ansichten in Frage stellen.

Wir laden euch ein, an folgenden Stationen Halt zu machen: 1. bei euch selbst, 2. im Land der Zukunft, 3. bei Moral und Ethik, 4. in der Wirklichkeit und 5. bei den Weltreligionen und Weltanschauungen.

An Station 1 geht es um das Thema **Sucht und Abhängigkeit**: Ihr begegnet Menschen, die euch von ihren Erlebnissen und Problemen berichten, dürft euch selbst testen und gemeinsam Strategien entwickeln, euer Leben zu gestalten.

Station 2 widmet sich dem Thema **Verantwortung für Natur und Umwelt** und untersucht, wie es zukünftig mit unserem Planeten und seinen Bewohnern weitergehen soll.

Station 3 stellt die Menschen und ihr Zusammenleben in den Mittelpunkt und fragt, wie ihr zu **Freundschaft, Liebe und Sexualität** steht.

Station 4 führt euch unter dem Thema **Menschenrechte und Menschenwürde** in verschiedene Zeiten und Länder und macht euch auf bestehende Probleme aufmerksam.

An Station 5 lernt ihr das **Leben in einer christlich geprägten Kultur** kennen: Jesus und seine Lehre werden vorgestellt, christliches Leben und christliche Ethik in heutiger Zeit untersucht.

Das Programm der Reise ist wieder abwechslungsreich gestaltet:
Ihr findet in *lebenswert* interessante Geschichten und Ausschnitte aus Jugendbüchern, Bilder, Fotos und Karikaturen sowie zahlreiche Vorschläge für Projekte, in denen ihr aktiv selbst etwas gestalten könnt. Neugierig geworden? Das hoffen wir doch sehr!

Was den Reiseverlauf betrifft, könnt ihr gemeinsam festlegen, zu welcher der fünf Stationen ihr zuerst reisen wollt. Wir würden euch lediglich empfehlen, die Ausflüge von Station 4 eher am Ende eurer Reise zu unternehmen. Übrigens: Ihr braucht nicht alle Aufgaben, die ihr an einer Station vorfindet, zu bearbeiten. Die grau gedruckten sind entweder zusätzliche oder freiwillige Aufgaben.

Besonderen Wert haben wir bei unserem Programm auch wieder auf methodische Vielfalt, auf den Einsatz von neuen, anregenden Verfahren und auf soziales und kooperatives Lernen gelegt. (Falls ihr wissen wollt, was mit all diesen Begriffen gemeint ist, schaut doch einmal in den Methodenüberblick, der sich am Ende dieses Buches befindet.)

Und jetzt wünschen wir euch viel Spaß – und eine gute Reise!

Euer Autorenteam

Inhalt

4 Fragen nach der Wirklichkeit

5 Fragen nach Weltreligionen und Weltanschauungen

1

M2 Koste das Leben aus

Der griechische Philosoph Aristipp hat keine schriftliche Lehre hinterlassen, aber unter seinem Namen sind zahlreiche Anekdoten überliefert, die seine Lebenseinstellung deutlich machen.

Für gutes Essen gab Aristipp viel Geld aus. Den Genuss von gutem Wein scheint er sogar in einer eigenen Schrift verteidigt zu haben. Auf den Vorwurf, es sei beschämend, auf Speisen und Getränke einen sol-
5 chen Wert zu legen, war die Antwort, das könne nicht stimmen, denn auch die Götter speisten vorzüglich.
Zu trauernden Freunden sagte er, er sei nicht zu ihnen gekommen, um mit ihnen gemeinsam zu trauern, sondern ihrer Trauer ein Ende zu machen.
10 Als er einen Acker verlor, sagte er zu einem von denen, die sich über diesen Verlust besonders betrübt gaben: „Ich habe noch drei stattliche Äcker, du nur ein einziges Äckerchen, müssen wir da nicht eher mit dir jammern?"
15 Einmal beklagte sich sein Sklave, Aristipps Münzen würden ihm zu schwer. Der Philosoph befahl ihm:

„Wirf weg, was dir zu viel ist!"
Wenn die Umstände es zuließen, trug Aristipp Gewänder aus Seide, trank den besten Wein und lag bei der schönen Laïs, einer teuren Kurtisane. Zu anderen Zei- 20 ten war er aber auch mit Leinen, Wasser und ohne die Gesellschaft schöner Frauen zufrieden.
Aristipp bestritt seinen Lebensunterhalt zum großen Teil dadurch, dass er Schüler in seiner Philosophie unterrichtete, obwohl es im Kreis der Sokratiker ver- 25 pönt war, für Unterricht Geld zu nehmen.
Als ein Reicher ihn einmal fragte, wie es komme, dass man die Philosophen stets in den Häusern der Reichen finde, nicht aber die Reichen in den Häusern der Philosophen, war die Antwort: „Weil die einen wis- 30 sen, was sie brauchen, die anderen nicht."
Als ein Vater ihm sein hohes Honorar für den Unterricht seines Sohnes vorhielt und ihm erklärte, dafür könne er einen Sklaven kaufen, entgegnete er: „Tu's, dann hast du zwei!" 35

M3 Freude

Was ist die größte Belohnung, die uns etwas im Leben geben kann? Was ist der absolute Hit, den uns eine Anstrengung einbringen kann, eine Liebkosung, ein Wort, ein Musikstück, Wissen, eine Maschine oder ein
5 Haufen Geld, Prestige, Ehre, Macht, Liebe, die Ethik oder was dir sonst noch einfällt? Ich mache dich darauf aufmerksam, dass die Antwort so einfach ist, dass die Gefahr besteht, dich damit zu enttäuschen: Das Höchste, das wir überhaupt erreichen können, ist
10 Freude. [...]

Was ist Freude? Ein spontanes Ja zum Leben, das aus unserem Inneren kommt, manchmal, wenn wir es am wenigsten erwarten. Ein Ja zu dem, was wir sind, oder besser, zu dem, was wir zu sein meinen. Wer sich
15 freut, hat bereits den höchsten Preis erhalten und vermisst nichts; wer keine Freude kennt – wie weise, schön, gesund, reich, mächtig, heilig er auch sein mag –, ist elend dran, ihm fehlt das Wichtigste. [...]
Die Kunst, das Vergnügen in den Dienst der Freude
20 zu stellen, [...] ist eine grundlegende Fähigkeit des freien Menschen, aber heutzutage ist sie nicht sehr in Mode: Man will sie durch die völlige Enthaltsamkeit oder durch die Prohibition ersetzen. Bevor sie versuchen, etwas gut zu gebrauchen, was man schlecht
25 gebrauchen (d. h. missbrauchen) kann, verschmähen die, die zum Automaten geboren sind, es lieber völlig und ziehen es nach Möglichkeit vor, dass man es von außen verbietet, damit so ihr freier Wille weniger strapaziert wird. Sie misstrauen allem, was ihnen gefällt,
30 oder noch schlimmer: Sie glauben, dass ihnen alles gefällt, dem sie misstrauen. „Man soll mich in keinen Bingosaal lassen, weil ich sonst alles verspielen werde! Man soll mir nicht erlauben, einen Joint zu probieren, sonst werde ich zu einem geifernden Sklaven der
35 Droge!" [...] Je mehr sie mit Gewalt auf die Sachen verzichten, umso besser gefallen sie ihnen natürlich [...].
Die professionellen Verleumder des Vergnügens nennt man „Puritaner". Weißt du, was ein Puritaner ist? Jemand, der versichert, dass man etwas Gutes daran
40 erkennt, dass es uns nicht gefällt; der behauptet, dass Leiden immer höher zu bewerten ist als sich freuen (wobei es in Wirklichkeit verdienstvoller sein kann, sich gut zu freuen als schlecht zu leiden). Und das

Schlimmste von allem: Der Puritaner glaubt, dass es jemandem, der gut lebt, schlecht gehen muss, und 45 wenn es jemandem schlecht geht, dann deshalb, weil er gut lebt. [...]
Wer dir sagt, die Vergnügen seien „egoistisch", weil es immer jemanden gäbe, der leide, während du genießt, dem antwortest du, dass es gut ist, dem andern 50 so viel wie möglich zu helfen, damit er aufhört zu leiden, dass es aber schädlich ist, Gewissensbisse zu haben, dass man in diesem Moment nicht auch leidet oder dass man so genießt, wie der andere genießen können möchte. 55
Das Leiden dessen zu verstehen, der leidet, und zu versuchen, es zu beseitigen, bedeutet einfach Interesse. Falsch aber ist es, Scham zu empfinden, weil man genießt. Nur jemand mit viel Lust, sich und den anderen das Leben zu verbittern, kann zu dem Glau- 60 ben gelangen, dass man immer gegen jemand genießt. Und wenn du jemanden siehst, der alle Vergnügen, an denen er nicht teilhat oder die er sich nicht zu erlauben wagt, für „schmutzig" oder „tierisch" hält, den erlaube ich dir für schmutzig und ziemlich tie- 65 risch zu halten.

Fernando Savater

Aufgaben

1 Beschreibt die Bilder. Überlegt, was hier als gelungenes Leben dargestellt wird. ➔ M1

2 Sammelt weitere Werbeanzeigen, die eine ähnliche Lebenseinstellung vermitteln. Präsentiert und besprecht sie im Kurs. ➔ M1

3 Was sagen die Anekdoten über die Lebenseinstellung des Philosophen Aristipp aus? Formuliert zu jeder Anekdote einen Verhaltensgrundsatz. ➔ M2

4 Gestaltet Spielszenen, in denen ihr diese Verhaltensgrundsätze auf euer eigenes Leben übertragt. ➔ M2

5 Erstellt eine Mindmap, in der die verschiedenen Formen der Freude deutlich werden. ➔ M3 **M**

6 Stellt die Einstellungen, die Savater dem Puritaner und demjenigen zuschreibt, dessen Leben auf Freude ausgerichtet ist, einander gegenüber und führt dazu ein Streitgespräch durch. ➔ M3 **D**

7 Wer hat recht? Schreibe einen Kommentar, in dem deine eigene Auffassung zu dieser Frage deutlich wird. ➔ M3 **S**

2

M1 Schlemmen und genießen

M2 Interview mit Lust

[unbearbeiteter Tonbandmitschnitt]

Ich freue mich, heute einen Gast willkommen zu heißen, der in der Hörergunst stets ganz oben steht.

Ja. Nein. Was war die Frage? Entschuldigung, ich war gerade abgelenkt. Kennen Sie die Frau dort unten?

5 Oh, das war unpassend. Entschuldigung.

Das macht nichts. Darf ich Ihnen nun die erste Frage stellen?

So richtig fix sind Sie ja nicht gerade. Wissen Sie was? Ich gehe! [Schritte, kurze Pause, Seufzen, Schritte]

10 Verzeihen Sie. Ich hatte den unwiderstehlichen Drang, eine Szene zu machen. Es soll nicht wieder vorkommen.

Nun, die Szene war recht überzeugend. Wenn es Ihnen nichts ausmacht, kommen wir nun zur Sache.

15 Tja, das war mein Stichwort. Man sieht sich!

[Schritte, Türgeräusche]

Halt, warten Sie! Sie können doch nicht …

Oh doch, sie kann!

Nanu, wer sind Sie? Ich habe Sie gar nicht kommen hören. Sie sehen blass aus. Geht es Ihnen gut? 20

[müdes Seufzen] Ich bin Pflicht.

Und Ihr Begleiter, auf den Sie sich stützen?

[eiserner Tonfall] Ich bin Disziplin.

Schön, dass Sie hier sind. Ich habe meinem Redakteur ein Interview mit Lust zugesagt. Aber wie Sie ja 25 sicher mitbekommen haben, hat sie sich plötzlich verabschiedet. Könnten Sie mir vielleicht etwas über Lust erzahlen?

Genau deswegen sind wir hier. Die Leute kommen zu Schaden, wenn sie sich auf Lust verlassen. Dummheit 30 hat da bestimmt seine Finger im Spiel …

Erzählen Sie mir bitte etwas von Ihrem Verhältnis zur Lust.

Nun ja, wir könnten unterschiedlicher nicht sein. [Schnaufen] Wissen Sie, seit wir existieren, Lust und 35 ich, renne ich ihr hinterher und versuche das Chaos aufzuräumen, das sie hinterlässt.

Können Sie das näher ausführen?

Selbstverständlich. Lust hat die ebenso wunderbare wie nervtötende Fähigkeit, Dingen einen Anfang zu 40 geben, einen Stein ins Rollen zu bringen … [Pause]

Sprechen Sie doch weiter.

Es ist nicht einfach, ich bin müde.

Das geht schon noch!

[murmelnd] Was wäre ich nur ohne dich, Disziplin? 45

[streng] Verzweiflung.

Nur zu wahr … [tiefer Seufzer] Ich versuche die Dinge weiterzuführen, die von Lust angestoßen und bald verlassen wurden. Ohne mich würde vieles, was begonnen wurde, zu keinem vernünftigen Ende finden. 50 Dieser Stuhl hier, das Gebäude, in dem wir uns befinden, ja, die ganze Stadt, glauben Sie, das wurde fertig gestellt, weil jemand Lust dazu verspürte? Ha! Die Lust steht oft genug nur im Weg. In letzter Zeit öfter denn je. Früher, Jüngelchen, als Sie noch in den Win- 55 deln steckten, da war Lust noch schüchtern, weil die Menschen sie mit Misstrauen betrachteten. Aber ihre Beliebtheit hat ständig zugenommen. Heute gilt sie als Autorität. Dabei hat sie jedes Maß verloren: Gewissenlos nimmt sie den Menschen jede stabile Ord- 60 nung, sie macht sie orientierungslos!

Jetzt übertreiben Sie aber!

[lautes Räuspern]

Disziplin, richtig? Haben Sie ein Kratzen im Hals?

65 Darf ich Ihnen ein Hustenbonbon anbieten?

Nein, danke. [erneutes Räuspern]

Pflicht, würde es Ihnen etwas ausmachen, Ihren Begleiter wegzuschicken?

Ich kann dann aber für nichts garantieren …

70 Ich kümmere mich um Sie.

[Schritte, Türschließen]

Machen Sie es sich doch ein wenig bequemer. Wie geht es Ihnen? Fühlen Sie sich wohl?

Oh nein. Ich bin nur noch ein Schatten meines früheren Selbst. Vor allem in letzter Zeit hat mein Ansehen
75 gelitten. „Freudig seine Pflicht erfüllen", das war einmal. Heute sind die Leute schon genervt, wenn sie mich nur von Ferne herannahen sehen. Überlegen Sie doch einmal selbst. Was erledigen Sie noch aus
80 Pflicht? Zur Arbeit gehen, obwohl Sie keine Lust haben? Den Hund ausführen, den Müll wegbringen?

Hm, ich denke schon. Oder etwa nicht?

[weinerlich] Nichts verstehen Sie, gar nichts! Sie tun das alles doch nur aus Angst. Angst, Ihren Lebens-
85 standard nicht halten zu können, Ihren Job zu verlieren, sich keinen Urlaub mehr leisten zu können …
[Schluchzen] Die Menschen sind drauf und dran, mich aus den Augen zu verlieren. Ich werde verschwinden, als eines der zahllosen Opfer der Zeit! Und was hat
90 die Menschheit mir nicht alles zu verdanken! Die größten Wunder wurden von mir …

Jetzt reißen Sie sich mal zusammen! Das ist ja peinlich! Wo ist Ihr Begleiter? Ich hoffe, noch nicht allzu weit weg.

95 [Türgeräusch, Schritte]

Disziplin! Bitte begleiten Sie Pflicht zur Tür hinaus. Nehmen Sie sie mir ab!

Sie irren sich. Ich bin nicht Disziplin. Ich bin Bedauern. Ich entschuldige mich für diesen Zwischenfall
100 und nehme Elend wieder mit. Sie wollte sicher nicht stören, aber sie ist immer nah an der Verzweiflung. Komm, mein Freund. Wir machen uns auf die Suche nach Disziplin, dann kommt alles wieder in Ordnung.

John Boomer

M3 Wir sind nicht auf der Erde, um glücklich zu sein

Das Ziel der Evolution war immer: Überleben. Wenn Sie diesen Text hier lesen, hat Ihr Hirn seinen Job gemacht! Glücksmomente sollen uns antreiben, unsere Überlebenschancen zu verbessern. Deshalb macht Essen Spaß. Deshalb macht Sex Spaß. […] Deshalb 5 macht es auch Spaß, etwas dazuzulernen. Aber auf Dauer glücklich? Nein – das wäre der Tod! Die Urmenschen, die nach Mammutsteak und Orgie glücklich über die Wiese liefen, hat der Säbelzahntiger gefressen. Von denen stammen wir nicht ab. Wir überleben, 10 weil Glück vorbei geht und wir weiter dazulernen. Kein Mensch ist dazu verdammt, dauerhaft glücklich zu sein. Das ist eine frohe Botschaft.

Eckart von Hirschhausen

Aufgaben

1 Versetze dich in die Lage des Mannes und schreibe auf, was er denkt und wie er sich fühlt. → M1

2 Wende die Begriffe „Lust" und „Frust" auf die Situation des Mannes an. → M1

3 Noch am gleichen Abend trifft sich der Interviewer mit seinem Redakteur und erzählt ihm von dem Verhalten seiner Interviewpartner. Was wird er berichten? → M2

4 Die Redaktion beschließt, statt des Interviews einen Sensationsartikel mit dem Titel *Pflicht dem Untergang geweiht – Lust diktiert unser Leben!* zu veröffentlichen. Was wird in dem Artikel stehen? → M2

5 Dem Artikel sollen skizzenhafte Portraits der Interviewpartner „Lust" und „Pflicht" beigefügt werden. Fertige die Skizzen nach deinen Vorstellungen an. → M2 **K**

6 „Pflicht" beklagt das mangelnde Durchhaltevermögen von „Lust". Überlegt: Ist dem unbedingt zuzustimmen? In welchen Situationen kann man etwas beenden, nur weil man keine Lust mehr darauf hat? Wann ist das hingegen nicht möglich? Welche Situationen überwiegen in eurem alltäglichen Leben? → M2

7 Stellt euch vor, „Befriedigung" würde ebenfalls als Interviewpartner erscheinen. Würde sie sich eher zur Lust oder zur Pflicht gesellen? Begründet eure Auffassungen. → M2

8 „Kein Mensch ist dazu verdammt, dauerhaft glücklich zu sein." Erörtert, warum dies als frohe Botschaft dargestellt wird. → M3 **S**

3

M1 Mein Haus, mein Auto, mein Boot

M2 Drei Arten von Freuden

„Wenn ihr erlaubt, erkläre ich euch kurz mal in fünf Minuten die Ethik Epikurs." [...] „Epikur also sagte", fährt Bellavista fort, „dass es drei Arten von Freuden gibt: die *primären Freuden*, die natürlich sind und not-
5 wendig, die *sekundären Freuden*, die natürlich sind, aber nicht notwendig, und die *eitlen Freuden*, die weder natürlich noch notwendig sind."

„Ich habe nicht ganz verstanden, Professore, von welchen Freuden reden Sie denn?"

10 „Wenn ihr mir ein wenig zuhört, erkläre ich alles. Also die *primären*, nämlich die natürlichen und not-wendigen Freuden sind Essen, Trinken, Schlafen und Freundschaft."

„Essen, Trinken, Schlafen, Freundschaft und sonst
15 nichts?", fragt Saverio. „Professore, wissen Sie genau, dass Sie nicht etwas wirklich Wichtiges vergessen haben?"

„Nein, Saverio, für Epikur war Sex eine *sekundäre*, also eine natürliche, aber nicht notwendige Freude."

20 „Also da folge ich Ihrem Freund wirklich nicht", sagt Saverio verdrossen.

„Das lässt uns ziemlich kalt! Wie ich also sagte, mein-te Epikur damit, dass er Essen und Trinken für wich-tig hielt, aber nicht, dass einer sich nun vollstopfen
25 muss, sobald er nur kann, sondern er meinte ganz im Gegenteil, dass einer sich mit dem wirklich Notwen-

digen begnügen sollte. Unter einer primären Freude verstand er also: Brot zum Essen, Wasser zum Trin-ken und ein Strohlager zum Schlafen."

„Der hat ja vielleicht ein ärmliches Leben geführt, 30 dieser Epikur!"

„Gewiss, ja, dafür waren diese Freuden aber auch wirk-lich sehr wichtig, weil lebensnotwendig, und nachdem sie einmal erfüllt waren, konnte der Mensch viel gelas-sener darüber nachdenken, ob er auch noch die eine 35 oder andere sekundäre Freude ausprobieren sollte."

„Zum Beispiel?"

„Zum Beispiel Käse. Es ist doch klar, dass Brot mit Käse besser ist als Brot allein, andererseits stimmt auch, dass der Käse keine unverzichtbare Sache darstellt. 40 Was also tut der Mensch? Er fragt, was der Käse kostet. Kostet er wenig, kauft er ihn, kostet er aber viel, sagt er: Danke nein, ich habe schon gegessen."

„Hat das jetzt auch wieder der Epikur gesagt?", fragt Saverio. 45

„Ja, sicher. Mit anderen Worten, alle sekundären Freu-den wie besser essen, besser trinken, besser schlafen, oder wie Kunst, geschlechtliche Liebe, Musik und so weiter müssen von Fall zu Fall, von Augenblick zu Augenblick jedes Mal neu bedacht werden, so dass 50 man die Vorteile und die Nachteile abwägen kann, die sie einem einbringen. Habt ihr das kapiert?"

M3 Das Häuschen am Meer

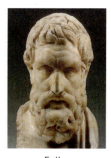

Epikur

[Bellavista fährt fort:] „Gehen wir doch noch ein wenig mehr in die Tiefe. Wir haben zunächst gesagt, dass ich jedes Mal, wenn ich den Wunsch nach einer sekundären

5 Freude habe, abwägen muss, ob sie mir wirklich entspricht, also dann probieren wir dieses Konzept doch einmal anhand der Tätigkeit unseres Ingenieurs hier aus."
„An meiner?", frage ich. „Als Ingenieur?"

10 „Genau, an Ihnen als einer arbeitenden Person. Sie bekommen also heute ein Gehalt, bei dem es Ihnen alles in allem eigentlich an nichts fehlt. Jetzt kommt Ihnen aber plötzlich in den Sinn, Sie könnten ein Häuschen am Meer mieten. Es ist ganz natürlich, dass

15 Sie gern am Meer sind, und hier haben wir es also ganz sicher mit einer sekundären Freude zu tun: natürlich, aber nicht notwendig. Nun merken Sie aber, dass Sie, um das Geld für die Miete zusammenzubekommen, Karriere machen müssen und dass die-

20 ses Karrieremachen eine ganze Reihe von Opfern erfordert: Man muss bis spät abends arbeiten, dem Vorgesetzten auch dann recht geben, wenn er nicht recht hat, nach Mailand zum Arbeiten gehen, statt in Neapel bleiben zu können und so weiter. Ja und was

25 würde Epikur in einem solchen Fall nun sagen? Er würde sagen: Wisst ihr was? Ich gebe mich mit dem zufrieden, was ich habe, und eigentlich ist mir dieses Häuschen am Meer ja auch schnurzegal." [...]
„Wer hat dir eigentlich gesagt, dass die Arbeit für den

30 Ingenieur ein Opfer ist? Setz doch im Gegenteil einmal voraus, dass der Ingenieur gern arbeitet, und dann sag mir, warum er auf diese Freude verzichten sollte."
[sagt Doktor Palluotto] [...]
„Gehen wir [...] der Reihe nach vor und gehen wir vor

35 allem auf den [...] Einwand ein, nämlich auf die Hypothese, dass der Ingenieur ja gerne arbeiten könnte. Eine seltsame, aber mögliche Hypothese. Gut, in diesem Falle wird die Unannehmlichkeit, die wir ‚den ganzen Tag arbeiten' genannt haben, von der Liste

40 der ‚contras' gestrichen und auf die Liste der ‚pros' gesetzt, ohne damit aber die epikureische Methode außer Kraft zu setzen, der zufolge vor einem Entschluss, ob eine bestimmte Freude angestrebt werden soll oder nicht, eine Gesamtwertung des

45 Problems vorgenommen werden muss. Den ganzen Tag zu arbeiten bedeutet nämlich auch, dass man andere Seiten des Lebens vernachlässigt; die Liebe einer Ehefrau, das Zusammenleben mit den Kindern, Lesen, Spazierengehen und eine Menge

50 anderer Dinge. Natürlich steht es dem Einzelnen immer frei, dass er seinen Neigungen entsprechend eine bestimmte sekundäre Freude einer anderen sekundären Freude vorzieht. Das Einzige, was nicht erlaubt ist, ist, dass er eine primäre

55 Freude zugunsten einer *eitlen Freude* zurückstellt."
„Ja, welche denn?"
„Ich spreche von der Freundschaft. [...] Unter Freundschaft verstehen wir hier die Liebe, die wir unserem Nächsten entgegenbringen können. Und nun ist es

60 doch leider so, dass wir bei allzu viel Arbeit keine Zeit mehr haben, die Gefühle zu pflegen, und damit eine der primären Freuden nicht mehr genießen können."
„Kein Mensch hat gesagt, dass der Ingenieur, um Karriere zu machen, zwangsläufig seine Familie verlas-

65 sen oder keine Freunde mehr haben sollte."
„Also du musst zugeben, dass dies alles nur eine Frage des richtigen Maßes ist. Genau zu dem Punkt wollte ich ja kommen: [...] Epikur, der große Epikur, der Apostel des angemessenen Einsatzes von Arbeits-

70 eifer, sagte: Die höchste Tugend ist die Mäßigung, das Maß!"

M2-M3: Luciano De Crescenzo

---

1 Versetze dich in die Lage des Mannes und formuliere, was ihm durch den Kopf geht. ➜ M1

2 Beurteilt, ob der Mann glücklich ist. ➜ M1

3 Halte tabellarisch fest, welche Arten der Freude es nach Epikur gibt und worin sie sich unterscheiden. Führe Beispiele für jede Freude an. ➜ M2

4 „Du musst zugeben, dass dies alles nur eine Frage des richtigen Maßes ist." Erläutere, was Epikur unter diesem Satz versteht. ➜ M3

5 Visualisiert die Lehre Epikurs auf einem Plakat oder zeichnet Comics dazu. ➜ M2/M3 **V**

6 Was hältst du von der Lehre Epikurs? Nimm Stellung. ➜ M2/M3

Aufgaben

4 ▐M1▐ „Pflücke die Knospe, solange es geht ..."

Als die Jungen hereinkamen, ging Keating in der
Halle umher. Er betrachtete die Klassenfotos, die an
den Wänden hingen und die zum Teil noch aus dem
vorigen Jahrhundert stammten. Außerdem schmück-
5 ten Trophäen jeder Art die Regale und Glaskästen.
Nach einer Weile hatte Keating das Gefühl, dass alle
Platz genommen hatten. Nun wandte er sich ihnen
zu. [...] „Schlagen Sie das Textbuch auf Seite 542 auf,
Pitts, und lesen Sie die erste Strophe des Gedichts!"
10 Pitts blätterte in dem Buch. „,Rat an eine Jungfrau,
etwas aus ihrem Leben zu machen'?", fragte er.
Die übrige Klasse prustete vor Lachen. „Das meine
ich", sagte Mr. Keating.
„Ja, Sir", sagte Pitts und räusperte sich. Dann las er:
15 „Pflücke die Knospe, solange es geht, und die Blüten,
wenn sie noch prangen. Denn bald sind die Rosenblät-
ter verweht. Wie schnell kommt der Tod gegangen."
Er hielt inne. Mr. Keating wiederholte: „Pflücke die
Knospe, solange es geht.' Der lateinische Ausdruck
20 für dieses Gefühl lautet *Carpe diem*. Weiß jemand,
was das heißt?"
„*Carpe diem*", sagte Meeks, das Ass in Latein. „Nutze
den Tag!"
„Sehr gut, Meeks."
25 „Nutze den Tag", sagte Keating noch einmal. „Warum
hat der Dichter diese Verse geschrieben?"
„Weil er es eilig hatte!", rief ein Schüler. Die anderen
wieherten vor Lachen.
„Nein, nein, nein! Sondern weil wir Nahrung für die
30 Würmer sind, Jungs!", schrie Keating. „Weil wir Früh-

jahr, Sommer und Herbst nur in begrenzter Anzahl
erleben werden. Es ist kaum zu glauben, aber eines
Tages wird jeder Einzelne von uns aufhören zu atmen,
wird erkalten und sterben!"
Er machte eine dramatische Pause. „Stehen Sie auf", 35
drängte er die Schüler, „und lesen Sie in den Gesichtern dieser Jungen, die die Schule hier vor 60, 70 Jahren besucht haben! Seien Sie nicht schüchtern! Sehen
Sie sie sich an!"
Die Jungen standen auf und gingen zu den Klassen- 40
fotos, die rings an den Wänden der Ehrenhalle hingen. Sie blickten in die Gesichter junger Männer, die
ihnen aus der Vergangenheit entgegensahen.
„Sie sehen kaum anders aus als Sie, nicht wahr? Aus
ihren Augen strahlt Hoffnung, wie bei Ihnen. Sie hal- 45
ten sich für wunderbare Dinge bestimmt, genau wie
viele von Ihnen. Nun, wohin sind diese lächelnden
Gesichter verschwunden? Was wurde aus ihren Hoffnungen?"
Mit ernsten und nachdenklichen Mienen betrachte- 50
ten die Jungen die Fotos. Keating ging rasch herum
und zeigte von einem Foto zum nächsten.
„Haben die meisten von ihnen nicht gewartet, bis es
zu spät war, um in ihrem Leben nur ein Quäntchen
von dem zu verwirklichen, wessen sie fähig waren? 55
Sie jagten dem allmächtigen Götzen Erfolg nach –
haben sie dadurch nicht die Träume ihrer Jugend verraten? Jetzt besehen sich die meisten dieser Gentle-
men die Radieschen von unten! Doch wenn ihr sehr
nahe herangeht, Jungs, dann hört ihr sie flüstern. 60
Gehen Sie näher heran!", forderte er sie auf: „Lau-
schen Sie! Los! Hören Sie es? Ja?" Die Jungen waren
still, und einige neigten das Ohr zu den Fotos. „*Carpe
diem*", flüsterte Keating. „Nutze den Tag! Macht etwas Ungewöhnliches aus eurem Leben!" [...] 65
Alle Jungen schauten, in Gedanken verloren, auf die
Fotos an den Wänden, bis das Läuten sie jäh dabei
störte. Pitts sagte: „Seltsam." „Aber mal was anderes",
sagte Neil nachdenklich. „Gespenstisch", sagte Knox
und schauderte leicht, als er die Halle verließ. „Ob er 70
uns eine Prüfungsarbeit darüber schreiben lässt?",
fragte Cameron unsicher. „Ach, komm, Cameron",
sagte Charlie lachend. „Du begreifst wohl überhaupt
nichts?"

Nancy H. Kleinbaum

M2 Nicht dem Leben entfliehen

Ich möchte [...] mit größter Überzeugung den Rat eines alten französischen Meisters, Michel de Montaigne, den ich dir sehr empfehle, wiederholen: „Wir müssen uns mit Zähnen und Klauen an den Genuss der Freu-
5 den dieses Lebens klammern, welche die Jahre eine nach der anderen unsern Händen entreißen." Mit diesem Ausspruch Montaignes will ich zwei Dinge hervorheben. Das erste steht am Ende der Empfehlung und sagt, dass uns die Jahre unaufhörlich die Mög-
10 lichkeiten der Freude entziehen, weshalb es nicht klug ist, zu lange mit der Entscheidung zu warten, es sich gutgehen zu lassen. Wenn du zu lange damit zögerst, hast du es am Ende verpasst. Man muss sich dem Genuss der Gegenwart hingeben können, was die Römer
15 [...] in dem Spruch *carpe diem* (nutze den Tag) zusammengefasst haben. [...]

Wenn [Montaigne] davon spricht, uns mit Zähnen und Klauen hartnäckig „an den Genuss der Freuden dieses Lebens" zu klammern, meint er, es ist gut, sich
20 der Vergnügen zu bedienen, also immer eine gewisse Kontrolle zu haben, die es ihnen nicht erlaubt, sich gegen den Rest deiner persönlichen Existenz zu kehren. [...] Die Freuden zu genießen [...] heißt, nicht zu erlauben, dass eine von ihnen dich der Möglichkeit
25 aller anderen beraubt. [...]

Der Unterschied zwischen „genießen" und „missbrauchen" ist genau dieser: Wenn du ein Vergnügen genießt, bereicherst du dein Leben, und jedes Mal gefällt dir nicht nur das Vergnügen mehr, sondern auch
30 das Leben selbst; das Zeichen dafür, dass du es missbrauchst, ist die Erkenntnis, dass das Vergnügen dir das Leben ärmer macht und dich nicht das Leben interessiert, sondern nur dieses spezielle Vergnügen. Das heißt, das Vergnügen ist kein angenehmer Be-
35 standteil der Vielfältigkeit des Lebens mehr, sondern eine Zuflucht, um dem Leben zu entfliehen, um dich vor ihm zu verstecken.

Manchmal sagen wir: „Ich sterbe vor Vergnügen. Solange es sich um eine bildhafte Sprache handelt, gibt
40 es nichts dagegen einzuwenden, weil eine der positiven Wirkungen des sehr intensiven Vergnügens darin besteht, alle diese Rüstungen aus Routine, Angst und Alltäglichkeit zu zerstören, die wir mit uns herum-

schleppen und die uns oft mehr verbittern als schüt-
45 zen. Wenn wir diese Panzer verlieren, scheinen wir zu „sterben" im Hinblick auf das, was wir gewöhnlich sind – um danach stärker und tatkräftiger wiedergeboren zu werden. [...] Dennoch droht in anderen Fällen der Genuss uns im wahrsten Sinn des Wortes zu töten.
50 Entweder tötet er unsere Gesundheit und unseren Körper, oder er verroht uns, indem er unsere Menschlichkeit tötet, unsere Rücksicht auf die anderen und auf das Übrige, das unser Leben ausmacht. [...]

Erlaube mir, dass ich allen Vergnügen misstraue,
55 deren hauptsächlicher Zauber der „Schaden" und die „Gefahr" zu sein scheint. Es ist eine Sache, dass du „vor Vergnügen stirbst", und eine ganz andere, dass das Vergnügen darin besteht, wirklich zu sterben – oder zumindest, sich vorzustellen „zu sterben". [...]

60 Die Ethik besteht darin, darauf zu setzen, dass sich das Leben lohnt, dass sich sogar die Strapazen des Lebens lohnen. Und sie lohnen sich, weil wir durch sie die Vergnügen des Lebens erlangen können, die immer – das ist unser Schicksal – nahe bei den
65 Schmerzen sind. Wenn ich also gezwungenermaßen wählen soll zwischen den Mühsalen des Lebens und den Vergnügen des Todes, entscheide ich mich ohne zu zögern für die ersteren – eben weil es mir gefällt zu genießen und nicht, zugrunde zu gehen! Ich will
70 keine Vergnügen, die mir erlauben, dem Leben zu entfliehen.

Fernando Savater

Führt eine arbeitsteilige Gruppenarbeit durch. Die eine Hälfte eurer Lerngruppe bearbeitet Aufgabe 1 zu M1, die andere Aufgabe 2 zu M2. Bildet jeweils Kleingruppen, visualisiert eure Arbeitsergebnisse und präsentiert sie. Vergleicht anschließend beide Positionen im Plenum und nehmt Stellung dazu.

1 a) Wie versteht Keating das Motto *carpe diem* und wie begründet er es? ➔ M1

   b) Welche praktischen Konsequenzen ergeben sich, wenn man dem Motto *carpe diem* folgen will? ➔ M1

2 a) Wie versteht Savater das Zitat Montaignes und worin sieht er den Unterschied zwischen *genießen* und *missbrauchen*? ➔ M2

   b) Welche praktischen Konsequenzen ergeben sich, wenn man Savaters Ratschlag folgen will? ➔ M2

Aufgaben

Der Sucht verfallen

1 **M1** Veränderungen

M2 Abstürze

In dem Jahr vor ihrem Tod fällt die **fünffache Grammy-Gewinnerin** nicht mehr durch ihre künstlerischen Darbietungen, sondern nur noch durch ihre Alkohol-Exzesse auf. Immer wieder liest man, dass die Soul-Sängerin erneut in eine Entziehungsklinik 5 eingeliefert worden ist – und die Abstände werden jedes Mal kürzer. Das kann einerseits bedeuten, dass sie wirklich versucht, ihre Sucht in den Griff zu bekommen; es kann andererseits aber auch heißen, dass sie keine andere Chance hat, als sich 10 so häufig wie möglich zu entgiften, wenn sie noch einige Jahre leben will. Am 23. Juli 2011 stirbt die Sängerin an einer Alkoholvergiftung.

Der **Schauspieler und Kabarettist** beginnt Ende der 60er Jahre Tabletten und Haschisch zu konsumieren. 15 1979 wird er zu acht Monaten auf Bewährung verurteilt, weil man bei ihm 35,8 g Haschisch und mehrere LSD-Trips gefunden hat. Als „zahnloser Späthippie" bzw. „Indianerfrau" feiert der Satiriker in den 80er Jahren sein Comeback, obwohl er 20 weiterhin Drogen nimmt. 1984 findet die Polizei noch einmal 79 g Haschisch und 814 LSD-Trips in seiner Wohnung. 1989 stirbt er, aber über seine Sprüche lacht man noch heute.

Sie war **eine der größten R&B Divas** und hatte unzählige 25 Nr. 1-Hits am Ende der 80er Jahre. Doch dann heiratete sie den „bösen Buben" Bobby Brown, der wohl dafür mitverantwortlich sein dürfte, dass die Sängerin mit dem Rauchen von Crack begonnen hat. Im Jahre 2006 war sie pleite und vor aller 30 Augen wurden ihre Designerkleider ebenso versteigert wie ihr Fußspray. Ein Comeback schien sich 2009 anzubahnen, aber sie hat – so wird spekuliert – ihre Tournee aufgrund eines Rückfalls in die Cracksucht abbrechen müssen. Am 12.02.2012 35 verstarb die Sängerin überraschend.

Die Karriere des **Weltmeisters** beginnt mit seinem Eintritt in die Jugendmannschaft seiner Heimatstadt. In den 80er Jahren verdient er dann viel Geld in Neapel und kommt dort auch mit Kokain in Be- 40 rührung, das er fortan 15 Jahre lang konsumieren wird. Nach einer ersten Entziehungskur wird er wieder rückfällig. Anfang 2004 melden Radiostationen innerhalb kürzester Zeit dreimal seinen Tod. Alle Nachrichten erweisen sich als unrichtig. Ob 45 die Zusammenbrüche auf die Einnahme von Kokain oder die mittlerweile eingetretene Fettleibigkeit zurückzuführen sind, ist bis heute nicht klar.

14

M3 Nichts geht mehr

Der ehemalige Millionär Klaus F. Schmidt hat ein Buch über seine Spielsucht geschrieben. Er trifft sich mit einem Journalisten, der einen Bericht über ihn verfassen will.

Journalist: Herr Schmidt, wie geht es Ihnen?

Schmidt: Ich lebe unterm Dach, meine Miete konnte ich schon lange nicht mehr bezahlen. Den Strom hat man mir abgestellt.

5 **Journalist:** Dabei waren Sie doch mal einer der reichsten Männer Deutschlands.

Schmidt: Ja, ich habe bis Ende der 90er Jahre 5 Millionen Mark mit einem Sprudelwassergerät verdient.

Journalist: Und wo ist das Geld heute?

10 **Schmidt:** Innerhalb von zwei Jahren habe ich alles verloren.

Journalist: Wie ist das gekommen?

Schmidt: Ich bin spielsüchtig.

Journalist: Wie haben Sie das gemerkt?

15 **Schmidt:** Durch Zufall bin ich in eine Spielbank geraten. Da habe ich gleich einen Kick verspürt, den ich schon lange nicht mehr kannte. Ich habe zwar Geld verloren, aber ich dachte mir immer: „Das hole ich mir am nächsten Tag wieder!" Eines Tages war es so-

20 weit, dass ich einfach nicht mehr aufhören konnte. Mit dem Mantel an der Garderobe hatte ich auch meinen freien Willen abgegeben. Stundenlang saß ich am Roulettetisch. Um nur ja keine Stunde der Öffnungszeit zu verpassen, schlief ich sogar in einem

25 Wohnwagen auf dem Parkplatz hinter dem Casino. Ich spielte von 15:00 Uhr bis zum anderen Morgen um 3:00 Uhr – bis das Casino schloss, ohne Pausen.

Journalist: Ohne Pausen? Haben Sie während dieser Zeit denn keine Nahrung zu sich genommen?

30 **Schmidt:** Nichts – ich war so auf das Spielen fixiert, dass ich total vergessen habe, etwas zu essen.

Journalist: Und wie waren Ihre sozialen Kontakte in der Spielbank?

Schmidt: Ich hatte keine. Ich wollte mit den Anwe-

35 senden keinen näheren Kontakt haben. Mich interessierte ausschließlich das Spielen am Roulettetisch.

Journalist: Was ist denn mit Ihrer Familie und Ihren Freunden?

Schmidt: Meine Frau und meine Kinder habe ich in

40 dieser Zeit nicht mehr gesehen. Meine Familie ist zer-

rüttet. Meine Freunde habe ich angelogen. Immer wenn sie sich mit mir treffen wollten, habe ich Ausreden erfunden, um weiterhin zocken zu können.

Journalist: Und wie haben Sie es schließlich geschafft, von Ihrer Abhängigkeit frei zu kommen? 45

Schmidt: Ich habe aufgehört, weil ich aufhören musste. Als ich kein Bargeld mehr hatte, habe ich mein Haus, mein Auto und meine Yacht verkauft. Eines Tages aber war Schluss, ich hatte keine einzige Mark mehr in der Tasche. Da bin ich zum Amt gegangen und habe 50 Sozialhilfe beantragt.

Journalist: Würden Sie sich heute als geheilt bezeichnen?

Schmidt: Nein, wenn ich eine Spielbank betreten würde, könnte ich für nichts garantieren. Aber zum Glück werde ich in kein Casino mehr hineingelassen. 55

Sucht (Abhängigkeit)

Der Begriff *Sucht* geht zurück auf das althochdeutsche Wort *siechen* (an einer Krankheit leiden; vgl. das englische Wort *sick* für *krank*).

In medizinischen und sozialen Bereichen ist der Begriff *Sucht* heute nicht mehr gebräuchlich. Er wurde zunächst durch den Begriff *Missbrauch* ersetzt, doch mittlerweile spricht man von ICD 10 oder einem *Abhängigkeitssyndrom*.

Man unterscheidet *stoffliche Abhängigkeiten* (z. B. von Alkohol, Zigaretten, Haschisch, Ecstasy, LSD, Kokain, Heroin, Crack usw.) und *nichtstoffliche Abhängigkeiten* (z. B. Essstörungen, Spielsucht, Kaufsucht usw.), die auch als *Verhaltenssüchte* bezeichnet werden. Solche Abhängigkeiten sind Krankheiten, die von Fachleuten behandelt werden müssen.

Aufgaben

1 Beschreibt, wie sich die Personen verändert haben. Stellt Vermutungen darüber an, woran das liegen könnte. ➔ M1

2 Ordnet die Texte den Abbildungen zu. Um welche Personen handelt es sich? (Lösungen s. S. 189) ➔ M1/M2

3 Erklärt, was diese Personen gemeinsam haben. ➔ M2

4 Schreibt einen Artikel über Karl F. Schmidt. ➔ M3

5 Stellt die Merkmale einer Sucht zusammen. ➔ M3

6 Wovon kann man noch abhängig werden? Entwerft eine Übersicht. ➔ M1-M3

2 | M1 Hochgefühle

M2 „Ich geh so gerne shoppen"

Jana, 13, ist nachmittags immer allein zu Hause. Sie findet das ziemlich langweilig. Oft geht sie dann los in die Stadt und sieht sich Schaufenster an. Sie zieht durch die Geschäfte, lässt sich etwas Neues zeigen
5 oder sucht sich selbst etwas aus. Dabei kommt sie richtig in Hochstimmung. Wenn sie etwas Schickes gefunden hat, packt sie der unwiderstehliche Drang, es zu kaufen. „Das muss ich unbedingt haben", sagt ihr eine innere Stimme. Wenn sie es sich dann ein-
10 packen lässt und in einer Tüte nach Hause trägt, überkommt sie ein richtiges Glücksgefühl. Schlimm ist es, wenn sie kein Geld mehr hat, dann wird sie zappelig und nervös und überlegt, von wem sie sich noch etwas leihen könnte. Aber das ist schwierig, weil
15 sie schon viele angepumpt hat. Einige Freundinnen wollen ihr schon nichts mehr geben. Sie sagen: „Du hast doch schon so viele Sachen, du brauchst doch gar nichts Neues. Das ist doch nicht mehr normal."

M3 „Computer spielen ist ja so aufregend"

Leon, 12, verbringt seine meiste Zeit am Computer. Er ist begeistert von einem Rollenspiel, das scheinbar endlos ist: Rund um die Uhr kann man sich hier mit anderen vorwärts kämpfen. Sobald er aus der Schule
5 kommt, stellt er den Computer an, und das seit einigen Wochen. Den ganzen Nachmittag klebt er vor der Kiste und findet kein Ende. Er hat kaum noch Freunde. Seitdem er seine gesamte Freizeit am Computer verbringt, treffen die anderen sich nun ohne ihn. Auch

Leons Schulnoten sind den Bach runtergegangen. Er 10 kann sich in der Schule nicht mehr richtig konzentrieren, ist in Gedanken nur bei seinem Computerspiel. Und wenn er mal nicht spielen kann, ist er wütend. Seine Eltern machen sich langsam Sorgen um ihn und fragen sich, ob sein Verhalten noch normal ist. 15

nach www.internet-abc.de

M4 Kaufen ohne Sinn

Kann man vom Kaufen abhängig werden? „Ja", sagen Experten. Sie schätzen, dass es in Deutschland rund 800 000 Kaufsüchtige gibt, die meisten davon sind weiblich. Das Kaufen ist für sie wie eine Droge, von der sie nicht mehr loskommen. Tag und Nacht denken 5 sie nur noch darüber nach, was sie als Nächstes erwerben könnten, es treibt sie fast in den Wahnsinn. Natürlich ist am Kaufen an sich nichts Schlimmes. Es ist ganz normal, dass Menschen der Erwerb von neuen und schönen Dingen Freude bereitet. Aber wie in vie- 10 len anderen Dingen ist auch hier das richtige Maß entscheidend. Von einem krankhaften Verhalten spricht man dann, wenn der Konsum völlig losgelöst ist vom Bedarf, d. h. wenn man Dinge kauft, die man gar nicht braucht. Kaufsüchtigen geht es nämlich 15 nicht darum, die erworbenen Dinge zu nutzen; sobald sie einen Gegenstand besitzen, hat er für sie keine Bedeutung mehr. Nur das Kaufen selbst bringt ihnen Glücksgefühle. Bei ihnen zu Hause stehen die erworbenen Sachen nutzlos herum und stapeln sich oft in 20 Kisten und Kartons. Ausgelöst werden Kaufattacken

meistens durch negative Befindlichkeiten, Langeweile und Frust. Die Betroffenen haben oft Minderwertigkeitsgefühle und leiden unter fehlender Anerkennung
25 durch Mitmenschen. Sie belohnen sich dann selbst durch das Kaufen; es ist das Einzige, was sie wirklich glücklich macht und wird für sie wichtiger als alles andere im Leben. Gestoppt wird dieses krankhafte Verhalten oft erst dadurch, dass die Betroffenen hoch
30 verschuldet sind und keinen Kredit mehr bekommen. Kaufsucht ist eine echte Krankheit, die behandelt werden muss.

M5 Computersucht – was ist das eigentlich?

Echte Computersucht ist gar nicht spaßig. Experten bezeichnen jemanden als computersüchtig, der sein gesamtes Leben auf den Computer ausrichtet, sei es auf Spiele, auf das Chatten oder Online-Einkaufen.
5 Alles dreht sich nur noch um die Tätigkeit am PC. Der Computer ist wie eine Droge, von der der Süchtige nicht mehr loskommt. Er braucht die Erlebnisse am Computer, um sich gute Gefühle, wie Freude, Stolz oder Spannung, zu verschaffen. Um diese Glücksge-
10 fühle zu erreichen, muss er immer länger am Computer sein. Bald verbringt er dort die meiste Zeit seines Tages. Dem Körper tut das gar nicht gut: Schlafmangel, ungesundes Essen (zu viel, zu wenig oder zu unregelmäßig), ständiges Sitzen in derselben Position –
15 all das schadet dem Körper auf Dauer.
Computersucht ist eine ernstzunehmende Sache. Computersüchtige geraten in einen Sog, der sie einsam und krank macht, aus der Familien- und Freundeswelt herausreißt und in eine Scheinwelt hineinzieht.
20 Wer tief in die Computerwelt hineingesogen wurde, kommt meist nicht mehr allein von seiner Sucht los. Computersüchtige brauchen Hilfe, um wieder ein normales Leben führen zu können.
Aber so weit muss es erst gar nicht kommen. Alles in
25 Maßen – damit fährt man am besten. Natürlich macht es Spaß, am Computer zu spielen, im Internet zu surfen oder zu chatten. Und dagegen ist überhaupt nichts einzuwenden. Erst wenn der Computer wichtiger wird als alles andere und die Zeit vor dem Bildschirm im-
30 mer mehr wird, muss die Notbremse gezogen werden.

www.internet-abc.de

M6 Teste dich selbst

Ob ein Mensch vom Kaufen oder vom Computer abgängig ist oder bei ihm eine entsprechende Gefährdung vorliegt, kann nur ein Fachmann nach eingehenden Untersuchungen beurteilen. Die folgenden kleinen Tests sollen lediglich eine Anregung sein, einmal über das eigene Kaufverhalten und Verhalten am Computer nachzudenken.

KAUFEN

1. Dient dir das Kaufen als Trost, Belohnung, Entspannung, Beruhigung, Ablenkung?
2. Fühlst du dich traurig, leer, gereizt oder frustriert, wenn du mal nicht einkaufen gehen kannst?
3. Nehmen die Gedanken ans Einkaufen bei dir zunehmend einen größeren Raum ein?
4. Kaufst du dir auch dann Sachen, wenn du eigentlich kein Geld mehr hast und es dir leihen musst?
5. Findest du deine Einkäufe im Nachhinein selbst unsinnig?

COMPUTER

1. Sind es über fünf Stunden täglich, die du am Computer verbringst?
2. Macht dir nur noch der Computer Spaß und alles andere ist langweilig für dich?
3. Hast du ständig Stress mit deiner Familie / deinen Eltern, weil du dauernd vor dem Computer sitzt?
4. Spielst du lieber am Computer als etwas mit Freunden zu unternehmen?
5. Wirst du böse oder wütend, wenn man dich daran hindert, an den Computer zu gehen?

nach www.internet-abc.de

1 Formuliert eure Eindrücke zu den Bildern. ➜ M1
2 Vergleicht das Verhalten von Jana und Leon. ➜ M2/M3
3 Benennt die Merkmale von „Kaufsucht" bzw. „Computersucht" und beurteilt, ob Jana bzw. Leon abhängig sind. ➜ M2-M5
4 Entwickelt weitere Testfragen. Klärt anhand der Tests, was ein normales Verhältnis zum Einkaufen und zum Computer ist. ➜ M6
5 Benennt weitere Verhaltenssüchte, von denen ihr schon gehört habt. Erläutert, worum es dabei geht.

Aufgaben

3 | M1 Spieglein, Spieglein an der Wand ...

entschlossener wird sie in ihrem Vorsatz, kaum mehr etwas oder überhaupt nichts mehr zu essen. [...] Tagesrationen von einem Apfel und einem Zwieback [sind] bei Nina nichts Ungewöhnliches. 30

Eines Tages jedoch spielt Ninas gequälter Körper nicht mehr mit. Beim abendlichen Dauerlauf bricht sie zusammen und wird ins Krankenhaus 35 eingeliefert, wo die Ärzte mit künstlicher Ernährung um ihr Leben kämpfen. Nachdem sie nur knapp dem Tod entronnen ist, akzeptiert Nina endlich ihre Krankheit und begibt sich auf den 40 mühsamen Weg ihrer Heilung.

M2 „Ich bin zu dick!"

Nina fühlt sich zu dick, wenn sie in den Spiegel schaut. Vor allem, wenn sie sich mit Kate Moss, dem Supermodel vergleicht. Kate Moss ist nämlich ihr absolutes Vorbild. Nina trägt schon die gleiche Frisur
5 und versucht, Kates Kleidungsstil zu imitieren. Nur mit der Figur kann sie nicht mithalten. Da muss sie noch viel dünner werden. Nina beginnt eine Diät. Die Diät klappt.

Als sie immer mehr abnimmt, lässt Nina später, als
10 sie nämlich Ärger mit ihrer besorgten Mutter bekommt, einzelne Mahlzeiten ausfallen oder erfindet eine Menge Tricks und Ausreden, um sich vor dem verhassten Essen „drücken" zu können. So lügt sie wichtige Verabredungen oder Mahlzeiten außer Haus
15 vor oder behauptet, schon gegessen zu haben oder es später in ihrem Zimmer zu tun. Wenn sie Nahrung aufnehmen soll, gerät Nina inzwischen in regelrechte Panik. Ihren knochigen Körper versteckt sie unter extrem weiten Klamotten und vermeidet Situationen
20 (z. B. im Schwimmbad), in denen sie ihr ungesundes Aussehen zur Schau stellen müsste.

Nina zieht sich immer mehr von ihrer Umwelt zurück, vor allem bei Unternehmungen, wo sie in die „Gefahr" kommen könnte, etwas essen zu müssen ...
25 Je mehr ihre Mitmenschen auf sie einreden, umso

M3 Gründe für Magersucht

- Man will schlank sein, um sich und anderen besser zu gefallen.
- Man eifert einem bestimmten, meist übertriebenen Schönheitsideal nach.
- Man verfügt über ein zu geringes Selbstwertgefühl und sucht über das erfolgreiche Fasten nach Bestätigung.
- Man hat Probleme damit, wie sich der Körper während der Pubertät verändert, und will den gewohnten Zustand beibehalten. Man weigert sich körperlich, erwachsen zu werden.
- Man will unbewusst auf die eigene Person aufmerksam machen. Oftmals ist die Magersucht ein Hilferuf nach mehr Beachtung und Liebe.
- Man hat mit Fastenkuren und Diäten herumexperimentiert und dabei die Erfahrung gemacht, dass sich nach einigen Tagen des Hungerns eine Hungereuphorie (man fühlt sich toll und glücklich) einstellt, und will dieses schöne Gefühl nun ständig haben.
- Man verpasst den Zeitpunkt rechtzeitig mit dem Abnehmen aufzuhören, obwohl man schon längst Normalgewicht erreicht hat.
- Man hat eine verzerrte Selbstwahrnehmung und glaubt, man sei noch viel zu dick, auch wenn man schon gefährliches Untergewicht erreicht hat.

M2/M3: nach Anja Gerstberger

M4 „Du Fettwanst!"

M5 Nur noch eine Pizza

Klaus [...] wagt sich kaum unter Menschen. Auf der Straße sieht er die belustigten Gesichter der Vorübergehenden. Wenn er sich ächzend im Kinosessel niederlässt, rücken seine Nachbarn wie automatisch von

5 ihm ab. [...] Oft flüchtet er sich in die nächste Konditorei und bestellt sich zwei Stück Torte mit Schlagsahne. Dann spürt er wenigstens vorübergehend eine Erleichterung seiner Qualen. Wie ist es dazu gekommen? Klaus M. war als gesundes Kind auf die Welt

10 gekommen und entwickelte sich zunächst prächtig. Allerdings hatten seine Eltern wenig Zeit für ihn. Und ein Säugling braucht nun mal seine Eltern, braucht Körpernähe, Wärme, Zärtlichkeit. Klaus vermisste das, ohne es zu wissen. Und darum war er traurig und un-

15 zufrieden. Und dann weinte er manchmal. „Der Junge hat Hunger", meinte der Vater und gab ihm die Flasche. Die Mutter nahm ihn in den Arm und fütterte ihn. So hatte er wenigstens zeitweilig, was er wollte, nämlich Zuwendung. Und außerdem bekam er Nah-

20 rung. Die brauchte er zwar im Augenblick nicht, aber sein Körper stellte sich darauf ein. Er nahm gut zu. Er wurde dick. Aber er lernte auch: Und zwar lernte er, dass es gut ist zu essen oder zu trinken (oder beides), wenn man Sehnsucht oder Kummer hat, wenn man

25 einsam ist und nach menschlicher Wärme und Liebe Verlangen trägt.

So war ein schlimmer Kreislauf in Gang gesetzt: Wenn er Sorgen oder Probleme hatte, aß er. Dadurch waren die Probleme zwar nicht weg, aber es schmeck-

30 te doch so gut! [...] Seine Altersgenossen hänselten ihn und riefen ihm „Fettwanst" und Schlimmeres nach. Der Sportlehrer verspottete ihn auf feinere Art, wenn er „wie ein nasser Sack" an der Kletterstange hing und vor Angst und Anstrengung schnaufte. Die Eltern lie-

35 fen von einem Arzt zum anderen und versuchten es mit allen möglichen Diätrezepten. Aber das wirkliche Problem erkannten sie nicht ...

Vielleicht hätte ein nettes, verständnisvolles Mädchen ihm helfen können. Aber bei seiner Schüchternheit hatte Klaus natürlich keine Chance, überhaupt ein

40 Mädchen kennenzulernen. Die aus seiner Klasse hatten immer nur gekichert, wenn sie ihn sahen, und in eine Disco hatte er sich noch nie hineingetraut. Viel lieber ging er zu Paolo und verleibte sich eine Pizza ein ... *Bundeszentrale für gesundheitliche Aufklärung (Hg.)*

Essstörungen

Essstörungen sind Verhaltensstörungen, die sich darin äußern, dass man entweder zu viel oder zu wenig isst. Die drei bekanntesten Formen der Essstörung sind *Esssucht*, *Magersucht* und *Bulimie (Ess-Brechsucht)*. Schwere gesundheitliche Probleme wie Fettleibigkeit bzw. Unterernährung, Entzündungen, Organschäden bis hin zu Herzschwäche und schließlich Herzversagen sind die Folge. Waren früher überwiegend Mädchen von Essstörungen betroffen, geht dieses Problem mittlerweile verstärkt auch Jungen an.

---

1 Überlegt, warum das Mädchen sich im Spiegel betrachtet, und beschreibt in einem inneren Monolog, was ihr durch den Kopf geht. ➜ M1

2 Erarbeitet aus dem Text, wodurch sich die Magersucht bei Nina bemerkbar macht. ➜ M2

3 Sprecht über die Gründe, die zu Magersucht führen können. Welche Gründe haben bei Nina vermutlich dazu geführt? ➜ M2/M3

4 Wie wirkt das Bild auf dich? ➜ M4

5 Stellt dar, welche Probleme Klaus hat und wie es zu seiner Esssucht gekommen ist. ➜ M5

6 Überlegt, wie man Klaus helfen kann. ➜ M5

Aufgaben

4

M2 Was war gestern los?

Vater: Na, bei dir ist es gestern Abend aber ziemlich spät geworden.

Frank: Wieso, ich war doch noch pünktlich hier, oder?

Vater: Stimmt schon, aber wenn ich dich so ansehe,
5 muss die Fete wohl ziemlich anstrengend gewesen sein, was?

Frank: Ach, ich bin einfach etwas müde.

Vater: Pass auf, ich will gar nicht um den heißen Brei herumreden. Ich hatte schon gestern Abend das Ge-
10 fühl, dass du was getrunken hattest.

Frank: Ja und?

Vater: Ich kann ja verstehen, dass ihr so langsam damit anfangt, auch mal Alkohol zu probieren, aber gestern Abend warst du richtig blau!

15 **Frank:** Auf solchen Feten trinken alle Alkohol, und ich hatte auch nicht mehr getrunken als die anderen.

Vater: Mir ist es ziemlich egal, was die anderen machen. Mir geht es um dich.

Frank: Was heißt das, es geht dir um mich? Ich war
20 auf einer Fete und hab' mit meinen Kumpels was getrunken. Alles ganz normal!

Vater: Jetzt reg' dich wieder ab. Ich mache mir einfach Sorgen um dich. So normal finde ich es eben nicht, wenn du mit 15 Jahren betrunken nach Hause
25 kommst.

Frank: Nun übertreib' mal nicht, du trinkst doch selber auch Alkohol. Bei deinen Feiern im Sportverein zum Beispiel, da wird immer kräftig zugelangt ...

Bundeszentrale für gesundheitliche Aufklärung (Hg.)

M3 Alkohol: Zahlen und Fakten

471 MILLIONEN EURO !

Das ist der Werbeetat für alkoholische Getränke im Jahr 2009 in Deutschland. [...]

9,7 LITER REINER ALKOHOL !

So viel wurde in Deutschland im Jahr 2009 pro Kopf – also auch sehr alte Menschen und Kinder mitgerechnet – konsumiert. Damit ist der Verbrauch gegenüber dem Vorjahr zwar etwas gesunken, im internationalen Vergleich jedoch weiterhin sehr hoch. Insgesamt wurden 139 Liter an alkoholischen Getränken pro Kopf verbraucht:

* 109,6 Liter Bier
* 20,1 Liter Wein
* 5,4 Liter Spirituosen
* 3,9 Liter Schaumwein/Sekt

74.000 MENSCHEN !

sterben Schätzungen zufolge pro Jahr in Deutschland an den gesundheitlichen Folgen eines riskanten Alkoholkonsums – meist in Kombination mit dem Risikofaktor Rauchen. Das sind mehr als 200 Menschen pro Tag. Unfälle sind bei dieser Zahl noch nicht enthalten.

440 MENSCHEN !

wurden im Jahr 2009 durch Alkoholunfälle im Straßenverkehr getötet, 6.159 Personen schwer verletzt.

10,6 PROZENT !

aller Verkehrstoten in Deutschland starben 2009 an den Folgen eines Alkoholunfalls. Damit starb mehr als jede zehnte Person, die im Straßenverkehr getötet wurde, an den Folgen ihres Alkoholkonsums. Alkoholunfälle sind folgenschwerer als andere Straßenverkehrsunfälle. Während auf 1.000 Unfälle im Straßenverkehr im Durchschnitt 14 tödlich Verunglückte kommen, sind es bei den Alkoholunfällen fast doppelt so viele (27 Getötete bei 1.000 Alkoholunfällen).

32,0 PROZENT !

aller im Jahr 2010 aufgeklärten Fälle im Bereich der Gewaltkriminalität sind unter Alkoholeinfluss verübt worden – das sind pro Jahr fast 50.000 Gewaltfälle.

www.kenn-dein-limit.info

M4 Body Map Alkohol

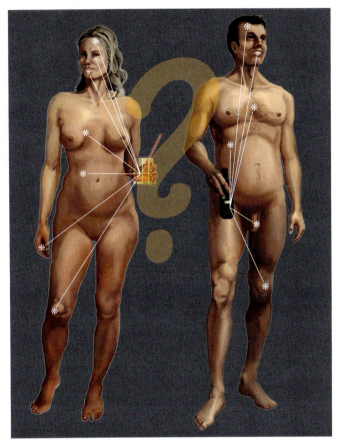

Mit freundlicher Genehmigung der Bundeszentrale für gesundheitliche Aufklärung im Rahmen der „Alkohol? Kenn dein Limit."-Kampagne

M5 Genuss, Gewöhnung, Missbrauch

Nicht jeder, der Alkohol trinkt [...], ist süchtig. Das Problem liegt aber woanders. Die Erwachsenen erwecken den Anschein, als brauche man zum Feiern und zur Unterhaltung Alkohol. Wenn es langweilig
5 wird, wenn sich Frust einstellt, wird dieser mit Alkohol weggespült. Das wird den Kindern tagtäglich vorgelebt. Und die Kinder orientieren sich daran, weil sie durch die Imitation Erwachsener lernen.
Wird man also auf solche Weise süchtig?
10 Drogen haben für den, der sie genießt, positive Eigenschaften. Die Tasse Kaffee schmeckt, das Stück Schokolade gibt einem was Gutes, darin liegt ein Zugang zum grundsätzlichen Problem der Sucht. Menschen, die Probleme haben und sie nicht lösen können, wollen
15 sich schnell was Gutes gönnen. Bei Kindern ist es nicht anders. Im ersten Moment ist es noch ein Ge-

nuss, doch dahinter steckt die Flucht vor Problemen. [...]
Die Frage ist, zu welchem Zweck das Mittel eingesetzt wird. Ist es nur ein Genuss, 20 bin ich schon daran gewöhnt, missbrauche ich das Mittel? Wenn ich es missbrauche, um meine Sorgen zu betäuben, gerate ich in Gefahr, die Genussebene zu verlassen. Dann aber wird es gefährlich. Bei Alkoho- 25 likern hat es mitunter fünfzehn Jahre gedauert, bis sie abhängig geworden sind. Mit einem Viertel Rotwein abends bewegt man sich nicht in der Gefahrenzone. Wohl aber, wenn die Dosis ständig steigt und 30 zur Abhängigkeit führt.

Frankfurter Allgemeine Zeitung vom 29.08.1997

Wer darf was an Alkohol trinken?					
Jahre	Bier	Wein	Sekt	Alkopops	Schnaps
unter 14					
14 und 15	◉	◉	◉		
16 und 17					

🟧 verboten   🟩 erlaubt

◉ verboten, außer in Begleitung einer personensorgeberechtigten Person (Eltern, Vormund) erlaubt

nach Jugendschutzgesetz

1 Versetzt euch in die Lage von Passanten und kommentiert die Situation. ➔ M1
2 Wie geht es weiter? Führt ein Rollenspiel auf der Grundlage dieser Diskussion durch. ➔ M2 **RS**
3 Visualisiert die Zahlen durch aussagekräftige Graphiken. ➔ M3 **V**
4 Überlegt: Welche Folgen könnte Alkohol auf den menschlichen Körper haben? ➔ M4
5 Geht auf die interaktive Internetseite http://www.kenn-dein-limit.info/index.php?id=45 und überprüft eure Vermutungen (Aufgabe 4). ➔ M4
6 Klärt den Unterschied zwischen Genuss, Gewöhnung und Missbrauch. ➔ M5

Aufgaben

5   M1 Das ist doch meine Sache ...

M2 Affig, von 'nem Stängel abhängig zu sein

Liebe auf den ersten Blick war es nicht, damals, mit Max und dem Nikotin. „Ein Zigarillo, ich war 15", erinnert er sich. „Kam nicht ganz so gut – der Nikotinflash hat mich ziemlich umgehauen." Heute ist Max
5   19 Jahre alt – und bezeichnet sich selbst als „Raucher aus Leidenschaft". Fast eine Schachtel raucht er am Tag [...]. Oder er dreht selbst, „das ist billiger".
Eine Schachtel am Tag, so viel schafft Jana auch manchmal – wenn sie Stress hat: „Dann rauche ich
10   mehr als sonst." Jana ist 17 und raucht seit drei Jahren. Damit ist sie ein ziemlich typischer Fall: Mit 13,6 Jahren raucht ein durchschnittlicher deutscher Jugendlicher seine erste Zigarette. [...]
Elisabeth Pott erklärt das vor allem mit dem schlechten
15   Vorbild, das die Erwachsenen für Kinder und Jugendliche abgeben. „Wir haben eine fast unveränderte Rauchersituation bei den Erwachsenen. Die aber haben eine Vorbildfunktion für Kinder und Jugendliche."
Wenigstens manchmal wirken die Vorbilder aber auch
20   abschreckend – beispielsweise für den 13-jährigen Timo: „Mein Vater hat geraucht und hustet jetzt immer noch manchmal, obwohl er schon vor drei, vier Jahren aufgehört hat."
Warum also raucht trotzdem noch jeder fünfte Ju
25   gendliche? „Viele rauchen, weil sie es cool finden und kommunikativ", sagt Pott. An diesem positiven

Image versuchen die Gesundheits-Aufklärer zu kratzen. „Wer nicht raucht, gilt als kontaktfreudiger, cooler, attraktiver, erfolgreicher", heißt es in den „Stop smoking"-Broschüren der Behörde. [...]
30   „Ich finde Rauchen total blöd", sagt [...] Alicia [...]. „Es kostet Geld, es stinkt, es macht krank. Außerdem ist es doch affig, von so einem Stängel abhängig zu sein."

Angelika Unger

M3 Thank you for smoking

Nachdem im Jahre 1984 die Verkaufszahlen von Marlboro in Australien zurückgingen, schrieb der dortige Generaldirektor an seinen Kollegen in den USA: „Wir haben bereits im Oktober darauf hingewie
5   sen, dass wir glauben, durch zwei Bereiche positive Änderungen hervorrufen zu können, nämlich durch die Tabakmischung und die Werbung. Was den ersten Punkt betrifft, so ist es unser Ziel, mit der roten Marke und der besonders milden Sorte so nah wie möglich
10   an die amerikanische Mischung heranzukommen und es Rauchern damit schwer zu machen, sich von unserem Produkt zu trennen. Gleichzeitig arbeiten wir daran, die Werbung auf junge Raucher abzustellen, die sich noch im Entscheidungsprozess befinden, sich
15   auf eine Marke festzulegen, und bislang noch keine Geschmackserfahrungen mit einer Virginia-Zigarette oder einer Tabakmischung machen konnten."

www.docstoc.com

Die Generaldirektoren der sieben größten amerikanischen Tabakkonzerne schwören am 14. April 1994 vor dem US Kongress, dass Nikotin nicht süchtig macht.

M4 Was passiert, wenn ich aufhöre zu rauchen?

Nach 20 Minuten:
Nachdem das Nikotin aus dem Körper beseitigt wurde, normalisieren sich die Herzfrequenz, der arterielle Druck und die Körpertemperatur.

Nach 12-24 Stunden:
Die Durchblutung verbessert sich, das Kohlenmonoxid im Blut sinkt. Generell ist nun wieder mehr Sauerstoff als Kohlenmonoxid im Blut. Das Herzinfarktrisiko sinkt bereits.

Nach 2-3 Wochen:
Der arterielle Kreislauf normalisiert sich in den Lungenflügeln. Geruchs- und Geschmackssinn verfeinern sich.

Nach einigen Wochen:
Vorhandener Husten verringert sich oder er verschwindet völlig.
Der Blutkreislauf stabilisiert sich.
In der Lunge werden verstärkt Flimmerhärchen aufgebaut. Diese fangen wieder an, normal zu arbeiten. Dadurch kann die Lunge mit Schleimabbau und Reinigung beginnen. Die Infektionsgefahr sinkt. Zudem verbessert sich die Lungenfunktion um bis zu 30%.

Nach 12 Monaten:
Das Herzinfarktrisiko ist nur noch halb so groß wie bei Rauchern.

Nach 5 Jahren:
Das Schlaganfallrisiko sinkt allmählich wieder.

Nach 5-10 Jahren:
Das Risiko, an Mund-, Luft- oder Speiseröhrenkrebs zu erkranken, ist nur noch halb so hoch wie bei Rauchern, auch das Lungenkrebsrisiko ist um 50% gesenkt.

Nach 15 Jahren:
Das Risiko eines Herzinfarktes ist jetzt nicht mehr höher als bei Nichtrauchern.
Jeder weiß, dass das Krebsrisiko mit dem Alter zunimmt. Je früher man mit dem Rauchen aufhört, desto geringer ist dieses Risiko.

Was endlich verschwindet:
Vorzeitiges Altern der Haut (Falten, „Altersflecken"), schlechter Atem, verfärbte Zähne
nach Allen Carr

M5 Rauchen – warum (nicht)?

Ich habe angefangen zu rauchen, weil ich einfach dazugehören wollte.
Brit, 15

Seitdem ich rauche, bringe ich im Sport nur noch maximal 90% meiner möglichen Leistung.
Bernd, 16

Meine Tante ist an Lungenkrebs gestorben.
Daniel, 14

Nikotin zählt zu den gefährlichsten Giften!
Tim, 16

Ich möchte schon seit längerer Zeit aufhören zu rauchen. Aber das ist gar nicht so einfach.
Oya, 15

Aufgaben

1 Kommentiert die Aussage auf dem Plakat. ➔ M1
2 Überlegt, welche Gründe Raucher anführen, um ihr Verhalten zu rechtfertigen. ➔ M1
3 Stellt dar, welche Gründe dazu geführt haben, dass einige Jugendliche angefangen haben zu rauchen und andere Nichtraucher geblieben sind. ➔ M2
4 Untersucht, mit welchen Mitteln die Tabakkonzerne versuchen, Raucher „bei der Stange zu halten". ➔ M3
5 Seht euch den Film *Thank you for smoking* an und arbeitet heraus, wie Tabakkonzerne vorgehen, um ihr Produkt positiv darzustellen. ➔ M3
6 Erschließt aus der Auflistung, welche Risiken das Rauchen mit sich bringt. ➔ M4
7 Sprecht über die Statements der Jugendlichen und ergänzt sie durch eigene Aussagen über das Rauchen. ➔ M5

6

M1 An Deutschlands Schulen?

M2 Christiane F. – eine Drogenkarriere

Wir Kinder vom Bahnhof Zoo ist die Geschichte der drogenabhängigen Jugendlichen Christiane F. Sie hat ihre Erlebnisse zwei Journalisten auf Tonband gesprochen:

5 Christiane F. zog im Alter von sechs Jahren mit ihren Eltern nach Berlin. Dort war sie in den Augen der anderen das dumme Kind vom Land. Weil ihr Vater gewalttätig wurde und seine Frau und Kinder schlug, verließ die Mutter ihn. Sie zog 10 mit ihrer Tochter in die Wohnung ihres Freundes, den Christiane nicht akzeptierte und mit dem sie ständig Streit bekam. Mit Beginn der 7. Klasse wechselte Christiane von der Grundschule auf die Gesamt-15 schule, wo sie alles tat, um die Anerkennung ihrer Mitschüler zu erlangen. Schließlich gelang es ihr, sich mit Kessi anzufreunden, der ältesten Schülerin ihrer Klasse. Diese nahm sie in das *Haus der Mitte* mit, einen Club im Jugendhaus 20 der evangelischen Kirche. Dort lernte sie eine Cli-

que von Jungen aus der 9. Klasse kennen, von denen ihr vor allem Piet imponierte. Als die Jungen am nächsten Abend eine riesige Wasserpfeife mit Haschisch mitbrachten und ansteckten, bekam Christiane es mit der Angst zu tun und erfand eine Ausrede, um 25 nicht mitrauchen zu müssen.

Dennoch war es ihr wichtig, zu der coolen Clique zu gehören, und so lud sie sie zu sich nach Hause ein. Sie hörten Musik, und als die Jungen dabei ein Schillum auspackten und rundgehen ließen, wurde Christiane klar, dass sie sich diesmal nicht entziehen 30 konnte. Seitdem war sie jeden Abend mit der Clique zusammen und rauchte Haschisch. Aber dabei dachte sie sich nichts, sondern war glücklich, denn sie hatte jetzt Leute, zu denen sie gehörte. 35

Mit der Zeit bekam Christiane Probleme in der Schule, und auch der Streit zu Hause nahm nicht ab. Um nicht ständig daran denken zu müssen, fing sie schon nachmittags an, sich anzutörnen, und wenn sie die Schule schwänzte, auch schon vormittags. Ständig war sie 40 im totalen Tran. Auch äußerlich veränderte sie sich völlig: Sie wurde irrsinnig mager, weil sie kaum noch etwas aß, ihr Gesicht fiel ein.

Einige Wochen später wurde Christiane von Piet auf LSD gebracht, dann versuchte sie es auch mit phar- 45 mazeutischen Aufputsch- und Beruhigungsmitteln. Im Alter von 13 begann sie, sich Heroin zu spritzen. Um sich das Geld für die Droge zu beschaffen, ging sie – 14-jährig – mit ihren ebenfalls abhängigen Freunden zum Kinderstrich am Bahnhof Zoo. 50 Mehrmals versuchte Christiane einen Entzug, wurde jedoch immer wieder rückfällig. Nachdem ihre beste Freundin Babsi an ihrer Drogensucht gestorben war, beschloss sie, sich den „Goldenen 55 Schuss" zu setzen. Sie überlebte ihren Selbstmordversuch jedoch und wurde von ihrer Mutter in ein Dorf in der Nähe von Hamburg zu ihrer Oma und Tante 60 gebracht. Zeitweise schaffte sie es, von den Drogen loszukommen, das Suchtproblem begleitete sie aber weiter – bis heute.

M3 Vom Joint an die Nadel?

Ist Cannabis eine Einstiegsdroge? Das schien als Ammenmärchen enttarnt. Jetzt bekommt die These aber massive Unterstützung aus der Forschung.

In der Debatte ums Kiffen sind die Fronten ziemlich
5 festgefahren. Die einen halten die medizinischen Risiken für gering und setzen sich für eine Legalisierung der sogenannten weichen Drogen ein. Die anderen fordern, auch schon den Konsum von Haschisch mit drastischen Mitteln zu bekämpfen, um die in
10 ihren Augen ernsten gesundheitlichen und sozialen Folgen einzudämmen. Entsprechend gespalten sind die Meinungen darüber, ob Cannabis die Anfälligkeit für andere illegale Drogen erhöht. [...]

Während unterdessen immer mehr Jugendliche Can-
15 nabis konsumieren, kommt die Wissenschaft jetzt aber zu ganz anderen Resultaten: Schwedische Forscher [konnten] zeigen [...], dass der Wirkstoff [...] [THC], der in Cannabis enthalten ist, das Gehirn sehr wohl anfälliger für Opiate macht – und dass dies
20 gerade für das sich entwickelnde Hirn von Teenagern Folgen hat. Maria Ellgren und ihre Kollegen vom Karolinska-Institut in Stockholm schließen das aus Versuchen an Ratten, die sich mithilfe eines ausgefeilten Trainingssystems selbst Opiate verabreichen
25 konnten – Hebel mit der Schnauze drücken, und der Stoff floss durch eine Kanüle ins Blut.

Alle untersuchten Nager entwickelten auf diesem Weg eine Abhängigkeit. Doch bevor die Tiere auf Heroin gebracht wurden, hatte ein Teil von ihnen regelmäßig
30 eine kleine Dosis THC bekommen – und zwar in einer Entwicklungsphase, die dem menschlichen Jugendalter entspricht. Diese Kifferratten zeigten später ein klar verstärktes Suchtverhalten: Während sich ihre THC-unerfahrenen Kollegen auf eine bestimmte Dosis
35 Heroin trainieren ließen, entwickelten die vorpräparierten Ratten eine zunehmende Gier nach dem harten Stoff – sie verbrauchten schließlich zwei Drittel mehr Heroin. [...]

Obwohl es sich um einen Tierversuch handele und
40 nicht um ein Experiment mit Menschen, könnten die Ergebnisse direkt auf uns Zweibeiner übertragen werden. [...] Den Legalisierungsbefürwortern [...] [ist] ein Argument abhanden gekommen.   *Kathrin Zinkant*

Illegale Drogen – die Rechtslage

Entsprechend dem Betäubungsmittelgesetz unterscheidet man zwischen legalen Drogen (z. B. Alkohol, Nikotin) und illegalen Drogen (Heroin, Kokain, LSD, Ecstasy, Crack, Speed, Spice usw.). Mit einer Freiheitsstrafe bis zu fünf Jahren oder Geldstrafe wird bestraft, wer solche Betäubungsmittel „unerlaubt anbaut, herstellt, mit ihnen Handel treibt, [...] sie abgibt, sonst in den Verkehr bringt, erwirbt oder sich in sonstiger Weise verschafft" (BtmG § 29 (1) 1).

Der Besitz geringer Mengen Cannabis ist zwar nicht strafbar, hat aber dennoch Konsequenzen. Wenn ein Jugendlicher mit einer geringen Menge Cannabis zum eigenen Verzehr erwischt wird, erstattet die Polizei Anzeige und registriert den Tatbestand. Damit ist man als Betäubungsmittelkonsument gespeichert. Der Staatsanwalt kann das Ermittlungsverfahren einstellen. Das ist beim ersten Mal meistens der Fall. Die Einstellung des Verfahrens ist allerdings häufig mit Auflagen verbunden, z. B. dem Verrichten von Sozialstunden oder der Teilnahme an einem Drogenpräventivkurs. Eine Kopie der Anzeige geht an das Jugendamt, die Eltern werden informiert. Die Straßenverkehrsbehörde bekommt ebenfalls eine Kopie der Anzeige. Diese kann bei Betäubungsmittelkonsum die Zulassung zum Führerschein verweigern. THC, der Wirkstoff von Cannabis, ist noch mehrere Wochen nach dem Konsum im Urin nachweisbar. Wenn bei einer Verkehrskontrolle der Urintest positiv ist, kann das dazu führen, dass die Straßenverkehrsbehörde den Führerschein entzieht.

---

1 Formuliert eure Eindrücke in Bezug auf das Bild in einem Blitzlicht. → M1   **BL**

2 Sammelt die Gründe dafür, dass Christiane begonnen hat, Drogen zu nehmen. → M2

3 Stellt zusammen, welche Folgen der Haschisch-Konsum bei ihr kurz- und langfristig hat. → M2

4 Schreibe einen Brief an Christiane F., in dem du deine Gedanken und Gefühle zu ihrer Drogensucht formulierst. → M2

5 Nehmt Stellung zu der Frage, ob Haschisch eine Einstiegsdroge ist. Was sagt der Text M3 dazu? Was ist deine Meinung? → M1–M3

Aufgaben

7   M1 Ein irres Gefühl der Freiheit

*Jana Freys Roman Höhenflug ab-
wärts erzählt die Geschichte von
Marie: Sie ist 16, geht in die 9. Klasse
und weiß selber nicht genau, warum
sie mit Ecstasy angefangen hat.
Vielleicht hatte es damit zu tun,
dass Leon, mit dem sie von Kindheit
an befreundet ist und in den sie sich
verliebt hat, jetzt mit der neuen
Schülerin, Friederike, geht. Seitdem
beachtet Leon sie überhaupt nicht
mehr. Auf einer Sommerparty nimmt
Marie ihre erste Ecstasy-Pille.*

„He, Marie, ich glaube, du hast
einen Schwips", sagte Samir und
setzte sich zu mir. „Aber du hast
Glück: Ich habe da was dabei, das

5 dich wieder fit macht." Er griff in
seine Jeanstasche und fischte ein
kleines Tütchen heraus, in dem ein paar grünliche
Pillen waren. „Was ist das?", fragte ich. Meine Stimme
klang eigenartig belegt, und in meinem Kopf drehte

10 sich alles. Ich hatte ganz sicher zu viel von der Kiwi-
bowle getrunken. Und das Glas Campari hatte mir den
Rest gegeben. „So eine Art Fitnesspillen", sagte Samir.
„Pass auf, die bringen dich wieder auf den Damm."
Mit diesen Worten stand er auf. „Warte hier, ich hole dir

15 ein Glas Orangensaft, und dann geht es dir ruck, zuck
besser, versprochen!" Ich nickte, und ein paar Augen-
blicke später schluckte ich die kleine, grüne Pille, die
Samir mir in die Hand gelegt hatte. Zusammen mit
einem Schluck Orangensaft spülte ich sie hinunter.

20 Es war wunderbar. Das Leben. Und dieses Fest. Die
Musik wummerte mir in den Kopf, in den Bauch und
in die Seele. Vor allen Dingen in die Seele. Ich fühlte
mich plötzlich von Kopf bis Fuß leicht und glücklich.
[...] Ich schob mich an den anderen vorbei auf den

25 Dancefloor. [...] „Franka!", rief ich [...], umarmte meine
Freundin von hinten und legte meine Wange auf ihre
Schulter. Franka drehte sich um. „Marie!", rief sie
überrascht und außer Atem. „Du tanzt ja! Wow!" Und
das stimmte. Ich tanzte mit Franka und mit Lilli und

30 mit allen anderen. Eine Menge Gesichter lächelten
mir zu. „Ich kann nicht mehr, ich brauche eine Pause",

keuchte Franka irgendwann. „Wollen wir was trinken
gehen?" „Franka, ich könnte die ganze Welt umarmen,
irgendwie", rief ich. „Was ist denn plötzlich los mit 35
dir?", fragte Franka und blieb stehen. Sie wischte sich
die Haare aus dem verschwitzten Gesicht. „Bist du
betrunken?" Ich schüttelte den Kopf. „Blödsinn, mir
geht es einfach gut", sagte ich und tanzte davon.

M2 Was passierte mit Amai Sommer?

*Marie ändert ihren Freundeskreis und trifft sich immer
häufiger mit der Clique um Malte, in der auch mal ein „Trip
eingeworfen" wird. Sie freundet sich mit Malte an und
schläft mit ihm, nachdem sie eine Ecstasy-Pille genommen hat. Danach hat sie Angst, schwanger zu sein. Als sie
mit Malte über die Konsequenzen einer Schwangerschaft
spricht, kommt es zum Streit. Völlig verstört verlässt sie
Maltes Zimmer und irrt umher. Irgendwann und irgendwie
kommt sie zu Hause an.*

„Marie, antworte", befahl mein Vater. „Wie lange geht
das schon so?" „Ein, zwei Mal", murmelte ich gereizt.
„Mit Malte Heimann?", bohrte mein Vater. Ich hob
den Kopf. „Nun macht doch keine Katastrophe daraus", sagte ich. „Es kiffen doch fast alle." Ich hörte 5
meinen Vater atmen, beherrscht atmen. „Du weißt, was
mit Amai Sommer passiert ist?", fragte er nach einer
halben Ewigkeit. Auch seine Stimme klang mühsam

beherrscht. Ich schwieg. „Sie hat
10 versucht, sich das Leben zu nehmen, nachdem sie auf einer Feier
eine Ecstasypille genommen hat,
der jemand LSD beigemischt hatte,
Marie. Sie ging einfach nach Hause,
15 schloss sich in ihrem Zimmer ein
und versuchte, sich mit einem Messer die Pulsadern aufzuschneiden
..." Mir lief es eiskalt den Rücken
hinunter, als ich das hörte. „Ich
20 weiß nicht, woher diese Drogen
kommen, aber Tatsache ist, dass sie
auch an unserer Schule gehandelt
werden", fuhr mein Vater niedergeschlagen fort. Ich musste an Samir
25 denken. Und an Jakob. In Gedanken
versuchte ich die Pillen zu zählen,
die ich seit dem vergangenen Sommer geschluckt
hatte. Es mussten über hundert gewesen sein ...

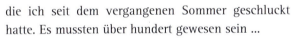 Leon will es wissen

*Auf einer Schulparty wirft Marie einen Trip. Wie so oft in
letzter Zeit hat sie beängstigende Halluzinationen von
Bäumen, die sie anstarren, und von ihrer toten Großmut-
ter. Verwirrt irrt sie umher. Leon, der sich im Laufe der
Geschichte ebenso von Marie entfremdet hat wie sie sich
von ihm, findet sie, kümmert sich um sie und ist auch da,
als sie später in einer Klinik aufwacht.*

„Wie geht es Amai?", fragte ich. Leon zuckte mit den
Achseln. „Mal besser und mal schlechter. Sie ist immer noch in der Klinik." „So wie ich jetzt", sagte ich
nachdenklich. Leon nickte. Und plötzlich ging mir
5 ein Licht auf. „Der Dealer war Jannis, nicht wahr?",
fragte ich Leon. „Ja", sagte Leon. „Er hat da vor an-
derthalb Jahren irgendwelche Kontakte nach Polen
geknüpft, und dort wurde dieser Giftkram zusammen-
gemixt, den er hier dann unter die Leute gebracht
10 hat." Amais eigener Bruder Jannis. Ich schwieg, und
Leon schwieg auch. Eine ganze lange Weile waren
wir beide still, aber dann brach Leon das Schweigen.
„Marie, bin ich schuld daran, dass das alles passiert
ist?", fragte er leise. Ich schüttelte den Kopf. „Nein",
15 sagte ich langsam.   *M1–M3: Jana Frey*

1 Beschreibe, wie sich Marie fühlt, als sie das erste
Mal eine Ecstasy-Pille nimmt. Ist sie dabei wirklich
frei? ➜ M1

2 Als ihr Vater von Amai Sommer erzählt, läuft es Marie
eiskalt den Rücken herunter. Erkläre diese Reaktion.
➜ M2

3 Schreibe den Text weiter, in dem du Leon aus Sicht von
Marie erklärst, warum sie die Droge geschluckt hat.
Tragen Samir oder Jannis eine besondere Verantwor-
tung? Begründe. ➜ M2 **S**

4 Änderte sich etwas an der Situation, wenn Marie von
Malte schwanger wäre? ➜ M2

5 Schaut euch die Bilder von den beiden Händen an.
Beschreibt, worin sie sich unterscheiden und worin sie
sich gleichen. **B**

6 Interpretiert, was die Hände bedeuten, wenn man sie
im Zusammenhang betrachtet. ➜ M1/M2

7 Wie bewertet ihr Leons Verhalten im Krankenhaus?
➜ M3

8 Arbeitet heraus, wer eigentlich schuld an Maries Drogenkonsum ist. Marie selbst? Samir, der ihr die erste
Pille gab? Leon, der sich in ein anderes Mädchen verliebt hat? Malte, Maries Freund? Oder Jannis, der wie
Samir Drogen verkauft? ➜ M1–M3

9 Beurteilt, wer in dem Roman *Höhenflug abwärts* von
Jana Frey verantwortungsvoll und wer verantwortungs-
los handelt. ➜ M1–M3

Aufgaben

8

M1 Ein Traum

Mathias Grünewald, Die Versuchung des hl. Antonius, 1515

M2 Wenn der Trip nicht mehr aufhört

Sebastian konnte an diesem Tag keine Zeitung lesen, er hatte Angst vor den Schlagzeilen: Alles, was dort stand, drehte sich um ihn. Er rannte los, raus aus der Wohnung, weg vor diesem Wahnsinn, der Mittel-
5 punkt der Welt zu sein. Er suchte einen Ort, an dem ihn niemand kannte, wo Ampeln, Autos, Supermärkte auch ohne ihn funktionierten. Doch die Welt da draußen und jeder, der ihm begegnete, schien alles über ihn zu wissen. Er versuchte das zu ignorieren.
10 Die einzigen Menschen, denen er noch traute, waren Kinder. Wie ferngesteuert lief er ihnen hinterher, bat sie um Hilfe und landete in der halbleeren Nachmit-tagsvorstellung eines Zeichentrickfilms.
Irgendwann später lag Sebastian betäubt und festge-
15 schnallt auf einem Bett der geschlossenen Abteilung der Berliner Klinik Herzberge. Heute glaubt er sich zu erinnern, dass die Kinokassiererin, der sein paranoi-der Zustand aufgefallen war, die Polizei gerufen hat. Eine Spritze, die auch einen Amokläufer ins Koma
20 gebracht hätte, legte die Drogen in seinem Körper lahm und löschte die nächsten Minuten und Stunden aus. Als er wieder zu sich kam, begann die Mischung

aus Ecstasy, LSD und Marihuana, die er auf Partys, auf Raves über zwei Jahre hinweg genommen hatte, abermals wie ein Trafo in seinem Kopf zu rauschen. 25
Am Abend vorher hatte Sebastian seine besten Freun-de um sich versammelt. „Ich saß kerzengerade auf meinem Bett, erzählten sie mir später, und ab und zu sagte ich einen Satz, den keiner mehr verstand." Mit diesen Freunden war Sebastian oft in Clubs gegan- 30
gen, hatte Ecstasy geschluckt – nicht mehr und nicht weniger als die anderen, denn E gehörte einfach dazu. Manchmal hatte er dazu noch Marihuana geraucht oder einen Trip genommen. „Sie waren erschrocken, dass ich plötzlich auf den Pillen hängengeblieben 35
bin." Denn Sebastian war immer Vorbild gewesen: Er hatte als Erster und ohne große Probleme den syn-thetischen Drogencocktail genommen. [...]
Nach der Spritze, die ihm die Ärzte in Herzberge ge-geben hatten, glaubte Sebastian, klarer zu sehen, 40
„aber dann fingen wieder diese Visionen an, irgend-welche unbekannten Menschen und Gesichter kamen auf mich zu". Die Ärzte diagnostizierten eine durch Drogen ausgelöste Psychose. „Da dieser Zustand im-mer mit Drogen aufgetreten ist, nehmen sie an, dass 45
mein Ausklinken und Hängenbleiben damit zu tun haben." Sebastian bekam Psychopharmaka. Die konn-ten aber sein Gefühl nur mildern, von etwas verfolgt zu werden. Die Medikamente stellten für eine Zeit sein Gleichgewicht künstlich wieder her – die Ursa- 50
che konnten sie nicht eliminieren. Es war so, als hätte sich Sebastian in einem Stockwerk verlaufen und fände nicht mehr den Weg zurück zum Erdgeschoss. Als sei er in einer parallelen Welt hängengeblieben. „Irgendwann brachte mich der Arzt dazu, dass ich 55
wieder meinen Namen sagen konnte."
Sebastian weiß nicht mehr, wann er sein erstes E genommen hat oder seine erste LSD-Tablette und wann und wie oft er schon in der Psychiatrie war. In seinem Zeitloch spielt das keine Rolle mehr. Vergan- 60
genheit oder Zukunft sind für ihn sehr weit weg, als wären sie unter einer dicken Schicht begraben. Und seine Gegenwart findet woanders statt, auf einem anderen Stern – ohne dass er noch Drogen nimmt. Diesen Ort kann er aber niemandem beschreiben und 65
niemandem zeigen.

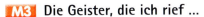

M3 Die Geister, die ich rief …

Marcel hat fast drei Jahre lang synthetische Pillen und Pulver genommen. „In meiner ersten Therapie hatte ich einfach nur noch Lust auf Drogen. Als ich dann draußen war, hatte ich sie wieder, diese ‚schwar-
5 ze Erfüllung'. Oder wie immer man das nennt. Pillen und Crack. [...]"

Für sein Alter, sagt der 17-Jährige, habe er schon viel Scheiße erlebt. Manchmal wünscht er sich, er wäre wieder acht oder neun Jahre alt und könnte noch mal
10 neu anfangen. „Ich würde nicht rauchen und kein Pillen- und Pulverzeug nehmen und versuchen, mein ganzes Leben lang Fußball zu spielen, obwohl ich davor einen Wahn habe, weil damit fing das mit den Drogen erst an." Marcel war damals vierzehn und in
15 der B-Jugend eines großen Fußballclubs. „Wir haben gekifft und ab und zu Ecstasy genommen oder Pillen, wie das eben so ist mit vierzehn. Als unser Trainer eines Tages mit irgendwelchen Amphetaminen an-kam und meinte, wir könnten das vor dem Spiel neh-
20 men, dachten wir uns: Probieren wir das doch mal aus." Am Ende der Saison hatte Marcel stolze 29 Tore geschossen. „Das waren keine normalen Tanz- und Partypillen, sonst wären wir vermutlich auf dem Fuß-ballfeld kollabiert." Beim Spiel hatte er keine Skrupel
25 mehr beim Foulen. „Das war der Anfang von dem ganzen Pillen- und Pulverwahnsinn", sagt er. Der Trainer kam ins Gefängnis.

Dann kamen eine Menge Pillen und Trips – dann Crack. „Ich hab' die Menschen gar nicht mehr richtig
30 wahrgenommen, nur noch als Umrisse. Du bekommst davon richtige Halluzinationen, optisch und akus-tisch. Du kannst auch Leuten richtig wehtun. Ich glaube, ich habe schon mal jemanden ziemlich zuge-richtet, und am nächsten Morgen weißt du nichts
35 mehr." Marcel redet über das „Teufelszeug" wie über ein Wesen, das Macht über ihn hatte. Denn auch ohne die Drogen hat er inzwischen Visionen und Flashbacks. Und manchmal ist er nicht sicher, ob es nicht wieder wächst, dieses Ding, und Besitz von ihm
40 ergreifen will.

Wenn er ein Mädchen wäre, sagt er, würde er sich ein ganz bestimmtes Tattoo machen lassen. Zwei wie das Yin-und-Yang-Zeichen ineinander verschlungene Dra-chen: der eine rot, der andere schwarz. Der rote Dra-che, sagt Marcel, steht für die Droge und wird im
45 Kampf mit dem schwarzen Drachen, der die gute Macht symbolisiert, endgültig getötet.

Zufällig hörte Marcel von einer neuen Jugendhilfs-einrichtung, die dem Therapiezentrum Melchiorsgrund im Schwalmtal angeliedert ist, dem Haus „Wildgän-
50 se". [...] Melchiorsgrund ist keine geschlossene Anstalt, sondern ein sehr offenes Therapiesystem: Im Kleinen sollen hier das Zusammenleben und der Alltag geübt werden.

Marcel kommt gerade aus der medizinischen Station.
55 Er humpelt stark. In der Nacht zuvor, nach unserem ersten Treffen, wir hatten uns über Mode und Musik und das Leben unterhalten, ist es wieder einmal pas-siert. Vielleicht war es die Sehnsucht nach dieser „schwarzen Erfüllung" oder das Fehlen eines Gefühls,
60 das diese Erfüllung ersetzen könnte. Auf jeden Fall lief in seinem Kopf ein Film ab, den er sonst nur auf Pille kannte. Er hat dann mit dem Bein gegen einen Türrahmen getreten, bis es geprellt und blau war.

Synthetische Drogen sind wie Geister: Sie verschwin-
65 den nie ganz, auch wenn sie nicht mehr sichtbar sind. Sie rufen Erinnerungen wach und verursachen Hallu-zinationen. „Heute Nacht", erzählt Marcel, „habe ich gedacht, dass jemand die Treppe hochläuft. Und redet. Aber da war niemand." Die Geister, die man rief, wird
70 man nicht mehr so einfach los. Wenn Drogen einmal ein Teil des Lebens waren, bleiben sie mächtig, auch wenn man sie nicht mehr nimmt.

M2/M3: Sabine Magerl

B

1 Stell dir vor, du hättest die auf dem Bild dargestellte Situation nachts im Traum erlebt. Am nächsten Mor-gen erzählst du deiner Mutter davon. Welche Gedan-ken und Gefühle bewegen dich? → M1

2 Teilt euren Kurs in zwei Gruppen. Die einen lesen den Text M2, die anderen M3:
- Beschreibt die Situation von Sebastian bzw. Marcel und analysiert die Gründe dafür.
- Bildet gemischte Paare und tragt euch gegenseitig eure Ergebnisse vor.
- Erörtert anschließend im Plenum die Gemeinsamkei-ten und Unterschiede der beiden Fälle. → M2/M3

Aufgaben

1

M1 Ich brauche deine Hilfe nicht!

Der Film Jim Carroll – In den Straßen New Yorks *basiert auf dem autobiographischen Roman* The Basketball Diaries *von Jim Carroll, der als Jugendlicher ein Basketballstipendium erhielt, doch mit einem Freund immer tiefer in die Drogenszene abrutschte.*
Als die Mutter erfährt, dass ihr Jim drogensüchtig ist, geht sie (in zwei Sequenzen) sehr streng mit ihm um.

Mrs. Carroll [ist aufgebracht und stellt ihren Sohn in ihrer Wohnung zur Rede]: Sag mir, dass du nie auf dem Schulhof irgendwelche Pillen verkauft hast.

Jim [genervt]: Nein.

5 Mrs. Carroll [gereizt]: Dann ist also das Ganze eine große Verschwörung gegen dich. Hab' ich recht, Jim?

Jim [trotzig]: Ja, möglich wär's.

Mrs. Carroll [sauer]: Vielleicht aber auch nicht. Hast du vielleicht die hier gesucht? [Sie zeigt ihm einen
10 Plastikbeutel mit Pillen.] Willst du mir weismachen, dass das Vitamine sind?

Jim: Ach, fick dich, Ma.

Mrs. Carroll [schreit]: Was? Raus aus meinem Haus. [Jim bewegt sich in sein Zimmer. Mrs. Carroll geht
15 ihm nach.]

Jim: Ach, das war's, was du wolltest?

Mrs. Carroll [schreit]: Raus hier. So redest du nicht mit mir, mein Junge.

Jim [schreit sie an]: Wenn das dein Wunsch ist, ver-
20 schwinde ich, o.k.? [Er beginnt, Kleidung aus seinem Schrank zu räumen.]

Mrs. Carroll [entsetzt]: Was machst du da?

Jim [schreit sie weiter an]: Ich hau ab! Was denkst du denn?

Mrs. Carroll [schreit ihren Sohn an]: Sehr gut. Und 25 nimm ja deinen ganzen Mist mit. [Sie reißt ihm die Kleidung aus den Händen und wirft sie wütend zu Boden.] Ich helf' dir dabei. Hier! Verschwinde!

Jim [noch immer laut]: Du willst, dass ich gehe?

Mrs. Carroll [aufgelöst]: Ja, hau ab. 30

Jim [stößt seine Mutter zur Seite]: Das werde ich auch. Mach Platz, und lass mich in Ruhe!

Mrs. Carroll [kreischend und weinend]: Dieser Dreck wird dich umbringen! Jim!

Jim [reißt die Haustür auf]: Ich geh' ja schon. [Er 35 schmeißt die Haustür hinter sich zu.]

Mrs. Carroll [schreit verzweifelt hinter verschlossenen Türen]: Es bringt dich noch um! [Jim schwankt die Vordertreppe zur Straße hinunter. Als er endlich auf der Straße ist, blickt seine Mutter aus dem Fenster.] 40 Verstehst du denn nicht, ich werd' nicht mit ansehen, wie du zugrunde gehst.

Jim [antwortet patzig]: Ja, Ma, du wirst mich in deinem Leben nie wiedersehen. Das schwöre ich dir. Du wirst schon sehen. 45

M2 Du bekommst meine Hilfe!

[Die Innentür von Mrs. Carrolls Wohnung ist sichtbar. Es klopft.]

Mrs. Carroll [im Off]: Wer ist da?

Jim [im Off, aber man merkt deutlich, dass er auf Entzug ist]: Ma. Lass mich rein. Ma. Lass mich rein. [Er 5 klopft weiter.]

[Mrs. Carroll öffnet den Spion, um zu sehen, wer vor ihrer Tür steht. Jim klopft erneut. Sie öffnet vorsichtig und leise alle Türverriegelungen, bis auf die Türkette.]

Jim [stöhnend]: Bitte, Ma. [Er klopft ein weiteres Mal.] 10 Ma? Ey, Ma? Was ist? Bist du da? Bist du da?

Mrs. Carroll [ruhig]: Ja.

Jim [nervöser werdend]: Ma? Ma? Bist du da?

Mrs. Carroll [noch immer einigermaßen ruhig]: Ja.

Jim: Hi. Hi, Ma. Hi! Hi! Hör zu, entschuldige, du musst 15 mir helfen. [Er zieht die Nase hoch und steckt seine linke Hand durch den Türspalt.] Sei so nett und gib mir 'n bisschen Geld, o.k.? Also, ich brauch unbedingt 5 $ oder 10 oder 20. Irgendwas in der Richtung, weil ich in Schwierigkeiten bin. [Er zieht die Nase hoch und spuckt 20 auf den Boden des Flurs.] Ma? Ma? Hörst du mich?

Mrs. Carroll [kurz vor dem Weinen]: Ja, ich hör dich. Doch ich kann dir nicht helfen.

Jim [unruhiger]: O.k.! Hör zu. Du brauchst mir nur ein
25 bisschen Geld zu geben, o.k.?

Mrs. Carroll [die am liebsten die Tür aufmachen würde]: Jim, das kann ich nicht.

Jim [versucht vernünftig zu bleiben]: Wieso nicht? Ma, du kennst mich doch. Ich würde nie etwas Unrechtes tun.
30 Die Sache ist nur die, ich muss für kurze Zeit die Stadt verlassen. Ich bin 'n bisschen in Schwierigkeiten. Daher brauche ich deine Hilfe. O.k.? Du musst mir 'n bisschen Geld geben, Ma. [Er steckt jetzt den ganzen Arm durch den Türspalt.] Kannst du meine Hand halten?
35 Mrs. Carroll [aufgelöst, hält seine Hand]: Ja, ich halte deine Hand.

Jim: Mum, gibst du mir bitte 'n bisschen Geld? [Er wiederholt seine Forderung mit Nachdruck.] Mum, gibst du mir bitte 'n bisschen Geld? Verscheißer mich nicht!
40 Mrs. Carroll [steht kurz vor dem Weinen]: Ich kann nicht.

Jim [schreit]: Mum, gib mir jetzt verdammt noch mal bitte das Geld. Was soll der Scheiß? Ich bin dein Sohn!

Mrs. Carroll [verzweifelt]: Ich – ich hab' keins. [Sie versucht die Tür zu schließen.]
45 Jim [lauter als zuvor]: Ma, hör jetzt auf mit der Scheiße. Gib mir 'n bisschen Geld. Ma! Komm schon, lass mich – verdammt noch mal – rein. [Mrs. Carroll schafft es, die Tür zu verschließen und verriegelt sie wieder komplett. Jim haut mit den Fäusten gegen die Tür.]
50 Ich will rein. [Er weint sterbenselend.] Lass mich rein. [Er schluchzt und schlägt weiter gegen die Tür.] Lass mich rein. Ehrlich, ich brauch' das Geld. Ganz dringend brauch' ich das Geld. [Jim sackt vor der Haustür in sich zusammen.] Oh, scheiße.
55 Mrs. Carroll [telefoniert mit der Polizei]: Officer, da versuchen gerade welche, in meine Wohnung einzu-

brechen. Sie haben ein Messer. [Sie hört Jim weinen.]

Jim [immer hoffnungsloser]: Mum! [Mrs. Carroll hört ihren Sohn weinen. Sie selbst sitzt zusammengebrochen auf dem Fußboden.] Mum, es ist so furchtbar. 60 [Mrs. Carroll kramt in ihrer Tasche und holt einen größeren Dollarschein hervor. Jim ist im Off.] Du weißt ja gar nicht, was du mir antust! [Jim sitzt immer noch auf dem Flur.] Es tut furchtbar weh. Wie kannst du das deinem Sohn antun? [Jetzt schreit er.] Miststück! 65 [Mrs. Carroll hält den Telefonhörer in der einen, den Dollarschein in der anderen Hand. Sie weint lautlos.] Verdammtes Miststück! [Jim schreit jetzt, weil der Entzug ihm Qualen bereitet.] Lass mich rein. Ich tu dir auch nichts. Ich bin ein ganz braver Junge. Ich bin ein 70 ganz braver Junge, Ma. [Mrs. Carroll weint leise am Telefon, hält aber immer noch den Dollarschein in der Hand.] Wenn du mich reinlässt, ah – ah – ah ...
[Polizisten verhaften Jim und führen ihn ab. Vor dem Haus schreit Jim noch einmal.] Lasst mich los! Ihr 75 Arschlöcher! Leckt mich doch, ihr Wichser! [Die Polizisten setzen Jim in ein Polizeiauto. Er schreit.] Ma? Wie kannst du so was tun? Ma? [Dann stöhnt er vor Schmerzen.] Ah! Ah! Ma. [Ein letztes Mal versucht er sie zu erreichen. Aber sein Ruf ist kraftlos.] Ma. 80

---

1 Nehmt Stellung dazu, ob Mrs. Carroll richtig gehandelt hat, als sie Jim wegen seines Drogenkonsums aus der Wohnung warf. ➜ M1

2 Klärt, inwiefern Mrs. Carroll ihrem Sohn gegenüber Verantwortung übernommen hat. ➜ M2

3 Versetzt euch in Jims Lage und schreibt einen Brief an seine Mutter, in dem er nach erfolgreichem Entzug darstellt, wie er ihr Verhalten damals beurteilt hat und wie er es heute einschätzt. ➜ M1/M2

Aufgaben

2

Kein Problem

„ Ich kann ja **jederzeit** aufhören. "

M2 **Auf Turkey**

Nachmittags ging es dann voll los. Wir schluckten und schluckten diese [Beruhigungs-]Pillen und gossen noch ordentlich Wein obendrauf. Aber es half nichts. Ich hatte plötzlich meine Beine nicht mehr unter
5 Kontrolle. Auf den Kniekehlen war ein unheimlicher Druck. Ich legte mich auf den Fußboden und machte die Beine lang. Ich versuchte, die Beinmuskeln anzuspannen und wieder zu entspannen. Aber ich hatte keine Kontrolle mehr über die Muskeln. Ich drückte
10 die Beine gegen den Schrank. Und da waren sie dann. Ich kriegte die Beine nicht mehr weg vom Schrank. Ich wälzte mich auf dem Fußboden rum, und die Füße blieben irgendwie am Schrank kleben. Ich war total nass von eiskaltem Schweiß. Ich fror und zitter-
15 te, und dieser kalte Schweiß lief mir übers Gesicht in die Augen. Dieser Schweiß stank tierisch. Ich dachte, das ist das tierisch stinkige Gift, was jetzt aus dir rauskommt. Ich kam mir echt vor wie auf meiner Teufelsaustreibung.
20 Detlef ging es noch schlechter als mir. Er war am Ausflippen. Er zitterte vor Kälte und zog sich plötzlich seinen Pullover aus. Er setzte sich auf meinen Stuhl in der Fensterecke. Seine Beine waren ständig in Bewegung. Er rannte im Sitzen. In wahnsinnigen
25 Zuckungen gingen diese bleistiftdünnen Beine auf und ab. Er wischte sich immer wieder den Schweiß aus dem Gesicht und bebte richtig. Das war schon kein Zittern mehr. Er krümmte sich immer wieder zusammen und schrie dabei. Magenkrämpfe. [...]
30 Mein Mund und mein Hals waren total trocken. Aber der Mund war auch voll von Speichel. Ich konnte ihn nicht runterschlucken und fing an zu husten. Je krampfhafter ich versuchte, diesen Speichel runterzuschlucken, desto stärker wurde dieser Husten. Ich
35 kriegte einen Hustenkrampf, der überhaupt nicht mehr aufhörte. Dann fing ich an zu kotzen. Ich kotzte voll

auf meinen Teppich. Es war weißer Schaum, den ich auf den Teppich spuckte. Ich dachte, wie früher bei meiner Dogge, wenn sie Gras gefressen hatte. Das Husten und das Kotzen hörten überhaupt nicht mehr
40 auf. [...] Irgendwann fingen die Pillen und der Wein doch an zu wirken. Ich hatte fünf Valium gefressen, zwei Mandrax und dann noch fast eine ganze Flasche Wein draufgegossen. Danach hätte ein normaler Mensch ein paar Tage gepennt. Mein Körper war so
45 vergiftet, dass er kaum noch auf dieses Gift reagierte. Ich wurde aber wenigstens ruhiger und legte mich auf mein Bett. Wir hatten neben das Bett eine Liege gestellt, und auf die legte sich dann auch Detlef. Wir berührten uns nicht. Jeder war voll mit sich selber
50 beschäftigt. Ich kam in eine Art Halbschlaf. Ich schlief und wusste zur gleichen Zeit, dass ich schlief, und spürte die verdammten Schmerzen voll. [...] Ich hasste meinen Körper. Ich wäre froh gewesen, wenn er mir einfach weggestorben wäre. [...]
55 Am nächsten Morgen ging es uns echt besser. Die alte Fixer-Regel, dass der zweite Tag des Entzugs der schlimmste sei, stimmte also für uns nicht. Aber es war ja auch unser erster Entzug, und der ist immer halb so schlimm wie die folgenden. [...]
60 Dann kam auch meine Mutter mit einer Riesenüberraschung, die uns ganz happy machte. Sie war bei ihrem Arzt gewesen, und der hatte ihr eine Flasche Valeron verschrieben. Detlef und ich nahmen jeder 20 Tropfen, wie es der Arzt verordnet hatte. Wir aas-
65 ten nicht mit dem Zeug, denn es sollte ja die ganze Woche reichen. Wir kamen gut auf Valeron. Der Entzug war nun echt zu ertragen. [...]
Am siebten Tag standen wir dann auf. Meine Mutter war ganz happy, dass alles überstanden war. [...] Wir
70 glaubten das alles ganz ernsthaft. Unsere Illusionen hatten ja schon damit angefangen, dass wir dachten, diese Woche bei meiner Mutter mit Schmerzen und Kotzen sei ein echter Entzug gewesen. Sicherlich, aus dem Körper hatten wir das Gift raus, jedenfalls das
75 Heroin. Aber dafür hatten wir uns ja reichlich mit Valeron, Valium und so weiter vollgestopft. Und wir hatten keinen Gedanken darauf verschwendet, was eigentlich nach dem körperlichen Entzug sein sollte.

Christiane F.

M3 Qualifizierter Drogenentzug

Die meisten der Drogenabhängigen, die einen Entzug durchführen, werden rückfällig, je nach Droge sind es 60 – 80%. Das zeigt, wie schwierig ein Entzug ist.

5 Entzug heißt nicht einfach nur, auf die Droge, die man bisher zu sich genommen hat, zu verzichten. Die Entgiftung des Körpers ist ein schwieriger Umstellungsprozess, der mit vielen unangenehmen Begleiterscheinungen verbunden ist, so dass er von Medizinern be-

10 gleitet werden muss. Aber selbst, wenn die Entgiftung gelungen ist, kann man noch nicht als „geheilt" gelten. Es geht darum, die Betreffenden auch psychisch zu betreuen. Ein Mensch wird ja nicht suchtmittelabhängig, wenn er eine ausreichend gefestigte Persönlichkeit

15 hat. Daher ist zu untersuchen, was die Betreffenden dazu geführt hat, dass sie in die Abhängigkeit geraten sind. Welche Probleme haben sie in ihrem Leben? Wie sind sie bisher mit diesen Schwierigkeiten umgegangen? Wie können sie dahin gebracht werden, ihre

20 Probleme anders zu lösen als durch Drogenkonsum? Darüber hinaus muss auch noch das soziale Umfeld der Suchtmittelabhängigen beleuchtet werden; die Betreffenden müssen befähigt werden, neue Beziehungen und neue Beziehungsmuster aufzubauen. Wenn sie

25 wieder in ihr altes soziales Umfeld geraten und die alten Beziehungen wieder aufnehmen, ist die Gefahr groß, dass sie auch wieder zur Droge greifen. Ein qualifizierter Drogenentzug kann also keinesfalls im Alleingang, als Selbstheilungsversuch, durchgeführt

30 werden; dazu braucht man vielmehr die Begleitung von Fachleuten, von Medizinern, Psychotherapeuten, Sozialtherapeuten. Es ist also nötig, sich in eine stationäre Behandlung in einer entsprechenden Fachklinik zu begeben. Dort muss man mit einem durchschnittli-

35 chen Aufenthalt von fünf bis sechs Wochen rechnen. Aber selbst dann, wenn man sich in eine solche therapeutische Einrichtung begibt, ist der Erfolg nicht garantiert: Nur etwa ein Drittel der Klienten wird regulär entlassen, die anderen brechen ihre Therapie

40 vorzeitig ab – die meisten von ihnen schon nach sieben Tagen. Sie bringen nicht die Willenskraft auf, ihre alten Verhaltensmuster zu überwinden. Ohne diesen Willen zum Entzug sind aber alle Entwöhnungsversuche zwecklos.

M4 Statement einer Drogenberaterin

Wenn jemand zu uns kommt, ist schon ein wichtiger Schritt getan.

Um ihm weiterzuhelfen, schauen wir, wie schwer seine Abhängigkeit ist. In leichteren Fällen machen wir Gesprächsangebote. Außerdem versuchen wir, Eltern, Freunde, Partner mit ins Boot zu holen. In schwereren Fällen veranlassen wir die Aufnahme in einen qualifizierten Entzug.

Übrigens: Alle Beratungsstellen arbeiten kostenlos. Bei der Beratung werden die vertraulichen Informationen nicht an die Polizei weitergeleitet. Auf Wunsch sind alle Gespräche anonym. Genau wie Ärzte sind Suchtberater zum Schweigen verpflichtet – auch wenn es um illegale Drogen geht.

Wenn du Hilfe suchst

Im Telefonbuch oder im Internet findest du Beratungsstellen

- unter den Stichworten Suchtberatungsstelle, Psychosoziale Beratungsstelle oder Jugend- und Drogenberatungsstelle,
- bei Wohlfahrtsverbänden, z. B. Arbeiterwohlfahrt (AWO), Caritasverband, Deutscher Paritätischer Wohlfahrtsverband, Deutsches Rotes Kreuz oder Diakonisches Werk,
- bei den örtlichen Gesundheitsämtern.

▶ Darüber hinaus gibt es an vielen Schulen einen „Suchtberater", der dir auch weiterhelfen kann.

nach www.buergerservice.niedersachsen.de

Aufgaben

1 Wie reagierst du auf diese Aussage einer dir nahestehenden Person, von der du weißt, dass sie zu viel Alkohol trinkt (raucht, weiche oder harte Drogen konsumiert)? ➔ M1

2 Beschreibt, wie sich der Entzug bei Christiane und Detlef bemerkbar macht. ➔ M2

3 Diskutiert mit Bezug auf den letzten Absatz, ob sie ihr Drogenproblem überwunden haben. ➔ M2

4 Stellt in einem Schaubild dar, welche Schwierigkeiten Drogenabhängige bei einem Entzug zu bewältigen haben. ➔ M3 **V**

5 Ladet einen Drogenberater in euren Unterricht ein oder besucht eine Drogenberatungsstelle und findet heraus, inwieweit Betroffenen geholfen werden kann. ➔ M4 **RB**

3

M1 Keine Macht den Drogen

KMDD-Kampagne aus den 90er Jahren

Kinder im KMDD Adventure Camp 2011

M2 Prävention statt Therapie

Der Ex-Hürdenläufer und Sportwissenschaftler Harald Schmidt ist Beauftragter für Suchtprävention der Bundeszentrale für gesundheitliche Aufklärung.

Welches Ziel verfolgen Sie als Beauftragter für Suchtprävention?

Ziel muss es sein, die Menschen nicht von der Sucht wegzubringen, sondern sie gänzlich davon abzuhalten. Prävention lautet unser Ansatz. Bei den Eltern
5 anzufangen, ist allerdings zwecklos, denn von dort, wo sie falsch erzogen wurden, kommen die Kinder ja gerade her. Die Kinder müssen so früh wie möglich über Suchtgefahren aufgeklärt werden.

Aufklärung durch Abschreckung? 10

Das dürfte heute nicht mehr funktionieren, hat auch früher nicht funktioniert. Auch für Kinder haben Zigaretten einen positiven Stellenwert. Die Werbung täuscht vor, dass Rauchen stark macht, cool aussieht. Und da wollen Sie einem Kind sagen, wenn du rauchst, 15 bekommst du irgendwann später Lungenkrebs? Kinder können das nicht nachvollziehen. Man muss die Suchtprävention für Kinder anders gestalten. Die Kinder müssen dazu kommen, von sich aus zu sagen: Ich brauche weder Zigaretten noch Alkohol, um er- 20 wachsen zu sein, um von anderen anerkannt zu werden. Wir müssen Kindern und Erwachsenen zeigen, dass es für das Glück des Einzelnen andere Wege gibt. Sucht ist eine Art, nach dem Glück zu suchen. Doch es ist wichtig zu erkennen, dass nicht nur die Flasche 25 Wein das Glück beschert. Es gibt andere Möglichkeiten des Glücksgefühls.

Was können die Schulen zur Suchtprävention beitragen?

Es wird erklärt, welche Inhaltsstoffe in den Drogen enthalten sind, wie die Therapie aussieht. Das wird 30 unter Aufklärung verstanden. Nur wird dadurch niemand von der Sucht abgehalten. Ich will das Thema der illegalen Drogen gewiss nicht verharmlosen, aber, verglichen mit den legalen, ist der Stellenwert in der öffentlichen Diskussion falsch. Eine Viertel Million 35 Kinder und Jugendliche sind so alkoholabhängig, dass sie keine Kontrolle mehr über den Alkoholkonsum haben. Immerhin fünf Prozent der Neunjährigen konsumieren regelmäßig Alkohol. Viele Kinder nehmen ständig Medikamente ein zur Leistungssteige- 40 rung. Der Zugang zu diesen Medikamenten wird verharmlost. Und doch ist es oft der Anfang der Sucht. Schule müsste daher den Umgang mit den legalen Drogen stärker in den Vordergrund rücken. Sie müsste den Kindern aufzeigen, dass es andere Wege gibt, 45 um sich glücklich zu fühlen. Und sie müsste ein Klima des Vertrauens entwickeln, in dem Kinder ihre Probleme artikulieren können. Denn genau dafür sind sie oft nicht stark genug. Sie dafür stark zu machen, darin müsste ein Erziehungsziel liegen. *nach Harald Schmidt* 50

M3 Wie erreicht man Jugendliche?

Berlins Drogenpräventionsbeauftragte Kerstin Jüngling äußerte sich anlässlich des gesetzlichen Verbotes von Spice (eine Kräutermischung, die als Ersatz für Cannabis gilt und 2009 verboten wurde) über den Umgang mit betroffenen Jugendlichen.

Vor einem Monat wurde Spice verboten. Zu Recht?

Ich halte das Verbot auf alle Fälle für berechtigt. Die Bundesregierung hat damit ein eindeutiges Zeichen gesetzt. Sie sagt: „Das ist keine ungefährliche Sache,
5 dadurch kann man wirklich Schaden nehmen." Generell finde ich es eine außerordentliche Leistung, in so kurzer Zeit ein Gesetzgebungsverfahren durchzubringen. Damit hätte ich nicht gerechnet.

Aber der Markt der Nachahmerprodukte boomt offen-
10 bar?

Da ist jetzt natürlich ein Katz-und-Maus-Spiel zwischen Gesetzgeber und Markt im Gange. Dennoch halte ich das Verbot für richtig, weil es Eltern und Lehrern zumindest die Grundlage für Gespräche bietet.

15 Ist es möglich, den Handel von Kräutermischungen in den Griff zu bekommen?

Ich denke, [solche] Drogen wird es immer geben. Aber ich vermute auch, dass Spice nicht zuletzt durch das nachlassende Medieninteresse in den Hintergrund
20 geraten wird. Wir werden nie verhindern können, dass Jugendliche in einem bestimmten Alter Grenzen austesten. Dazu gehören eben auch Drogen. Aber wir können verhindern, dass sie ernsthafte Probleme mit Drogen bekommen, indem wir sie aufklären. Wir von
25 der Drogenprävention versuchen Erwachsene davon zu überzeugen, dass auch sie sich informieren müssen, um dann mit den Jugendlichen ins Gespräch zu kommen. Eltern sollten auch mal ohne Vorwurf fragen: „Kennst du Spice? Hast du das probiert? Wie war
30 es denn?" Einfach um den Einstieg in die Thematik zu finden.

Glauben Sie tatsächlich, dass ein 14-Jähriger bereitwillig mit seinen Eltern über Drogen spricht?

Wir haben in einer Studie Jugendliche befragt, ob sie
35 mit ihren Eltern über das Thema Alkohol sprechen. Etwa 50 Prozent haben gesagt, dass sie das nie tun. Aber alle Befragten gaben an, sie fänden es in Ordnung, wenn ihre Eltern sie zu diesem Thema befragen. Im Gegenteil: Das Nicht-Thematisieren wird von vielen Jugendlichen als Interesselosigkeit und man- 40
gelnde Fürsorge empfunden. Eltern sind dafür da, Orientierung zu geben – vor allem in einer unsicheren Phase wie der Pubertät.

Wie sollten Eltern konkret reagieren?

Ein alleiniges Verbot hilft nie. Ich habe im Laufe mei- 45
ner Tätigkeit etwa 1000 Eltern beraten. Keiner von ihnen hatte vor dem Beratungsgespräch mit dem betroffenen Kind gesprochen, aber alle hatten bereits die ersten heimlichen Kontrollen vorgenommen. Natürlich sind Verbote und Kontrollen ein Bestandteil der Erzie- 50
hung – aber einer, der nach dem offenen Gespräch erfolgen sollte.

www.focus.de

Suchtprävention

Unter Suchtprävention versteht man vor allem Maßnahmen zur Verhinderung des Konsums legaler und illegaler Drogen. Sie erstreckt sich auf vier Bereiche:

1. **Aufklärung** über die Risiken des Konsums von Drogen
2. **Regulation** (gesetzliche Bestimmungen bezüglich des Konsums, z. B. Besteuerung, Altersfreigaben, Warnhinweise, Verbot usw.)
3. **Kriminalisierung** (Reduzierung des Angebots an Drogen durch Strafverfolgung von Herstellern und Dealern)
4. **Kausale Prävention** (Vermeidung der Ursachen für Drogenkonsum durch Förderung einer starken Persönlichkeit, eines intakten sozialen Umfeldes usw.)

---

1 Beschreibe die Abbildungen. Was lösen sie in dir aus? ➔ M1

2 Macht euch in einer arbeitsteiligen Gruppenarbeit Stichpunkte zu folgenden Fragen: Welche Möglichkeiten sehen Schmidt (M2) bzw. Jüngling (M3), dem Konsum von Drogen vorzubeugen? Welche Probleme der Prävention werden angesprochen? Wertet eure Ergebnisse im Plenum aus. ➔ M2/M3

3 Recherchiert im Internet über weitere Anti-Drogen-Kampagnen, stellt sie im Kurs vor und beurteilt sie. ➔ M1-M3

R

Aufgaben

4 |

M2 Risflecting – Risiken einschätzen können

Risflecting ist eine Zusammensetzung aus den Wörtern *risc* (Risiko) und *reflecting* (reflektieren, einschätzen). Man bezeichnet damit einen neuen Ansatz in der Suchtpädagogik, der sich von dem Ansatz unterscheidet, Tabak, Alkohol usw. vollständig zu vermeiden, was unrealistisch ist. 5

Risflecting-Pädagogik geht davon aus, dass das Leben immer Risiken mit sich bringt und insbesondere Jugendliche aus entwicklungspsychologischen Gründen dazu neigen, Risiken einzugehen. 10

Ein Risiko ist etwas anderes als eine Gefahr im objektiven Sinne. Unter Gefahr im objektiven Sinne versteht man etwas, das unabhängig vom Handelnden besteht (z. B. die Gefahr eines Hochwassers, eines Erdbebens, eines Tsunamis usw.). Ein Risiko ist dagegen an die Entscheidungen und Handlungen einer *Person* gebunden. Damit ist eine mögliche Gefahr gemeint, die jemand bei einer Entscheidung oder Handlung eingeht. Jemand, der sich in ein Flugzeug setzt, um in den Urlaub zu fliegen, geht damit ein gewisses 20 Risiko für sein Leben ein, denn das Flugzeug könnte abstürzen. Und jemand, der Zigaretten raucht oder Alkohol trinkt, riskiert damit in gewissem Sinne seine Gesundheit. 15

Ziel des Risflecting-Konzeptes ist es nicht, jegliches 25 Risiko ganz auszuschließen, denn wer alle Risiken vermeidet, lebt eigentlich nicht richtig. Vielmehr geht es darum, durch Übungen zu lernen, das Risiko, das man eingeht, realistisch einzuschätzen. Entscheidend ist hier der Begriff des Wagnisses. Jemand, der etwas 30 wagt, ist niemand, der sich bewusst in Gefahr begibt; er hat vielmehr „abgewogen", was er sich zutrauen kann und was nicht. Er weiß um seine Möglichkeiten, aber auch um seine Grenzen, er kennt sein Limit.

Was das mit Sucht- und Drogenprävention zu tun hat? 35 Gerade bei Drogen geht es darum, das Risiko einschätzen zu können, das man eingeht. Ist das Risiko, ein oder zwei Glas Bier zu trinken, noch vertretbar? Kann ich es vor mir selbst verantworten, täglich eine Schachtel Zigaretten zu rauchen? Welche Folgen hat 40 es für mich, wenn ich härtere Drogen zu mir nehme? Das Wichtigste in diesem Zusammenhang ist, für sich und andere verantwortlich entscheiden zu können.

M3 Selbstversuch mit der Rauschbrille

Eine Rauschbrille (oder auch Promille-Brille) bietet die Möglichkeit, die optische Wahrnehmung unter Alkoholeinfluss (ca. 0,8 – 1,5 Promille) zu simulieren. Diejenigen, die dem Brillenträger zuschauen, haben den Eindruck, eine angetrunkene bzw. berauschte

10   Person zu sehen. Auch der Brillenträger selbst spürt, dass er unsicher auf den Beinen ist, dass sich seine Reaktionszeit verzögert usw. Der Unterschied zu einem wirklich Betrunkenen besteht aber darin, dass er sich über den eigenen Zustand bewusst ist.

15   Besorgt euch eine Rauschbrille (sie ist bei vielen Straßenverkehrsämtern, dem Roten Kreuz usw. erhältlich) und führt folgende Versuche durch:

- -

1. Übungen zur Körperbeherrschung
Setzt euch nacheinander die Brille auf und
20   - läuft 10 Schritte auf einer Linie;
- hebt einen Gegenstand (z. B. einen Schlüsselbund) auf, der neben der Linie liegt;
- steht 25 Sekunden auf einem Bein, wobei ihr das andere Bein mit ca. 30 cm Abstand vom Boden
25   nach vorne streckt.

2. Fahrübungen
Baut mit Leitkegeln (Verkehrshütchen) einen Parcours auf (oder auch mehrere Parcours von unterschiedlichen Schwierigkeitsgraden). Setzt erneut
30   die Rauschbrille auf und versucht ihn mit einem Bobbycar, einem Kettcar oder einer Sackkarre zu bewältigen.

- -

Schätzt, bevor ihr die Aktion durchführt, das Risiko ein und sagt, ob ihr die Aufgabe „unfallfrei" lösen könnt.

M4 Selbstversuch im Sportunterricht
Führt in Kooperation mit dem Sportunterricht unter fachkundiger Anleitung und mit entsprechenden Sicherheitsmaßnahmen folgende Übungen durch:

Vertrauensfall
Der Teilnehmer besteigt ein Podest, ca. 1, 50 m hoch. Die Gruppe steht hinter dem Podest, zwei Reihen von mindestens je vier Personen, die die Arme im Reißverschlussmuster zusammenlegen. Dabei entsteht eine feste Verbindung der Fänger. Der Teilnehmer geht bis zu der hinteren Kante, dreht sich um und lässt sich rückwärts in die Arme der Teilnehmer fallen.

Sich-fallen-lassen
Breitet weiche Matten aus und lasst euch aus unterschiedlichen Höhen (von einem Kasten, einem Reck, einer Kletterstange o. Ä.) darauf fallen.

Bouldern
Wenn ihr in der Schule eine Kletterwand habt: Klettert mit oder ohne Seilsicherung in Absprunghöhe.

Fangt bei geringen Höhen bzw. einem niedrigen Schwierigkeitsgrad an und steigert dann die Anforderungen. Es geht nicht um einen Wettbewerb, in dem ein Sieger ermittelt wird. Die Übungen sollen vielmehr dazu dienen, Wagnisse einzuschätzen und die eigenen Grenzen kennenzulernen. Jede bzw. jeder ist frei, dann aufzuhören, wenn er sich etwas nicht mehr zutraut.

1 Beschreibt die Situationen auf den Bildern. Was würdest du dir selbst zutrauen, was nicht? Begründe deine Entscheidung. → M1

2 Arbeitet heraus, inwiefern sich ein Risiko von einer Gefahr unterscheidet. → M2

3 Erläutere das Ziel des Risflecting-Konzeptes. Diskutiert seine Eignung für die Suchtprävention. → M2

4 Erläutert, wodurch sich die abgebildete Brille von anderen unterscheidet. → M3

5 Sprecht im Anschluss an die Übungen über eure Erfahrungen und überlegt, welche Folgerungen sich daraus ableiten lassen. → M3

6 Tauscht eure Erfahrungen aus und begründet, warum ihr nur bis zu einem bestimmten Punkt gegangen seid. → M4

Aufgaben

5 | M1 Coole Sprüche

Dafür schmecken meine Küsse nicht nach Aschenbecher.

Ja, das ist echt toll, viele Leute kennenzulernen, an die ich mich morgen nicht mehr erinnern kann.

Sowas brauch ich nicht, um cool zu sein.

So ein Lolli-Ersatz ist nichts für mich.

Ich geb' mein Geld lieber für coolere Sachen aus.

Ist das hier 'ne Zwangs- veranstaltung, oder was?

Verschiedene Arten, „Nein" zu sagen

Wenn du unerwünschte Angebote bekommst, kannst du sie auf verschiedene Weisen ablehnen.

- 👄 Sag einfach „Nein!"
- 👄 Gib einen Grund an.
- 👄 Wechsle das Thema.
- 👄 Verwende Humor.
- 👄 Schlage eine bessere Alternative vor.

Aus dem Alter, alles mitmachen zu müssen, bin ich raus.

Wenn ich dann nicht mehr zu euch gehöre, wer hält denn dann beim Kotzen euren Kopf, damit ihr euch nicht vollspuckt?

Lass ma'. Das hab ich schon hinter mir.

Dafür brauch' ich morgen niemanden, der mir erzählt, ob die Party gut war.

Weißt du, was ich voll cool finde? Klar im Kopf zu sein und trotzdem Spaß haben zu können.

Stimmt, die Mädels / Jungs stehn total auf lallende, kotzende Typen / Mädel, die dumm grinsend durch die Gegend laufen und sie morgen nicht mehr wiedererkennen.

Dafür komm' ich die Treppe in ein paar Jahren noch rauf, ohne zu keuchen.

Und wenn alle aus dem Fenster springen, springst du auch hinterher, oder was?

Viel Geld ausgeben, dass ich irgendwann kotzen muss, mir meine Gehirnzellen abtöte und mich morgen an nichts mehr erinnern kann – stimmt, das bringt's voll. Dass mir das nicht schon längst klar geworden ist!

M2 **Hand aufs Herz ...**

Wie häufig habe ich die angegebenen Dinge in der letzten Woche gemacht oder zu mir genommen?

	nie oder nur selten	1–3-mal in der Woche	4–6-mal in der Woche	jeden Tag
PC-Spiele; Online-Spiele (Rollenspiele, Poker etc.)				
Zigaretten				
Fernsehen				
Telefonieren				
Süßigkeiten				
Chatten				
Im Internet surfen				
Cola				
Alkohol				

M3 **Ein Experiment**

VERTRAG mit mir selbst

Ich .... (Vorname, Name)

(Unzutreffendes bitte streichen bzw. vereinbarten Zeitraum eintragen)

werde mindestens 24/48/72/ .... Stunden / .... Tage

in der Zeit vom .... (Datum), ... (Uhrzeit)

bis zum .... (Datum), ... (Uhrzeit)

verzichten!

auf ....

Datum und Unterschrift

M1–M3: www.sign-project.de

Aufgaben

1 Ordnet die Sprüche den Kategorien zu, die im Kasten genannt werden. ➜ M1

2 Sammelt weitere coole Sprüche, mit denen man sich aus der Affäre ziehen kann. ➜ M1

3 Teilt den Kurs in mehrere Kleingruppen von drei bis fünf Personen auf. Jede Kleingruppe ernennt eine Person, die den Part des „Neinsagers" übernimmt. Der Neinsager muss vom Rest der Gruppe „überredet" werden, eine bestimmte Sache zu tun. Die Aufgabe des „Neinsa-gers" besteht darin, sich standhaft zur Wehr zu setzen und alle Angebote auszuschlagen. Die Kleingruppe wählt aus der folgenden (oder einer selbst erstellten) Liste ein Beispiel aus:
• Schnaps trinken • Tabak rauchen • Aufputsch- oder Beruhigungsmittel einnehmen • an einer PC-Spielenacht teilnehmen • Haschisch rauchen • an einer Video-Nacht teilnehmen • einen Gegenstand aus dem Kaufhaus klauen

4 Beantwortet den Fragebogen für euch allein. Überlegt, welche Dinge ihr einfach „nur" aus Gewohnheit macht und welche für euch mit Genuss verbunden sind. ➜ M2

5 Wähle aus den in M2 genannten Verhaltensweisen und Gewohnheiten eine Sache aus, auf die du für einen festgelegten Zeitraum verzichten möchtest, und lege fest, wie lange das Experiment dauern soll. Schließe dann den Vertrag mit dir selbst. Mit deiner Unter-schrift beginnt das Experiment. ➜ M3

6 Tauscht euch nach Beendigung des Experiments über eure Erfahrungen aus: Wie ist es euch mit dem Ver-zicht ergangen? Warum habt ihr durchgehalten oder abgebrochen? Wann habt ihr den Verzicht besonders bemerkt? Was habt ihr statt des gewohnten Verhal-tens gemacht? Welche Konsequenzen zieht ihr aus dem Experiment? ➜ M3

6 | **M1** Unabhängigkeitserklärung

Ich möchte unabhängig sein, ...

... **weil** ich frei sein will

... **weil** ich mich nicht zerstören will

... **weil** ein freies, unabhängiges Leben einfach mehr Spaß macht

... **weil** ich mich mag

... **weil** ich bestimme, wohin mich mein Leben führt

... **weil** ich mir gegenüber ehrlich sein will

... **weil** ich Freundschaft genieße

... **weil** ich nicht hohl bin

... **weil** ich meine Gefühle nicht einfach runterspülen oder wegdrücken kann

... **weil** ich einen klaren Kopf haben will

... **weil** ich die Verantwortung für mein Leben selbst trage

M2 Notfallkoffer

In Situationen, in denen man traurig, wütend, gestresst, ängstlich, verzweifelt, überfordert oder enttäuscht ist, in denen man sich einsam, zurückgewiesen oder einfach hundeelend fühlt, ist man besonders gefährdet,
5 zu einem Suchtmittel zu greifen.

Der Notfallkoffer soll Dinge beinhalten, die einem in den oben beschriebenen Situationen „erste Hilfe" leisten können. Damit sind allerdings nicht wie in einem echten Notfallkoffer Medikamente gemeint, sondern
10 Dinge, die trösten, beruhigen, entspannen, ermutigen und aufbauen können und dabei **keine** Suchtmittel sind.

Diese Dinge könnten sein: die Telefonnummer der besten Freundin und / oder des Sorgentelefons, Lieblings-
15 CD, Lieblings-Kuscheltier, Lieblings-Kuscheldecke, Kerzen, Lieblings-Tee, Tagebuch, Musikinstrument, Lieblings-Noten, Hinweis auf das Lieblings-Hobby, Lieblings-Bodylotion oder -Duschbad, Badezusatz, Hinweis auf den Ort, an dem man sich am liebsten
20 aufhält, Adresse einer Beratungs- oder Kriseninterventionseinrichtung, Lieblingsfoto oder -bild, Lieblingsbuch, usw.

Als Notfallkoffer können
25 Schuhkartons, Stofftaschen, ausrangierte, kleinere Koffer und nicht mehr benutzte Sporttaschen dienen, die äußerlich ent-
30 sprechend aufbereitet und gestaltet werden.

M1/M2:
www.sign-project.de

Aufgaben

1 Wähle das Argument aus, das dich besonders oder gar nicht überzeugt, und begründe deine Wahl. ➜ M1
2 Überlege dir wenigstens einen weiteren guten Grund für ein unabhängiges Leben. ➜ M1
3 Diskutiert, ob, warum und wie man ohne Abhängigkeiten und Süchte bzw. Drogen leben sollte. ➜ M1
4 Gestalte deinen persönlichen Notfallkoffer und fülle ihn mit Dingen, die dir in schwierigen Situationen helfen können. ➜ M2
5 Wenn du willst, präsentiere deinen Notfallkoffer im Kurs. ➜ M2

Projekt 1: Anti-Drogen-Kampagne

Entwerft in eurem Kurs Plakate zu den Gefahren von unterschiedlichen Süchten. Natürlich könnt ihr dabei auch Süchte vorstellen, die in diesem Kapitel nicht angesprochen worden sind.

Organisiert dann einen Aktionstag in der Schule und klärt an einem Stand über Drogen und Formen von Abhängigkeit auf. An eurem Stand sollten die von euch entworfenen Plakate gut sichtbar sein.

Projekt 2: Drogenfrei high

Bildet kleine Gruppen und befasst euch kreativ mit den Vorteilen, das Leben ohne Drogen und Sucht zu genießen. Entscheidet euch für eine der folgenden Möglichkeiten:
- Schreibt einen Rap oder einen anderen Song zu dem Thema,
- verfasst ein kurzes Theaterstück,
- dreht einen kleinen Film oder
- produziert ein Hörspiel.
Probt die Präsentation und führt eure Ergebnisse an einem Bunten Abend vor interessierten Freunden, Geschwistern, Eltern, Lehrern etc. auf.

Projekt 3: Literatur-Portfolio

Fertigt ein Literatur-Portfolio an, das *Sucht* zum Thema hat. Grundlage dafür könnten z. B. folgende Romane sein:
- Kevin Brooks: *Candy.* dtv 2006.
- Heidi Hassenmüller: *Spiel ohne Gnade.* Heinrich Ellermann Verlag 1999.
- Angelika Mechtel: *Cold Turkey.* Ravensburger 1992.
- Natascha: *Seelenficker. Tagebuch vom Drogenstrich.* Ubooks 2007.
- Maureen Stewart: *Alki? Ich doch nicht.* Ravensburger 1996.
- Judy Waite: *Shopaholic. Ein Mädchen im Kaufrausch.* Fischer 2006.

1 |  **M1** Tierwelten

M2 Was weißt du über Tiere?

1. Wie entdeckt die Eule nachts ihre Beute?	2. Worin halten Strauße Rekorde?	3. Wie lang können Schlangen werden?	4. Welches ist das schnellste Tier?	5. Wo ist der Schimpanse zu Hause?
A | Mit den Ohren.	A | Sie können so schwer werden wie ein Tiger.	A | Bis zu 2,00 Meter.	A | Der Panther.	A | In Afrika.
B | Mit den Augen.	B | Sie sind die schnellsten Zweibeiner.	B | Bis zu 5,50 Meter.	B | Der Gepard.	B | In Asien.
C | Mit der Nase.	C | Sie brüten von allen Vögeln die meisten Eier aus.	C | Bis zu 9,00 Meter.	C | Der Tiger.	C | In Südamerika.
6. Welcher Vogel legt seine Eier in fremde Nester?	7. Wann ändert das Chamäleon seine Farbe?	8. Wie kommt das neugeborene Känguru in den Beutel?	9. Was frisst der Weißstorch?	10. Wie alt können Schildkröten werden?
A | Papagei.	A | Wenn es Hunger oder Durst hat.	A | Die Mutter legt Eier und brütet sie aus.	A | Frösche, Mäuse, Regenwürmer.	A | 60 Jahre.
B | Graureiher.	B | Wenn es sich paaren will.	B | Das Junge kommt im Beutel zur Welt.	B | Heuschrecken, Körner, Grashalme.	B | 120 Jahre.
C | Kuckuck.	C | Wenn es sich tarnt.	C | Das Junge kriecht nach der Geburt in den Beutel hinein.	C | Knollen, Wurzeln, Frösche.	C | 200 Jahre.

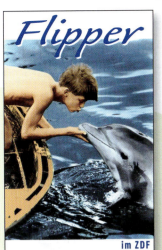

Flipper

im ZDF

wusste nicht, was ich darauf antworten sollte. Aber ich glaube nicht, dass Katzen oder Kühe so denken können wie wir. Ich wusste, dass viele Tiere allerlei Künste lernen können. Aber eine Katze kann sicher nicht [20] denken, dass sie eine Katze ist, die auf einem Planeten lebt, der sich um einen Stern im Weltraum dreht.

Jostein Gaarder

M4 „Du dumme Gans!"

Hallo ist da jemand

schlauer Fuchs

blöde Pute

Glücksschwein

weise Eule

Dreckspatz

fleißige Biene

störrischer Esel

stilles Mäuschen

fiese Ratte

stolzer Schwan

Schmusekatze

lahme Schnecke

fauler Hund

falsche Schlange

M3 Können Katzen denken?

Joakim bekommt Besuch von dem Außerirdischen Mika. Da es auf seinem Heimatplaneten völlig anders aussieht, geht Joakim mit seinem neuen Freund überall herum und zeigt ihm, wie es auf der Erde ist.

Bald darauf entdeckten wir eine Eidechse, die über einen Stein kroch. Mika wich zurück. „Was ist das?", fragte er. „Eine Eidechse", sagte ich. „Das ist ein Kriechtier, und deshalb ist es mit den Dinosauriern verwandt.
[5] In einigen Ländern gibt es auch große Kriechtiere, die heißen Krokodile." Er riss die Augen auf: „Können die sprechen?" „Nein, so hoch entwickelt sind sie nicht." Als wir uns den Johannissträuchern näherten, kam uns eine schwarze Katze entgegen. Ich bückte mich
[10] und lockte sie. Dann streichelte ich ihr glattes Fell. Zuerst miaute die Katze zweimal, dann fing sie an zu schnurren. „Ich kann sie nicht verstehen", sagte Mika. „Das liegt daran, dass Katzen nicht sprechen können", erklärte ich. „Aber sie hat miau, miau gesagt", widersprach Mika. Er versuchte auch, das Schnurren der
[15] Katze nachzumachen. „Kann sie denn denken?" Ich

Aufgaben

1 Beschreibt die einzelnen Abbildungen und sagt, was ihr mit ihnen verbindet. ➜ M1
2 In welchen Zusammenhängen kommst du mit Tieren in Kontakt? Berichte über deine Erfahrungen mit Tieren. ➜ M1
3 Bildet Teams, die beim Tierquiz gegeneinander antreten. (Die Lösungen findet ihr auf Seite 189.) Entwickelt das Tierquiz weiter und spielt es dann noch einmal. ➜ M2
4 Was meinst du: Können Katzen denken? Erläutere deine Ansicht mit Hilfe des Textes. ➜ M3
5 Arbeitet im Gespräch Gemeinsamkeiten und Unterschiede von Mensch und Tier heraus. ➜ M3
6 Erläutert die Redewendungen. ➜ M4
7 Sind die Redewendungen deiner Meinung nach zutreffend? Wie kommt es zu solchen Redewendungen? ➜ M4

2 **M1** Tinkerbell

Paris Hilton mit ihrem Hund Tinkerbell.
Sie verpasst ihrem Chihuahua meist ein zu ihrer Kleidung
passendes Outfit und trägt ihn stets spazieren.

M2 Bauschan

Der Schriftsteller Thomas Mann erzählt von seinem Hund
Bauschan, den er als Welpen zu sich genommen hat.

Ein Mann im Isartale hatte mir gesagt, diese Art
Hunde könne lästig fallen, sie wolle immer beim
Herrn sein. So war ich gewarnt, die zähe Treue, die
Bauschan mir wirklich alsbald zu beweisen begann,
5 in ihrem Ursprunge allzu persönlich zu nehmen. [...]
Es war selbstverständlich, dass er im Familienkreise
seinen Platz zu meinen und keines andren Füßen
nahm. Es war ebenso selbstverständlich, dass er, wenn
ich mich unterwegs von der Gemeinschaft absonderte,
10 um irgendwelche eigenen Wege zu gehen, sich mir
anschloss und meinen Schritten folgte. Er bestand
auch auf meiner Gesellschaft, wenn ich arbeitete. [...]
Die geringste entgegenkommende Bewegung hatte zur
Folge, dass er mit den Vorderbeinen die Armlehne
15 des Sessels erkletterte, sich an meine Brust drängte,

mich mit Luftküssen zum Lachen brachte, dann zu
einer Untersuchung der Tischplatte überging, in der
Annahme wohl, dass dort Essbares zu finden sein
müsse.

Ich rede von diesen Dingen, um anzudeuten, wie 20
[wildfremd und] sonderbar das Wesen eines so nahen
Freundes sich mir unter Umständen darstellt. Sonst
aber kenne ich sein Inneres so gut, verstehe mich mit
heiterer Sympathie auf alle Äußerungen desselben,
sein Mienenspiel, sein ganzes Gebaren. Besonders 25
schätzt er es, an der Kehle gekrault zu werden, und
hat eine drollig energische Art, die Hand durch kurze
Kopfbewegungen an diese Stelle zu leiten. Gern,
wenn ich auf meinem Stuhl in der Mauerecke des
Gartens oder draußen im Gras, den Rücken an einen 30
bevorzugten Baum gelehnt, in einem Buche lese,
unterbreche ich mich in meiner geistigen Beschäftigung, um etwas mit Bauschan zu sprechen und zu
spielen. Was ich denn zu ihm spreche? Meist sage ich
ihm seinen Namen vor, indem ich ihm mit verschie- 35
dener Betonung versichere und recht zu bedenken
gebe, dass er Bauschan heißt und ist; und wenn ich
dies eine Weile fortsetze, kann ich ihn dadurch in
eine wahre Verzückung versetzen, so dass er anfängt,
sich um sich selber zu drehen und aus der stolzen 40
Bedrängnis seiner Brust laut und jubelnd gen Himmel zu bellen. Oder wir unterhalten uns, indem ich
ihm auf die Nase schlage, und er nach meiner Hand
schnappt wie nach einer Fliege. Dies bringt uns beide
zum Lachen – ja, auch Bauschan muss lachen, und 45
das ist für mich, der ebenfalls lacht, der wunderlichs-
te und rührendste Anblick von der Welt.

Thomas Mann

M3 Möpschen

Dass ich dich liebe, o Möpschen,
Das ist dir wohlbekannt.
Wenn ich mit Zucker dich füttre,
So leckst du mir die Hand.

Du willst auch nur ein Hund sein,
Und willst nicht scheinen mehr;
All meine übrigen Freunde
Verstellen sich zu sehr.

Heinrich Heine

M4 Tiere für und mit uns

Isabell Werth auf Satchmo

Das ist Spunky, der Delfin. Ihm verdanke ich, dass ich wieder normal leben kann. Im Alter von vier Jahren bin ich in ein ungesichertes Schwimmbad gefallen. Danach lag ich – wie man mir erzählt hat – mehrere Monate lang im Koma. Erst durch die Delfin-Therapie bin ich wieder gesund geworden.

Dieses Foto habe ich aus Indien mitgebracht.
Dort dürfen Kühe nicht angerührt werden, auch dann nicht, wenn sie z. B. den Verkehr blockieren. Sie werden weder gemolken noch geschlachtet, denn sie gelten als heilig. Sie werden als Spenderinnen des Lebens verehrt.

Dies ist mein Wallach Satchmo. Mit ihm habe ich etliche Olympia-medaillen, einige Welt- und Deutsche Meisterschaften gewonnen. Wir verstehen uns blind, und so wie ich Vertrauen zu ihm habe, vertraut er mir. Wenn er nicht mehr an Wettbewerben teilnehmen kann, wird er auf alle Fälle in meinem Reitstall sein Gnadenbrot erhalten.

Das ist Todd, mein Blindenführhund. Wir sind ein perfekt eingespieltes Team. Todd zeigt mir die Bordsteinkanten, sucht Zebrastreifen, bleibt an Ampeln stehen und führt mich sicher durch die Menschenmengen in belebten Fußgängerzonen. Ich wüsste nicht, was ich ohne ihn anfangen sollte.

Die Schafe sind mein Broterwerb. Ich verkaufe die Wolle, nachdem ich die Schafe im Frühjahr geschoren habe, aber das bringt nicht viel ein. Außerdem vermiete ich meine Schafe an Gemeinden, damit sie zum Beispiel in einer Moorlandschaft den Bodenbewuchs kurz halten. Das meiste Geld gibt es für Lämmer, denn nach wie vor ist diese Delikatesse für den Endverbraucher recht teuer, weil das Angebot kleiner ist als die Nachfrage.

Entwirf mit deinem Nachbarn / deiner Nachbarin einen Dialog, den ihr in der nächsten Stunde vorspielen könnt. Wer hat die besten Argumente?

Aufgaben

1 Stellt Vermutungen darüber an, warum Paris Hilton einen Hund hat. → M1
2 Beschreibt die Beziehung zwischen Thomas Mann und Bauschan. → M2
3 Welche Bedeutung hat Möpschen für seinen Herrn? → M3
4 Benennt, was die abgebildeten Tiere den Menschen bedeuten. → M4
5 Überlegt, welche Bedeutung Tiere noch für Menschen haben könnten, und sucht Beispiele dafür. Gestaltet dazu ein Plakat. **K**

6) *Eine Freundin / ein Freund wünscht sich einen Hund. Du hast Sorge, dass sie das Tier bald langweilig finden u. weggeben könnte.* *

3

M1 Ausgesetzt

Mit Schrecken lese ich in Ihrer Zeitung, dass zu Beginn der Urlaubszeit wieder einmal Tausende von Hunden und Katzen an Autobahnraststätten ausgesetzt worden sind oder ins Tierheim abgeschoben wurden. Oft sind es ja die Weihnachtsgeschenke, über die man sich zuerst freut. Es ist ja so süß, wenn ein Welpe unterm Weihnachtsbaum sitzt. Aber die Menschen haben nicht überlegt, was sie mit ihrem „besten Freund" machen, wenn sie in Urlaub fahren wollen. Ich finde es einfach unverantwortlich, wie dann mit den Tieren umgesprungen wird.

Braucht man etwa einen Haustierführerschein, in dem alles drinsteht, wie ein Tier zu behandeln ist? Jeder, der sich ein Haustier zulegt, sollte sich darüber im Klaren sein, welche Verantwortung er auf sich nimmt.

Maria Trautmann, Seelze

M2 Eine Aktion des
Tierschutzvereins Potsdam

M3 Ein Heim für Tiere

Seit dem Jahr 2006 ist Katrin Porysiak (36) die Leiterin des Clara Vahrenholz Tierheims in Düsseldorf. Sie trägt für das Wohl und Wehe von 300 Tieren die Verantwortung. In dem Heim leben Hunde, Katzen, Kaninchen, Vögel und Meerschweinchen. Mit uns sprach Frau Porysiak über das Leben der Hunde im Heim.

lebensWert: Wie viele Hunde leben derzeit im Düsseldorfer Tierheim?

Porysiak: Es leben 70 Hunde bei uns.

lebensWert: In welchen Monaten werden vor allem Tiere abgegeben? 5

Porysiak: Die meisten Hunde werden zwischen Mai und September hergebracht, in der Ferienzeit. Wenn der Urlaub ansteht, wird den Haltern das Tier lästig. Sie haben keine Lust, sich um eine Unterbringung zu kümmern. 10

lebensWert: Gibt es noch andere Gründe, weshalb Hunde von Haltern abgegeben werden?

Porysiak: Hunde werden auch abgegeben, weil die Halter überfordert sind. Sie sind nicht bereit, mit dem Hund gründlich zu arbeiten, ihn richtig zu erziehen, 15 ihm solche Kommandos wie Sitz, Platz und Fuß beizubringen. Wenn der Hund dann in die Flegeljahre kommt, weiß das Herrchen oft nicht weiter.

lebensWert: Wie leben die Hunde hier?

Porysiak: Die Hunde wohnen, soweit sie sich vertragen, zu zweit in einem zehn Quadrat-

meter großen Zwinger. Ehrenamtliche Helfer gehen zweimal die Woche mit den Tieren Gassi. Damit die Hunde sich genug bewegen können, stehen sechs
25 Wiesen zur Verfügung.

lebenswert: Wovon hängt es ab, wie schnell ein Tier weitervermittelt werden kann?

Porysiak: Kleine Hunde sind leichter zu vermitteln. Auch das Alter ist wichtig: je jünger, desto besser.
30 Schließlich spielt auch der Charakter eine Rolle – ob das Tier beispielsweise kinderlieb ist. Manche Tiere sind schon nach einem Tag vermittelt, bei anderen hat es schon bis zu sieben Jahren gedauert.

M4 Herrchen / Frauchen gesucht!

70 Hunde des Düsseldorfer Tierheims suchen ein neues Zuhause. Auf der Homepage des Heims kann man sie kennenlernen. Dort stellt sich auch Seppl vor.

Hallo,

ich bin es, der schöne und schon etwas ältere Seppl. Mit Hündinnen komme ich aus. Katzen habe ich bisher noch nicht kennengelernt. Mein altes Frauchen musste ins Heim und konnte mich nicht mitnehmen. Leider bin ich auch schon blind, komme damit aber gut klar. Also, wer gibt mir noch eine Chance?

Tiername:	Seppl
Rasse:	Fox Terrier
Geschlecht:	männlich
Alter:	10 Jahre
Kinderlieb:	keine Angabe
Farbe:	Tricolor
Rückenhöhe:	18 cm
Stubenrein:	ja
Wachsam:	nein

M5 Projekt Haustierführer

Den Schülerinnen und Schülern der Klasse 7c des Goslaer Fichte-Gymnasiums war klar: Die Anschaffung eines Haustiers will gut überlegt sein. „Man muss viel über die Bedürfnisse und die Gewohnheiten eines Tieres wissen. Erst dann kann man sich ein Bild davon 5 machen, was alles auf einen zukommt." Um Kunden von Zoohandlungen vor dem Kauf eines Haustiers gründlich zu informieren, planten die Schüler das Projekt „Haustierführer". Im Klassengespräch klärten sie ab, was ein Kunde wissen sollte, bevor er sich ein Tier 10 anschafft. „Was frisst das Tier?", „Wie viel Auslauf braucht es?", „Wie groß sollte der Käfig sein?" usw. Auf zwölf Fragen einigten sie sich. Jeder Haustierführer sollte diese Fragen beantworten. In Gruppen arbeiteten sie nun weiter. Jede wählte sich eine Tierart (Schlange, 15 Kaninchen, Wüstenrennmaus etc.) aus. Im Internet wurde recherchiert, um alle Fragen beantworten zu können. Waren alle Infos zusammen, wurde über das Layout der Broschüren beraten, nötige Bilder aus dem Internet ausgedruckt. Dann ging es ans Schreiben der 20 Infotexte. Schließlich wurden die Texte und Bilder zusammengeklebt. Die Haustierführer waren fertig. Zoohändler wurden kontaktiert und gefragt, ob sie die Broschüren in ihren Läden auslegen.

Aufgaben

1 Nimm Stellung zum Leserbrief von Maria Trautmann.
➜ M1

2 Was kommt alles auf einen zu, wenn man sich einen Hund anschafft (Platz, Zeit, Kosten usw.)? ➜ M1

3 Worauf will das Plakat aufmerksam machen? ➜ M2

4 Welche Aufgaben hat ein Tierheim? ➜ M3

5 Stelle dir vor, du wärst Mitarbeiter der Schülerzeitung an deiner Schule. Nutze die Informationen aus M3 und M4 und verfasse einen Artikel. Bemühe dich in dem Artikel darum, für Seppl ein neues Frauchen bzw. Herrchen zu finden. Beschreibe in dem Artikel Seppl möglichst genau. ➜ M3/M4 **S**

6 Welche Arbeitsschritte sind bei der Erstellung eines Haustierführers wichtig? Erstellt selbst in Gruppen einen Haustierführer zu einer Tierart eurer Wahl. ➜ M5

7 Besucht ein Tierheim in Schulnähe. Stellt Tiere, die ein neues Zuhause suchen, auf Plakaten vor. Hängt die Plakate im Schulflur auf. Vielleicht finden die Tiere auf diesem Weg unter euren Mitschülern ein neues Herrchen oder Frauchen. **RB**

4   M1   Im Zoo

M2   Jacksons schöne neue Welt

Jackson, ein schwarzer Jaguar (im Volksmund auch
Panter genannt), wurde in einem Tiergarten in England
geboren. 1988 kam er als Jungtier in den Braunschweiger Zoo. Rund 15 Jahre lebte er in einem Gitterkäfig
5   alten Typs. Eine 100 Quadratmeter große Sandboden-
fläche war sein Reich. Sechs bis sieben Stunden pro
Tag ging Jackson sinn- und mutlos in seinem Käfig
auf und ab. Seine natürlichen Bedürfnisse, seinen
Bewegungsdrang konnte Jackson in der alten Unter-
10   bringung kaum ausleben.
Im Jahr 2003 änderte sich Jacksons Leben komplett.
Im Braunschweiger Zoo entstand ein neues Panterge-
hege, das Jacksons Heimat, dem Regenwald Südame-
rikas, nachempfunden wurde. Hohe Bäume, Baum-
15   stämme und von Seilen umschlossene Röhren laden
zum Klettern ein. Das neue, 800 Quadratmeter große
Gehege gliedert sich in mehrere, erhöhte Terrassen
mit Felsen zum Ausruhen. Ein Bächlein durchfließt
das Gehege und mündet in einem kleinen Teich. Es
20   gibt schattige Verstecke, in die sich Jackson zurück-
ziehen kann. Auch die Fütterung erinnert an die freie
Natur. Das Fleisch wird in Säcken im Gehege aufgehängt. Jackson muss die Säcke aufreißen, so wie er in
der freien Natur Beutetiere fangen und niederreißen
25   muss.

M3   Wozu gibt es Zoos?

Benjamin besucht mit seiner Mutter wieder einmal
den Zoo in Hannover. Dieses Mal wirkt er sehr nachdenklich: „Mama, ist es nicht schlimm für die Tiere,
im Zoo zu leben? Sie sind doch niemals frei!" Einen
kurzen Augenblick überlegt seine Mutter, dann ant-   5
wortet sie: „Schau Benny, vor hundert Jahren war
das ganz bestimmt so. Die Leute, die in den Zoo gingen, wollten einfach Tiere sehen, die sie sonst nur aus
Geschichten kannten. Es war ihnen völlig gleichgül-
tig, dass die Tiere in engen Käfigen eingesperrt   10
waren. Wie du siehst, sind die Gehege heute groß und
natürlich gestaltet. Darin können die Tiere ihren
Bedürfnissen entsprechend leben und fühlen sich
nicht eingesperrt."
„Gut, Mama. Ich habe aber noch eine Frage. Warum   15
gibt es eigentlich Zoos?" „Wie ich schon gesagt habe:
Wir Menschen möchten gerne exotische Tiere sehen.
Darüber hinaus können wir in den Freigehegen beobachten, wie die Tiere leben. Auf diese Weise wird bei
den Menschen die Liebe zur Natur geweckt. Viele Zoos   20
züchten auch vom Aussterben bedrohte Arten und
wildern die Tiere wieder aus, wenn sie ein gewisses
Alter erreicht haben. Das heißt, sie bringen sie wieder
in die Umgebung zurück, in der sie eigentlich leben.
Damit leisten sie einen Beitrag zum Artenschutz."   25
„Das ist toll, dann sind Zoos ja doch nicht so schlimm,
wie ich gerade dachte."

M4 Der Zirkus ist da!

Sina, Lena, Sarah und Lukas sind Tierfreunde. Für sie steht fest, dass sie in keinen Zirkus gehen, der Wildtiere mit sich führt. Dafür wollen sie lieber kontrollieren, ob der Zirkus, der gerade in ihrer Stadt Vorstellungen gibt, die Tiere artgerecht hält. Martin hat sich vorher im Internet erkundigt und ein paar Regelungen gefunden, an die sich die Zirkusbetriebe eigentlich halten sollten.

„Sind das da diese Leitlinien?", fragt Sina, als sie sich vor dem Zirkus treffen, und zeigt auf die Zettel in Lukas Hand. Lukas nickt. „Ja, hier steht z. B. drin, wie groß der Käfig bzw. das Gehege sein sollte, wie es

5 ausgestattet sein sollte oder welches Beschäftigungsmaterial für die jeweilige Tierart sinnvoll ist." „Na dann, nichts wie ran an die Arbeit!", ruft Lena. „Hoffentlich gibt es jetzt überhaupt eine Tierschau. Manche Zirkusbetriebe bieten so eine Tierschau nur in der

10 Pause der Vorstellung an", weiß Lukas. Aber die vier haben Glück. Für zwei Euro pro Person ist die Tierschau geöffnet. Vorbei an einem großen Schild mit der Aufschrift „Fotografieren und filmen streng verboten" betreten die vier das Zirkusgelände. Als Erstes

15 werden die Tiger „begutachtet". „Wie ich erwartet habe. Sie liegen in ihren Transportwagen, haben keinen Auslauf, keine Beschäftigungsmöglichkeiten usw. Das ist nicht in Ordnung so. Das werden wir dem Amtstierarzt melden." Lukas wirft einen kurzen Blick

20 auf seine mitgebrachten Papiere. „Außengehege sind unerlässlich ...", liest er leise vor.
Auch bei den anderen Tieren haben die Freunde einiges zu beanstanden. Aber den traurigsten Anblick bietet der Elefant. Angekettet steht er in seinem Zelt.

25 Stumpfsinnig schwingt er seinen Rüssel hin und her.

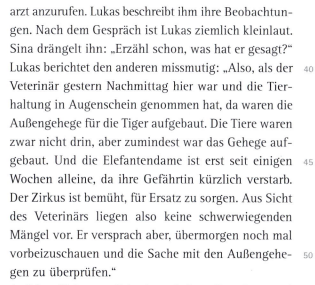

„Eigentlich dürfen Elefanten, zumindest weibliche Tiere, gar nicht einzeln gehalten werden, da sie sozial lebende Tiere sind. Und so wie ich das sehen kann, ist das hier eine Elefantenkuh!", empört sich Lukas. Die vier Freunde haben genug gesehen. Sie beschließen, den Amtstier-

arzt anzurufen. Lukas beschreibt ihm ihre Beobachtungen. Nach dem Gespräch ist Lukas ziemlich kleinlaut. Sina drängelt ihn: „Erzähl schon, was hat er gesagt?"
Lukas berichtet den anderen missmutig: „Also, als der 40 Veterinär gestern Nachmittag hier war und die Tierhaltung in Augenschein genommen hat, da waren die Außengehege für die Tiger aufgebaut. Die Tiere waren zwar nicht drin, aber zumindest war das Gehege aufgebaut. Und die Elefantendame ist erst seit einigen 45 Wochen alleine, da ihre Gefährtin kürzlich verstarb. Der Zirkus ist bemüht, für Ersatz zu sorgen. Aus Sicht des Veterinärs liegen also keine schwerwiegenden Mängel vor. Er versprach aber, übermorgen noch mal vorbeizuschauen und die Sache mit den Außengehe- 50 gen zu überprüfen."
Auf dem Heimweg diskutieren Lukas, Sina, Lena und Sarah noch lange über die Ereignisse und überlegen, was sie sonst noch für die Tiere tun könnten. Sie beschließen, auf jeden Fall den Amtsveterinär über- 55 morgen noch mal anzurufen und nach seinen Beobachtungen zu fragen.
Aber zwei Tage später hat der Zirkus seine Zelte bereits wieder abgebrochen und die Stadt mit unbekanntem Ziel verlassen. Sina ist sauer. „Verdammt noch mal. 60 Das haben die aber geschickt eingefädelt. Jetzt waren unsere Beobachtungen ja völlig umsonst. Oder wer kontrolliert jetzt den Aufbau der Außengehege ...?"

nach www.starke-pfoten.de

---

1 Vergleicht die beiden Bilder. ➜ M1

2 Denkt ihr, dass die Tiere auf den Bildern sich wohl fühlen? Begründet eure Auffassung. ➜ M1

3 Stellt Jacksons altes und neues Leben in einer Tabelle gegenüber. ➜ M2

4 Nehmt zu den verschiedenen Arten der Tierhaltung im Zoo Stellung. ➜ M3

5 Stell dir vor, du bist ein Amtstierarzt in einer kleinen Stadt und sollst einen Zirkus überprüfen. Was meinst du, welche Schwierigkeiten auf dich zukommen? Was tust du, wenn du erkennen würdest, dass es den Zirkustieren nicht gut geht? ➜ M4

6 Lukas sagt, dass Elefanten sozial lebende Tiere sind. Was bedeutet das eigentlich? Kennt ihr noch andere Lebensgewohnheiten von Tieren, auf die im Zirkus Rücksicht genommen werden soll? ➜ M4

Aufgaben

5

M1 Die Haltung von Schweinen ...

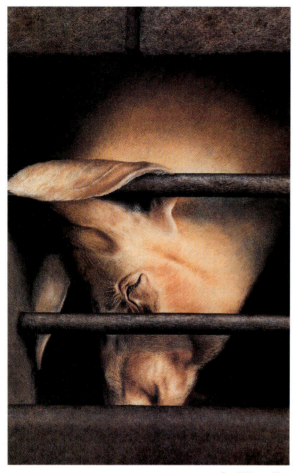

Paul Wans, Eber

M2 Aus dem Tierschutzgesetz

Im Tierschutzgesetz ist geregelt, wie Tiere in Deutschland gehalten werden dürfen. In § 2 heißt es hierzu:

Wer ein Tier hält, betreut oder zu betreuen hat,

1. muss das Tier seiner Art und seinen Bedürfnissen entsprechend angemessen ernähren, pflegen und verhaltensgerecht unterbringen,
2. darf die Möglichkeit des Tieres zu artgemäßer Bewegung nicht so einschränken, dass ihm Schmerzen oder vermeidbare Leiden oder Schäden zugefügt werden,
3. muss über die für eine angemessene Ernährung, Pflege und verhaltensgerechte Unterbringung des Tieres erforderlichen Kenntnisse und Fähigkeiten verfügen.

M3 Schweine im Freigehege

Um herauszufinden, wie ein Tier artgerecht gehalten werden kann, muss man wissen, wie es unter natürlichen Bedingungen lebt. Man muss seine Bedürfnisse und Gewohnheiten kennen. Das natürliche Verhalten ist nicht nur bei Wildschweinen, sondern auch bei Hausschweinen sehr genau untersucht. 5

Schweine im Freigehege schlafen bis ungefähr sieben Uhr in ihrem Gruppennest, das sie in geschützter Lage am Waldrand einrichten.

Vor dem Verlassen des Nestes beobachten sie aufmerksam ihre Umgebung. Dann begeben sie sich zu ihrem Kot- und Harnplatz, der in einiger Entfernung von ihrem Nest liegt. Wenn sie ihr morgendliches Geschäft verrichtet haben, fangen sie an, Gras zu fressen, in der Erde zu wühlen und Wurzeln zu benagen. 15

Am späteren Vormittag ziehen sie zum Trinken zum nahen Bach und setzen von dort aus ihren Rundgang durch das Gehege fort. Dabei ist natürlich immer wieder Zeit, um zu wühlen und zu grasen. 20

Gegen Mittag unterbrechen die Schweine ihre Aktivitäten durch eine mehrstündige Ruhepause. Bei sommerlichen Temperaturen heben sie dazu Liegemulden an den Uferregionen eines Baches aus und wälzen sich ausgiebig darin. 25

Am Nachmittag ziehen sie wieder los, um zu fressen. Dabei graben sie mit der Rüsselspitze, schaufeln mit dem Schnauzenrücken, scharren mit den Vorderbeinen, reißen, lecken und beißen.

Am frühen Abend begeben sie sich langsam in Richtung ihres Ruhenestes. Dort wühlen sie mit ihrem Rüssel die Nestmulde auf und scharren mit ihren Vorderbeinen Laub und Gras hinein. Nacheinander legen sie sich zusammen ins Gruppennest; zwischen 19 und 20 Uhr kehrt dann die Nachtruhe ein. 35

Auffällig ist, dass die Schweine bestimmte Verhaltensweisen immer an einem bestimmten Ort zeigen. Daraus lässt sich ableiten, welche Anforderungen an eine artgerechte Schweinehaltung gegeben sein müssen.

nach Deutscher Tierschutzbund

10

30

M4 Mastschweine in der Massentierhaltung

Mastschweine werden bis zum Schlachten in Gruppen von mindestens zehn Tieren auf sehr engem Raum in Buchten gehalten. Der Boden besteht abwechselnd aus Betonbalken und Spalten. Die Buchten werden
5 nicht ausgemistet, da die eng zusammengepferchten Tiere selbst den Kot durch die Spalten im Boden hindurchdrücken. Auch der Harn fließt direkt durch die Spalten in die Güllegrube, die sich unter den Buchten befindet. Bei dieser Art der Stallhaltung wird auf
10 Stroh verzichtet. Die Tiere liegen auf dem nackten Betonspaltenboden.

Die Schweine leiden, denn sie haben in den engen Buchten kaum Bewegungsmöglichkeiten. Sie können sich außerdem auf dem glitschigen Spaltenboden nur
15 sehr vorsichtig und langsam bewegen, um nicht auszurutschen. Sie leiden auch, weil die nackten Buchten ihnen keine Möglichkeiten geben, sich artgerecht zu beschäftigen, z. B. ihre Umgebung zu erkunden oder den Boden zu durchwühlen. Die Schweine kön-
20 nen in diesen Buchten ihren Liegebereich und den Kotbereich nicht voneinander trennen, wie sie es unter natürlichen Bedingungen tun. Sie liegen über ihrem eigenen Kot. Aufgrund der schlechten Luftqualität leiden viele von ihnen unter roten, entzündeten
25 Augen. Außerdem führen die eingeatmeten Schadgase zu Atemwegserkrankungen.

Diese Art von Stallhaltung ist nicht artgerecht. Das äußert sich auch darin, dass die Schweine schwere Verhaltensstörungen zeigen, sich zum Beispiel
30 gegenseitig die Schwänze abbeißen. Die Ursache dieser Störung liegt darin, dass die Schweine keine Beschäftigung haben, und hat überhaupt nichts damit zu tun, dass Schweine aggressive Tiere sind, wie oft behauptet wird.   *nach Deutscher Tierschutzbund*

M5 Die Bauern des Neuland-Vereins

Aus Mitleid mit den Tieren: Im Jahre 1988 gründete der Deutsche Tierschutzbund den Neuland-Verein. Knapp 70 Landwirte gehören in NRW inzwischen dem Verein an. Sie alle verzichten auf Massentierhal-
5 tung und setzen stattdessen auf die artgerechte Haltung von Rindern, Hühnern und Schweinen. Zu diesen Landwirten gehört Wilhelm Eckei (46). Sein 60

Hektar großer Hof liegt im ländlichen Fröndenberg. Auf dem Grundstück leben 270 Schweine, 40 Rinder und 800 Legehennen. Von Legebatterien und engen 10 Käfigen keine Spur: Munter flattert das Federvieh durch den Stall und pickt am Boden herum. Durch eine Tür können die Vögel hinaus auf einen überdachten Innenhof, bei schönem Wetter geht es von dort weiter auf eine Wiese. Unweit entfernt grunzen die 15 Schweine. Im großen Schweinestall sind die Tiere nach Größe sortiert in sieben, zwischen 40 und 60 Quadratmeter großen Buchten untergebracht. Von jeder Bucht führt eine Türe nach draußen in Auslaufgärten. Die Böden sind mit Stroh bedeckt, Betonspal- 20 ten gibt es nicht. Nimmt man den Innen- und Außenbereich zusammen, haben die Tiere genügend Platz, um sich für ihre verschiedenen Bedürfnisse Zonen einzurichten. Sie haben einen Fressplatz, einen warmen Ruhebereich im Stallinneren, draußen können sie 25 spielend das Stroh durchwühlen und sich einen Toilettenbereich schaffen.

Aufgaben

1 Beschreibt das Bild. Welche Gefühle löst es in euch aus? ➜ M1   *0,15 m²/Kuh*

2 Markiert die Größe eines Maststalles auf dem Boden und stellt euch mit möglichst vielen Personen hinein. Beschreibt, wie ihr euch dabei fühlt. Welche Folgerungen für die Tierhaltung zieht ihr daraus? ➜ M1/M2

3 Wie lebt das Schwein in der Natur? Welche natürlichen Bedürfnisse hat es? Worauf müsste bei der Haltung besonders geachtet werden? ➜ M3

4 Wie wird das Schwein in Massenbetrieben gehalten? Wie steht es dort mit den Bedürfnissen der Tiere? Wieso werden Schweine so gehalten? ➜ M4

5 Vergleicht die beiden in M4 und M5 dargestellten Arten, Schweine zu halten. Fasst eure Ergebnisse in einer Tabelle zusammen. ➜ M4/M5

6 Was kann man tun, um Schweine vor Qualen zu schützen? ➜ M1–5

6

M1 **Franziskus und die Tauben**

Franziskus war Sohn reicher Eltern. Als junger Mann hatte er – so die Überlieferung – eine Erscheinung, die sein Leben radikal veränderte. Er trennte sich von seinem Reichtum und fand Gleichgesinnte, die wie er arm und einfach leben wollten. Franziskus gehörte vor über 750 Jahren schon zu den Menschen, die das Tier- und Pflanzenreich als wichtigen Teil der Schöpfung betrachteten. Es heißt, dass er zu den Tieren predigte. Von seinem Verhältnis zu Tieren erzählt auch die folgende Geschichte.

Eines Tages begegnete Franziskus einem jungen Mann, der einen rumpelnden Karren hinter sich her zog. Darauf hatte er einen großen Käfig mit gefangenen Tieren befestigt. „Wo willst du hin?", fragte Franzis-
5 kus. „Zum Markt, die Tauben verkaufen", antwortete der junge Mann. „Das ist ein gutes Geschäft. Denn gebratene Tauben schmecken vorzüglich."
Franziskus erschrak. Denn er hatte eine große Liebe zu den Geschöpfen. „Ich will, dass du mir diese Tau-
10 ben schenkst", sagte er zu dem jungen Mann. „Wo denkst du denn hin?", rief der. „Ich habe Tage gebraucht, sie in die Falle zu locken." Doch Franziskus sagte: „Gott hat sie nicht für den Käfig gemacht. Also gib sie mir." Im Garten baute Franziskus den
15 Tauben ein weiches Nest. Dann zerbrach er den Käfig und hob die ängstlichen Vögel sanft heraus. Die Tau-

ben brüteten und bekamen Junge. Am liebsten mochten sie immer im Garten von Franziskus und seinen Brüdern bleiben. Aber eines Tages nahm Franziskus sie auf den Arm und rief ihnen zu: „Fliegt hinaus in 20 den Himmel und singt mit euren Stimmen das Lob des guten Gottes! Fliegt in eure Heimat, den Wald! Und erzählt den Tieren, dass nicht alle Menschen Fallen stellen. Es gibt auch solche, die für euch sorgen."

Thomas und Susanne Rosenberg

M2 **Albert und die Vögel**

Einen tiefen Eindruck machte auf mich ein Erlebnis aus meinem siebenten oder achten Jahre. Mein Kamerad Heinrich Braesch und ich hatten uns Schleudern aus Gummischnüren gemacht, mit denen man kleine Steine schleudern konnte. Es war im Frühjahr, 5 in der Passionszeit. An einem sonnigen Sonntagmorgen sagte er zu mir: „Komm, jetzt gehen wir in den Rebberg und schießen Vögel."
Dieser Vorschlag war mir schrecklich, aber ich wagte nicht zu widersprechen, aus Angst, er könnte mich 10 auslachen. So kamen wir in die Nähe eines kahlen Baumes, auf dem die Vögel, ohne sich vor uns zu fürchten, lieblich in den Morgen hinaussangen. Sich wie ein jagender Indianer duckend, legte mein Kamerad einen Kiesel in das Leder seiner Schleuder und 15 spannte sie. Seinem gebieterischen Blick gehorchend, tat ich, unter furchtbaren Gewissensbissen, dasselbe, mir fest gelobend, danebenzuschießen.
In demselben Augenblick fingen die Glocken der Kirche an, in den Sonnenschein und in den Gesang der 20 Vögel hinein zu läuten. Es war das „Erste Läuten", das dem Hauptläuten, das die Gläubigen in die Kirche rief, um eine halbe Stunde vorausging.
Für mich war es eine Stimme aus dem Himmel. Ich warf die Schleuder weg, scheuchte die Vögel auf, dass 25 sie wegflogen und vor der Schleuder meines Kameraden sicher waren, und floh nach Hause.
Und immer wieder, wenn die Glocken der Passionszeit in Frühlingssonnenschein und kahle Bäume hinausklingen, denke ich ergriffen und dankbar daran, 30 wie sie mir damals das Gebot „Du sollst nicht töten" ins Herz geläutet haben. [...]
Zweimal habe ich mit andern Knaben mit der Angel

gefischt. Dann verbot mir das Grauen vor der Misshandlung der aufgespießten Würmer und vor dem
Zerreißen der Mäuler der gefangenen Fische weiter
mitzumachen. Ja, ich fand sogar den Mut, andere vom
Fischen abzuhalten.

Aus solchem mir das Herz bewegenden und mich oft
beschämenden Erlebnissen entstand in mir langsam
die unerschütterliche Überzeugung, dass wir Tod und
Leid über ein anderes Wesen nur bringen dürfen,
wenn eine unentrinnbare Notwendigkeit dafür vorliegt, und dass wir alle das Grausige empfinden müssen, das darin liegt, dass wir aus Gedankenlosigkeit
Leiden machen und töten. [...]

Gut ist: Leben erhalten; schlecht ist: Leben hemmen
und zerstören. *Albert Schweitzer*

M3 Gewaltlosigkeit gegenüber allen Lebewesen

Jaina heißen die Anhänger der Religion des Jainis-
mus, die in Indien verbreitet ist. Eines ihrer wichtigsten Gebote ist Gewaltlosigkeit gegenüber allen Lebewesen. Deshalb ist es für sie eine Sünde, Fleisch zu
essen; sie ernähren sich ausschließlich vegetarisch.
Sie tragen auch keine Lederschuhe, weil dafür Tiere
getötet werden müssten. Immer wieder begegnet man
Jaina, die den Weg vor sich mit einem Besen säubern,
um keinen Käfer und keine Ameise zu zertreten. Oft
sieht man sie mit einem Tuch – einer Art Atemmas-
ke – vor dem Gesicht, die verhindern soll, dass sie
winzig kleine Tiere aus der Luft einatmen. Die Jaina
füttern hungernde Tiere und unterhalten Krankenhäuser für Tiere.

Aufgaben

1 Wie sorgt sich Franziskus um die Tauben? Warum tut er das? ➜ M1
2 Erzähle die Erlebnisse Albert Schweitzers nach. Warum schoss er nicht auf die Vögel, und warum hörte er mit dem Angeln auf? ➜ M2
3 Welche Einstellung hat Schweitzer jeglichem Leben gegenüber entwickelt? ➜ M2
4 Warum tragen die Jaina Schutzmasken vor ihren Gesichtern? Wie verhalten sie sich gegenüber Tieren? ➜ M3
5 Vergleicht die Auffassungen von Franziskus, Albert Schweitzer und den Jaina miteinander. Wo seht ihr Gemeinsamkeiten, wo Unterschiede? ➜ M1-M3
6 Welche der drei Haltungen überzeugt dich? Begründe deine Antwort. ➜ M1-M3

Projekt 1: Schüler für Tiere **P**

Informiert euch über die folgenden Tierschutzgrup-
pen und überlegt, ob und wie ihr selbst Tiere schützen wollt.

 www.bmt-kindertierschutz.de/index.php

www.jugendtierschutz.de/index.html

 www.starke-pfoten.de

www.schueler-fuer-tiere.de

 www.petakids.de

 www.schule-und-tierschutz.de

Projekt 2: Tierrechte – Menschenpflicht

Überlegt euch, welche Rechte Tiere und welche
Pflichten die Menschen gegenüber den Tieren
haben. Gestaltet Plakate dazu und stellt sie im
Klassenraum oder in der Schule aus.

1   M1   Bilder – nicht nur – von der Natur

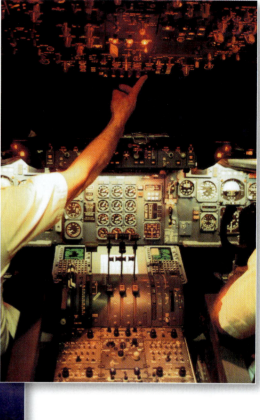

M2   Natürlich oder hergestellt?

Vanessa: Aristoteles, unsere Lehrerin hat uns gesagt, dass Sie einer der größten Philosophen sind und über viele wichtige Dinge nachgedacht haben, auch über die Natur. Erklären Sie uns bitte, was Natur eigentlich ist.

5   **Aristoteles:** Das mache ich gerne. Ihr habt doch alle schon einmal etwas hergestellt, z. B. ein Haus aus Bauklötzen gebaut oder einen Papierflieger gebastelt. Und ihr kennt auch Dinge, die in Fabriken hergestellt und in Geschäften verkauft werden, Handys, T-Shirts

10   usw. Alle diese Dinge wurden von Menschen gemacht. Die natürlichen Dinge unterscheiden sich von diesen Dingen dadurch, dass sie nicht von einem Menschen hergestellt worden sind. Sie sind ganz einfach da, durch sich selbst. Ein Apfel ist ja nicht von einem

Menschen gemacht worden, sondern auf einem Baum 15 gewachsen, und der Baum ist auch nicht vom Menschen gemacht worden, sondern hat sich aus einem Samenkorn entwickelt. Unter Natur verstehe ich alles das, was existiert und nicht von einem Menschen hergestellt worden ist. 20

Vanessa: Dann gibt es zwei Arten von Dingen: vom Menschen hergestellte und natürliche?

Aristoteles: Das hast du richtig erkannt.

Vanessa: Und zur Natur gehören alle Pflanzen, weil sie ja nicht vom Menschen gemacht wurden. Dann 25 müssten ja auch die Tiere zur Natur gehören, denn auch sie wurden nicht vom Menschen gemacht. Und die Wälder, die Berge, das Meer?

Natur – Kultur

Unter Natur (von lat. *nasci* = geboren werden) versteht man alles, was durch sich selbst, d. h. ohne Zutun des Menschen, existiert. Man unterscheidet unbelebte Natur (Wasser, Berge) und belebte Natur (Tiere, Pflanzen).

Kultur (von lat. *cultura* = Ackerbau, Landwirtschaft) im weiteren Sinne ist dagegen das, was durch den Menschen hervorgebracht worden ist. Sowohl Ackerbau als auch ein Buch oder eine Theateraufführung können somit als Kultur bezeichnet werden.

Aristoteles: Richtig.

30 **Marco:** Und die Sonne, der Mond und die Sterne? Die wurden auch nicht vom Menschen gemacht.

Aristoteles: Richtig, auch die gehören zur Natur. Es gibt die belebte Natur – Pflanzen, Tiere, Menschen – und es gibt die unbelebte Natur – Steine, Berge, die

35 Gestirne usw.

Marco: Und was ist mit einem Roboter, der kann ja auch schon vieles, was Menschen können?

Vanessa: Aber der ist doch von Menschen hergestellt, der gehört zum Bereich der Technik.

40 **Aristoteles:** Richtig, Vanessa hat das gut erkannt.

1 Betrachte die Fotos genau und beschreibe, was du darauf erkennen kannst. ➜ M1

2 Welche der abgebildeten Dinge würdet ihr als natürlich bezeichnen und warum? ➜ M1

3 Lies dir das Gespräch zwischen den Schülern und Aristoteles durch. Was versteht der griechische Philosoph unter Natur? Fertigt eine Mindmap dazu an. ➜ M2

4 Diskutiert, ob ein Zoo eigentlich Natur ist. Was daran ist natürlich, was nicht? ➜ M2

5 Stellt die gleichen Überlegungen an für einen Garten, einen Park, einen Wald. ➜ M2

Aufgaben

2

M1 Mutter Erde

50 Kinder aus der Ortschaft Riegel im Kaiserstuhl modellierten 2004 unter der Anleitung der Künstlerin Jutta Stern eine drei Meter hohe und zwanzig Meter lange Frauengestalt aus Lehm, die sie „Mutter Erde" nannten.

M2 Der Raub der Persephone

Hades, der Gott der Unterwelt, war der Bruder von Zeus, dem obersten aller Götter. Demeter, die Göttin der Fruchtbarkeit, war die Schwester von Zeus; sie hatte eine Tochter mit dem Namen Persephone. Hades wollte heiraten, und er einigte sich mit Zeus darauf, dass Persephone, die Tochter der Demeter, seine Frau werden sollte. Als Persephone auf einer Wiese Blumen pflückte, tat sich plötzlich vor ihr ein Abgrund auf und Hades zog sie zu sich hinab. Demeter suchte ihre Tochter überall, konnte sie jedoch nicht finden. Schließlich erfuhr sie vom Sonnengott Helios, dass Hades sie geraubt und in der Unterwelt zu seiner Frau gemacht hatte. Darüber war sie sehr traurig, und in ihrer Trauer verbot sie den Pflanzen zu wachsen, den Bäumen, Früchte zu tragen. Da brach eine große Hungersnot unter den Menschen aus. Die Götter fürchteten um ihren Erntedank und forderten von Zeus, er solle etwas unternehmen. Nach langen Verhandlungen einigte er sich mit Hades darauf, dass Persephone einen Teil jeden Jahres zu ihrer Mutter zurückkehren durfte. Immer, wenn Persephone bei ihrer Mutter ist, lässt Demeter aus Freude und Dankbarkeit alles wachsen und gedeihen; wenn sie aber bei Hades in der Unterwelt ist, ist sie traurig, und daher blüht keine Pflanze.

(Zeilenzahlen: 5, 10, 15, 20, 25)

M3 Im Märzen der Bauer

1. Im Märzen der Bauer die Rösslein anspannt.
   Er setzt seine Felder und Wiesen instand.
   Er pflüget den Boden, er egget und sät
   und rührt seine Hände frühmorgens und spät.

2. Die Bäuerin, die Mägde – sie dürfen nicht ruh´n.
   Sie haben im Haus und im Garten zu tun.
   Sie graben und rechen und singen ein Lied
   und freu´n sich, wenn alles schön grünet und blüht.

3. So geht unter Arbeit das Frühjahr vorbei.
   Dann erntet der Bauer das duftende Heu.
   Er mäht das Getreide, dann drischt er es aus.
   Im Winter da gibt es manch herrlichen Schmaus.

M4 Ein Leben ohne Supermarkt

Vanessa und Marco haben mit ihrer Klasse an dem Projekt „Leben wie in der Steinzeit" teilgenommen und einige Tage lang so gelebt wie die Menschen vor 5000 Jahren: Da konnte man nicht mal schnell in den
5 Supermarkt gehen; unsere Vorfahren mussten alles Überlebenswichtige der Natur abtrotzen. Früchte, Beeren, Nüsse, Getreidekörner haben sie mit eigenen Händen gesammelt. Für die Jagd brauchten sie Speerspitzen, die sie erst selbst aus Stein schlagen mussten.
10 Ihre Kleider haben sie mit Hilfe von Knochennadeln und Sehnen aus Tierfellen selbst zusammengenäht. Vanessa und Marco haben das alles kennengelernt und auch selber ausprobiert. Auf der Rückfahrt im Bus sprechen sie über ihre Erfahrungen.
15 **Marco:** Ich bin froh, dass wir jetzt wieder nach Hause fahren. Zu leben wie die Steinzeitmenschen ist doch sehr anstrengend. Gut, dass wir diesen Naturzustand hinter uns haben!

Vanessa: Aber heute ist es auch nicht viel anders!
20 **Marco:** Du willst sagen, dass wir immer noch so primitiv leben wie in der Steinzeit? Es gibt doch den technischen Fortschritt.

Vanessa: Auch heute können wir nicht ohne die Natur auskommen.
25 **Marco:** Wie meinst du das?

Vanessa: Was denkst du denn, was in dem Schokoriegel ist, den du gerade isst? Kakaobohnen, Erdnüsse und Milch von Kühen.

Marco: Darüber habe ich noch nicht nachgedacht.
30 **Vanessa:** Und was ist mit den Jeans, die du anhast? Die bestehen aus Baumwolle und dem Farbstoff aus einer Pflanze.

Marco: Aber meine Jacke, die ist aus Kunststoff ...

Vanessa: ... hergestellt aus Erdöl!
35 **Marco:** Und mein Handy? Reine Technik!

Vanessa: Na ja, viel Kunststoff, also wieder Erdöl, und Metall. Und ohne den Akku mit Strom aus Kohle, aus Windenergie usw. würde es nicht gehen.

Marco: Ich gebe mich geschlagen. Alles, was wir zum
40 Leben brauchen, stammt immer noch aus der Natur. Auch heute könnten wir ohne Natur nicht leben.

Vanessa: Vielleicht sollten wir dann auch besser auf sie achten.

Steinzeitwerkstätten in Herne und Mettmann

1 Sprecht darüber, was die Kinder veranlasst haben könnte, die Figur der Mutter Erde zu modellieren. Warum wird die Erde wohl als Mutter bezeichnet? ➜ M1

2 Erzähle die Geschichte vom Raub der Persephone nach. ➜ M2

3 Was soll es bedeuten, dass Demeter sich einen Teil des Jahres über die Anwesenheit ihrer Tochter freut und einen anderen Teil über ihre Abwesenheit trauert? ➜ M2

4 Welche Arbeiten hat ein Bauer über das Jahr zu erledigen? ➜ M3

5 Was hat das Lied mit der Geschichte der Persephone zu tun? ➜ M2/M3

6 „Auch heute könnten wir ohne Natur nicht leben." Erkläre diesen Satz von Marco. ➜ M4

7 Erkläre den letzten Satz von Vanessa. Warum macht sie sich Sorgen um die Natur?

Aufgaben

3 | M1 Die Natur schlägt zurück ...

Flutkatastrophe in Deutschland, Sommer 2002
Weltweit nimmt die Zahl der Überschwemmungen infolge
sintflutartiger Regenfälle zu.

Dürre in Indien (2003)
Immer mehr Gegenden der Erde sind von extremer Trockenheit
bedroht. Viele Flüsse und Seen, z. B. der Tschadsee in Afrika,
trocknen aus.

M2 Der Weltklimabericht 2007

Der Weltklimarat der Vereinten Nationen, IPCC (Intergovernmental Panel on Climate Change), legte Anfang 2007 seinen 4. Klimabericht vor, an dem 2500 Forscher aus 124 Ländern sechs Jahre lang gearbeitet
5 hatten. Demnach ist die Durchschnittstemperatur auf der Erdoberfläche in den letzten hundert Jahren permanent gestiegen, und zwar insbesondere in jüngster Zeit. Elf der vergangenen zwölf Jahre sind die wärmsten seit Beginn der Klimaaufzeichnungen 1860. Durch
10 die höhere Temperatur nimmt die Luft mehr Feuchtigkeit auf, sodass die Niederschläge zunehmen und die Stürme häufiger und stärker werden. Andererseits kommt es zu größeren Dürreperioden, weil sich die Niederschläge geografisch verschieben und die warme Luft den Boden stärker austrocknet.
15
Der Weltklimarat sagt voraus, dass sich die globale Erwärmung in dramatischer Weise fortsetzen wird. Bis 2100 könnte die mittlere Jahrestemperatur auf 6,4 Grad steigen; wenn effektive Gegenmaßnahmen ein-
20 geleitet werden, lässt sich der Anstieg auf 2,5 bis 4 Grad begrenzen. 5 Grad globale Mitteltemperatur – das macht den Unterschied zwischen einer Eiszeit und einer Warmzeit aus. Während der letzten Eiszeit betrug die mittlere Temperatur 10 Grad, in der Zeit danach 15 Grad. Was wird geschehen, wenn die mitt-
25 lere Temperatur auf 20 Grad steigt?

1000   1200   1400

Schmelzwasser im Eis von Grönland, 2005
So wie der arktische Eisschild schmelzen auch das Eis am Südpol
und fast alle Gletscher der Erde, z. T. sogar sehr schnell.

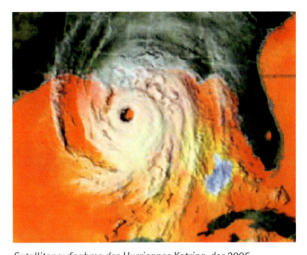

Satellitenaufnahme des Hurricanes Katrina, der 2005
New Orleans zerstörte
Wirbelstürme haben seit den 70er Jahren um 50 % an Intensität
zugenommen. Sie treten neuerdings auch dort auf, wo es sie
noch nie gegeben hat, z. B. in Brasilien.

1 Beschreibe die Abbildungen. ➜ M1
2 Erkläre, wie es zu den jeweiligen Phänomenen gekommen ist. ➜ M1/M2
3 Recherchiert weitere katastrophale Auswirkungen des globalen Klimawandels. ➜ M1/M2
4 Erläutere die unten auf der Seite abgedruckte Temperaturkurve durch die Aussagen des Weltklimaberichtes. ➜ M2
5 Versuche die Frage am Ende des Textes zu beantworten. Entwirf ein Szenario des alltäglichen Lebens im Jahr 2100. ➜ M2

R

Aufgaben

Die Temperaturentwicklung in den letzten 1000 Jahren:

Durch Untersuchung von Bohrkernen aus dem Jahrtausende alten Eis von Gletschern auf allen Kontinenten gelang es Wissenschaftlern, die Temperatur der Erde 6500 Jahre zurückzuverfolgen. Die unten abgebildete Kurve zeigt die mittleren Jahrestemperaturen auf der Nordhalbkugel in den letzten 1000 Jahren.

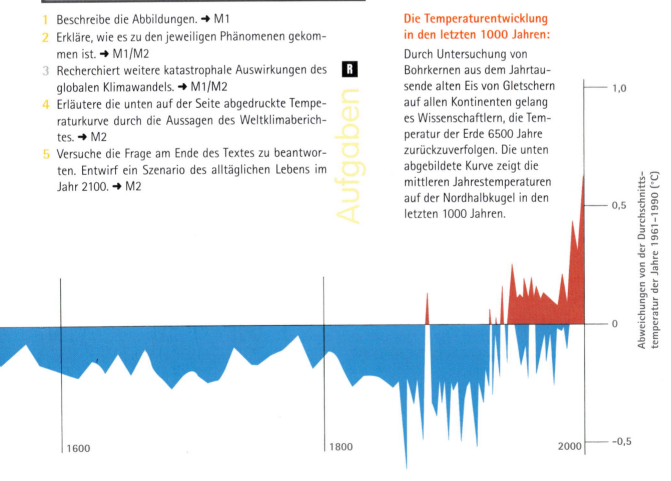

4

M1   Ursachen der globalen Erwärmung

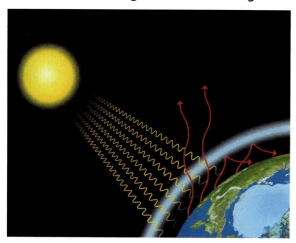

Die Temperaturen auf der Erdoberfläche unterliegen natürlichen Schwankungen, die u. a. zum Teil mit der Sonnenaktivität zusammenhängen. Die globale Erwärmung der letzten Jahrzehnte lässt sich allerdings
5 nicht mehr allein durch natürliche Ursachen erklären, der Mensch ist – dem Weltklimarat zufolge mit 90 %-iger Sicherheit – mitverantwortlich für die Klimakrise. Als Hauptursache des Temperaturanstiegs haben Wissenschaftler die sog. Treibhausgase, allen
10 voran das Kohlendioxid (CO_2), ausgemacht. Zwischen der in Bohrkernen aus Gletschereis gemessenen CO_2-
Konzentration und der Temperaturentwicklung über 650 000 Jahre besteht ein eindeutiger Zusammenhang.
15 In den Zeiten vor der industriellen Revolution betrug die CO_2-Konzentration zu keinem Zeitpunkt mehr als 300 ppm (parts per million), zum gegenwärtigen Zeitpunkt liegt sie bei 380 ppm. Wenn die Menschheit nichts gegen den Anstieg unternimmt, wird sie
20 im Jahr 2050 über 600 ppm liegen – und so einen dramatischen Anstieg der mittleren Erdtemperatur bewirken.
Wissenschaftler erklären die globale Erwärmung so: Je mehr CO_2 die Erdatmosphäre enthält, desto höher
25 steigt die Temperatur an der Erdoberfläche, weil mehr Sonnenenergie absorbiert wird.
Energie von der Sonne dringt in Form von Lichtwel-
len in die Atmosphäre ein und heizt die Erde auf. Auf der Erdoberfläche wird ein Teil dieser Energie in
30 Wärme umgewandelt, der Rest wird in Form von infra-

roter Strahlung reflektiert. Unter normalen Umstän-
den wird ein Teil dieser infraroten Strahlung von der Atmosphäre eingefangen – und das ist auch gut so, denn dadurch bleibt die Temperatur auf der Erde innerhalb erträglicher Grenzen. Auf der Venus ist der 35
Anteil der Treibhausgase in der Atmosphäre so hoch, dass die Temperaturen extrem hoch sind. Dagegen gibt es auf dem Mars fast gar keine Treibhausgase, daher ist er extrem kalt. Nur auf der Erde waren die Temperaturen genau richtig für die Entstehung von Leben. 40
Das Problem ist, dass sich die dünne Schicht der Erdatmosphäre immer mehr mit vom Menschen produ-
ziertem CO_2 und anderen Treibhausgasen anreichert. Durch diese Gase wird ein großer Teil der infraroten Strahlung eingefangen, die sonst durch die Atmo- 45
sphäre hindurch ins Weltall reflektiert werden würde. Die Folge ist, dass die Temperatur der Atmosphäre und der Weltmeere gefährlich ansteigt.
Und darum geht es, wenn wir von der Klimakrise sprechen.   *nach Al Gore* 50

M2   Woher stammt das CO_2?

Kohlendioxid entsteht hauptsächlich beim Verbren-
nen fossiler Energieträger (Kohle, Gas, Öl, Holz), also bei der Energieerzeugung, und bei der Zerstörung von Biomasse, z. B. bei Brandrodungen. In Deutschland hat die Erzeugung von Energie aus fossilen Energieträgern, 5
z. B. in Kohlekraftwerken, einen Anteil von 43,5 % an

der Emission von CO_2, die privaten Haushalte steuern durch Gas- und Ölheizung sowie Stromverbrauch 14 % bei. Die Industrie hat mit ihrem Energieverbrauch
10 einen Anteil von 12,7 % an der Emission des Treibhausgases. 20,1 % des CO_2 in der Atmosphäre werden durch den Verkehr, durch Autos und Flugzeuge, verursacht, auf sonstige Verursacher entfallen 9,1 %.

M3 Die Bevölkerungsexplosion

Die Weltbevölkerung nimmt gegenwärtig in einem solchen Maße zu, dass man von einer „Bevölkerungsexplosion" sprechen kann. Vom ersten Auftauchen des Menschen vor ca. 160 000 bis 190 000 Jahren bis
5 zum Beginn unserer Zeitrechnung war die Anzahl der Menschen auf eine Viertelmilliarde angewachsen. 1776 erreichte sie eine Milliarde und 1945 überschritt sie die Zwei-Milliarden-Marke. 2011 ist sie auf 7 Milliarden angestiegen, und bis 2050 wird sie weiter auf
10 9 Milliarden steigen. Es dauerte ungefähr 10 000 Generationen, bis die Weltbevölkerung 2 Milliarden erreicht hatte, und nun schnellt sie während der Lebensspanne zweier Generationen von 2 auf 9 Milliarden. Das hat dramatische Konsequenzen für unser
15 Verhältnis zur Erde.

CO$_2$-Konzentration in der Atmosphäre
(Angaben in ppm = parts per million, Millionstel)

1 Inwiefern kann man sagen, dass die globale Erwärmung durch den Menschen verursacht ist? ➔ M1
2 Erkläre den Treibhauseffekt anhand des Schaubildes. ➔M1
3 Erläutere das unten auf der Doppelseite abgedruckte Diagramm zur CO_2-Konzentration in der Atmosphäre. Was bedeutet der exponentielle Anstieg der Kurve zum Schluss?
4 Erstelle eine Liste mit Verursachern von CO_2; veranschauliche ihre Anteile durch ein Diagramm. ➔ M2
5 Fertige ein Schaubild zur Bevölkerungsexplosion an und überlege, welche Konsequenzen die Zunahme der Weltbevölkerung auf die CO_2-Emission hat. ➔ M3
6 Was müsste die Menschheit unternehmen, um die Zunahme von CO_2 in der Atmosphäre aufzuhalten? ➔ M2/M3

V

Aufgaben

Hier siehst du das CO_2-Niveau in 45 Jahren, wenn wir nicht bald dramatische Veränderungen einleiten.

Hier siehst du das gegenwärtige CO_2-Niveau – weit über dem, was in den letzten 650 000 Jahren gemessen wurde.

400

300

260

240

200

5

M1 Ein Experiment

Lass ein Stück Eis in einem mit Wasser gefüllten Glas schwimmen. Markiere den Wasserstand vor und nach dem Schmelzen des Eises.

5 Fülle in ein anderes Glas mit Wasser so viel Eis, dass die letzten Eisstücke nicht mehr im Wasser schwimmen und markiere ebenfalls den Wasserstand vor und nach dem

10 Schmelzen des Eises.

Welchen Unterschied kannst du feststellen? Wie ist er zu erklären?

M2 Eisschmelze

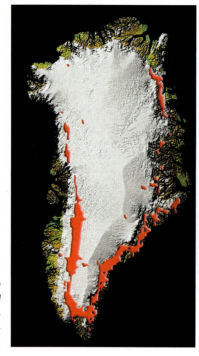

Die rot markierten Gebiete zeigen die Abschmelzfläche des Festlandeises in Grönland 1992 (links) und 2005 (rechts). Einige Klimamodelle sagen das Abschmelzen des Grönlandeises für 2035 voraus.

M3 Die Landkarte der Erde neu zeichnen

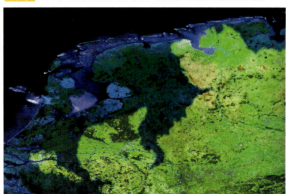

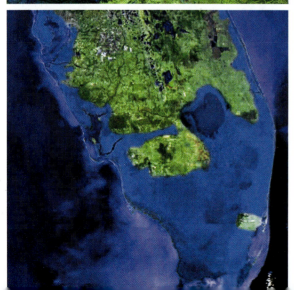

Wissenschaftler haben errechnet, dass der Meeresspiegel 5-6 m ansteigen würde, wenn infolge der globalen Erwärmung das Festlandeis Grönlands oder das Festlandeis der Antarktis oder jeweils die Hälfte von beiden abschmelzen würde. Die Abbildungen zeigen, 5 welche Auswirkungen das z. B. für die Niederlande oder Florida haben würde. Im Großraum Peking würden mehr als zwanzig Millionen Menschen obdachlos, im Großraum Shanghai 40 Mio., in Kalkutta und Bangladesch 60 Mio. usw. Die Landkarte der Erde 10 müsste neu gezeichnet werden.

Das Schmelzwasser könnte ferner den Golfstrom zum Erliegen bringen, der für milde Temperaturen in Europa sorgt. Eine Folge davon wäre eine neue Eiszeit; das gesamte Klimasystem der Erde könnte aus den 15 Fugen geraten.

Auf den Abbildungen der Niederlande (oben) und Floridas (unten) ist der jetzige Küstenverlauf zu erkennen und – blau eingefärbt – das Land, das im Falle der Schmelze des Grönlandeises überschwemmt würde.

M4 Hoffnung? Keine!

Im Jahr 1989 veröffentlichte Bill McKibben sein hellsichtiges, äußerst schlüssiges und zutiefst deprimierendes Meisterwerk *Das Ende der Natur*, dessen These zufolge der Mensch die Umwelt so verändert hat,
5 dass die Erde nicht mehr, wie von zahllosen Generationen vor uns, als „natürlich" begriffen werden kann, weil sie mittlerweile der menschlichen Einflussnahme unterliegt. Er argumentierte, dass vom Menschen verursachte Phänomene wie Erderwärmung, Artenster-
10 ben, Lebensraumzerstörung und saurer Regen in der Biosphäre eine bleibende Veränderung bewirkt haben, die durchaus als hausgemacht zu bezeichnen ist. Wir leben in einem Fischglas, dessen Wasser wir selbst verschmutzt haben.
15 Das Gegenargument lautet, dass alles, was wir schaffen […] definitionsgemäß natürlich ist, da wir ja ein Teil der Natur sind. Folgt man dieser Beweisführung, die zumeist von Verfechtern des Status quo vorgebracht wird, dann ist alles bestens und die Belastbar-
20 keit der Erde unbegrenzt. Logisch weitergedacht, hieße das natürlich – und die Fürsprecher dieser Argumentationslinie geben das nur ungern zu –, dass die Natur sich selbst reinigt. Nämlich von uns. Wenn wir von der Rettung des Planeten sprechen, meinen wir
25 ganz dezidiert seine Rettung um unseretwillen. Die Natur – ob von Menschenhand beeinträchtigt oder nicht – verfügt über eine furchterregende Macht, mit der sie uns zerstören kann, und zwar nicht nur durch Unwetter, Dürreperioden und verhängnisvolle Um-
30 weltveränderungen, wie sie derzeit auf der ganzen Welt zu beobachten sind; sondern indem sie jede Art, die ihre Ressourcen überbeansprucht, mit Krankheiten schlägt oder gleich mit Haut und Haaren verschlingt. […]
35 Wir werden also untergehen, eine weitere ausgestorbene Art, und die Natur – verändert vielleicht und noch einmal verändert durch den nächsten Asteroiden oder die Art nach uns – wird fortdauern. […] Die Natur ist überaus lebendig und wird ihren Tribut for-
40 dern. Einen schmerzlich hohen Tribut für die große und bleibende Sünde, dass es uns gibt.

T. C. Boyle

Ökologie und Verantwortung

Insbesondere seit der Umweltkrise der 70er Jahre des 20. Jahrhunderts werden ökologische Fragestellungen auch in der Philosophie unter dem Aspekt der Verantwortung diskutiert. Verantwortung (von „Antwort geben") bedeutet, für die Folgen des eigenen Tuns gegenüber anderen einzustehen und eine Handlung zu rechtfertigen. In Bezug auf die Ökologie geht es um die Frage, ob wir die Eingriffe des Menschen in die Natur mit Blick auf zukünftige Generationen verantworten können.

M5 Die Uhr des jüngsten Gerichts

Die *Doomsday Clock* (Uhr des jüngsten Gerichts) in Chicago zeigt seit 1947 symbolisch die Gefahr, die von nuklearen Spannungen in der Welt ausgeht. Als die Uhr im Januar 2007 wegen des Atomstreites mit Nordkorea und dem Iran von sieben auf fünf Minuten vor zwölf umgestellt wurde, setzte der britische Astrophysiker Stephen Hawking den Klimawandel mit den Atomwaffen gleich: „Von beidem geht eine planetarische Bedrohung aus."

1 Beziehe die Ergebnisse des Experiments auf die Abbildungen des Grönland-Eises. Welche Folgen hätte das Schmelzen des Eises? ➜ M1/M2

2 Diskutiert über die Folgen der Erhöhung des Meerwasserspiegels. Berücksichtigt dabei, dass Millionen von Menschen aus der sog. „Dritten Welt" obdachlos werden. ➜ M3

3 Stelle dar, welche Intention T. C. Boyle mit seinem Text verfolgt. ➜ M4

4 Diskutiert die Auffassung Stephen Hawkings. Schreibt gegebenenfalls einen Brief an Politiker, in dem ihr begründet, warum es 5 vor 12 ist. ➜ M5

S

Aufgaben

1

M1 **Friedensnobelpreis für Al Gore und den Weltklimarat**

M2 **So ein Schmarren ...**

Kerstin und Niklas sitzen in der Straßenbahn neben einem älteren Herrn und einer Frau mittleren Alters, die in Al Gores Buch Eine unbequeme Wahrheit *liest.*

Älterer Herr (für sich): Wie konnte man nur diesem Scharlatan Al Gore den Friedensnobelpreis verleihen?

Kerstin: Wieso Scharlatan? Ich finde, Al Gore hat den Preis verdient, weil er sich in vorbildlicher Weise für

5 den Klimaschutz eingesetzt hat.

Älterer Herr: Der tut sich doch nur wichtig. „Mein Name ist Al Gore, ich will die Welt retten!" Das mit dem Klimawandel ist doch nur Angst- und Panikmache. Es hat schon viele Eiszeiten und Wärmeperioden

10 auf der Erde gegeben, und die Erde hat das alles überstanden.

Kerstin: Ja, und die Erde wird das wohl auch in Zukunft überstehen, aber für die Menschen, die auf ihr leben, könnte das eine Katastrophe werden. Des-

15 halb finde ich es wichtig, dass Al Gore sich mit seinen Vorträgen, seinem Film und seinem Buch für einen Bewusstseinswandel bei den Menschen einsetzt. Die

Menschen müssen wissen, was auf sie zukommen wird, und sie müssen ihr alltägliches Verhalten ändern. 20

Niklas: Ich meine aber, dass das bloße Reden über den Klimawandel nichts nützt. Es führt nicht dazu, dass Menschen ihr Verhalten tatsächlich ändern. Menschen sind bequem, und wenn sie nicht gezwungen werden, sich anders zu verhalten, als sie es ge- 25 wohnt sind, dann tun sie es nicht.

Kerstin: Was schlägst du vor? Sollen wir etwa so weitermachen, bis es zu spät ist?

Niklas: Nein, ich bin dafür, dass die Politik die Menschen zwingt, ihr Verhalten zu ändern. Die Politiker 30 müssen national und international die Rahmenbedingungen setzen. Sie müssen durch Gesetze festlegen, wie viel Energie verbraucht werden und wie viel Kohlendioxid ausgestoßen werden darf.

Älterer Herr: Gerade das halte ich für Unsinn. Vor 20 35 Jahren war ständig vom Waldsterben die Rede – aber der Wald steht noch immer. So wird es auch mit dem Klimawandel sein. Wir sollten einfach abwarten, es wird schon nicht so schlimm.

Frau: Wenn ich mich da jetzt auch mal einmischen 40 darf, ich bin schon der Meinung, dass wir die Warnungen vor dem globalen Klimawandel ernst nehmen sollen und unser Verhalten ändern müssen. Aber der Staat kann da wenig machen. Ich bin Geschäftsfrau und weiß, wie der Markt funktioniert. Da geht es 45 ums Geld, da wird alles durch den Preis geregelt. Wenn es Produkte gibt, die weniger Energie verbrauchen, werden die Menschen diese Produkte auch kaufen, weil sie dadurch Geld sparen. Und wenn die Industrie sieht, dass sie mit energiesparenden Pro- 50 dukten Geld verdienen kann, wird sie diese auch anbieten. Das wird sich nach den Gesetzen der Marktwirtschaft alles von alleine regeln.

Kerstin: Na, ich weiß nicht, ob das wirklich funktioniert, denn die, die viel Geld haben, brauchen ja nicht 55 zu sparen, sie können sich z. B. nach wie vor teure Autos leisten, die viel Benzin verbrauchen. Da kommt mir die Idee, dass man ja vielleicht alle diese Möglichkeiten auch miteinander kombinieren kann. Leider müssen Niklas und ich jetzt aussteigen – aber 60 denken Sie mal drüber nach!

M3 Die Einheizer der Erde

Die Grafik zeigt die größten Verursacher von Treibhausgasen pro Kopf und nach Staaten bzw. Regionen.

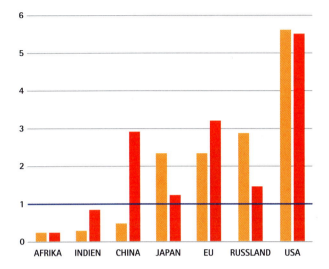

Kohlenstoffemission pro Kopf in Tonnen
Kohlenstoffemission nach Staaten/Regionen in Tonnen
weltweiter Durchschnitt

Die Wissenschaft ist sich einig, dass die Erderwärmung nicht über zwei Grad Celsius hinausgehen darf, wenn
5 man die schlimmsten Folgen des globalen Klimawandels verhüten will. Dazu darf der Kohlendioxid-Gehalt der Atmosphäre nicht über 420 ppm steigen. 2007 lag er bei 383 ppm und jedes Jahr kommen 2,5 ppm hinzu. Bis zum Jahr 2020 muss deshalb der
10 Ausstieg aus dem fossilen Zeitalter eingeleitet sein.

M4 Das Kyoto-Protokoll – Ziele und Wirklichkeit

Um den Anstieg der Treibhausgase in der Atmosphäre zu reduzieren, haben sich auf Initiative der Vereinten Nationen 1997 im japanischen Kyoto Vertreter der Industriestaaten der Erde verpflichtet, ihre gesamte
5 Emission von Treibhausgasen bis 2012 um durchschnittlich 5,2 % gegenüber dem Jahr 1990 zu senken. Je nach Pro-Kopf-Verbrauch sollen manche Länder mehr einsparen als andere; Schwellenländer wie China haben keine Verpflichtungen. Das Einsparziel für die
10 EU liegt bei 8 %. Die USA und Australien haben das Abkommen nicht ratifiziert; eine verbindliche Nachfolgeregelung ab 2012 ist nicht in Sicht.

M5 Klimaschutz und Gerechtigkeit

Der Anspruch der US-Regierung, dass Amerikaner auch in Zukunft doppelt so viel Abgase in die Luft pusten dürfen wie Europäer, fünfmal so viel wie Chinesen und zwanzigmal so viel wie Afrikaner, ist [...]
5 politisch nicht durchzuhalten. [...] Die Amerikaner sagen, sie seien nur dann bereit, CO_2 zu reduzieren, wenn es die Chinesen auch täten, weil die ja schon die zweitgrößten Verschmutzer seien. Die Chinesen entgegnen, solange ein Amerikaner fünfmal mehr verbrauche, dächten sie gar nicht daran, sich einzu-
10 schränken, höchstens, um die unmittelbare Luftverpestung daheim etwas zu vermindern. [...] [Auch in Deutschland] formiert sich Widerstand [...]. Die inneren und äußeren Schweinehunde flüstern den Bürgern zu: Die anderen wollen euch nur ausbeuten, ihr
15 müsstet ständig das Klima schonen, während die Chinesen in ihren Kohlekraftwerken und die Amerikaner in ihren Geländewagen über euch lachen! [...] Wir sind bei der Reduzierung schon und bei der Verschmutzung immer noch weit vorn. [...] Beim Klima
20 kann die Menschheit nur dann zu einem guten Ende kommen, wenn sie sich zuvor über ein paar Gerechtigkeitsfragen einigt.

Bernd Ulrich

1 Wofür haben Al Gore und der Weltklimarat den Friedensnobelpreis 2007 verliehen bekommen? → M1

2 Erarbeitet die Positionen, die von Kerstin, Niklas, dem älteren Herrn und der Geschäftsfrau vertreten werden, und nehmt Stellung dazu. Diskutiert auch über die Idee, die Kerstin am Schluss äußert. → M2

3 Welche Länder bzw. Regionen sind die größten Verursacher von Treibhausgasen? Wie sind die gravierenden Unterschiede zwischen den einzelnen Ländern bzw. Regionen und von Pro-Kopf-Emission und Gesamtemission zu erklären? → M3

4 Untersucht, ob die Vereinbarungen des Kyoto-Protokolls ausreichen, um eine Begrenzung des Temperaturanstiegs auf 2° C zu erreichen. → M4/M5

5 Diskutiert über die Schwierigkeiten, die mit der Einhaltung der Kyoto-Ziele verbunden sind. → M4/M5

6 Führt folgendes Rollenspiel durch: Vertreter Deutschlands, Chinas und der USA nehmen Verhandlungen zum Klimaschutz auf. Versucht, eine Einigung herbeizuführen. → M4/M5

Aufgaben

RS

2 | M1 | Welche Gefahr?

„Ich werde nichts tun, was der amerikanischen Wirtschaft Schaden zufügt."

George W. Bush, 43. Präsident der Vereinigten Staaten von 2001 bis 2009, am 28.03.2001, als er die Unterschrift seines Vorgängers Bill Clinton unter das Kyoto-Protokoll zurückzog.

M2 | Empörung über Klimaziele

Auf dem 3. Energiegipfel mit Vertretern der Bundesregierung und der Energiewirtschaft am 03.07.2007 kündigte die Bundeskanzlerin ein Gesetz an, das die Wirtschaft verpflichtet, die Energieeffizienz um jährlich 3 % zu verbessern, um die CO_2-Emission bis 2020 um 40 % gegenüber 1990 zu senken.

Dazu äußerten sich Funktionäre der deutschen Wirtschaft wie folgt:

„Die Klimaziele sind völlig unrealistisch."

Jürgen Hambrecht, Chef der BASF

„Die deutsche Klimapolitik gleicht Autofahren ohne Sicherheitsgurt."

Jürgen Thumann, Präsident des Bundes der deutschen Industrie

„Die Politik ist von Utopien geleitet."

Patrick Adenauer, Präsident der Familienunternehmer

„Die Regierung verfolgt eine Anti-Energiepolitik."

Klaus Rauscher, Chef des Stromherstellers Vattenfall

„Wenn die Regierung bei ihren Forderungen bleibt, wird meine Branche auswandern."

Dieter Ameling, Präsident der Wirtschaftsvereinigung Stahl

M3 | International nicht mehr konkurrenzfähig

Was sind die volkswirtschaftlichen Belastungen, wenn wir Klimaschutz ohne Augenmaß machen? Das ist eine Debatte, die wir nicht nur national führen können, sondern die wir auch international führen müssen. [...] Wenn wir [...] morgen in die Golfregion 5 fahren würden, und würden mit den dortigen Potentaten reden, dann würden die sagen: Warum produzieren Sie noch Stahl, Aluminium, Zink, Kupfer in Deutschland? Kommen Sie doch zu uns! Bei uns gehen die Energiepreise gegen Null, bei uns zahlen Sie so gut wie keine Steuern, 250 $ pro Monat für einen Arbeiter. Lassen Sie uns gemeinsam Ihre Technologie bei uns entwickeln. CO_2 spielt bei uns überhaupt keine Rolle, es redet kein Mensch davon. Und wir exportieren dann die Metalle nach China und

25 nach Indien. Diese Gefahr ist nicht unrealistisch. Das sind alles energieintensive Industrien, die sind auf auskömmliche Strompreise angewiesen. [...] Und die verlassen das Land, wenn der Strompreis so hoch ist, dass er nicht mehr tragbar ist, weil sie dann interna-
30 tional nicht mehr konkurrenzfähig sind.

Jürgen Hogrefe, Generalbevollmächtiger der EnBW

M4 Keine Alternative

Die Illustration [mit der die amerikanische Regierung 1991 davon überzeugen wollte, dass sie sich für den Schutz der globalen Umwelt engagiert, s. u.] versinn-bildlicht eine weit verbreitete Einstellung bezüglich
5 der grundsätzlichen „Wahl" [...] zwischen Ökologie und Ökonomie. [...] Auf der einen Seite [der Waag-schale] liegen Goldbarren, stellvertretend für Wohl-stand und ökonomischen Erfolg. Auf der anderen Seite – die Erde! Diese Sichtweise unterstellt, dass wir
10 nicht nur eine Wahl, sondern zudem auch noch eine schwere Wahl treffen müssten. Das ist aus zwei Gründen falsch. Erstens: ohne einen Planeten wären wir gar nicht in der Lage, uns über diese Goldbarren zu freuen. Und zweitens können wir, wenn wir nur
15 das Richtige tun, jede Menge Wohlstand, Jobs und Chancen erzeugen. *Al Gore*

M5 Neue Marktanteile

Der Marktanteilsgewinn der deut-schen Hersteller bei den Autos unter 130 g/km Ausstoß CO_2 ist in den ersten Monaten des Jahres
5 2006 um 9 % gestiegen. Das ist ein Zeichen dafür, dass die Deutschen beim Clean-Diesel, beim Benzin-Direkteinspritzer, vielleicht eines Tages sogar bei der Brennstoffzelle,
10 die Vorreiter der Entwicklung sein können. Dann haben wir nicht nur einen ökologischen Vorteil, sondern dann gewinnen wir auch noch Marktanteile, und das ist gut für die
15 Beschäftigung in Deutschland.

Matthias Wissman, Präsident des Verban-des der deutschen Automobilhersteller

M6 Ökologie und Ökonomie

Nicholas Stern, ehemaliger Chefökonom der Weltbank, hat in seinem *Bericht über die Ökonomie des Klima-wandels* (2006) die wirtschaftlichen Folgen globaler Erwärmung untersucht. Durch Erderwärmung verur-sachte Naturkatastrophen könnten Schäden von 5 % 5 bis 20 % des Bruttoinlandproduktes der Staaten ver-ursachen. Die Kosten für effektiven Klimaschutz betragen dagegen nur etwa 1 % der weltweiten Wert-schöpfung; ihnen stehen Wachstumspotenziale im Bereich der *grünen Ökonomie* gegenüber. Sterns Fazit 10 lautet: Investitionen in Klimaschutz sind volkswirt-schaftlich hoch rentabel und könnten zum Auslöser eines grünen Weltwirtschaftswunders werden.

Aufgaben

1 Worauf spielt die Karikatur an? Gibt es deiner Mei-nung nach einen Zusammenhang zwischen der Aussage George W. Bushs und seiner Haltung gegenüber Kli-maschutz? ➜ M1

2 Wie ist der Widerstand der Wirtschaft gegen die Kli-maschutzziele erklärbar? ➜ M2

3 Stellt die Argumente zusammen, die von Vertretern der Wirtschaft gegen die Klimaschutzmaßnahmen vor-gebracht werden. Fallen euch weitere Argumente ein? ➜ M2/M3

4 Inwiefern sind für Al Gore wirtschaftlicher Gewinn und Klimaschutz keine Alternativen, die sich ausschlie-ßen? ➜ M4

5 Stellt die Argumente zusammen, die für eine Verein-barkeit von Klimaschutz und Wirtschaftsinteressen sprechen. ➜ M5/M6

6 Sucht Beispiele für die Vereinbarkeit beider Interessen. ➜ M5/M6

7 Führt folgendes Rollenspiel durch: In einer Sitzung der Geschäftsführung eines Automobilherstellers steht eine Entscheidung darüber an, ob demnächst ein Mo-dell mit geringem CO_2-Ausstoß produziert werden soll. Anwesend sind der Präsident, der den Gewinn des Unternehmens steigern möchte, der Produktionsleiter, der den Aufwand für Neukonstruktion und Fertigung eines neuen Modells im Blick hat, der Finanzdirektor, der die Kosten für beides kalkulieren muss, und der Marketingdirektor, dem es um die Kunden geht, die das Auto kaufen sollen. ➜ M1-M6 **RS**

3   M1   Leben auf dem Mars

GRESER & Lenz   HOUSTON MISSION CONTROL 22:10:25

Der Beweis: Es gab Leben auf dem Mars

M2   Atomausstieg, weil's vernünftig ist?

Die Nutzung von Strom aus Kernkraftwerken ist in der Bundesrepublik heftig umstritten. Nachdem der Deutsche Bundestag 2002 den schrittweisen Ausstieg aus der Atomenergiewirtschaft bis 2021 beschlossen

5   hatte, erfolgte 2010 eine Rücknahme dieses Beschlusses, was dann 2011 nochmals widerrufen und durch einen Ausstiegsbeschluss bis 2022 ersetzt wurde. Der Beschluss fand Befürworter, aber auch Gegner. Welche Argumente wurden geltend gemacht?

10   Befürworter des Ausstiegs führen an:

Die Kernspaltung ist eine der riskantesten Technologien überhaupt, wie uns die Atombombenexplosionen in Hiroshima und Nagasaki gezeigt haben. Auch die friedliche Nutzung der Kernenergie birgt ein hohes Ri-

15   siko, denn Naturkatastrophen, technische Mängel und Bedienungsfehler sind nie auszuschließen. Am 26. April 1986 ereignete sich im Kernkraftwerk Tschernobyl in der Ukraine ein GAU (größter anzunehmender Unfall), bei dem große Mengen radioaktiven Materials freige-

20   setzt wurden. Die Folgen davon waren auch in Deutschland spürbar, weil der Wind den radioaktiven Fallout bis nach Mitteleuropa trieb. Am 11. März 2011 kam es im Kernkraftwerk Fukushima in Japan infolge eines starken Erdbebens und eines Tsunamis zu Kern-

25   schmelzen in mehreren Reaktorblöcken mit verheerenden Folgen für die japanische Bevölkerung.

Ein noch größeres Problem als die Betriebssicherheit ist die Frage der Endlagerung des atomaren Restmülls. Verbrauchte Brennstäbe strahlen noch lange – mehrere hunderttausend Jahre – und müssen deshalb

30   sicher gelagert werden. Ein geeignetes Endlager konnte aber bis heute nicht eingerichtet werden, weder in Deutschland noch an einem anderen Platz auf der Welt. Wo der weltweit auf 300.000 Tonnen geschätzte radioaktive Abfall untergebracht werden soll, ist

35   nach 50 Jahren Atomwirtschaft noch immer unklar. Kernkraftwerke sind weder im Betrieb noch im Endlager sicher.

Gegner des Ausstiegsbeschlusses führen an:

Die Kernkraftwerke in Deutschland, die abgeschaltet

40   werden sollen, zählen zu den sichersten und zuverlässigsten der Welt. Durch ihre Stilllegung wird unsere Situation nicht sicherer, solange unsere Nachbarländer (die Niederlande, Frankreich, Polen, Tschechien) ihre AKWs nicht auch abschalten.

45

Nutzung der Kernkraft ist die effektivste Form der Energieerzeugung, außerdem ist sie umweltschonend: Im Unterschied zu Kohle- und Gaskraftwerken belastet sie die Atmosphäre nicht mit dem klimaschädlichen CO_2.

50

Die Alternativen zum Atomstrom (Nutzung der Sonnenenergie, der Windenergie usw.) sind noch nicht weit genug entwickelt. Es ist noch nicht möglich, den Strombedarf Deutschlands vollständig durch erneuerbare Energie zu decken. Deshalb wird in hohem Maße Atom-

55   strom aus dem benachbarten Ausland in das deutsche Stromnetz eingespeist. Aber auch damit kann für Zeiten von Spitzenbelastungen – etwa im Winter – eine Unterversorgung mit Strom nicht ausgeschlossen werden.

Würde man die bereits abgeschriebenen deutschen

60   Atommeiler länger am Netz lassen, würden enorme Gewinne erwirtschaftet, die man in Forschung investieren könnte. Derzeit wird in Finnland an einer neuen Generation von Kernkraftwerken geforscht, bei denen selbst für den Fall der Kernschmelze vorgesorgt ist.

65

Außerdem scheint es möglich, lange strahlende Abfälle in kurzlebige zu verwandeln und so die notwendigen Sicherheitsgarantien für Lagerstätten auf Jahrhunderte zu reduzieren.

Der Ausstieg aus der Atomenergiewirtschaft ist sach-

70   lich nicht zu begründen und eher das Produkt von Angst als von vernünftiger Überlegung.

M3 Projekt DESERTEC

Bisher ist es nur Papier, bald könnte es Wirklichkeit sein: das Projekt DESERTEC – ein Kunstwort aus *desert* (Wüste) und *technology* (Technologie). Nach Studien des Deutschen Zentrums für Luft- und
5 Raumfahrt, die auf Ideen der internationalen Denkfabrik *Club of Rome* beruhen, soll in den Wüsten Nordafrikas und des Nahen Ostens ein Netz hunderter Solar- und Windkraftwerke errichtet werden. Einen sehr wichtigen Anteil werden solarthermische Anla-
10 gen haben, in denen die Wärme der Sonne in Strom umgewandelt wird. Auf diese Weise könnten 15 bis 20 Prozent des europäischen Energiebedarfs gedeckt werden. Die Technologie ist umweltfreundlich; damit ließe sich der Ausstoß von klimaschädlichem Koh-
15 lendioxid, der bei Verstromung von Gas, Kohle und Öl entsteht, erheblich senken. Für den Bau der Kraftwerke und der Leitungen werden Kosten in Höhe von 400 Milliarden Euro veranschlagt. Die Investition würde sich aber lohnen, weil man mit Solaranlagen
20 in Nordafrika und dem Nahen Osten das Zwei- bis Dreifache an Strom erzeugen kann wie in Europa und man beim Transport nur 10 bis 15 Prozent verliert. Um das Projekt zu realisieren, haben im Juli 2009 zwölf Unternehmen und die gemeinnützige DESERTEC
25 Foundation die größte privatwirtschaftliche Energie-Initiative der Welt gegründet. Wenn alle Hindernisse aus dem Weg geräumt sind, könnte 2025 der erste Strom fließen.

nach Informationen von Michael Straub/DESERTEC

M4 Brittas Meinung: Ökostrom

Die Stromgewinnung aus Kernkraft, Kohle und Öl ist umweltbelastend und birgt große Gefahren. Hinzu kommt, dass Kohle, Gas und Öl auch einmal aufgebraucht sein werden. Die Erzeugung von Energie aus natürlichen Quellen wie Sonne, Wind, Wasser und 5 Biomasse ist dagegen nicht nur umweltfreundlich, die Träger erneuern sich auch immer wieder von selbst. Bisher wird aber nur ein kleiner Teil des Energiebedarfs durch Ökostrom gedeckt. Das Problem ist, dass erst einmal entsprechende Anlagen gebaut und neue 10 Techniken entwickelt werden müssten – und das ist aufwändig und kostet Geld. Vor allem wirtschaftliche Interessen spielen eine Rolle dafür, dass erneuerbare Energien zu wenig gefördert und Atom- und Kohlekraftwerke weiterhin stark unterstützt werden. 15
Aber die Menschen können selbst entscheiden, welche Art von Strom sie beziehen wollen. Bleibt man bei seinem herkömmlichen Stromanbieter, unterstützt man damit in den meisten Fällen weiterhin einen Konzern, der hauptsächlich mit Strom handelt, der 20 durch Atom- und Kohlekraftwerke hergestellt wird. Wenn immer mehr Menschen zu reinen Ökostrom-Anbietern wechseln, werden in der Folge auch mehr umweltschonende Kraftwerke entwickelt und gebaut. Die mächtigen Energiekonzerne und die Atomwirt- 25 schaft würden dagegen weniger Gewinne machen. Erst kürzlich hat Sigmar Gabriel (Umweltminister von 2005 bis 2009, seit November 2009 SPD-Parteivorsitzender) vorgeschlagen, dass Bundes- und Länderbehörden den Stromanbieter wechseln und künftig 30 nur noch auf Ökostrom setzen sollten. Auf diese Weise würden Behörden und Politiker mit gutem Beispiel vorangehen.

nach Britta Pawlak

1 Beschreibt eure Assoziationen beim Betrachten der beiden Abbildungen. ➔ M1/M3
2 Stellt in Gruppen die Argumente pro und contra Atomausstieg zusammen und führt eine Diskussion dazu durch. ➔ M2
3 Beschreibt das Projekt DESERTEC. Welche Chancen und Risiken für die Natur sind damit verbunden? ➔ M3
4 Verfasse eine Stellungnahme zu Brittas Meinung über Ökostrom. ➔ M4

Aufgaben

4 | **M1** Amische

Als Amische (engl. Amish) bezeichnen sich die Anhänger einer christlichen Religionsgemeinschaft, die sich im Jahre 1693 unter Anführung von Jakob Amman von den Mennoniten abspaltete. Sie sind ursprüng-
5 lich in der Schweiz und dem Südwesten Deutschlands zu Hause. Weil sie sich zunehmend Feindseligkeiten und Verfolgung ausgesetzt sahen, wanderten sie in die USA aus, wo sie heute in 1200 Siedlungen in großer Abgeschiedenheit leben.
10 Die Amischen zeichnen sich durch eine strenge Gemeindeordnung aus und lehnen die Errungenschaften moderner Technik, insbesondere Maschinen und Elektrizität, ab. Ihre Haushalte besitzen keinen Anschluss an das Stromnetz, sondern verwenden gasbe-
15 triebene Lampen. Batterien sind nur teilweise erlaubt. Das Fahren von Autos ist grundsätzlich verboten. Als Transportmittel benutzen Amische meistens Pferdekutschen, deren Räder mit Stahlmänteln versehen sein müssen. Diese Vorschrift wird auch auf die Feldarbeit
20 übertragen: Traktoren sind nur erlaubt, wenn sie keine Gummibereifung, sondern Stahlräder haben. Fahrräder werden in einigen Gemeinden zugelassen; andere Gemeinden erlauben aber nur Tretroller.
Da die Amischen sich dem technischen Fortschritt
25 nicht ganz verschließen können, wird in vielen Gemeinden wie folgt über die Annahme oder Nutzung technischer Geräte entschieden: Sie werden durch einen einstimmigen Gemeindebeschluss offiziell erlaubt oder verboten, nachdem vorher darüber disku-
30 tiert und abgestimmt wurde, ob sie sinnvoll und nützlich oder sinnlos und gefährlich sind.

M2 Rückschritt und Fortschritt im Gespräch

Also gut, ich ruf Sie dann nächste Woche an.
Oh, schreiben Sie mir doch bitte eine Karte. Ich habe kein Telefon.
Schreiben? – Ach lassen wir das. Ich komme einfach
mal schnell vorbei. Wie lange brauche ich denn zu 5
Ihnen?
So etwa sechs Stunden. Sechs Stunden habe ich von meinem Haus zu Ihrem Büro gebraucht.
Na, hören Sie mal! In sechs Stunden fahre ich mit der
letzten Klapperkiste bis an die Küste! 10
Ja, mit dem Auto schaffen Sie es vielleicht in einer guten Stunde.
Und Sie ziehen die Bahn vor? Da sind Ihnen wohl alle
Anschlusszüge davongefahren?
Nein. Im Sommer fahre ich längere Strecken lieber mit 15
dem Rad.
Ach ja! Und bis 20 km laufen Sie dann alles zu Fuß,
Sie Spaßvogel! Und wahrscheinlich machen Sie zu
Hause das Licht mit einem Stein aus!
Ich puste. 20
Äh – bitte?
Ich blase sie aus. Die Kerze.
Soso! Haben Sie Ihre Stromrechnung nicht bezahlt?
Nein. Ich bekomme keine.
Na den Trick verraten Sie mir mal! 25
Pst, ich habe keinen Stromanschluss!
Haben Sie das eben ernst gemeint? (geheimnisvoll)
Wohnen Sie irgendwo im Wald?
Nein, ich wohne mitten im Dorf. Ich wollte es einfach nicht. 30
Also, das verstehe ich nicht. Das Auto, das Telefon
und all die elektrischen Geräte, die uns das Leben er-
leichtern, wollen Sie nicht nutzen? Das ist doch ein
Rückschritt!
Naja, wenn ich mich umdrehe und den Weg der tech- 35
nischen Entwicklung ein Stück zurückgehe, dann ist

das doch durchaus ein Fortschritt. Ich schreite fort, nur in eine andere Richtung. Schritt für Schritt. Ich muss ja nicht bis ins Neolithikum. Nur so etwa zehn

40 Generationen – und ich kann die Erfindung des Streichholzes schon mitnehmen.

Oho, also ein simples Streichholz findet als großartige Erfindung vor Ihren Augen Gnade!

Aber sicher. Haben Sie mal versucht, Feuer zu schla-

45 gen? Das will gelernt sein. Nein, das Zündholz ist schon eine feine Sache. Damit zünden Sie die Kerze an und machen Feuer im Ofen. Dann ist bald das Kaffeewasser heiß, das Haus wird mollig warm, Sie lesen noch bei Kerzenschein die Zeitung, ehe Sie sich ans

50 Holzspalten machen ... Fehlt einem da überhaupt noch irgendetwas?

Aber so ein Leben kostet ja auch viel Zeit. Wenn Sie alles von Hand machen müssen. Bloß die Wäsche! Dafür hat man im Alltag nun wirklich keine Zeit.

55 Warum?

Weil jeder Normalbürger nun mal acht Stunden am Tag arbeiten gehen muss! Meinen Sie, das kriegt man alles geschenkt? Das Auto, die Waschmaschine, die Hifi-Anlage, den Computer, den ganzen modernen

60 *Wohlstand! Umsonst ist nichts auf dieser Welt. Wenn Sie ein bequemes Leben haben wollen, müssen Sie arbeiten, arbeiten und noch mal ar...*

Oh Gott! Ist Ihnen nicht gut? Soll ich Ihnen ein Glas Wasser holen?

65 *Nein, nein, es geht schon wieder. Ich bin einfach überlastet. Ich sollte dringend mal abschalten. Sagen Sie, würden Sie mir Ihr Haus mal für ein paar Wochen vermieten? Ich meine, wenn Sie in Urlaub fahren.*

Nein. Ich muss ja nie Urlaub machen. Weil ich ja nicht

70 so richtig arbeiten muss. Aber nächsten Monat will ich meine Freundin in Bergamo besuchen. Da bin ich eine ganze Weile unterwegs. Da könnten Sie inzwischen mein Haus hüten und nach dem Garten sehen.

Sie meinen, einfach so? Wohnen gegen jäten? Hausen

75 *gegen gießen? Das mach ich! Und was muss ich da mitbringen? Ich meine, was brauch ich dort?*

Es ist alles da. Felle und Decken für die Nacht. Gemüse können Sie ausgraben. Holz ist im Schuppen. Ach ja, Zündhölzer finden Sie bei den Kerzen in der

80 Schublade ...   *nach Anne Donath*

Lebensstandard und Lebensqualität

Lebensstandard wird allgemein definiert als Wohlstand. Gemessen wird der Besitz materieller Güter (Haus, Auto etc.) und die Möglichkeit zur Befriedigung kultureller Bedürfnisse (Restaurant- und Theaterbesuche etc.).

An dieser Definition kritisiert Amartya Sen, Nobelpreisträger für Ökonomie im Jahre 1998, dass der Lebensstandard sich nicht ausschließlich auf Wohlstand reduzieren lässt. Menschen können nämlich gut gestellt sein, ohne dass es ihnen gut geht und ohne dass sie glücklich sind. Die Hauptfrage ist, welche Qualität das Leben hat, das jemand führt. Der Wert des Lebensstandards liegt daher in einer bestimmten Art zu leben und nicht im Besitz von Gütern.

Aufgaben

1 Bearbeitet die folgenden Aufgaben in Gruppen. Anschließend stellt ihr euch gegenseitig eure Ergebnisse vor.

Gruppe 1:

a) Was ist den Amischen in Bezug auf Technik erlaubt, was nicht? ➜ M1

b) Würdest du das Leben, das du führst, gegen das von einem Amisch tauschen? Begründe deine Auffassung. ➜ M1

Gruppe 2:

a) Auf welche technischen Errungenschaften verzichtet Anne Donath? Warum tut sie dies? ➜ M2

b) Würdest du gerne mit Anne Donath tauschen?

c) Würdest du gerne an Stelle des Gesprächspartners einen Monat in der Hütte von Anne Donath Urlaub machen? Begründe deine Auffassung. ➜ M2

2 Stellt euch vor, ihr müsstet nach der Weise, wie sie in Amisch-Gemeinden gepflegt wird, über die Zulassung von technischen Geräten entscheiden. Eine(r) von euch nennt ein technisches Gerät, das sie oder er gerne benutzen möchte, und begründet den Sinn und Nutzen dieses Gerätes. Die anderen versuchen, den Gebrauch des Gerätes zu kritisieren, und am Ende wird über dessen Einführung abgestimmt. ➜ M1

3 Wie viel Technik braucht der Mensch? Beantwortet die Frage, auf welche technischen Geräte ihr verzichten könntet und auf welche nicht, zunächst für euch selbst und diskutiert dann in der Klasse darüber. ➜ M1/M2

D

5

M1 Die Sprache der Natur

Wir müssen auf die Sprache der Natur hören und entsprechend antworten.

Der Papst vor dem deutschen Bundestag im September 2011

M2 Verantwortung für die Natur

Ein fiktives Interview:

Moderator: Herr Meyer-Abich, Sie befassen sich seit Jahren mit der Naturphilosophie. Wie ist es aus Ihrer Sicht zur ökologischen Krise gekommen?

Meyer-Abich: Der Mensch lebt in der Natur, er ist sel-
5 ber ein *Teil* der Natur, aber er hat sich in der Vergangenheit hauptsächlich als jemand verstanden, der der Natur *gegenübersteht* und sie beherrscht. Die Natur ist für ihn nur ein Gegenstand, den er für seine Zwecke ausbeuten kann.

10 **Moderator:** Ich verstehe. Aufgrund dieses Naturverständnisses haben wir in der Industriegesellschaft die natürlichen Rohstoffe, Erdöl, Kohle, Gas usw., rücksichtslos dazu benutzt, uns zu bereichern, und haben dabei ein Übermaß an CO_2 produziert, sind an die
15 Grenzen der Belastbarkeit der Atmosphäre gestoßen.

Meyer-Abich: Richtig, aber neben dem traditionellen Naturverständnis spielt noch ein zweiter Faktor eine Rolle: der bürgerliche Eigentumsbegriff. Bei dem englischen Philosophen John Locke heißt es, dass der

Mensch das, was er sich von der Natur angeeignet 20 hat, rechtmäßig besitzt. Und der Staat ist hauptsächlich dazu da, das Eigentum seiner Bürger zu schützen. Den Interessen des Individuums wird dabei ein Vorrang vor denen der Gemeinschaft und vor denen des Ganzen der Natur eingeräumt. Dieser Eigentums- 25 begriff hat sich im 19. Jahrhundert nicht mehr als tragbar erwiesen, als sehr viele Menschen infolge der industriellen Revolution kein Eigentum mehr hatten und in Elend und Not leben mussten. Damals entstand die Idee der *Sozialpflichtigkeit* des Eigentums, 30 die auch heute noch in unserer Verfassung festgeschrieben ist. Das Eigentum ist in eine Gesamtordnung eingebettet, in der jeder Bürger ebenso wie der Staat eine Verantwortung für das Gemeinwohl hat.

Moderator: Was hat das mit unserem Verhältnis zur 35 Natur zu tun?

Meyer-Abich: So wie der Mensch auf Grund eines falschen Eigentumsbegriffs lange Zeit seine individuellen Interessen vor die Interessen der Gemeinschaft gestellt hat, so stellt er heute noch immer seine Indi- 40 vidualinteressen vor die Interessen des Gesamten der Natur. Und so wie er durch die soziale Krise des 19. Jahrhunderts gelernt hat, dass Eigentum sozialpflichtig ist, muss er gegenwärtig durch die Umweltkrise lernen, dass Eigentum *naturpflichtig* ist. Der Bürger 45 eines Staates muss nicht nur Verantwortung für das Gemeinwohl, sondern auch Verantwortung für die natürliche Mitwelt, für das Ganze der Natur tragen. In unserer Verfassung sollte dem Ziel des Sozialstaates das Ziel des Natur-Staats an die Seite gestellt werden. 50

nach Klaus Michael Meyer-Abich

M3 Die Erde, unsere Heimat

Wir stehen an einem kritischen Punkt der Erdgeschichte, an dem die Menschheit den Weg in ihre Zukunft wählen muss. Da die Welt zunehmend miteinander verflochten ist und ökologisch zerbrechlicher wird, birgt die Zukunft gleichzeitig große Gefahren und 5 große Chancen. Wollen wir vorankommen, müssen wir anerkennen, dass wir trotz und gerade in der großartigen Vielfalt von Kulturen und Lebensformen eine einzige menschliche Familie sind, eine globale Gemeinschaft mit einem gemeinsamen Schicksal. 10

Wir müssen uns zusammentun, um eine nachhaltige Weltgesellschaft zu schaffen, die sich auf Achtung gegenüber der Natur, die allgemeinen Menschenrechte, wirtschaftliche Gerechtigkeit und eine Kultur des Friedens gründet. Auf dem Weg dorthin ist es unabdingbar, dass wir, die Völker der Erde, Verantwortung übernehmen füreinander, für die größere Gemeinschaft allen Lebens und für zukünftige Generationen. Die Menschheit ist Teil eines sich ständig fortentwickelnden Universums. Unsere Heimat Erde bietet Lebensraum für eine einzigartige und vielfältige Gemeinschaft von Lebewesen. Naturgewalten machen das Dasein zu einem herausfordernden und ungewissen Ereignis, doch die Erde bietet gleichzeitig alle wesentlichen Voraussetzungen für die Entwicklung des Lebens. Die Selbstheilungskräfte der Gemeinschaft allen Lebens und das Wohlergehen der Menschheit hängen davon ab, ob es uns gelingt, eine gesunde Biosphäre zu bewahren mit all ihren ökologischen Systemen, dem Artenreichtum ihrer Pflanzen und Tiere, fruchtbaren Böden, reinen Gewässern und sauberer Luft. Die globale Umwelt mit ihren endlichen Ressourcen ist der gemeinsamen Sorge aller Völker anvertraut. Die Lebensfähigkeit, Vielfalt und Schönheit der Erde zu schützen, ist eine heilige Pflicht. [...] Wir haben die Wahl: Entweder bilden wir eine globale Partnerschaft, um für die Erde und füreinander zu sorgen, oder wir riskieren, uns selbst und die Vielfalt des Lebens zugrunde zu richten. Notwendig sind grundlegende Änderungen unserer Werte, Institutionen und Lebensweise. [...] Jeder Mensch ist mitverantwortlich für das gegenwärtige und zukünftige Wohlergehen der Menschheitsfamilie und für das Leben auf der Erde. Der Geist menschlicher Solidarität und die Einsicht in die Verwandtschaft alles Lebendigen werden gestärkt, wenn wir in Ehrfurcht vor dem Geheimnis des Seins, in Dankbarkeit für das Geschenk des Lebens und in Bescheidenheit hinsichtlich des Platzes der Menschen in der Natur leben. Für das ethische Fundament der entstehenden Weltgemeinschaft brauchen wir dringend eine gemeinsame Vision von Grundwerten.

Auszug aus der Präambel der Erdcharta, die in einem zehn Jahre langen Prozess von über 1000 Nichtregierungsorganisationen aus aller Welt entwickelt wurde

So haben Menschen die Erde zum ersten Mal vom Weltraum aus gesehen. „Der Einfluss, den diese Aufnahme auf das Bewusstsein der Menschheit hatte, kommt einer Explosion gleich", sagt Al Gore dazu.

Erdaufgang, fotografiert am Heiligabend 1968 bei der Apollo-8-Mission

Ressourcen und Nachhaltigkeit

Wissenschaftler sind sich darin einig, dass die Zerstörung der Natur nur durch nachhaltiges Wirtschaften aufgehalten werden kann. Das bedeutet, dass wir die natürlichen Ressourcen (Boden, Rohstoffe, Energie), die uns heute zur Verfügung stehen, nur so weit ausnutzen dürfen, wie wir zukünftige Generationen nicht schädigen.

Aufgaben

1 Formuliere mit eigenen Worten, was der Papst mit seinem Ausspruch zum Ausdruck bringen wollte. Finde geeignete Beispiele dafür, was es heißt, (nicht) auf die Sprache der Natur zu hören. → M1

2 Was sind nach Klaus Michael Meyer-Abich die philosophischen Voraussetzungen der ökologischen Krise? Was müsste sich ändern? Stimmst du Meyer-Abich zu? → M2

3 Erkläre den Einfluss der ersten Aufnahme der Erde aus dem Weltraum auf das Bewusstsein der Menschen. → M3

4 Setzt euch in Gruppen zusammen und entwerft einen Katalog von Grundwerten, der helfen könnte, die Bedrohung der Menschheit durch den Klimawandel zu bewältigen. → M3

6 M1 **Alarm?**

M2 Anthropozentrismus

Der Anthropozentrismus versteht die Welt als auf den Menschen hingeordnet: Alles dient seinen Zwecken, alles ist nur Mittel für ihn. Eine anthropozentrische Umweltethik geht davon aus, dass die bloße Zugehörigkeit zur Spezies „Mensch" mit einem besonderen Status verbunden ist und dass die durch bestimmte Eigenschaften belegbare Sonderstellung und Überlegenheit des Menschen auch mit einer absoluten Vorrangstellung gegenüber allen anderen Lebewesen verbunden ist. Sie rechtfertigt jede Veränderung und Ausbeutung der Natur, wenn dies im Interesse des Menschen erfolgt. Wird dennoch eine möglichst unversehrte Umwelt angestrebt, so steht dieses Ziel im Zusammenhang mit dem Interesse des Menschen und dem Erhalt seiner eigenen Lebensgrundlagen.

Konkret: Kakerlakenplage in der Küche – wie handelt ein Anthropozentrist? Er sieht die Kakerlaken kaum als notwendigen Bestandteil zur Erhaltung seiner Lebensgrundlagen. Angenehme Empfindungen lösen sie auch nicht aus. Er könnte sich demnach dazu entschließen, sie loszuwerden. Davon abhalten könnte ihn wohl einzig die Angst, dass das Töten von Kakerlaken negativ auf seinen Umgang mit Menschen abfärbt. Im Falle von Kakerlaken wird diese Überlegung wohl wenig Gewicht haben. Bei Hunden oder Katzen sähe es anders aus.

M3 Pathozentrismus

Eine pathozentrische Umweltethik beruht auf der Überzeugung, dass alles Leben verwandt ist und dass insbesondere Menschen und Tiere auf ähnliche Weise leben und leiden. Deshalb liegt es nahe, ethische Grundanforderungen, wie etwa der Goldenen Regel, auch auf alle betroffenen Lebewesen [das sind in der Regel alle Wirbeltiere] auszudehnen. Hieraus folgt, dass der Mensch die Tiere nicht in einer Weise für seine Zwecke verwenden darf, die mit Schmerzen oder Leiden verbunden ist.

Konkret: Kakerlakenplage in der Küche – wie handelt der Pathozentrist? Ist eine Kakerlake ein „höheres", empfindungsfähiges Lebewesen? – Wohl kaum. Demnach würde auch ein Pathozentrist ohne großen Skrupel versuchen, die Kakerlaken zu vernichten.

M4 Biozentrismus

Die biozentrische Umweltethik sieht keinen ausreichenden Grund, die ethische Fragestellung an der Empfindungsgrenze verstummen zu lassen, weil der Übergang von voller Empfindungsfähigkeit über eine
5 begrenzte Empfindungsfähigkeit bis zu möglicher Gefühllosigkeit nicht als eindeutige Grenzlinie gedacht werden kann. Der Mensch hat dann nicht nur Pflichten gegenüber schmerzempfindenden, sondern gegenüber allen Lebewesen – und damit auch den
10 Pflanzen gegenüber. Diese Umweltethik nimmt also ein Lebensrecht für alle Lebewesen an. Sie verlangt aber nicht (zumindest nicht notwendigerweise), alle Lebewesen ohne Rücksicht auf die unter ihnen bestehenden Unterschiede in jeder Beziehung gleich zu
15 behandeln, sondern sie erlaubt es z. B., die schmerz- und leidunfähigen Pflanzen auch anders zu behandeln als z. B. ein leidensfähiges Tier.

Konkret: Kakerlakenplage in der Küche – wie handelt der Biozentrist? Grundsätzlich hat auch die Kakerlake
20 für den Biozentristen einen Eigenwert. Vernichten darf er sie deshalb nicht. Er könnte nur versuchen, sie mit einem Köder anzulocken und dann aus der Küche in die Natur zu verfrachten.

M5 Holismus

Hier werden nicht nur allen Lebewesen, sondern auch unbelebter Materie Rechte zugestanden. Alles, was überhaupt existiert, hat holistisch ein Recht darauf, fortzubestehen. Der Mensch steht im Gegensatz zur
5 anthropozentrischen Sichtweise nicht mehr im Mittelpunkt der Natur, sondern wird als ein Teil von ihr gesehen. Entscheidend ist, was der Natur als Ganzes nützt und nicht nur dem Vorteil der Menschen dient. Die holistische Umweltethik verlangt keine absolute
10 Gleichbehandlung von belebter und unbelebter Materie; ihr geht es vielmehr darum, dass Unbelebtes nicht einfach unberücksichtigt bleibt.

Konkret: Kakerlakenplage in der Küche – wie handelt ein „Holist"? Es gilt die Kakerlake zu respektieren – als
15 individuelle Einheit, aber auch als Teil eines ganzen Systems. Er wird sie also nicht vernichten, sie aber wie der Biozentrist aus der Küche zu locken versuchen.

M2-M5: nach Gotthard M. Teutsch und Andrea Müller-Gut

Anthropozentrismus

(gr. *anthropos* = der Mensch)
Nur der Mensch hat moralischen Wert.
Naturschutz = Schutz des Menschen

Pathozentrismus

(gr. *pathos* = Leidenschaft, Leiden)
Alle empfindungsfähigen Tiere verdienen Rücksicht um ihrer selbst willen.
Naturschutz = Vermeidung von unnötigem Leiden

Biozentrismus

(gr. *bios* = das Leben)
Alles Lebendige verdient Rücksicht um seiner selbst willen.
Naturschutz = Schutz alles Lebendigen

Holismus

(gr. *holos* = ganz, vollständig)
Die ganze Natur verdient Rücksicht um ihrer selbst willen.
Naturschutz = Schutz überorganischer Ganzheiten (Ökosysteme)

1 Beschreibe die Bilder. Wie würdest du begründen, dass das, was die Bilder zeigen, moralisch (nicht) richtig ist? → M1

2 Erarbeitet die vier Positionen der Umweltethik in Form eines Gruppenpuzzles. Visualisiert eure Ergebnisse jeweils auf einem Plakat. → M2-M5 **GP**

3 Hängt die Plakate in die Ecken eures Klassenraumes und stellt euch zu der Position, die euch am meisten überzeugt. Bereitet in den neuen Gruppen Argumente für eine Podiumsdiskussion vor. → M2-M5 **D**

Aufgaben

7

M1 Klimakiller

Eine 60-Watt Glühbirne, die neun Stunden lang brennt, verbraucht 286,2 g CO_2 und vergeudet dabei 95% des Stroms für Wärme. Die Europäische Union hat deshalb ein schrittweises Verbot von Glühbirnen beschlossen. Von 2012 an dürfen in den Geschäften nur noch Energiesparlampen verkauft werden.

Politiker erwägen außerdem, die herkömmlichen Standby-Schaltungen (z. B. an Fernsehgeräten) zu verbieten, weil diese bis zu 7% des gesamten erzeugten Stroms verbrauchen.

Die Grafik zeigt für die USA, wie die CO_2-Emissionen (gemessen in Gigatonnen) ansteigen, wenn die Menschen so weitermachen wie bisher, und wie sich die Emissionen mit Hilfe bereits existierender Technologien auf das Niveau von 1970 senken lassen (farbige Felder).

M2 Viele kleine Schritte

Eine Studie der Princeton Universität in den USA kam zu dem Ergebnis, dass wir bereits heute über das wissenschaftliche und technische Knowhow verfügen, um das Klimaproblem für das nächste halbe Jahrhundert zu lösen. Folgende Maßnahmen müssten ergriffen werden, die sich in ihrer Summe addieren:

- Einsatz energiesparender Geräte in den Privathaushalten
- Konzeption von energiesparenden Gebäuden und Unternehmen
- Herstellung spritsparender Autos und Umstieg auf Hybrid- und Brennstoffzellenautos
- Verbesserung der Transporteffizienz, z. B. durch Ausbau des öffentlichen Verkehrssystems
- Verstärkte Nutzung erneuerbarer Energien wie Wind- und Biokraftwerke
- Filterung und Einlagerung der von Kraftwerken erzeugten Kohlenstoffe

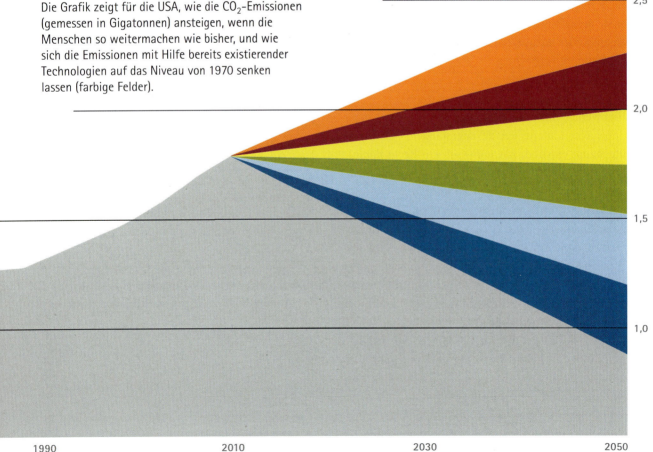

M3 Klimaschutz – jeder kann dazu beitragen

Dies sind Tipps, die Al Gore in seinem Film und seinem Buch Eine unbequeme Wahrheit *zum CO_2-Sparen gibt:*

* Kaufen Sie energiesparende Elektrogeräte und Energiesparlampen.
* Benutzen Sie Thermostate mit Zeitschaltuhren, um Energie für Kühlen und Heizung zu sparen.
* Verbessern Sie die Isolierung Ihres Hauses.
* Reduzieren Sie Ihren Heißwasserverbrauch.
* Reduzieren Sie den Standby-Stromverbrauch.
* Schalten Sie Geräte und Lampen aus, wenn Sie sie nicht brauchen.
* Fahren Sie weniger Auto.
* Bilden Sie Fahrgemeinschaften.
* Wenn möglich, gehen Sie zu Fuß oder fahren mit dem Fahrrad.
* Wo immer Sie können, benutzen Sie öffentliche Verkehrsmittel.
* Fliegen Sie weniger mit dem Flugzeug.
* Kaufen Sie Dinge, die lange halten.
* Recyclen Sie.
* Sparen Sie Papier.
* Verwenden Sie nachfüllbare Behälter für Wasser und Getränke.
* Sagt euren Eltern, sie sollen die Welt, in der ihr leben wollt, nicht kaputt machen.
* Setzen Sie sich an Ihrer Schule oder in Ihrem Betrieb für die Reduktion von Emissionen ein.
* Stimmen Sie für Politiker, die versprechen, diese Krise zu lösen.
* Schreiben Sie an Ihre Regierung.
* Pflanzen Sie Bäume, viele Bäume.
* Sprechen Sie das Thema in Ihrer Nachbarschaft an. Rufen Sie Radioshows an und schreiben Sie Ihren Zeitungen.
* Bestehen Sie darauf, dass Ihre Regierung die CO_2-Emissionen einschränkt, und unterstützen Sie die internationalen Bemühungen, globale Erwärmung zu stoppen.
* Reduzieren Sie unsere Abhängigkeit von ausländischem Öl.
* Informieren Sie sich über die Klimakrise.

Aufgaben

1 Diskutiert, ob das Verbot von Glühbirnen auch auf Standby-Schaltungen ausgeweitet werden sollte. ➔ M1
2 Wie viel Prozent beträgt die Einsparmöglichkeit von CO_2 gegenüber den gegenwärtigen Werten und den prognostizierten Werten für 2050? Vergleicht diese Zahlen mit dem, was ihr an Einsparung für nötig haltet. ➔ M2
3 Ordne die Vorschläge Al Gores nach Kategorien. ➔ M3
4 Welche Maßnahmen fallen euch noch ein? Ergänzt die Liste. ➔ M3
5 Welche dieser Maßnahmen würdest du umsetzen oder unterstützen? Begründe deine Auffassung. ➔ M3

Projekte zum Klimaschutz P

Eine unbequeme Wahrheit
Seht euch den mit einem Oskar ausgezeichneten Film (USA 2006) an, in dem Al Gore wissenschaftliche Daten zur Klimakrise präsentiert und vor den Folgen der globalen Erwärmung warnt. Schreibt eine Rezension darüber.

Keep cool
Besorgt euch das vom Potsdam-Institut für Klimafolgenforschung entwickelte Klimaspiel und führt es durch.
www.bmu.de/publikationen/bildungsservice/klimaschutz/ueberblick/doc/6799.php

CO_2-Fußabdruck
Berechne mit Hilfe eines CO_2-Rechners deinen persönlichen CO_2-Verbrauch. Vergleicht und diskutiert eure Ergebnisse.
www.deutschebp.de/extendedgenericarticle.do?categoryId=9008474&contentId=7015572

Internetrecherche zum Klimaschutz WZ
Führt eine Internetrecherche zum Thema durch und dokumentiert die Ergebnisse in Form einer Wandzeitung in eurer Schule. Hier einige nützliche Adressen:
www.bmu.de
www.wwf.de/themen-projekte/klima-energie/
www.initiative-energieeffizienz.de
www.klima-sucht-schutz.de
www.thema-energie.de
www.atmosfair.de
www.climatecrisis.net

Agenda-21-Schule
Führt einen Energiecheck für eure Schule durch und macht Vorschläge zur CO_2-Reduktion. Überlegt, ob ihr bei der Aktion Agenda 21 in Schule und Jugendarbeit mitmachen wollt.
www.agenda21schulen.de

Geschlechtlichkeit und Pubertät

1 | M1 **Isabelle und Sascha**

Isabelle mit 12,   … mit 14,   … mit 16,   … und mit 19 Jahren

Sascha mit 11,   … mit 14,   … mit 16,   … und mit 19 Jahren

M2 **Aufbruch**

„Mama",
so sagst du stolz,
„ich breche auf,
ich breche auf in ein neues Leben.
Ich bin nun erwachsen,
erwachsen genug,
um meinem Leben einen Sinn zu geben."

*„Mein Kind",
so spreche ich,
„ich liebe dich,
ich liebe dich, drum lass ich dich gehen.
Du bist nun fähig,
fähig dazu,
auf eigenen Beinen zu stehen."*

M3 **My own song**

ich will nicht sein
so wie ihr mich wollt
ich will nicht ihr sein
so wie ihr mich wollt
ich will nicht sein wie ihr
so wie ihr mich wollt
ich will nicht sein wie ihr seid
so wie ihr mich wollt
ich will nicht sein wie ihr sein wollt
so wie ihr mich wollt
nicht wie ihr mich wollt
wie ich sein will will ich sein
nicht wie ihr mich wollt
wie ich bin will ich sein
nicht wie ihr mich wollt
wie ich will ich sein
nicht wie ihr mich wollt
ich will ich sein
nicht wie ihr mich wollt will ich sein
ich will sein.

Ernst Jandl

M4 Wer bin ich?

Aber all meine Gedanken
Schwirren um mein Ich
In Träumen
Seh ich mich selbst
Doch wach ich auf
Ist der Traum vorbei
Ich schau in den Spiegel
Und sehe mich
Nein!
Ich sehe mein Gesicht
Meine Haare, meinen Körper
Aber
Wo ist mein Ich?
Die Angst in mir steigt
Und zwingt mich beinah
Zu schreien
Meine Seele will lieben
Meine Augen vertrauen
Aber
Suche im Nichts
Ich schaue nach vorne
Schaue nach hinten
Doch ich sehe nichts
Weil …   *Paola*

M5 Wenn ich mir mein Leben ausmalen könnte …

Wenn ich könnte, würde ich gerne mal mit … einen Tag verbringen. Dann würden wir …, weil …

Wenn ich so lange ausgehen dürfte, wie ich wollte, dann würde ich …, weil …

Könnte ich Bürgermeister / Bürgermeisterin in unserer Stadt sein, würde ich als Erstes …, weil …

Wenn ich für einen Tag mal ein Junge / ein Mädchen sein könnte, würde ich …, weil …

Wenn ich mit einer Zeitmaschine reisen könnte, würde ich am liebsten im … Jahrhundert leben, weil …

Ich würde gerne … können oder lernen, weil …

Wenn ich erwachsen bin, möchte ich gerne …, weil …

M6 Meine Welt

Atila Levent

1 Beschreibe die Veränderungen im Aussehen von Isabelle und Sascha. ➜ M1
2 Welche weiteren Veränderungen können sich bei den beiden Jugendlichen sonst noch ergeben haben? ➜ M1
3 Vergleicht die Gedichte und stellt die Gemeinsamkeiten und Unterschiede heraus. ➜ M2/M3
4 Die letzte Zeile des Gedichts von Paola wurde weggelassen. Wie könnte sie lauten? ➜ M4
5 Vervollständige die Sätze in deinem Heft. ➜ M5
6 Beschreibe die Welt des abgebildeten Jungen. Male ein Bild, in dem du deine Welt darstellst. ➜ M6

Aufgaben

Geschlechtlichkeit und Pubertät

2 | **M1** Ausrasten

M2 Verstehe einer die Mädchen!

Hier wird die Geschichte von Lukas und seiner Familie erzählt. Lukas findet seine Eltern und seine Schwester manchmal ganz schön seltsam.

„Hallo! Was gibt's?", kam es von der Haustür. Das ist immer das Erste, was meine Schwester sagt, wenn sie von der Schule nach Hause kommt: „Hallo! Was gibt's?" HWG! Andere würden vielleicht sagen: „Hi,
5 wie geht's?" Wäre auch HWG! Aber nein, sagt sie nie. Immer nur: „Hallo! Was gibt's?" Ich glaub, wenn Mama mal antworten würde: „Nichts", dann würde Lena noch fragen: „Und was gibt's zum Nachtisch?"
„Scheiß Englischarbeit!", kam es jetzt aus der Garde-
10 robe, wo sie ihre Jacke über den Haken warf. Das war mal wieder so ein typischer Kurzbericht eines Schultages von Lena. Meist kommt dann nichts mehr. „Scheiß Englischarbeit" und fertig. Fragen lohnt nicht. Mal angenommen, ich würde jetzt fragen: „Wie,
15 scheiß Englischarbeit?", dann würde Lena antworten: „Scheiß Englischarbeit eben." Das war's. Allerdings nicht immer. Angenommen, ich frage nicht nach, an einem jener Tage, an denen man eben nachfragen müsste, dann heißt es sofort: „Keine Sau interessiert
20 sich für meine Schulleistungen!" Das ist Lena.

„Lena, wasch dir gleich die Hände, wir können sofort essen." Meine Mutter hat es vielleicht nur überhört. Wenn die in der Küche rumwuselt, sind immer ein Mordsgeklapper und Gerumpel zu hören.
„Keine Sau interessiert sich für meine Schulleistun- 25 gen!" Das war jetzt richtig laut. Das kann meine Schwester.
„Aber natürlich tun wir das. Kannst du mal eben die Nudeln reinbringen?"
So was können nur Mütter. Diese völlig überleitungs- 30 freien Themenwechsel. Von Englischarbeit zu Nudeln.
„Ist doch wahr. Die bescheuerte Ziege. Nimmt was dran, was ich gar nicht gelernt habe."
„Ach was!"
Mein Lieblingskommentar zu Lenas Schulerlebnissen. 35 Passt immer.
„Was weißt du denn schon, du Vollidiot?"
Ich hätte ihr antworten können, aber ich wusste, dass sie ihre Aussage nicht als Frage verstanden wissen wollte. 40
„Jetzt seid friedlich. Hier Lena, reich doch mal das Gemüse weiter."
Lena war mit dem Thema Schule für heute durch.

Ralph Dawirs / Gunther Moll

M3 Dir geb ich's!

Er sah in den Spiegel und fand, dass sein Gesicht wie ein Streuselkuchen aussah – Akne! In letzter Zeit entdeckte Çan ständig solche Veränderungen. Auch seine Form veränderte sich und überall sprossen
5 plötzlich Haare. Tja, er war als türkischer zwölfjähriger Junge kein Kind mehr. Ein Erwachsener auch nicht, aber sicher auch kein kleiner Junge mehr. Irgendwas dazwischen.

In der Schule bekam er nur noch schlechte Noten,
10 wurde einer der schlechtesten Schüler. Was wollten die Lehrer und seine Eltern bloß von ihm? Was er lernen sollte, war doch überhaupt nicht spannend! Er hatte viel Wichtigeres im Kopf, z. B. Arzu. Die war hübsch! Riesige Augen hatte sie mit langen Wimpern
15 und schöne Haare. Und manchmal war sie wirklich unwiderstehlich gekleidet. Wenn er sie auf dem Schulhof sah, konnte er nicht mehr klar denken und das Blut rauschte in seinen Ohren.

Als er neulich mal wieder so verwirrt und abgelenkt
20 auf dem Pausenhof stand, kam Thomas und suchte Ärger. „Kein Problem, den kann er haben", dachte sich Çan. „Ich werde sicher nicht vor Arzu wie ein Weichei dastehen! Ich kneife nie!" Es ging um ein geliehenes Computerspiel. Thomas fluchte, er wolle es
25 wiederhaben. Dann ging er zu weit: Er nannte Çans Mutter eine „Hure"!

Çan hörte die Warnungen seiner Freunde nicht mehr. Und er stürzte sich auf Thomas. Er brach ihm die Nase. Gut so! Hatte er doch verdient!

30 Aber das würde Ärger geben. Denn er war in letzter Zeit ständig in solche Schlägereien verwickelt. Die Lehrer würden ihn vor den Schulleiter schleifen, seine Mutter würde weinen, dass er eines Tages im Gefängnis landen würde. Sie verstanden nichts. Aber er konn-
35 te ihnen auch nicht erklären, wieso er das immer wieder tat.

M4 Manchmal muss ich etwas Verrücktes tun

Die dreizehnjährige Shasheilla aus Long Island hielt sich regelmäßig aus einer Laune heraus hinten an einem fahrenden Lieferwagen fest, um mit ihren Rollerblades schneller voranzukommen. Ian raste mit
5 seinem Skateboard so schnell über die Straßen der Stadt, dass er „oft auf den Kopf fiel". Lisa, vierzehn Jahre alt, war einverstanden damit, als Mutprobe abends um elf in einem gefährlichen Stadtteil spazieren zu gehen, „weil ich überhaupt nicht daran gedacht
10 habe, dass etwas Schlimmes passieren könnte, und weil ich es einfach wollte".

Jesse und ein paar seiner Freunde, alle fünfzehn Jahre alt, sahen an einem Winterabend im Fernsehen eine Abenteuershow; anschließend holten sie ganz spon-
15 tan aus einem Supermarkt einen Einkaufswagen, schoben ihn zu einem nahe gelegenen Park und ließen sich abwechselnd einen schneebedeckten Hügel hinunterrollen, bis der Wagen umkippte und sie auf den eisigen Boden stürzten. Jesse kam mit heftigen
20 Kopfschmerzen und einer leichten Gehirnerschütterung nach Hause. „Er hat einfach nicht nachgedacht", sagt Jesses Mutter. „Ich habe ihm erklärt: Wenn das dein Urteilsvermögen im nüchternen Zustand ist, solltest du niemals einen Tropfen Alkohol anrühren."
25 Viele Teenager haben mehr Angst, und manche sind weitaus vernünftiger und vorsichtiger als ihre Eltern. Aber die meisten verspüren dann und wann einen unwiderstehlichen Drang, „etwas Verrücktes zu machen", wie Jessica es formulierte, und den eigenen Impulsen
30 nachzugeben. [...] „Es ist aufregend und spannend, und ich glaube, das gefällt mir. Es ist ein Adrenalinstoß", sagt sie. „Ich weiß nicht, wo meine Grenzen liegen, und das will ich herausfinden. Ich will wissen, wozu ich fähig bin."

Barbara Strauch

Aufgaben

1 Beschreibe die Situationen, die auf den Abbildungen dargestellt sind. Erfindet kurze Szenen dazu und spielt sie. ➜ M1

2 Was erscheint Lukas an Lena seltsam? Wie lässt sich Lenas Verhalten erklären? ➜ M2

3 Was kann Çan an sich selbst nicht verstehen? Wie lässt sich sein Verhalten erklären? ➜ M3

4 Beurteilt das Verhalten der Jugendlichen. Wie erklärt Barbara Strauch ihr Verhalten? ➜ M4

5 Kennt ihr ähnliche Beispiele? Nehmt Stellung dazu. ➜ M4

3 **M1** „Boh ej!"

M2 **Junge**

Und wie du wieder aussiehst
Löcher in der Hose
und ständig dieser Lärm

(WAS SOLLEN DIE NACHBARN SAGEN?)

und dann noch deine Haare
da fehlen mir die Worte
musst du die denn färben?

(WAS SOLLEN DIE NACHBARN SAGEN?)

Nie kommst du nach Hause
wir wissen nicht mehr weiter.
Und wie du wieder aussiehst
Löcher in der Nase
und ständig dieser Lärm

(WAS SOLLEN DIE NACHBARN SAGEN?)

elektrische Gitarren und immer diese Texte
das will doch keiner hören

(WAS SOLLEN DIE NACHBARN SAGEN?)

Nie kommst du nach Hause
so viel schlechter Umgang
wir werden dich enterben
wo soll das alles enden
wir machen uns doch Sorgen!

Die Ärzte (gekürzt)

M3 **Einfach nur peinlich!**

Ich bin eine coole Mutter!

Mutter Petra

Neulich gab meine Tochter eine Pyjamaparty. Ich erinnerte mich an meine eigenen Pyjamapartys und zog einen Bademantel über. Als ich reinkam, quatschten die Mädchen. Ich wollte mich in ihr Gespräch einklinken – erfolglos. Um die Stimmung zu lockern, begann ich, ein bisschen zu tanzen. Da zerrte mich meine Tochter wutentbrannt aus dem Zimmer. Warum? Versteh ich auch nicht.

Meine Mutter ist voll peinlich!

Tochter Sina (14)

Vor kurzem saß ich mit Freundinnen nichts ahnend auf der Couch. Da ging die Tür auf und Mama stand da im Bademantel. „Na, ihr Süßen, was ist angesagt?" Fassungslos fixierte ich sie. Dann fing sie auch noch an zu tanzen. Vor meinen Freundinnen! Es reichte! Genervt zog ich sie aus dem Zimmer und ließ sie stehen. Ich will niemals so werden wie sie!

Als moderner Vater kümmere ich mich um meine Tochter.

Vater Thomas

Neulich habe ich mitbekommen, dass sie sich mit einem Jungen im Park treffen wollte. Ich habe mir den Hund geschnappt und bin ihr unauffällig gefolgt. Während sie dasitzen und reden, entdeckt sie uns und wird rot. Später zuhause rastet sie völlig aus. Ich wollte doch nur sichergehen!

Neulich hatte ich ein Date mit einem supertollen Jungen aus der Parallelklasse.

Tochter Anna (14)

Wir haben uns im Park getroffen. Während wir so dasitzen und reden, er mit dem Rücken zum Weg, sehe ich einen Hund, der aussieht wie meiner. Dann einen Mann, der aussieht wie mein Vater. Es war mein Vater! Oh man, wenn der Junge das gesehen hätte! Das ist so peinlich!

nach Anke Helle

M4 Die Nackten

Sylva pendelt nach der Trennung ihrer Eltern zwischen der Mutter in Berlin und dem Vater in Tschechien. Manchmal versteht sie die Erwachsenen und sich selbst nicht mehr.

Dieses Gefühl [der Andersartigkeit] war von Anfang an in Sylva. Die üblichen Verhaltensweisen [...] engten sie ein. Sie konnte sich nicht anständig benehmen. Auch wenn sie sich anstrengte, konnte sie nicht ab-
5 schätzen, was von ihr erwartet wurde. Sie war nicht gerne in Gesellschaft. Meistens ging sie, wenn sie besser geblieben wäre, und sie schwieg, wenn sie antworten sollte. Andere Male wieder sagte sie ihre Meinung und brachte ihre Umgebung in Verlegenheit. Es
10 war eine Qual, sich anzupassen. Sie brach Regeln und Gewohnheiten, egal wo sie sich aufhielt. [...]

In letzter Zeit macht sich Sylva immer mehr Gedanken über ernste und schwierige Dinge. Deshalb sucht sie das Gespräch mit ihrem Vater. Er fragt sie, was ihr durch den Kopf geht.
„Alles Mögliche. Zum Beispiel die Vorherbestimmtheit zum Alleinsein. Jeden Tag zusätzliche Verluste. Gespaltenheit. Der Einfluss [...] des Verstands. Der Mensch
15 als Menge von Bruchteilchen ... und, und, und ...!"
Sie spürt, wie ihr Gesicht brennt. Sie ist gespannt und aufgebracht. Hunderte schmerzhafte Themen gehen ihr durch den Kopf. [...] Jede Sekunde wächst die Hoffnungslosigkeit auf dieser Erde und es führt kein
20 Weg hinaus! Welchen Sinn hat es, in der Küche zu stehen und zu labern, auf Mutter zu warten, nach Berlin zu ziehen oder [...] sonst wohin, zu lernen, Geld zu verdienen, Krankenversicherung zu zahlen, Kinder zur Welt zu bringen, Angst um sie zu haben ... Wo ist
25 der Sinn? Wo ist die Garantie, dass alles irgendeine Bedeutung hat? Dass es nicht nur ein zufälliges und verwirrtes Gewusel im Sand ist, das von der nächsten Welle weggespült wird? „Ich bin so unglücklich!" Tränen kullern ihr über die glühenden Wangen. [...]
30 „Ich weiß nichts, Papa! Ich versteh nichts!" [...]
„Weißt du, in der Pubertät ..." Er fängt an und verstummt wieder. [...] Endlich entschließt er sich doch.
„Die Pubertät ist ein eigenartiger Zustand. Nicht wiederholbar. In der Pubertät ist der Mensch nackt, also
35 berührt ihn alles direkt. Die Berührung ist erregend und schmerzhaft zugleich. [...] Erst wenn du älter wirst, beginnst du, dich anzuziehen." [...]

„Fühlst du dich nicht mehr nackt?"
Der Vater schüttelt langsam und niedergeschlagen den Kopf. „Vielleicht habe ich nicht so viele Schichten, 40 aber eine direkte Berührung ist ein Wunder für mich."
„Das alles also ... was ich jetzt erlebe ... geht vorbei?"
„Höchstwahrscheinlich ja. Leider." [...]
Sie umarmt ihn fest.
„Weißt du was, Papa?", sagt sie und bemüht sich, ihre 45 Stimme wie die von Mutter klingen zu lassen. Optimistisch. Voller Tatendrang.
„Ich mach jetzt Kartoffelpuffer warm."

Iva Procházková

M5 Ansichtssache

Pubertät IST, WENN DIE ELTERN ANFANGEN, KOMISCH ZU WERDEN

1 Worum könnte es in dem Gespräch zwischen Eltern und Tochter gehen? Schreibe einen Dialog dazu. ➔ M1 **S**
2 Wie lauten die Vorwürfe der Eltern, und was könnte der Junge ihnen antworten? ➔ M2
3 Stellt euch vor, Sina und Anna reden anschließend mit ihren Eltern. Was werden sie ihnen wohl sagen? ➔ M3
4 Was meint der Vater mit der Aussage „In der Pubertät ist der Mensch nackt"? ➔ M4
5 Beschreibe die Beziehung zwischen Sylva und ihrem Vater. ➔ M4
6 Vergleiche die Beziehungen zwischen den Eltern und Jugendlichen in ➔ M1-M4.
7 Diskutiert die Aussage auf dem Türschild. ➔ M5

Aufgaben

4

M1 Achtung Baustelle!

Das Gehirn gleicht in der Pubertät einer Baustelle. Die Großhirnrinde wächst zunächst noch einmal stark an und nimmt dann radikal ab. Es sterben vor allem die Nervenzellen ab, die selten gebraucht werden. Das Gehirn sortiert aus, es konzentriert seine Kräfte und wird dabei wesentlich schneller und

15 effektiver, es wird vorbereitet auf das selbständige Leben.

So erklären sich einerseits die hohen Leistungen, zu denen Jugendliche in dieser Zeit erstmals fähig sind – die Zunahme an Denkschärfe, Abstraktionsvermö-

20 gen –, andererseits die besonderen Probleme der Pubertät. Der Umbau des Gehirns ist nämlich genau getaktet, er verläuft von hinten nach vorn, von den einfachen zu den höheren Hirnregionen. Am Ende fehlt noch die höchste Instanz, der vordere Stirnlap-

25 pen. Hier hat die Besonnenheit ihren Sitz, hier werden Gefühle reguliert und die Folgen von Handlungen bedacht – alles Dinge, bei denen Jugendliche in dieser Zeit schlecht abschneiden. Deshalb denken sie wenig über die Folgen ihres Tuns nach und können

30 Risiken nur schwer einschätzen. Immer mal wieder ist ihr Bewertungssystem im Gehirn heillos überfordert. Werden sie in die Enge getrieben, greift der Hirnstamm auf seine bewährten Notfallprogramme zurück: Angriff, Flucht, Totstellen.

35 Das Verhalten von Jugendlichen wird stark von dem Teil des Gehirns gesteuert, der für Gefühle zuständig ist. Trotzdem fällt es ihnen schwer, die Gefühle anderer richtig zu deuten. Sie sehen Ärger und Ablehnung in Situationen, in denen diese gar nicht vorhanden

40 sind. Daher kommen sie auch schnell zu der Auffassung, dass sie dumm angemacht werden und keiner sie ausstehen kann. Einen Trost gibt es für sie: Diese Zeit geht mit Sicherheit vorüber.

M2 Boogie Woogie der Hormone

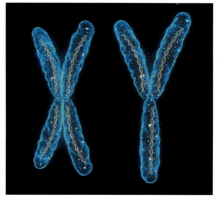

Nur ein einziges Chromosom unterscheidet das Erbgut der Jungen von dem der Mädchen. Doch das hat enorme Auswirkungen.

Wenn im Gehirn der Startschuss für die Pubertät fällt, werden massenhaft Hormone produziert, bei den Jungen das Testosteron, bei den Mädchen das Östrogen. Sie lösen bei Jungen und Mädchen körperliche Veränderungen aus, bringen aber auch eine ganze 5 Reihe psychischer Probleme mit sich, die für das jeweilige Geschlecht typisch sind.

Mädchen haben es in der Pubertät wirklich nicht leicht. Manchen fällt es schwer, ihr verändertes Äußeres anzunehmen, und sie verdecken ihre Unsicherheit oft 10 durch Schminke und Kleidung. Angeregt durch das Sexualhormon Östrogen wächst bei ihnen verstärkt der Hippocampus, der Teil des Gehirns, der für das emotionale Gedächtnis zuständig ist. Dadurch kann es verstärkt zu extremen Stimmungsschwankungen 15 kommen – den leidgeplagten Eltern als „Zickenterror" bekannt. So erklärt sich auch, dass besonders Mädchen in der Pubertät für Depressionen anfällig sind, dass sie sich gelegentlich selbst Verletzungen zufügen (Ritzen) oder zu Magersucht neigen. 20

Jungen leiden in der Pubertät unter ganz anderen Zweifeln als die Mädchen. Durchschnittlich zwei Jahre hinken sie entwicklungstechnisch hinter ihren Klassenkameradinnen her, außerdem ist das Eintrittsalter in die Pubertät von Junge zu Junge sehr verschieden, 25 was zu Verunsicherungen führen kann. Jungen haben daher oft das Gefühl, ihre Männlichkeit beweisen zu müssen. Da außerdem das männliche Gehirn sein Wachstum später abschließt als das weibliche, neigen Jungen noch stärker als Mädchen zu risiko- 30 bereitem Verhalten wie Alkoholexzessen, aggressiven Ausrastern und lebensgefährlichen Mutproben.

M3 Mädchen sein – Was passiert mit mir?

Adriana sagt: „Manchmal bin ich so gut drauf, dass ich die Welt umarmen könnte. Sogar meine Schwester, die mir sonst voll auf die Nerven geht. Habe ich allerdings schlechte Laune, dann raste ich schon aus,
5 wenn sie mir zu nah kommt. Ich weiß dann oft selbst nicht, was los ist. Wenn ich dann noch irgendeinen Song höre, der mich runterzieht, dann könnte ich heulen und weiß gar nicht warum. Was ist das bloß? Warum streite ich mich, obwohl mir keiner etwas
10 getan hat?
Und wenn ich meine Tage bekomme, dann ist alles aus: Ich bin schon den Tag zuvor mies drauf und dann kommen die Bauchschmerzen. Da machen lieber alle einen Bogen um mich. Überhaupt mein Kör-
15 per! Ich finde meinen Busen nicht schön. Auch die Rundungen an meinen Hüften finde ich nicht schön. Meine Eltern meinen, ich würde mich für mein Alter viel zu stark schminken. Dabei möchte ich bloß, dass mich andere hübsch finden."

M4 Jungs – So sind sie!

Daniel steht auf Adriana. Ihre hübsche Figur, die coolen Klamotten und so, das versetzt ihn immer in Aufregung, wenn er sie sieht. Allerdings beachtet sie ihn kaum. Kein Wunder, so verwachsen wie er ist: die
5 Gestalt zu schlaksig, die Füße zu groß, die Arme zu lang, die Gesichtsfarbe zu rot und die Stimme wie eine gesprungene Saite.
Was soll er tun? Er versucht, den Coolen raushängen zu lassen. Typisch für Jungs! Der Coole ist blass und
10 einsam. In der Klasse will er immer alleine sitzen und macht manchmal seltsame Dinge.
Manche Jungs wollen eher der Lustige sein und spielen den Klassenclown. Auf ihn kann man sich immer verlassen, wenn man Stimmung haben will.
15 Dann gibt es den Beliebten: Er ist nett zu jedem, auch zu Lehrern, und er kriegt es irgendwie hin, dass ihn trotzdem alle cool finden.
Und dann gibt es auch den, der versucht den Tag zu überstehen, ohne ein Wort zu jemandem zu sagen,
20 den Schüchternen. Er fürchtet sich zu sehr davor, sich zu blamieren.

M5 Hitlisten

Was Jungs an Mädchen stört ...

1. DASS SICH MÄDCHEN MIT JEDEM MÄDCHEN VERGLEICHEN MÜSSEN

2. DASS MÄDCHEN STUNDENLANG TELEFONIEREN

3. DASS MÄDCHEN IHRE KICHER-ANFÄLLE NICHT UNTER KONTROLLE BRINGEN KÖNNEN

Was Mädchen an Jungs stört ...

1. DASS SIE IMMER EINEN AUF COOL MACHEN, OBWOHL SIE ANGST HABEN

2. DASS SIE STUNDENLANG ÜBER COMPUTER QUATSCHEN KÖNNEN

3. DASS SIE SICH IMMER WIE AFFEN BENEHMEN UND SO LAUT REDEN UND SCHREIEN MÜSSEN

1 Inwiefern gleicht das Gehirn während der Pubertät einer Baustelle? ➔ M1

2 Wie lassen sich aus der Veränderung des Gehirns bestimmte Verhaltensweisen in der Pubertät erklären? ➔ M1

3 Erläutere, wie sich der Verlauf der Pubertät bei Mädchen und Jungen unterscheidet. ➔ M2

4 Welche besonderen Probleme können sich bei Mädchen und Jungen in der Pubertät einstellen? ➔ M2

5 Schreibt auf unterschiedlich gefärbte Kärtchen alle deutlich werdenden Gefühle von Adriana (rot) und Daniel (blau). Ordnet diese auf einem Gefühlsbarometer an und vergleicht sie. ➔ M3/M4

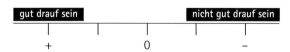

6 Diskutiert über die Hitlisten, und stellt eure eigene Hitliste zusammen. ➔ M5

7 Wie löst ihr das Problem in der Klasse, damit Mädchen und Jungen trotz der vielen Unterschiede miteinander auskommen?

Aufgaben

5 | M1 Alles sprießt

M2 Berts geheimes Tagebuch

Montag, 7. August

Ich mache mir Gedanken über Muskeln. Und zwar, weil ich keine hab. Ein durchtrainierter Körper sieht aus wie ein V. Mein Körper sieht aus wie ein großes A. Die Pubertät ist die Zeit, in der die Muskeln sich zu entwickeln beginnen. Meine haben das noch nicht geschnallt. Gestern presste ich den Mund an die Wadenmuskeln und schrie: „LOS, WACHST ENDLICH!!! WACHST GEFÄLLIGST!!!", mit dem einzigen Ergebnis, dass ich ein bisschen Spucke am Bein hatte. Darauf beschloss ich, mit Bodybuilding anzufangen. Für den Anfang werde ich erst mal 4 Kilo stemmen, um den Körper nicht gleich zu schocken. Ich rief Arne an und schlug ihm vor, an meinem anstrengenden Aufbauprogramm teilzunehmen. [...] Er versuchte mich zu überzeugen, dass man seinen Körper so lieben soll, wie er ist. „Hast du dich selber in letzter Zeit mal im Spiegel angeguckt?", fragte ich. Am anderen Ende der Leitung wurde es still. Arne blieb ein Weilchen weg. Dann kam er zurück und fragte traurig: „Wann fangen wir mit deinem Bodybuildingprogramm an?" Alles okeh – Kartoffelpüreh

Sonntag, 20. August

Heute Nacht hab ich geschwitzt. Von gestern Nacht gar nicht erst zu reden. Da floss der Schweiß in Strömen. Das kann natürlich daran liegen, dass ich mir Sorgen um die Laschen an meinen Fußballschuhen mache. Die sind nämlich locker geworden. Die wahrscheinlichere Erklärung ist allerdings, dass ich Paulina nackt umarmt habe. Ich habe einen nackten Frauenkörper in den Armen gehalten! Ich kann an nichts anderes mehr denken. Heute muss ich in die Kirche gehen und meine Sünden bekennen. Ich werde Jesus bitten, dass er mir vergibt. Bestimmt bin ich der einzige Dreizehnjährige auf der Welt, der dauernd an so unanständige Sachen denkt. Alle anderen haben wahrscheinlich nur Fußball, Hamburger und Skateboards im Kopf. Arne zum Beispiel. Der hat noch nie über nackte Mädchen gesprochen. Arne ist zwar ziemlich matschig in der Birne, aber irgendwann müsste er doch wenigstens einen nackten Knöchel oder so was erwähnen. Aber nicht mal das. Wenn Jesus mir nicht vergibt, werde ich Buddhist und trete aus der Kirche aus und besuche meine fromme Oma nie mehr. Wenn er mir vergibt, denke ich nie mehr an nackte Weiber, Ehrenwort! Alles okeh – Kartoffelpüreh

Sören Olsson / Anders Jacobson

M3 Kuscheln und knutschen

„Knutschen und kuscheln" stehen für ein Drittel aller 11- bis 17-Jährigen laut einer Umfrage an erster Stelle, wenn es um die Frage geht, was einen gelungenen Abend auszeichnet.

M4 Soll ich?

Ich kam an diesem Tag wie gewöhnlich zur Schule und plante mit meinen Freundinnen den Freitag-abend. Doch als mein Freund Max in der ersten Pause zu mir kam, änderte das mein geplantes Wochenen-
5 de. Ich bin mit Max schon seit mehr als einem Jahr zusammen, doch Sex hatten wir noch nicht, jedoch schon alle anderen Dinge, die man so machen kann. Als er mich dann gefragt hat, ob ich mit ihm abends ins Kino gehen und danach noch bei ihm übernach-
10 ten wolle, konnte ich natürlich nicht widerstehen. Er meinte, er würde mich gegen 19 Uhr abholen. Ich war total erstaunt, denn damit hätte ich ganz und gar nicht gerechnet. Sofort erzählte ich meinen Freun-dinnen davon und sie meinten, das würde wohl ein
15 besonderer Abend für mich werden. Nach der Schule

verbrachte ich ungefähr drei Stunden damit, mich fertig zu machen und mir ein passendes Outfit rauszusuchen. Dann kam auch schon eine SMS von ihm, in der stand, dass er sich total freue mich zu sehen und dass es wohl 20 ein wunderschöner Abend werden würde, und dann wurde mir auch klar, wir würden heute wohl einen Schritt weiter gehen. Ich packte noch schnell meine Sachen, warf nochmal einen Blick in den Spiegel [...]. 25
Als mich mein Liebster abholte, begrüßte er mich ganz herzlich und wir fuhren ins Kino. Dort schauten wir uns *Remember me* an und ich muss sagen, es war ein echt schöner Film. Danach fuhren wir zu ihm und aßen noch 30 leckere Pasta. Als ich mich auf den Weg in sein Zimmer machte, meinte er noch zu mir, ich solle doch noch einen Moment draußen warten. Er verschwand einige Minuten, [...] dann führte er mich in sein Zimmer und was 35 ich da sehen konnte, war einfach unglaub-lich süß. An seinem Fensterbrett waren über-all Kerzen aufgestellt und alles war in einer romantischen Atmosphäre hergerichtet. ...

Marie, www.erstes-mal.com

1 Auf welche körperlichen Veränderungen wollen die Bil-der aufmerksam machen? Was verbindest du damit? → M1
2 Welche Probleme vertraut Bert seinem Tagebuch an? Welche Gedanken würde ein pubertierendes Mädchen in sein Tagebuch schreiben? → M2
3 Beschreibt das Bild und nehmt Stellung zu der Umfra-ge. → M3
4 Was glaubst du, wie Marie die Frage aus der Überschrift für sich beantwortet hat? Welche Gründe könnten dafür ausschlaggebend gewesen sein? → M4

Projekt: Fotoausstellung „Pubertät" P

Führt ein Fotoprojekt zum Thema „Pubertät" durch. Überlegt euch, wie ihr die Probleme von Jungen und Mädchen im Bild darstellen könntet. Präsen-tiert eure Fotos in einer Ausstellung.

Aufgaben

6 **M1** Frauen

M2 Männer

Männer nehmen in den Arm,
Männer geben Geborgenheit,
Männer weinen heimlich,
Männer brauchen viel Zärtlichkeit.
Oh, Männer sind so verletzlich,
Männer sind auf dieser Welt einfach unersetzlich.

Männer kaufen Frauen,
Männer stehen ständig unter Strom,
Männer baggern wie blöde,
Männer lügen am Telefon.
Oh, Männer sind allzeit bereit.
Männer bestechen durch ihr Geld und ihre Lässigkeit.

Refrain: Männer haben's schwer, nehmen's leicht
außen hart und innen ganz weich,
werden als Kind schon auf Mann geeicht.
Wann ist ein Mann ein Mann?
Wann ist ein Mann ein Mann?
Wann ist ein Mann ein Mann?

Männer haben Muskeln,
Männer sind furchtbar stark,
Männer können alles,
Männer kriegen 'nen Herzinfarkt.
Oh, Männer sind einsame Streiter
müssen durch jede Wand, müssen immer weiter.

Refrain

Männer führen Kriege,
Männer sind schon als Baby blau,
Männer rauchen Pfeife,
Männer sind furchtbar schlau,
Männer bauen Raketen,
Männer machen alles ganz genau.

Oh, wann ist ein Mann ein Mann?
Oh, wann ist ein Mann ein Mann?

Männer kriegen keine Kinder,
Männer kriegen dünnes Haar,
Männer sind auch Menschen,
Männer sind etwas sonderbar,
Oh, Männer sind so verletzlich,
Männer sind auf dieser Welt einfach unersetzlich.

Refrain   *Herbert Grönemeyer*

M3 „Man wird nicht als Frau geboren"

Das behauptete die französische Philosophin und
Schriftstellerin Simone de Beauvoir. Und entsprechend könnte man sagen: „Man wird auch nicht als
Mann geboren." Kann das richtig sein? Jedes Kind
5 kommt doch mit weiblichen oder männlichen Ge-
schlechtsmerkmalen zur Welt, mit Geschlechtsanla-
gen, die später in der Pubertät ausreifen. Der Einwand
ist richtig, aber was Simone de Beauvoir meint, ist
nicht das biologische Geschlecht, sondern die Ge-
10 schlechterrolle, die ein Mensch spielt, das Verhalten,
das er als Mann oder als Frau zeigt.
Die traditionelle Rollenverteilung zwischen Mann und
Frau in unserer Gesellschaft ist die, dass der Mann
die Familie ernährt, sich für Beruf und Karriere inter-
15 essiert, während die Frau sich um den Haushalt kümmert, die Kinder versorgt, kocht, putzt usw. Der Mann
ist demnach der Herr im Haus, die Frau ordnet sich
ihm unter. Zu den Eigenschaften eines Mannes zählen
dementsprechend Stärke, Durchsetzungsvermögen,
20 Aggressivität, wohingegen Weiblichkeit verbunden
wird mit Anpassungsfähigkeit, Einfühlungsvermögen,
Fürsorglichkeit usw.
Solche Eigenschaften von Mann und Frau sind jedoch
nicht angeboren, sondern das Produkt der Gesellschaft.
25 Heranwachsende werden erst durch ihre Umwelt zu
Frauen bzw. Männern gemacht. Das heißt aber: Sie
können auch ganz andere Frauen- und Männerrollen
einnehmen. Frauen sind ebenso wie Männer in der
Lage, berufstätig zu sein, Karriere zu machen, Durch-
30 setzungsfähigkeit zu zeigen usw. Auch Männern kann
man zumuten, Arbeiten im Haushalt zu erledigen, sich
um die Kinder zu kümmern, Gefühl und Verständnis
aufzubringen usw.

Rollenverhalten

Unter einer Rolle versteht man Handlungsmuster
und Verhaltensweisen, die nicht angeboren sind,
sondern durch die Gesellschaft geprägt werden.
Jeder Mensch nimmt tagtäglich verschiedene
Rollen ein, z. B. als Schüler / Schülerin, Sohn /
Tochter, Mann / Frau ...
Rollenerwartungen können in verschiedenen Ge-
sellschaften unterschiedlich sein und sich im
Laufe der Zeit verändern.

M4 Die neue Frau – der neue Mann

Marie Marcks

Plaßmann / Baaske Cartoons

---

1 Welche Rollen einer Frau werden durch die Abbildungen dargestellt? Ergänze und beschreibe entsprechende Männerrollen. → M1

2 Listet die Eigenschaften auf, die in Grönemeyers Lied
den Männern zugeschrieben werden. Schreibt in Gruppenarbeit einen entsprechenden Song über Frauen.
→ M2

3 Bildet Gruppen und fasst die Hauptaussagen des Textes
auf einem Plakat zusammen. Präsentiert eure Ergebnisse und sprecht darüber. → M3

4 Nimm Stellung zu der Behauptung: „Man wird nicht
als Frau bzw. Mann geboren." → M3

5 Beschreibe, was die Zeichner mit ihren Bildern vermitteln wollen. → M4

6 Stelle in Form einer Zeichnung oder Collage dar, wie du
deine eigene künftige Rolle als Frau bzw. Mann siehst.
→ M1–M4   **K**

Aufgaben

7

M1 „Mensch! Ich seh' die ganze Welt!"

Wolfgang Mattheuer

M2 Entwicklungsaufgaben

Um voll in die Erwachsenenwelt integriert zu werden, muss ein Jugendlicher in unserer Gesellschaft in fünf Aufgabenbereichen seine eigene Lösung finden. Er muss Folgendes erreichen:

- die Trennung vom Elternhaus und Entwicklung einer inneren Unabhängigkeit von den Eltern,
- Herausbildung seiner geschlechtlichen Identität,
- Aufbau und Aufrechterhaltung tragender Bindungen zu Partnern,
- Hineinfinden in eine berufliche Tätigkeit, die den Lebensunterhalt sichert,
- Aufbau einer neuen Beziehung zu den Eltern.

nach Gunther Klosinski

M3 Lara de Diego, 16 – eine Zwischenbilanz

Zuhause, das ist, wo ich mich nicht auspowern muss, wo ich mich sicher fühle, wo ich ruhig bin. Wenn ich mit meinen Eltern aneinandergerate, dann wegen Hausaufgaben, Zimmer aufräumen oder so. Strafen wie kein Fernsehen, kein Computer gab es schon, aber ich 5 hab mich jetzt mit den Regeln besser arrangiert. Kürzlich hab ich mir einen Computer zusammengespart. Im Internet bei Facebook, Lokalisten und YouTube bin ich oft. Freundschaft ist, wenn wir uns auch wieder vertragen, nachdem wir aneinandergeraten sind. 10 Zickig werde ich, wenn mir jemand das Gefühl gibt, etwas Besseres zu sein als ich. Wenn es Streit gibt, denke ich zuerst: Was hab ich falsch gemacht? Andererseits fühle ich mich auch im Recht, sonst muss ich mich ja nicht streiten. Mit meiner Mutter geht es 15 meist darum, dass dem einen oder anderen der Ton nicht passt. Meist reden wir dann eine Weile nicht miteinander. Irgendwann entsteht wieder ein kleines Gespräch, zum Beispiel beim Essen, und wir pendeln uns wieder ein. Mit meinem Vater streite ich weniger. 20 Ich habe zu beiden ganz verschiedene Verhältnisse, die aber beide total gut funktionieren. Sie unterstützen mich in allem, was ich tue, weil sie sagen, es ist mein Leben.

Die Liebe spielt in meinem Leben eine Rolle, aber sie 25 drängt noch nicht in den Vordergrund. Da steht die Schule. Mit meinen Freundinnen rede ich über die Liebe. Ich fühle mich da aber gar nicht unter Druck. Ich geh es locker an. Ich fechte, seit ich zehn Jahre alt bin. Was Drogen, Alkohol und so angeht, haben meine 30 Eltern Vertrauen in mich. Rauchen brauch ich nicht. Auf Mode bin ich nicht total fixiert. Ich achte darauf, dass ich gepflegt daherkomme. Wenn man sich das Leben vorstellt, sieht man sich gern reich, beliebt und in einem großen Haus. Aber später bin ich vielleicht 35 doch mit einer Wohnung zufrieden. Meine Eltern sind toll, aber sie übernehmen keine Vorbildfunktion. Manchmal sehe ich mich als Studentin in einer WG mit Freunden. Dann stelle ich mir wieder so ein Leben vor wie in den US-Fernsehserien, mit Mann und 40 zwei Kindern. Aber ich weiß nicht, ob ich das wirklich will. Wenn ich Kinder hätte, sollten sie von mir Selbstvertrauen lernen. *nach Der Spiegel Wissen 2/10*

M4 Das Schiff – eine Fantasiereise

Setz oder leg dich bequem hin und spüre einen Moment deinen Atem ... Und jetzt kannst du dir vorstellen, dass ein großes Segelschiff seine Reise antritt ... Der Wind füllt die weißen Segel, während das Schiff
5 dem offenen Meer zustrebt. Immer klarer kannst du das Schiff mit den Segeln vor deinem inneren Auge sehen und du kannst erkennen, wie der Bug des Schiffes Wasser und Wellen teilt ... Du kannst auch die große Kraft des Windes spüren, der in die Segel
10 greift und das Schiff nach vorn treibt. Und du spürst das Salz in der Luft und vielleicht schmeckst du es auch. Und du kannst das Pfeifen des Windes hören, der durch die Takelage streift, du hörst das Klatschen der Wellen, während das
15 Schiff dem Unbekannten zustrebt ...
Und nun stell dir vor, dass du selbst auf dem Schiff bist. Stell dir vor, dass du oben an Deck stehst auf dem Steu-
20 erstand und auf das offene Meer hinausschaust. Die Wasserfläche blitzt im Sonnenlicht und am Horizont gibt es
25 jene Linie, wo sich Himmel und See vereinigen. Du bemerkst den Geruch des Seewassers, den Geruch von Salz und See-
30 tang, und der Wind fährt dir durch die Haare und brennt auf deinem Gesicht. Du greifst fest in das große hölzerne Steuerrad mit den vielen Speichen und Griffen. Fest hältst du es in beiden Händen, um den richtigen Kurs zu halten. Manchmal
35 musst du das Steuer nach rechts drehen und manchmal nach links herum, und du genießt das Gefühl, dass das Ruder des Schiffes deinem Kommando folgt. Du genießt es, dass du ein so großes Schiff steuern kannst. Du konzentrierst dich auf deine Kraft, das
40 Schiff in die Richtung zu bringen, die du ihm geben willst. Du brauchst dich dafür nicht besonders anzustrengen. Es reicht, wenn du deinen Blick nach vorn richtest. Dann kannst du das Rad leicht drehen, und

jeder deiner Entscheidungen folgt das Schiff durch eine passende Bewegung. 45 Du weißt, dass du die Richtung des Schiffes bestimmst.

Und du kannst dieses Gefühl genießen, in all seinen Einzelheiten, dieses Gefühl, steuern zu kön- 50 nen ... Es ist der Wind, der dem Schiff die Kraft gibt, und es ist das weite Meer, das es trägt. Und es ist deine konzentrierte Aufmerksamkeit, die all das zusammenwirken 55 lässt. Vielleicht löst das bei dir ein ganz unbeschreibliches Gefühl aus, das du tief in dich einsinken lassen kannst und das du später immer wieder zur Verfügung hast, wenn du es gut gebrauchen kannst. Dann kannst du 60 dem Schiff Adieu sagen, dich recken oder strecken und mit deiner Aufmerksamkeit wieder hierher zurückkommen.

Gisela Preuschoff

---

1 Beschreibe das Bild. Achte dabei auf Details. Übertrage es auf den Weg von Jugendlichen in der Pubertät. → M1
2 Veranschaulicht die Entwicklungsaufgaben durch Beispiele. → M2
3 Wandelt den Text in Partnerarbeit in ein Interview mit Lara um. → M3
4 Untersucht, wie weit Lara die Entwicklungsaufgaben aus M2 schon gelöst hat. → M2/M3
5 Betrachtet die Bilder, lasst euch den Text vorlesen und führt die Fantasiereise durch. Sprecht anschließend über eure Eindrücke. → M4

Aufgaben

FR

1 M1 Freundschaftspuzzle

„Ohne meine **Freundin** könnte ich nicht leben. Sie **kümmert sich** um meine Gefühle und ist immer für mich da."

„Durch meine **Freunde** habe ich das Gefühl, gebraucht und **anerkannt** zu werden."

„Durch meine **Freundin** finde ich heraus, was **alles in mir** und was in ihr steckt. Ich messe mich mit ihr."

„In meiner **Clique** fühle ich mich geborgen. Dort werde ich von den anderen **angenommen**. Sie denken oft genauso wie ich und beschäftigen sich mit den gleichen Problemen. Außerdem gibt mir die Clique Sicherheit."

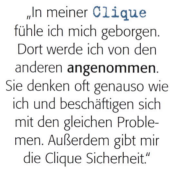

„Mein **Kumpel** und ich **halten zusammen**. Mit dem verstehe ich mich manchmal besser als mit meinen Eltern."

„Unseren **Freundschaftsbund** haben wir besiegelt. Wir hoffen, er hält **ein Leben** lang."

M2 Freundschaft ist ...

... wenn man die andere durchs Brennnesselfeld trägt, weil sie kurze Hosen anhat.
Margret, 14

... unbezahlbar.
Yvonne, 15

... wenn man miteinander schweigen kann.
Nikita, 16

... wenn man ganz man selbst sein kann.
Ursula, 16

... nicht möglich ohne Ehrlichkeit.
Florian, 13

... ganz viel über den anderen zu wissen.
Deborah, 15

...

... wenn man dem anderen nichts Schlechteres wünscht als sich selber.
Alexander, 16

...

... wenn man einander alles anvertrauen kann ohne Angst haben zu müssen, dass das gleich ausposaunt wird.
Ferdinand, 13

... wenn man stundenlang miteinander lästern kann.
Jasper, 14

... wenn man auch mal peinliche Sachen berichten kann.
Ramon, 13

M3 Zur Freundschaft gehört ...

Freundschaft kennt keine Grenzen, was Alter, Geschlecht, Nationalität, Religion und Wohnort anbelangt. Wie sie aussieht, wie sie sich anfühlt, regeln Freunde untereinander ganz individuell. Es gibt kei-
5 nen Freundschaftsführerschein und auch keinen Mitgliedsausweis.
Alles ist offen, dennoch existieren ein paar Musts:
* Zur Freundschaft gehören mindestens zwei.
* Freundschaft beruht auf Gegenseitigkeit.
10 * Freundschaft ist von Anfang bis Ende etwas ganz und gar Freiwilliges.
* Freundschaft entwickelt sich erst nach und nach.
* Die Voraussetzungen für Freundschaft sind Sympathie und Zuneigung.
15 * Damit Freundschaft funktioniert, braucht es Verstehen, Verständnis und Verlässlichkeit.
* Freunde respektieren und helfen sich.
* Freunde sind sich nah, können den anderen aber genauso gut in Ruhe lassen.
20 * Streit muss in einer Freundschaft möglich sein.
* Freundschaft will gepflegt und gelebt sein.
* Im Unterschied zu Liebe gibt es in der Freundschaft keinen Sex.

M2/M3: Beate Herkendell / Christine Knödler

1 Ordnet die Texte den Bildern zu. Gibt es eine eindeutige Zuordnung? Begründet eure Auffassung. ➜ M1
2 Sammelt in der Klasse eure persönlichen „Freundschaftsbilder" und begründet eure Wahl. Ihr könnt hiermit den Anfang einer Wandzeitung zum Thema Freundschaft machen. ➜ M1
3 Sucht die für euch wichtigsten Aussagen heraus und begründet, warum sie es sind. Ergänzt sie durch weitere „Freundschaft ist ..."-Sätze. Formuliert eine eigene Definition zur Freundschaft für einen Merkkasten. ➜ M2
4 Findest du die Aussagen der beiden Autorinnen zutreffend? Erstelle folgende Tabelle zu den „Musts" (unbedingt nötig) und begründe. Tauscht euch anschließend in der Klasse über die Ergebnisse aus und ergänzt gegebenenfalls. ➜ M3

WZ

Aufgaben

„Musts" in einer Freundschaft	stimme zu (ja/nein)	stimme nicht zu (ja/nein)	Begründung
...			
...			

5 Welche „No-Goes" (geht gar nicht) würdest du demgegenüber aufstellen? Ergänze die Tabelle entsprechend. ➜ M3
6 Gedankenexperiment: Nehmen wir einmal an, deine Eltern würden dir ab dem 12. Lebensjahr jeglichen Kontakt mit deinen Freunden verbieten.
a) Welche Folgen hätte das Verbot deiner Eltern vermutlich für dich?
b) In welchen Situationen würden dir deine Freunde besonders fehlen?

G

2 | M1 Schachmenschen

*Harry, Ron und Hermine wollen zum Stein der Weisen vor-
dringen, um ihn zu beschützen. Sie glauben, dass ihr Lehrer
Snape ihn für den bösen Zauberer Voldemort stehlen will.
Kurz vor dem Ziel müssen sie schwere Prüfungen bestehen.*

„Ich glaube", sagte Ron, „wir müssen Schachmenschen
werden." Er ging vor zu einem schwarzen Springer,
streckte die Hand aus und berührte ihn. Sofort er-
wachte der Stein zum Leben. Das Pferd scharrte und
5 der Ritter wandte seinen behelmten Kopf zu Ron hinunter. „Müssen wir – ähm – mit euch kämpfen, um
[zur Tür] hinüberzukommen?" Der schwarze Ritter
nickte. Ron drehte sich zu den andern um. „Lasst mich
mal nachdenken ...", sagte er. „Ich denke, wir müssen
10 die Plätze von drei der Schwarzen einnehmen ..."
Harry und Hermine sahen schweigend zu, wie Ron
nachdachte. Schließlich sagte er: „Hört mal, seid nicht
beleidigt, aber keiner von euch beiden ist besonders
gut im Schach." – „Wir sind nicht beleidigt", sagte
15 Harry rasch. „Sag uns einfach, was wir tun sollen." –
„Gut. Harry, du nimmst den Platz dieses Läufers ein,
und Hermine, du stellst dich neben ihn an die Stelle
dieses Turms." – „Was ist mit dir?" – „Ich bin ein
Springer", sagte Ron. Die Schachfiguren hatten offen-
20 bar zugehört, denn in diesem Augenblick kehrten ein
Springer, ein Läufer und ein Turm den weißen Figuren
den Rücken und schritten vom Platz. Sie ließen drei
leere Quadrate zurück, auf denen Harry, Ron und Hermine ihre Plätze einnahmen. „Weiß zieht im Schach
25 immer zuerst", sagte Ron und spähte über das Brett.
„Ja ... schaut ..." Ein weißer Bauer war zwei Felder vor-
gerückt. Ron begann die schwarzen Figuren zu führen.
Wo immer er sie hinschickte, sie rückten schweigend
auf ihre Plätze. Harry zitterten die Knie. Was, wenn sie
30 verloren? „Harry, rück vier Felder schräg nach rechts."
Richtig mit der Angst zu tun bekamen sie es erst, als
der andere Springer geschlagen wurde. Die weiße
Dame schlug ihn zu Boden und schleifte ihn vom
Brett, wo er mit dem Gesicht nach unten bewegungs-
35 los liegen blieb. „Ich musste das zulassen", sagte Ron
erschüttert. „Deshalb kannst du jetzt diesen Läufer
schlagen, Hermine, geh los."
Wenn die Weißen eine ihrer Figuren schlagen konnten,
zeigten sie niemals Gnade. Nach kurzer Zeit lagen

40 haufenweise übereinander gekrümmte schwarze Spie-
ler entlang der Wand. Zweimal bemerkte Ron gerade
noch rechtzeitig, dass Harry und Hermine in Gefahr
waren. Er selbst jagte auf dem Brett umher und schlug
fast so viele weiße Figuren, wie sie schwarze verloren
45 hatten. „Wir haben es gleich geschafft", murmelte er
plötzlich. „Lasst mich nachdenken ... lasst mich nachdenken ..." Die weiße Königin wandte ihm ihr leeres
Gesicht zu. „Ja ...", sagte Ron leise, „das ist die einzige
Chance ... Ich muss geschlagen werden."
50 „NEIN!", riefen Harry und Hermine. „So ist es eben im
Schach!", herrschte sie Ron an. „Manchmal muss man
Figuren opfern! Ich springe vor und sie schlägt mich,
dann könnt ihr den König schachmatt setzen. Harry!"
„Aber –"
55 „Willst du Snape aufhalten oder nicht?"
„Ron –"
„Hör zu, wenn du dich nicht beeilst, dann ist er mit
dem Stein auf und davon!" Darauf gab es nichts mehr
zu sagen. „Fertig?", rief Ron mit blassem Gesicht, aber
60 entschlossen. „Ich springe, und trödelt nicht, wenn ihr
gewonnen habt." Er sprang vor und die weiße Dame
stürzte sich auf ihn. Mit ihrem steinernen Arm schlug
sie Ron heftig gegen den Kopf und er brach auf dem
Boden zusammen. Hermine schrie, blieb aber auf ihrem
65 Feld. Die weiße Dame schleifte Ron zur Seite. Offenbar
hatte sie ihn bewusstlos geschlagen. Harry ging mit
zitternden Knien drei Felder nach links. Der weiße
König nahm seine Krone ab und warf sie Harry zu
Füßen. Sie hatten gewonnen. Die Schachfiguren ver-
70 beugten sich zum Abschied und gaben die Tür auf
ihrer Seite frei. Mit einem letzten verzweifelten Blick
zurück auf Ron stürmten Harry und Hermine durch die
Tür und rannten den nächsten Gang entlang.
„Was, wenn er –?" [, fragte Hermine.]   *Joanne K. Rowling*

Freundschaft

Freundschaft nennt man eine Beziehung zwischen Menschen, die sich von einer bloßen
Bekanntschaft einerseits und Liebe andererseits
unterscheidet. Sie beruht auf tiefer Zuneigung,
großem Vertrauen und hoher Wertschätzung und
äußert sich darin, dass man am Leben des anderen teilhat und sich für ihn einsetzt.

M2 Wahre Freundschaft

Marcus Tullius Cicero

Wie kann überhaupt „ein Leben lebenswert" sein, [...] welches nicht auf wechselseitiger Freundesliebe ruht? Was gibt es Schöneres, als einen Menschen zu haben, mit dem du dich alles so zu reden traust wie mit deinem eigenen Ich? Gäbe es einen so schönen Ertrag in Stunden des Glücks, wenn du nicht einen Menschen hättest, der sich in gleicher Weise wie du selbst darüber freuen kann? Unglück aber zu ertragen wäre schwierig ohne einen, der so geartet ist, dass er es sogar noch schwerer nimmt als du. [...] Die Freundschaft [...] umfasst die meisten Lebensbereiche; wohin du dich auch wendest: sie ist zugegen; kein Ort verschließt sich ihr; niemals kommt sie ungelegen, nie fällt sie zur Last.

Aristoteles

Ohne Freunde möchte niemand leben, auch wenn er die übrigen Güter alle zusammen besäße. Wo Nutzen das Motiv der Freundschaft bildet, da lieben sich die Menschen, weil sie für sich einen Vorteil erstreben. Solche Freundschaften gehen leicht auseinander. Denn wenn der eine Partner nicht mehr nützlich ist, so hört man auf, ihn zu lieben. Nun sind aber Menschen, die dem Freunde um des Freundes willen das Gute wünschen, die echtesten Freunde, weil jeder des anderen Wesensart liebt. Freundschaft dieser Art ist ein Wert, der dauert. Solche Freundschaft ist natürlich selten, denn Menschen dieser Art gibt es nur wenige.

Arthur Schopenhauer

Wahre, echte Freundschaft setzt eine starke, rein objektive und völlig uninteressierte Teilnahme am Wohl und Wehe des andern voraus. Dem steht der Egoismus der menschlichen Natur so sehr entgegen, dass wahre Freundschaft zu den Dingen gehört, von denen man nicht weiß, ob sie fabelhaft sind oder irgendwo existieren. Die Echtheit eines Freundes zu erproben hat man die beste Gelegenheit in dem Augenblick, da man ihm ein Unglück, davon man soeben getroffen, berichtet. Alsdann nämlich malt sich, in seinen Zügen, wahre, innige, unvermischte Betrübnis. Die gewöhnlichen sogenannten Freunde vermögen, bei solchen Gelegenheiten, oft kaum das Zucken zu einem leisen, wohlgefälligen Lächeln zu unterdrücken.

Michel de Montaigne

Was wir gewöhnlich Freunde und Freundschaften nennen, ist weiter nichts als eine durch Zufall zustande gekommene nähere Bekanntschaft, an die man sich gewöhnt hat und durch die ein gewisser geistiger Austausch erleichtert wird. Aber in einer Freundschaft, wie ich sie meine, geht eine so vollständige Verschmelzung der zwei Seelen miteinander vor sich, dass an dem Punkte, wo sie sich treffen, keine Naht mehr zu entdecken ist. Die Zweiheit ist verschwunden. Wenn ich sagen soll, warum ich ihn so liebhatte, kann ich mein Gefühl nur in die Worte kleiden: „Weil er es war; weil ich es war."

---

1 Wie beweist Ron Harry seine Freundschaft? Beschreibt Situationen, in denen Freunde füreinander da sind. Ihr könnt dabei auf Bücher, Filme oder auch auf eigene Erfahrungen zurückgreifen. → M1

2 Gruppenpuzzle: Erarbeitet in den Expertengruppen die Auffassungen von Cicero, Aristoteles, Montaigne und Schopenhauer über die Freundschaft und stellt sie in den Stammgruppen vor. Nehmt anschließend zu ihren Freundschaftsbegriffen Stellung. → M2

Aufgaben

GP

3 M1 **Probleme unter Freunden**

Jim Borgmann / Jerry Scott

M2 **Zickenterror? Eifersucht, Neid, Konkurrenz oder …?**

Wie findet ihr diesen Spruch von meiner Freundin?

gefragt von bienchen93 am 08.12.2009
um 19:00 Uhr

> Meine Freundin Britta und ich waren heute in einer echt tollen Boutique mit vielen Schnäppchenpreisen. Sie hat Größe 38, ich 42. Sie zieht eine Röhrenjeans raus und sagt zu mir „Wie schade, dass DU so was nicht tragen kannst!" Wie findet ihr das? Okay, weil ehrlich? Total daneben? Weder noch? Sonst was? Würde mich über eure Einschätzung freuen ;-)!! Danke!

beantwortet von jojo am 08.12.2009
um 19:04 Uhr

> Klingt arrogant und so, als ob sie sich über dich stellen möchte.

beantwortet von Leon17 am 08.12.2009
um 20:01 Uhr

> Klingt wie der ganz normale Zickenkrieg unter 14-Jährigen. Nichts Besonderes.

beantwortet von Julia94 am 08.12.2009
um 20:02 Uhr

> Schon ein bisschen daneben. Sie hätte ja auch einfach die Klappe halten können. Obwohl ich schon dafür bin, dass man ehrlich zueinander ist. Aber verletzend braucht niemand zu sein. Vielleicht hat sie aber auch einfach nicht nachgedacht und es ist ihr so rausgerutscht.

nach www.gute-frage.net

M3 **Enttäuschte Freundschaft? Frag nach bei Knigge!**

Über den Umgang mit Menschen *aus dem Jahr 1788 ist Adolph Freiherr von Knigges bekanntestes Werk. Darin hat er wenig – wie viele Leute heute fälschlicherweise glauben – über den Umgang mit Messer und Gabel und über Kleiderordnung geschrieben. Sein Augenmerk lag auf dem achtsamen Umgang miteinander und mit sich selbst.*

Baron Knigge: Auch unter den vertrautesten Freunden können Missverständnisse eintreten. Wenn man darüber Zeit verstreichen lässt oder zugibt, dass sich Leute hineinmischen, so erwächst daraus nicht selten eine dauerhafte Feindschaft. Dringend rate ich daher, bei 5 dem ersten Schatten von Unzufriedenheit über irgendein Betragen des Freundes auf Erläuterung zu dringen, vorausgesetzt, dass kein böser Wille obwaltet, wie man es denn bei gutgesinnten, wohlwollenden Freunden voraussetzen muss. 10

Schüler: Aber Herr Baron von Knigge, was ist, wenn wir uns in unseren Freunden täuschen?

Baron Knigge: Mehrenteils [sind wir] selbst daran schuld, wenn wir bei näherm Umgange die Menschen anders finden, als wir sie uns anfangs gedacht haben. 15 Wir denken uns [die Freunde] engelrein und sind nachher viel unduldsamer gegen diese als gegen fremde Leute. Spannet eure Meinung von euren Freunden nicht zu hoch, so wird euch ein menschlicher Fehltritt, den sie in Augenblicken der Versuchung begehen, nicht befremden, nicht ärgern. 20

Adolph Freiherr von Knigge (gekürzt)

M4 Der Löwe und die Stiere

Eine zärtliche und enge Freundschaft verband vier junge Stiere. Ein Löwe […] beobachtete sie aus sicherer Entfernung, und seine Begierde nach ihnen wuchs von Tag zu Tag. „Vor diesen acht spitzen Hörnern",
5 sagte er sich aber, „müsste ich fliehen! Ja, diese vier Stiere könnten mich sogar töten, wenn sie mich gemeinsam angreifen. Aber ich weiß, was ich tun muss!" Er verbarg sich am Rand der grünen, saftigen Wiese, auf der die Stiere weideten, und wartete geduldig, bis
10 sich einer von den anderen ein wenig entfernte. Dann schlich der Löwe hin und flüsterte dem Stier zu: „Ah, du bist es, den die anderen drei verspotten!" Dem nächsten Stier erzählte er: „Die anderen drei sind eifersüchtig auf dich, weil du größer und schö-
15 ner bist als sie."
Am Anfang hörten die Stiere nicht auf den Löwen, aber bald fingen sie an, sich gegenseitig zu misstrauen. Sie gingen nicht mehr gemeinsam auf die Weide und nachts rückten sie voneinander ab. Das alles
20 machte sie noch viel misstrauischer, und jeder dachte von den anderen: Sie warten auf eine Gelegenheit, mir ein Leid anzutun.
Als der Löwe schließlich die Nachricht verbreitete, die vier Stiere wollten sich gegenseitig bekämpfen, weil
25 jeder der Stärkste sein und die anderen von der Weide verjagen wolle, da fielen sie einander sofort in heller Wut an. […] Sie schlugen mit ihren Hufen aufeinander ein und zerfetzten sich mit ihren Hörnern die Lenden.

Als der Löwe einen von ihnen anfiel, tötete und fort-
30 schleppte, kamen die anderen ihrem Gefährten nicht zu Hilfe. Der Löwe zerriss bald danach einen zweiten, dann tötete er den dritten, und auch der vierte Stier wurde in einigen Tagen, als der Löwe wieder Hunger hatte, dessen Opfer.

Johann Gottfried Herder

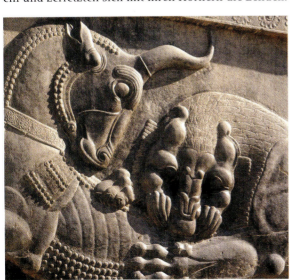

1 Beschreibt den Konflikt, der offensichtlich zwischen Roberto (links sitzend) und Jeremy besteht. Was fühlen beide in diesem Augenblick? Wie beurteilt ihr das Verhalten der beiden? → M1

  a) Wie könnte das Gespräch zwischen den beiden weitergehen? Schreibt den Dialog in Partnerarbeit. **S**

  b) Sammelt andere Anlässe, die eine Freundschaft belasten bzw. gefährden könnten.

2 Führt in Vierer-Gruppen den Chat als Schreibgespräch fort. Geht dabei auch auf die möglichen Ursachen für das Verhalten der Freundin ein. → M2 **S**

  a) Wie haben die Jungen, wie die Mädchen der Klasse dieses Verhalten kommentiert? Gibt es (auffällige) Unterschiede?

  b) Gibt es „typische" Konflikte in Mädchen- bzw. in Jungenfreundschaften? Wenn ja, worin seht ihr die Gründe dafür?

3 Welche Aussagen zum Thema „Enttäuschte Freundschaft" macht Adolph Freiherr von Knigge? Fasse schriftlich zusammen. → M3

Diese Satzanfänge können dir helfen:

    Knigge ist der Meinung, dass …

    Deshalb rät er uns, dass …

    Weiterhin meint er, dass …

    Deshalb rät er uns, dass …

4 Welche Fragen oder welche Kritik hast du bezüglich der Aussagen von Baron Knigge? Schreibe ein Interview mit Baron Knigge, bei dem du ihm deine Fragen stellst. → M3 **S**

5 Welche Art von „Freundschaftskiller" wird durch die Fabel beschrieben? Welche Absicht hatte der Löwe? Wie ging er vor? Warum war sein Plan erfolgreich? → M4

6 Wie hätten die Stiere den Ausgang verhindern können? Formuliere entsprechende Ratschläge bezogen auf den Menschen. → M4

7 Gibt es eine Beziehung zwischen der Fabel *Der Löwe und die Stiere* und den Aussagen von Baron Knigge? Erläutere deine Antwort. → M3/M4

Aufgaben

4

M1 Test für Verliebte

	Ja	Nein
Denkst du fast die ganze Zeit an ein bestimmtes Mädchen oder einen bestimmten Jungen?	♥	⊖
Läufst du an seiner oder ihrer Wohnung vorbei, um ihn oder sie „zufällig" zu treffen?	♥	⊖
Interessierst du dich plötzlich für Fußball (Reiten …), weil er oder sie sich dafür interessiert?	♥	⊖
Ist es dir in seiner oder ihrer Gegenwart peinlicher als sonst, wenn du dich mal ungeschickt verhältst?	♥	⊖
Wirst du eifersüchtig oder traurig, wenn er oder sie Spaß mit anderen hat und dich gar nicht beachtet?	♥	⊖
Bist du total cool zu ihm / ihr und ärgerst dich dann später darüber?	♥	⊖
Fängt dein Herz an zu rasen oder wirst du rot, wenn er oder sie dich anschaut?	♥	⊖
Bist du total verlegen, wenn du mit ihm oder ihr allein bist?	♥	⊖
Würdest du ihn oder sie gerne berühren?	♥	⊖
Könntest du dir vorstellen, ihn oder sie zu küssen?	♥	⊖

Sabine Thor-Wiedemann

M2 Willkommen im Club der Verliebten!

Alles ist auf einmal ganz anders. Bis vor kurzem war es für dich das Wichtigste mit deinen Freunden loszuziehen. Ganze Nachmittage hast du beim Shoppen mit deiner besten Freundin verbracht oder mit dei-
5 nem besten Freund vor dem Computer gesessen. Doch jetzt drehen sich deine Gedanken nur noch um den coolen Typ aus der zehnten Klasse oder das Mädchen mit den langen schwarzen Haaren, das du immer morgens in der S-Bahn siehst. Du benimmst
10 dich wie ein Trottel. Du lässt zwei Bahnen fahren, nur um schließlich in ihre einsteigen zu können. Dass du deshalb zu spät zur Schule kommst, ist dir auf einmal egal. Oder dein Blick fällt, wenn du in der Pause auf den Schulhof kommst, sofort in Richtung Schultor,
15 wo er sich immer aufhält. Natürlich darf das keiner merken, wenn du dann ganz zufällig mit deiner Freundin in diese Richtung schlenderst. Du wartest sehnsüchtig auf einen Blick, ein Lächeln, ein noch so

kleines Zeichen dafür, dass du ihm auch gefällst. Und
20 wenn du dann zu Hause bist, musst du immer an ihn denken. Du malst Herzen in dein Schulheft, wo eigentlich die Mathehausaufgaben stehen müssten oder du wirst auf einmal rot – wie uncool! –, wenn du ihr nachmittags durch Zufall begegnest. Du hast
25 dich verliebt!

M3 Erwischt

ICH WEISS, DASS DICH DER HIMMEL SCHICKT
HOLDES GESICHT
ICH GLAUB, ICH WERD TOTAL VERRÜCKT
HOFFENTLICH

ICH STARR DICH STUNDENLANG NUR AN
STUR, UNBEIRRT
HAB NICHT MEHR ALLE BEISAMMEN
SCHWER VERWIRRT

WECK MICH NICHT AUF
ES IST SO TRAUMHAFT MIT DIR

ES HAT MICH WIEDER ERWISCHT
WIEDER ERWISCHT
ENDLICH WIEDER ERWISCHT
ICH SAG NIE MEHR NIE WIEDER

DU HAST MICH RESTLOS AUFGETAUT
ICH SCHMELZ DAHIN
MACHST MIR STÄNDIG EINE GÄNSEHAUT
VÖLLIG VON SINNEN

STERNSCHNUPPEN SAUSEN UM MICH RUM
ALLES VIBRIERT
DU TREIBST MICH INS DELIRIUM
NARKOTISIERT

WECK MICH NICHT AUF
ES IST SO TRAUMHAFT MIT DIR

ES HAT MICH WIEDER ERWISCHT ...
WIEDER ERWISCHT
ENDLICH WIEDER ERWISCHT
ICH SAG NIE MEHR NIE WIEDER

Herbert Grönemeyer

M4 Berühmte Liebespaare

1 Führe den Test durch. Die Auswertung findest du unten auf der Seite. ➜ M1
2 Wie beurteilt ihr den Test? Ist er aussagekräftig? ➜ M1
3 Erarbeitet in Gruppen, wie sich das Verliebtsein in M2 und M3 bemerkbar macht, und tauscht euch darüber aus. ➜ M2/M3
4 Welche weiteren „seltsamen" Verhaltensweisen, die man hat, wenn man verliebt ist, fallen euch ein? Gibt es dabei Unterschiede zwischen Jungen und Mädchen? Wenn ja, welche? ➜ M2/M3
5 Was wisst ihr über diese Liebespaare? Erzählt euch ihre jeweilige Geschichte und stellt gegebenenfalls Recherchen an. ➜ M4   **R** **F**
6 Was ist der Unterschied zwischen Verliebtsein und Liebe? ➜ M1–M4

Projekt: Liebesgedichte oder Freundschaftsgeschichten   **P**

Sammelt Liebesgedichte, die euch besonders ansprechen, oder verfasst selber welche. Stellt sie in einem kleinen Buch zusammen.

Alternativ: Erstellt ein kleines Buch zum Thema *Berühmte Freundespaare aus Literatur, Film und dem wahren Leben*. Denkt z. B. an Asterix und Obelix, Thelma und Louise, Winnetou und Old Shatterhand, ...

Auswertung des Tests für Verliebte

0- bis 3-mal Ja

Na ja, die große Liebe ist das sicher nicht. Vielleicht findest du den Jungen oder das Mädchen ja nur interessant, weil er oder sie in deiner Clique oder Klasse besonders beliebt ist?

4- bis 7-mal Ja

Mit reiner Freundschaft lässt sich so viel Interesse bestimmt nicht erklären. Wenn ihr euch ein paar Mal auf „neutralem Boden" trefft (im Kino, beim Eisessen, im Schwimmbad ...), wird sich zeigen, ob die Sache ausbaufähig ist.

8- bis 10-mal Ja

Dich hat es wirklich erwischt. Am besten schaust du erst mal, ob das Interesse auf Gegenseitigkeit beruht. Und dann brauchst du nur noch ein wenig Initiative.

5   **M1**   Liebe ist ...

liebe ist...

...wie ein sechser im lotto

liebe ist...

...wenn man auch mit wenig geld jede menge spaß zusammen hat

M2   Die Kunst des Liebens

lebensWert: Herr Fromm, Sie haben ein Buch über die Kunst des Liebens geschrieben. Erklären Sie uns bitte, was Liebe ist.

Erich Fromm: Oh, das ist nicht so einfach. Es gibt nämlich viele Formen der Liebe. Die Grundform ist die Nächstenliebe. Das ist eine allumfassende Liebe, eine Liebe, die sich auf alle Menschen bezieht; sie zeigt sich besonders in der Liebe zu den Hilflosen und
10 Bedürftigen. Die alten Griechen nannten diese Form der Liebe auch *agape*; die Christen nennen sie *caritas*.

lebensWert: Und die Liebe, die sich auf einen bestimmten Menschen bezieht, ist dann die erotische Liebe?

15 Erich Fromm: Nicht in jedem Fall, auch hier gibt es noch unterschiedliche Formen. So gibt es z. B. die Liebe der Mutter zum Kind. Mutterliebe sagt: „Ich liebe dich, einfach weil du da bist." Und es gibt auch

die Liebe des Kindes zur Mutter. Kindesliebe sagt: „Ich liebe dich, weil ich von dir geliebt werde." 20

lebensWert: Und was macht nun die Liebe zwischen Erwachsenen aus? Doch wohl die Sexualität?

Erich Fromm: Auch das ist nicht ganz richtig. Liebe und Sexualität treten oft zusammen auf, aber sie sind nicht dasselbe. Da sexuelles Verlangen in der Ansicht 25 der meisten Menschen mit Liebe verbunden ist, kommen sie sehr leicht zu dem irreführenden Schluss, dass man sich liebt, wenn man sich körperlich besitzen will. Liebe kann auch zweifellos das Verlangen nach sexueller Vereinigung auslösen. Aber sie ist 30 mehr als nur dieses Gefühl.

lebensWert: Was denn sonst?

Erich Fromm: Liebe ist eine Aktivität, ein Tun, nämlich ein Geben. Wenn ich jemanden wirklich liebe, dann will ich nur sein Bestes, dann will ich nur für 35 ihn da sein, dann will ich ihm alles geben, was ich habe. Und dadurch, dass ich alles für ihn gebe und auch er, weil er mich liebt, alles für mich gibt, bekomme ich alles von ihm. So bereichern sich Menschen, die sich lieben, gegenseitig. Das macht die 40 Glückserfahrung der Liebe aus.

lebensWert: Das hört sich ja sehr idealistisch an. Aber Liebe kann doch auch sehr schmerzhaft sein.

Erich Fromm: Ja, natürlich, wenn sie eben mit bloßer Sexualität verwechselt wird, wenn also der eine den 45 anderen nur zur Befriedigung seines sexuellen Verlangens benutzt und ihn nicht wirklich als Person liebt. Das kann auch geschehen, wenn jemand Besitzansprüche auf den anderen erhebt, wenn er will, dass der andere nur für ihn da ist. Aber das ist 50 eine egoistische, eine unreife Form von Liebe, die den anderen fesselt. Wahre Liebe zeichnet sich dadurch aus, dass man sich gegenseitig Freiheit gewährt, dass man bereit ist zu geben, ohne irgendwelche Ansprüche zu stellen. 55

Egoismus – Altruismus

Unter Egoismus versteht man die Haltung eines Menschen, der seine Interessen über alles stellt. Altruismus dagegen meint, dass man die eigenen Bedürfnisse hinter denen eines anderen Menschen zurückstellt.

M3 Bund fürs Leben

M4 Unzertrennlich

Erst wollte sie es nicht glauben, doch dann sah sie es
ein. Sie hatte sich verliebt, musste es ein Mädchen
sein? Es war gegen ihre Erziehung, eine verbotene
Liebe wie im Märchen. Wenn sie bei ihr war, spürte sie
5 Wärme in ihrem Herzen. Sie beschloss, es ihr zu sagen,
fasste ihren Mut zusammen. Um „Ich liebe dich" zu
sagen, braucht man keinen Grund zu haben. Sie sahen
sich in die Augen, und schon geschah der Kuss. Das
ist eine Liebe, die sogar Gott verstehen muss. Für
10 Haifas Mutter ist das ein Tabu in ihrem Glauben.
Doch die wahre Liebe ist rein in Gottes Augen. [...]
Der Zeitpunkt war gekommen, sie erzählte es ihrem
Dad. Seine Tochter ist 'ne Lesbe, jetzt hat er es ge-
checkt. Er wurde respektlos und spuckte ihr ins Ge-
15 sicht. Er schlägt auf sie ein, bis ihre Rippe bricht.
Haifa beschloss, ihre Sachen endgültig zu packen.
Liebe ist manchmal stärker als purer Stahl. Sie ent-
schied sich gegen die Familie – Laura ist die Wahl!
Die Entscheidung fiel nicht schwer, das Land zu ver-
20 lassen. Sie hat sich geoutet mit viel Schmerz und
Leid. Ihren Eltern war's egal, wo ihre Tochter bleibt.
Sie kehrte ihrer Familie somit den Rücken. Lauras
Liebe war genug, sie füllte die Lücken.
Heute halten sie zusammen und blicken nicht zurück.
25 Sie sind nun ein Paar, und ist das nicht verrückt!
Trotz aller Intrigen liebten sie sich weiter.
Das ist die Geschichte von Laura und Haifa.

Kader Metin, Zeinab Hassun und Zineb Boukhari
vom Schilleria Girls Club Neukölln

M5 Wider die Natur?

Die Heilige Schrift verurteilt mehrfach und mit größter Strenge die Homosexualität als Sünde wider die
Natur. Im Alten Testament enthält z. B. das Buch Levi-
ticus, das die dem Mose von Gott diktierten Gesetzes-
vorschriften umfasst, die das auserwählte Volk vor der
Zersetzung des Glaubens und der Sitten bewahren
sollen, eine strenge Verurteilung der homosexuellen
Praxis, die als eine „Abscheulichkeit" bezeichnet wird.

Roberto de Mattei (Hg.)

Man kann seine sexuelle Vorliebe nicht wählen. Es ist
eher etwas, was man entdecken muss. Einige entdecken es während ihrer Kindheit, andere finden es erst
viel später heraus. [...] Es gibt keine Möglichkeit, deine
sexuelle Vorliebe zu ändern. [...] [Lerne,] dich selbst
so zu akzeptieren, wie du bist. Dann bist du frei, einen
männlichen oder weiblichen Partner zu wählen, ganz
in Übereinstimmung mit deinen eigenen Gefühlen.

Hilde van der Ploeg

Homosexualität

Homosexualität bezeichnet – im Unterschied zur
Heterosexualität – die Beziehung zwischen gleich-
geschlechtlichen Partnern. Sie wurde in unserer
Gesellschaft jahrhundertelang strafrechtlich verfolgt. Erst 1969 wurde der entsprechende Para-
graph im Strafgesetzbuch der Bundesrepublik
Deutschland abgeschafft.

---

1 Erkläre die Aussagen der beiden Cartoons. → M1
2 Verfasse selber Sprüche über die Liebe. → M1
3 Welche Arten von Liebe führt Erich Fromm an? Wie
  unterscheiden sie sich? Ergänze die Tabelle in deinem
  Heft. → M2

Art der Liebe	Unterschied zu den anderen

4 Nimm Stellung zu Fromms Definitionen von Liebe. → M2
5 Wie ist deine Meinung zum Lebensbund gleichge-
  schlechtlicher Partner? → M3
6 Sprecht über die Beziehung von Laura und Haifa und
  die Reaktionen von Haifas Eltern. → M4
7 Diskutiert die beiden Auffassungen aus M5 und bezieht sie auf M4. → M5

D

Aufgaben

6 M1 **Aus und vorbei ...**

M2 **Liebeskummer**

> Ohne sie kann ich nicht leben. Wenn sie sich von mir trennt, weiß ich nicht, was ich tue.

Philipp, 16

> Als er mir gesagt hat, dass er sich in Nadine verliebt hat, bin ich zuerst total ausgeflippt. Dann habe ich stundenlang nur noch geheult.

Anna, 14

> Dass Mareike mich verlassen hat, ist für mich schlimmer, als wenn sie gestorben wäre. Sie ist noch da, bloß nicht mehr für mich.

Boris, 14

> Das Schlimmste am Liebeskummer ist, dass er einen total beherrscht. Man kann an nichts anderes mehr denken.

Max, 15

> Seit Daniel Schluss gemacht hat, kann ich fast nichts mehr essen und habe auf gar nichts mehr Lust.

Simone, 13

> Es ist ein Gefühl, als ob es einem das Herz zerreißt.

Judith, 15

M3 **Symphonie**

Sag mir, was ist bloß um uns geschehen
Du scheinst mir auf einmal völlig fremd zu sein
Warum geht's mir nicht mehr gut
Wenn ich in deinen Armen liege
Es ist egal geworden, was mit uns passiert
Wo willst du hin, ich kann dich kaum noch sehen
Unsere Eitelkeit stellt sich uns in den Weg
Wollten wir nicht alles wagen
Haben wir uns vielleicht verraten
Ich hab geglaubt, wir könnten echt alles ertragen

Symphonie

Und jetzt wird es still um uns
Denn wir stehen hier im Regen
Haben uns nichts mehr zu geben
Und es ist besser, wenn du gehst

Denn es ist Zeit
Sich einzugestehen, dass es nicht geht
Es gibt nichts mehr zu reden
Denn wenn´s nur regnet
Ist es besser aufzugeben
Und es verdichtet sich die Stille über uns
Ich versteh nicht ein Wort mehr aus deinem Mund
Haben wir zu viel versucht
Warum konnten wir's nicht ahnen
Es wird nicht leicht sein, das alles einzusehen

Symphonie

Und jetzt wird es still um uns
Denn wir stehen hier im Regen
Haben uns nichts mehr zu geben
Und es ist besser, wenn du gehst

Irgendwo sind wir gescheitert
Und so, wie's ist, so geht's nicht weiter
Das Ende ist schon lang geschrieben
Und das war unsere ...

Symphonie

Und jetzt wird es still um uns
Denn wir stehen hier im Regen
Haben uns nichts mehr zu geben
Und es ist besser, wenn du gehst
Denn es ist Zeit
Sich einzugestehen, dass es nicht geht
Es gibt nichts mehr zu reden
Denn wenn's nur regnet
Ist es besser aufzugeben

Silbermond

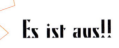 **M4** Ist es unmoralisch, den Partner
zu verlassen?

Wolfgang Lenzen vergleicht in seinem Buch Liebe, Leben,
Tod – Eine moralphilosophische Studie *die Liebe mit einem
sportlichen Zweikampf.*

lebenswert : Professor Lenzen, Sie haben
sich in Ihrem Buch Gedanken zur Liebe
gemacht. Wenn ich Sie recht verstanden
habe, finden Sie es nicht unmoralisch, seinen

5 Partner oder seine Partnerin wegen einer anderen bzw.
eines anderen zu verlassen?

Professor Lenzen: Genau so sehe ich das. Vergleichen
wir die Liebe mal mit einem sportlichen Zweikampf
oder einem Spiel. Wenn man sich auf einen Wettstreit

10 oder ein Spiel einlässt, dann nimmt man damit doch
auch in Kauf, dass man entweder als Gewinner oder
als Verlierer daraus hervorgeht. Natürlich möchte
man lieber der Gewinner sein, aber man muss auch
damit rechnen, dass man zum Verlierer wird. So ist

15 das eben bei einem Spiel.

lebenswert : Aber ein Spiel sollte doch immer fair
ablaufen. Ist es nicht unfair, dass man die Gefühle des
anderen verletzt, wenn man ihn verlässt? Der Verlassene leidet doch.

20 **Professor Lenzen:** Wieso unfair? Es kommt doch auf
die gleichen Bedingungen im Spiel an. Und da ist das
Spiel der Liebe fair, denn beide Partner können mit
gleicher Wahrscheinlichkeit derjenige sein, der bei
nachgelassener Liebe den anderen verlässt. Und

25 außerdem hat ja auch der Verlassene etwas von dem
Spiel gehabt. Die Freuden der Liebe, die er während
der Beziehung hatte, überwiegen doch meist den
eventuellen Trennungsschmerz.

lebenswert : Ist das wirklich so? Es gibt doch das

30 alte Sprichwort, das besagt, dass die Freuden der
Liebe nur einen Moment dauern, während der Liebeskummer ein ganzes Leben lang anhält.

Professor Lenzen: Das ist, wie gesagt, ein altes Sprichwort. Heutzutage werden doch die meisten Beziehun-

35 gen unter der Voraussetzung begonnen, das Zusammenleben so lange auszukosten, wie die gegenseitige
Liebe anhält. Wenn dann einer den anderen schließlich verlässt, ist das in Ordnung, denn er hat ja vorher
alles gegeben und den anderen glücklich gemacht.

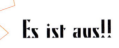 **M5** Doch noch nicht zu spät?

Es ist aus!!

Nein, für uns ist es
noch nicht
zu spät.

1 Beschreibe das Foto. Was ist wohl zwischen dem jungen Paar passiert? ➜ M1

2 Versetze dich in die Lage von Philipp, Max und Boris
bzw. Anna, Judith und Simone. Wie macht sich der
Liebeskummer bemerkbar? Kannst du ihre Aussagen
bzw. Reaktionen nachvollziehen? Begründe deine Antwort. ➜ M2

3 Stellt dar, was mit dem Liebespaar im Einzelnen geschehen ist und mit welchen (sprachlichen) Bildern
dies zum Ausdruck gebracht wird. ➜ M3

4 Fasse die wesentlichen Aussagen des fiktiven Inter-
views mit Professor Lenzen zusammen und schreibe
deine Meinung dazu auf. ➜ M4
Benutze dabei folgende Satzanfänge:
- Professor Lenzen ist der Meinung, dass ...
- Er vergleicht die Liebesbeziehung mit ..., denn ...
- Weiterhin ist er der Meinung, dass ...
- Seinen Standpunkt kann ich nachvollziehen, denn ...
oder:
- Seinen Standpunkt teile ich nicht, denn ...

5 Wie könnte man eine Beziehung, die in die Brüche zu
gehen droht, retten? Schreibt dazu ein kurzes Gespräch
zwischen dem Paar, in dem die beiden Partner Gründe
dafür finden, dass es „noch nicht zu spät ist". ➜ M5

Aufgaben

7 | **M1** Lebensläufe der Liebe

Marianne und Stefan sind seit 29 Jahren verheiratet. Im Alltag gab es immer wieder Streitereien, z. B. über die Frage der Erziehung der Kinder, über …
Trotzdem haben sie sich immer wieder zusammengerauft, auch dank gemeinsamer Interessen. Beide hören gerne Musik, gehen gern aus, essen und reisen gern. Sie freuen sich schon auf ihren 30. Hochzeitstag, die sog. Perlenhochzeit, die sie mit allen Verwandten groß feiern wollen.

21 Jahre hat die Ehe von **Natalia und Richard** gehalten, dann haben sie sich scheiden lassen. Nach der Geburt hat sich Natalia hauptsächlich um die Kinder gekümmert, Richard ist seinen eigenen Interessen nachgegangen. Als ihm von seiner Firma gekündigt wurde und er eine Stelle in einer anderen Stadt annehmen musste, wollte seine Frau nicht umziehen. So kam er nur noch am Wochenende nach Hause und die Beziehung zwischen ihnen kühlte vollends ab. Er verliebte sich in eine andere Frau und Natalia reichte die Scheidung ein.

Bernhard und Josie haben alle Klippen des Lebens miteinander umschifft und sind sich seit 53 Jahren treu. Nach dem Krieg hatten sie wenig zu essen und es war nicht immer leicht, ihre fünf Kinder groß zu ziehen. Seit Josie im Alter von 70 Jahren an Demenz erkrankt ist, pflegt Bernhard sie aufopferungsvoll.

Mariannes und Heinrichs Liebe hat sich verbraucht und ist einem Zustand gewichen, in dem sie sich nichts mehr zu sagen haben. Sie bleiben trotzdem zusammen. Sie möchte sich nicht von ihm trennen, weil sie sonst wirtschaftlich nicht abgesichert wäre. Er hält aus Gewohnheit und Bequemlichkeit an der Ehe fest – wer würde sonst für ihn kochen und die Wäsche waschen?

M2 Eine Partnerschaft muss keine Lotterie sein

Es fällt niemandem ein, von einem Einzelnen zu verlangen, dass er glücklich sei – heiratet aber einer, so ist man sehr erstaunt, wenn er es nicht ist!

Rainer Maria Rilke

[Rilke hat recht.] Viele von uns haben mit sich selbst große Probleme, wieso sollten sie dann in einer Beziehung mit einem anderen Menschen, der auch seine Probleme mit in die Partnerschaft bringt, glücklich

5 sein? Beziehungsprobleme sind unausweichlich. Und dennoch: Eine Partnerschaft muss keine Lotterie sein, in der Männer ihre Freiheit und Frauen ihr Glück aufs Spiel setzen [...].

In einer Beziehung gibt es [jedoch] Spielregeln wie in

10 einem Fußballspiel. Wenn Sie gegen diese Regeln verstoßen, zeigt Ihnen Ihr Partner die rote Karte. Es ist möglich, eine dauerhafte und befriedigende Beziehung zu führen und ernsthafte Partnerschaftsprobleme zu vermeiden, wenn es uns gelingt, den richtigen

15 Partner zu finden *und* wir der richtige Partner sind. Damit will ich sagen: Jeder der beiden hat zu gleichen Teilen die Verantwortung für die Partnerschaft und etwaige Beziehungsprobleme und *jeder* muss seinen Teil für das Gelingen der Beziehung beitragen.

20 Eine Partnerschaft ist wie eine Pflanze: Sie will gepflegt und gehegt werden. Überlässt man die Beziehung sich selbst, vergisst man, sie zu wässern und mit liebevollen Worten und Gesten zu düngen, dann geht sie ein. [...]

25 Wenn Ihre Partnerschaft gedeihen soll, dann müssen Sie und Ihr Partner sich darum kümmern. Sich darum zu kümmern bedeutet nicht, jeden Tag endlose Gespräche zu führen und alles auszudiskutieren. Es geht vielmehr darum, immer mal wieder zu prüfen, ob man

30 etwas vermisst oder ob es Gewohnheiten am anderen gibt, die einen stören.

Gelegentliche Beziehungsprobleme und Streitereien sowie daraus resultierende Beziehungskrisen sind normal und gehören zum Beziehungsalltag. In Gefahr ist

35 eine Beziehung und Liebe nur dann, wenn man permanent das Gefühl hat, mehr zu geben als zu bekommen. Dann ist der Zeitpunkt für ein klärendes Gespräch oder gar für eine Trennung gekommen.

Doris Wolf

M3 Das Partnerschaftshaus

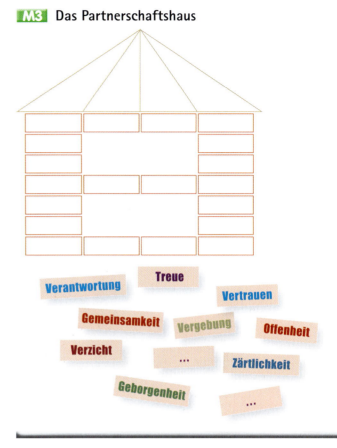

1 Bildet Vierergruppen. Jedes Mitglied befasst sich mit einer Geschichte der vier Paare und erzählt sie den anderen. Arbeitet dabei heraus, welche Schwierigkeiten in einer Partnerschaft auftreten können und wie die einzelnen Paare mit den Schwierigkeiten umgegangen sind. → M1

2 Wie versteht ihr die Aussage von Rilke? → M2

3 Welche Ratschläge gibt Wolf, damit eine Partnerschaft gelingen kann? → M2

4 Überlegt, welche Bausteine in das Haus eingefügt werden müssen, welche das Fundament bilden sollten, welche darauf aufbauen könnten. Denkt über weitere Begriffe nach, die ihr „einbauen" könntet, und überprüft auch, ob ihr alle vorgegebenen Begriffe verwenden wollt. Nehmt für jeden Stein des Partnerschaftshauses ein großes Blatt Papier (DIN A3) und gestaltet mit euren Bausteinen ein Partnerschaftshaus. → M3

5 Vergleicht Freundschaft, Liebe und Partnerschaft. Welche Gemeinsamkeiten und Unterschiede lassen sich feststellen?

6 Wie finden sich Liebe, Freundschaft und Partnerschaft in den vier Beziehungen wieder, die auf Seite 104 dargestellt sind? → M1

Aufgaben

K

1 | **M1** Familienbilder

M2 Glückliche Familie

In einer Familie gibt es am Samstag oft dicke Luft. Die Mutter holt am Wochenende Hausarbeiten nach, die in der Woche liegenbleiben mussten. Der Vater und die Kinder helfen ihr. Aber gern tun sie das nicht.
5 Jeder stellt sich sein Wochenende anders vor.

Heute ist ein besonders schlimmer Samstag. Die Mutter will alle Fenster putzen, weil man bei dem schönen Wetter den Schmutz so deutlich sieht. Gerade weil schönes Wetter ist, will der Vater aus der Stadt. Aber
10 er hat den Staubsauger auseinandergenommen und will den Motor reinigen. Jetzt kann er ihn nicht wieder zusammenbauen. Die Mutter stichelt: Er weiß doch, dass er von technischen Dingen nichts versteht. Wie die Kinder nach Hause kommen, reden die Eltern kein
15 Wort mehr miteinander.

Die Kinder wurden von der Mutter einkaufen geschickt. Aber das Mädchen hat sich halbfaule Tomaten einpacken lassen, und der Junge hat die Fleischwurst für die Linsensuppe vergessen. Obendrein erzählt das
20 Mädchen, dass der Bruder sich unterwegs mit einem anderen Jungen gestritten hat und sich unterkriegen ließ, der Schwächling! Schon haben sie ihren Familienstreit.

Plötzlich fragt der Junge, weshalb es eigentlich bei
25 ihnen so ganz anders zugeht als bei den Familien in den Büchern. Erst sagt keiner etwas dazu. Dann beschließt die Familie, heute einmal zu spielen, sie wären eine glückliche Buch-Familie.

Das versuchen sie nun. Alle sind nur noch freundlich,
30 verständnisvoll, nachgiebig, hilfsbereit und in allem einig. Sogar fleißig sind sie alle. Im Nu wird die Wohnung fertig, weil die Mutter nun auch nicht mehr allzu gründlich sein will.

Doch dann will der Vater mit der ganzen glücklichen
35 Familie in den Wald wandern, und die Mutter möchte mit der ganzen glücklichen Familie einen Stadtbummel machen, und der Junge sähe gern die ganze glückliche Familie gemütlich im Wohnzimmer sitzen, und das Mädchen könnte gut auf die ganze glückli-
40 che Familie verzichten. Es möchte zur Rollschuhbahn gehen.

Wahrscheinlich sind sie doch eine ganz normale Familie.   *nach Ursula Wölfel*

M3 Bedeutung von Familie

1. Kannst du dir vorstellen, ohne deine Familie zu leben?

☐ ja   ☐ nein

2. Wie wichtig ist deine Familie für dich?

1	2	3	4	5

sehr wichtig   gar nicht wichtig

3. Was bedeutet Familie für dich?

☐ Geborgenheit   ☐ Glück

☐ Verpflichtung   ☐ Arbeit

☐ materielle Absicherung   ☐ Sonstiges:

4. Wie wichtig sind dir Familienrituale wie gemeinsame Mahlzeiten, Ausflüge, Reisen usw.?

1	2	3	4	5

sehr wichtig   gar nicht wichtig

5. Möchtest du später selbst einmal eine Familie gründen?

1	2	3	4	5

sicher   auf keinen Fall

---

1 Was könnte in den Gedankenblasen stehen? Macht Vorschläge dazu und sprecht darüber, was die Familie den betreffenden Personen bedeuten könnte. ➜ M1

2 Spielt die Szenen des Textes nach und lasst euch eine Lösung des Problems am Ende einfallen. ➜ M2

3 Haltet ihr die Familie für eine glückliche Familie? Warum bzw. warum nicht? ➜ M2

4 Denkt euch noch weitere Fragen zur Bedeutung der Familie aus, führt die Umfrage durch und wertet sie aus. ➜ M3

Aufgaben

2 M1 In der Familie

M2 Der verlorene Sohn

Ein reicher Mann hatte zwei Söhne. Eines Tages ging der jüngere zu seinem Vater und sprach: „Vater, zahle mir schon heute den Teil des Besitzes aus, der mir nach deinem Tode zusteht. Ich will nicht mehr hier-
5 bleiben. Ich möchte in die weite Welt ziehen."
Der Vater wurde sehr traurig, als er die Worte seines Sohnes hörte, doch er konnte ihm die Bitte nicht aus-schlagen. Er verteilte seinen Besitz unter seine beiden Söhne; der jüngere verkaufte seinen Anteil und
10 machte sich mit dem Geld auf die große Reise.
Er zog weit fort in ein fernes Land, wo niemand ihn kannte. Doch er wusste nicht, mit seinem Geld umzu-gehen und lebte im Überfluss, bis all sein Reichtum verschwendet war. Als er nun nichts mehr besaß,
15 brach in jenem Land eine große Hungersnot aus. Er bettelte an den Türen, doch niemand wollte ihm etwas geben. Da suchte er Arbeit bei einem Bauern, der stellte ihn als Schweinehirten an. Der Junge war so hungrig, dass er heimlich von dem Schweinefutter
20 aß. Da endlich kam er zur Besinnung und beschloss, nach Hause zurückzukehren. Sein Vater würde ihm sicherlich verzeihen, und so machte er sich auf die lange Heimreise.

Sein Vater liebte ihn immer noch sehr und hatte nie-mals die Hoffnung aufgegeben, dass er eines Tages 25 zurückkehren würde.
Der Junge hatte noch nicht das Haus erreicht, da eilte ihm sein Vater schon entgegen. Sie fielen sich um den Hals, und der Junge rief schluchzend: „Vater, ich [...] verdiene es nicht, dein Sohn zu sein." 30
Doch sein Vater war so glücklich, dass er ihm auf der Stelle vergab und ein großes Fest vorbereitete, um die Rückkehr seines Sohnes zu feiern. Als das Fest in vol-lem Gange war, kehrte der ältere Bruder von der Arbeit auf dem Felde zurück. Da wurde er zornig und rief an 35 seinen Vater gewandt: „All diese Jahre habe ich gear-beitet, doch für mich hast du nie ein Fest gegeben." „Mein Sohn", erklärte der Vater beruhigend, „du bist immer bei mir gewesen, dein Bruder aber war für mich wie tot; jetzt ist er wieder lebendig. Wir glaubten, ihn 40 für immer verloren zu haben, doch wir haben ihn wiedergefunden. Sollten wir uns da nicht freuen und ein Fest feiern?"
Geoffrey Marshall-Taylor

M3 Alle Menschen haben Familie

Menschen sind bei Geburt noch nicht alleine überlebensfähig. Der Säugling braucht Erwachsene, die sich intensiv um ihn kümmern. Dies wird fast immer von den leiblichen Eltern oder Pflegeeltern, Großeltern
5 oder sonstigen Verwandten übernommen. Fast alle Menschen gehen als Erwachsene dauerhafte Beziehungen ein (Ehe, Partnerschaft), die meisten werden auch selbst Eltern, gründen also eine neue Familie. Familiäre Erfahrungen im Kindes-, Jugend- und
10 Erwachsenenalter stehen in engem Zusammenhang mit der seelischen und körperlichen Gesundheit eines Menschen. So wichtig und einflussreich Familien für die menschliche Entwicklung sind, so wenig kann man sich Familien wählen. In Familien wird man
15 hineingeboren. Freunde kann man sich - mehr oder weniger – aussuchen.

M4 Die Familie: Keimzelle der Gesellschaft

lebenswert : Aristoteles, welche Bedeutung hat die Familie für die Gesellschaft?
Aristoteles: Seien Sie mir nicht böse, aber ich möchte das Pferd von hinten aufzäu-
5 men und beim Staat beginnen.
lebenswert : Wieso beim Staat?
Aristoteles: Ein Staat – oder wie wir in Griechenland sagen würden: eine Polis – besteht doch aus Städten und Dörfern.
10 *lebenswert* : Was hat diese Überlegung denn mit der Familie zu tun?
Aristoteles: Dörfer und Städte bestehen aus vielen Häusern. Hausgemeinschaften sind in der Regel Familien: Mann, Frau und Kinder.
15 *lebenswert* : Wollen Sie sagen, dass der Staat und die Familie zusammenhängen?
Aristoteles: Genau. Die Entwicklung zum Staat beginnt mit der kleinsten Gemeinschaft, die es gibt, und das ist die zwischen Mann und Frau. Sie kommen aus
20 zwei Gründen zusammen: Der eine Grund ist natürlich die Liebe. Hauptsächlich vereinen sich Mann und Frau aber, um Nachkommen zu erzeugen. So werden sie zur Familie.
lebenswert : Kann man die Familie also als Keim-
25 zelle der Gesellschaft betrachten?

Aristoteles: Ja, das stimmt. In einer Familie wird im Kleinen all das gelernt, was im Großen in Staat und Gesellschaft eine Rolle spielt. So lernen die Mädchen, wie man einen Haushalt führt und ein Haus verwaltet. Die Söhne werden zur Tugend angeleitet, in der Kunst des wirtschaftlichen Handelns unterrichtet, aber auch in Politik und Philosophie, 40 damit sie, wenn sie erwachsen sind, diese Fähigkeiten für das Gemeinwohl einsetzen können. Ohne die Grundlagen, die in der Familie gelegt werden, könnte eine Gesellschaft nicht funktionieren.
lebenswert : Vielen Dank für Ihre interessanten Aus- 45 führungen.

Aufgaben

1 Beschreibe die dargestellten Situationen in dieser Familie. Was könnte ihnen vorausgegangen sein, wie könnte es weitergehen? ➜ M1
2 Sprecht anhand der Bilder über die Vorzüge, die eine Familie eurer Meinung nach bietet. ➜ M1
3 Beurteilt aus der Sicht des jüngeren Bruders, des Vaters und des älteren Bruders, was es heißt, eine Familie zu haben. ➜ M2
4 Kann eine Familie auch Nachteile haben? Welche? ➜ M3
5 Wieso kann nach Aristoteles die Familie als Keimzelle der Gesellschaft bezeichnet werden? ➜ M4
6 Was an dieser Theorie haltet ihr heute noch für richtig bzw. wichtig, was ist heute nicht mehr aktuell? ➜ M4
7 Stellt euch vor, in einem Staat würden Familien verboten. Wie sähe das Leben in einer solchen Gesellschaft aus? **G**
8 Stell dir nun vor, du könntest in diesem Staat auswandern. Aus welchen Gründen würdest du diese Chance ergreifen bzw. warum würdest du die Chance nicht wahrnehmen? **G**

3 | M1 Family Portrait

Mama, bitte hör auf zu weinen, ich kann es nicht
mehr hör'n
Dein Schmerz tut weh und zieht mich 'runter
Ich hör', wie Gläser zerbrechen, und sitze aufrecht
5 in meinem Bett
Ich habe Gott erzählt, dass ihr die schrecklichen
Dinge nicht meint, die ihr euch gesagt habt
Ihr zankt euch ums Geld, um mich und meinen
Bruder
10 Und trotzdem komme ich nach Hause, weil es mein
Zufluchtsort ist
Es ist nicht gerade einfach, im 3. Weltkrieg groß zu
werden
Nicht zu wissen, was Liebe eigentlich ist, du weißt
15 Ich will keine Liebe, die mich zerstört, wie sie es
mit meiner Familie gemacht hat
Können wir es ändern? Können wir eine Familie sein?
Ich versprech', ich werde mich bessern. Mama,
ich werde alles tun
20 Können wir es ändern? Können wir eine Familie
sein?
Ich versprech', ich werde mich bessern. Bitte, Papa,
geh nicht
Papa, bitte hör auf zu schrei'n, ich kann es nicht
25 mehr hör'n
Mach, dass Mama nicht mehr weint, weil ich dich
genauso brauch'
Meine Mama liebt dich, es ist wahr, auch wenn sie
etwas andres sagt
30 Ich weiß, sie verletzt dich, aber denk daran, dass
ich dich auch liebe

Ich bin heut' weggerannt, weggerannt von dem
Krach, weggerannt
Eigentlich will ich nicht wieder heim, aber ich hab'
keine andre Wahl   35
Es ist nicht leicht, im 3. Weltkrieg groß zu werden
Nicht zu wissen, was Liebe eigentlich ist, ich weiß
Ich will keine Liebe, die mich zerstört, wie sie es
mit meiner Familie gemacht hat
Können wir es ändern? Können wir eine Familie sein? 40
Ich versprech', ich werde mich bessern. Mama, ich
werde alles tun
Können wir es ändern? Können wir eine Familie sein?
Ich versprech', ich werde mich bessern. Papa, ich
werde alles tun   45
Auf unserem Familienbild sehen wir wirklich glück-
lich aus
Lasst uns so tun, als wenn es ganz natürlich wär'
Ich will nicht die Ferien zwischen euch aufteilen
müssen   50
Ich will keine zwei Adressen
Einen Stiefbruder will ich schon mal gar nicht
Und ich will nicht, dass meine Mutter ihren Nach-
namen ändern muss
Auf unserem Familienbild sehen wir wirklich glück- 55
lich aus
Wir sehen ganz normal aus, lasst uns dahin zurück-
kehren
Auf unserem Familienbild sehen wir wirklich glück-
lich aus   60
Lasst uns so tun, als wenn es ganz natürlich wär'

Pink

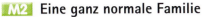

M2 Eine ganz normale Familie

Herr Konrad und seine Frau stehen in der Küche [...]. Herr Konrad [sucht] irgendetwas im Flurschrank. Seine Frau sieht sich in der Küche um. Hier gibt es noch viel zu tun. Als Nächstes wollen ihr Mann und sie die
5 Wandschränke eindübeln. Seit sie die Wohnung einräumen, wird Frau Konrad klar, dass sie über den Umzug froh ist. In der alten Wohnung und Umgebung hatte sie das Gefühl, alles läuft überraschungslos und im alltäglichen Trott. Hier könnte das fast ein neuer
10 Start für sie werden. Sie möchte versuchen, in nächster Zeit eine Halbtagsstelle zu finden, am liebsten als Bibliothekarin. Das war sie früher auch gewesen, bevor die Kinder geboren wurden. Die Kinder [...], vor allem um Michael macht sie sich Sorgen. Sie befürch-
15 tet, dass er hier keinen Anschluss finden wird. Er ist ein Einzelgänger. Und er hat es mit sich und der Familie zurzeit schwer. Sie möchte wissen, warum man an den Jungen einfach nicht rankommt. Frau Konrad überlegt, ob sie ihrem Mann jetzt etwas sagen soll, was sie
20 eigentlich schon lange sagen möchte. Nicht im Streit will sie darüber reden, sondern ruhig. Es darf auch nicht wie ein Vorwurf klingen. Sie glaubt, dass er den Michael manchmal ungerecht behandelt. Sicher nicht mit Absicht. Aber wenn Sabine etwas tut, kann ihr
25 Mann das verstehen. Bei ihr hat er ja auch miterlebt, wie sie aufgewachsen ist. Ganz klein war sie damals noch. Der Michael, der war schon kein kleines Kind mehr, irgendwie ... fast fertig, als ihr Mann ihn kennengelernt hat. Und an Michael hat ihm von Anfang
30 an einiges nicht gepasst, während er Sabine niedlich finden konnte. In Michael hat er wohl auch immer ihren ersten Mann gesehen, den Klaus. Das Polternde, Übertriebene, das geht ihm bei Klaus auf die Nerven und bei Michael genauso. Allerdings ist Michael in
35 letzter Zeit sehr viel ruhiger geworden. So ruhig, dass Frau Konrad kaum weiß, wie es ihrem Sohn geht. Er macht eine Menge mit sich selbst ab. Da kommt Herr Konrad wieder in die Küche. Und sie sagt ihm, was sie eben überlegt hat. Sie sagt das langsam, als würde sie
40 beim Sprechen immer wieder neu darüber nachdenken. Herr Konrad hört zu, ohne sie zu unterbrechen. Sie erzählt ihm auch noch: „Manchmal habe ich den Eindruck, Michael ist ziemlich allein. Nicht mal mehr

Bernd hat er jetzt, seinen Freund. Dich hat er nicht. Seinen eigentlichen Vater hat er nicht. Der wohnt vier-
45 hundert Kilometer weiter im Süden. Dass er mit mir oft Schwierigkeiten bekommt, erlebst du ja." Herr Konrad hat sich das mit Michael wirklich leichter vorgestellt. Er dachte, es würde reichen, kameradschaftlich mit ihm umzugehen. Aber er merkt selbst, dass er nicht
50 einmal das immer schafft, wenn Michael trotzig ist, muffig herumläuft und Sprüche macht. Herr Konrad muss sich sehr bremsen, dann nicht laut und ausdauernd zu schimpfen. Die Eltern sitzen sich in der Küche gegenüber [...]. Herr Konrad überlegt laut, ob das
55 eigentlich alles typisch für ihn als Stiefvater ist. Oder ob andere, „normale" Väter auch solche Schwierigkeiten mit ihren Kindern haben? Plötzlich steht Michael in der Küche und behauptet, dass er kurz vor dem Verhungern ist. „Gleich gibt's was zu essen", sagt seine
60 Mutter. „Lass uns noch fünf Minuten allein." Michael nickt und geht. Dabei überlegt er, worüber seine Eltern so ernsthaft und geheimnisvoll reden. *Achim Bröger*

Patchworkfamilie

Unter einer Patchworkfamilie versteht man eine Familie, bei der mindestens ein Elternteil ein Kind aus einer früheren Beziehung in die neue Familie mit einbringt. Dabei können die neuen Partner miteinander verheiratet sein oder als nichteheliche Lebensgemeinschaft bzw. als Familie mit Pflegekindern zusammenleben.

1 Schaut euch den Clip auf http://www.dailymotion.com/video/xkpt_pink-family-portrait_music an. Wer spricht in Family Portrait zu wem? Warum? → M1
2 Warum verspricht der Sprecher, sich zu bessern? → M1
3 Warum wendet sich die Tochter von ihrer Mutter ab und lebt zukünftig in der Werbefamilie? Begründet, ob ihr diesen Schritt als richtig erachtet. → M1
4 Wie stellt sich die Situation in der Familie Konrad a) für den Stiefvater, b) für die Mutter und c) für Michael dar? Entwerft in arbeitsteiliger Gruppenarbeit dazu Plakate und stellt eure Ergebnisse dem Kurs vor. → M2
5 Beurteilt das Verhältnis der Familienmitglieder zueinander. → M2
6 Muss sich die Familienstruktur ändern oder kann sie so bestehen bleiben? Begründe. → M2

4

Das traditionelle Modell der Familie wird bald an ihr Ende kommen – das behaupten jedenfalls einige Sozialwissenschaftler. Was können sie als Beleg für diese These anführen? Die Zahl der allein lebenden

5 Männer und Frauen hat in Deutschland in den letzten zehn Jahren um rund 18% zugenommen. Inzwischen lebt jede fünfte Person als Single. Auch die Zahl der kinderlosen Ehepaare steigt ständig an.

Die Gründe dafür sind vor allem in der neu aufzie-

10 henden Multi-Media-Welt zu suchen. Durch den Einfluss der neuen Medien hat sich in den letzten Jahrzehnten eine neue Spezies herausgebildet, die man *Yetti* nennt. Gemeint ist nicht der *Yeti*, jenes menschenähnliche Wesen, das gelegentlich von Bergstei-

15 gern am Himalaja gesichtet worden sein soll. Yetti steht für „young, entrepreneurial, tech-based", was frei als *junge Internet-Unternehmer* übersetzt werden kann. Yettis sind zwischen 20 und 30 Jahren alt und Single. Für ihren Beruf verzichten sie bewusst auf

20 Partner, Familie und sonstige soziale Bindungen. Sie sitzen Tag und Nacht am Computer, sie sind ständig erreichbar und engagieren sich für ihren Job bis zur totalen Selbstaufgabe.

Diese kompromisslose Leistungsbereitschaft zahlt sich

25 – in Form von Spitzengehältern – aus. Neben der finanziellen Bestätigung ziehen die Yettis eine ungeheure Bestätigung aus ihrer Arbeit und ihren Erfolgen. Diese uneingeschränkte Leistungsbereitschaft wollen die jungen Menschen allerdings irgendwann

30 hinter sich lassen: Ihr Traum ist daher, eine Position der Unabhängigkeit zu erreichen, sich selbständig zu machen und eventuell eines Tages weniger zu arbeiten. Wenn sie sich dann mit einem Lebenspartner zusammentun, ist es meist zu spät für Kinder und

35 eine Familie. Dann werden sie *Dinkies* sein, kinderlose Doppelverdiener mit „double income, no kids".

nach Markus Oliver Peick, www.3sat.de

Anders als in Deutschland, wo die rechtlichen und praktischen Hürden höher sind, hat es in den USA einen ebenso unerwarteten wie gewaltigen Baby-Boom unter den Schwulen und Lesben gegeben. Seit

Ende der achtziger Jahre gründen immer mehr Homo- 5
sexuelle ihre eigenen Familien [...].

Dieser Gayby-Boom (eine Wortschöpfung aus „gay" – schwul – und „baby") ist nichts weniger als eine stille gesellschaftliche Revolution. Diese krempelt nicht nur die Vorstellungen, Werte und Lebensgewohnhei- 10
ten der Schwulen- und Lesbenwelt [...] um, sondern trägt auch ganz entscheidend dazu bei, dass die rechtliche wie gesellschaftliche Diskriminierung dieser Bevölkerungsgruppe nach und nach abgebaut wird. Denn wer will schon Kindern schaden, auch wenn er 15
vielleicht den Lebenswandel ihrer Eltern nicht gutheißt? Außerdem sorgt der Gayby-Boom dafür, dass ganz neu definiert werden muss, was eigentlich eine Familie ausmacht: [...] „Anders als bei einem jungen Ehepaar fand es bei uns niemand selbstverständlich, 20
dass wir Nachwuchs haben würden, und trotz unserer Sehnsucht nach Kindern konnten wir uns anfangs selbst kaum vorstellen, dass wir jemals Väter sein würden", sagt Paul Cronin-Swalboski [...] [der mit seinem Gatten, Jon, seit 18 Jahren zusammenlebt]. „Aber 25
gerade weil wir so lange darüber nachgedacht haben und große Widerstände überwinden mussten, glaube ich, dass wir überdurchschnittlich gute Eltern sind."
Natürlich haben sich die beiden Männer [...] auch Gedanken darüber gemacht, dass ihre Adoptivkinder 30
[...] darunter leiden könnten, aus einer nicht-traditionellen Familie zu stammen. „Aber Kinder werden immer gehänselt, [...] man kann nur versuchen, ihnen einen starken Halt zu geben, und das haben wir."

Susanne Weingarten

M3 Mehrere Generationen unter einem Dach

In einem Mehrgenerationenhaus leben Menschen unterschiedlichen Alters unter einem Dach – Kinder mit ihren Eltern, aber auch alte Menschen, die nicht mehr im Berufsleben stehen und vielleicht schon pflegebe-
5 dürftig sind. Es ist ein bisschen so wie in einer Großfamilie in früheren Zeiten, die von Opa und Oma bis hin zu den Enkeln Menschen verschiedener Generationen umfasste. In einer modernen Kleinfamilie ist der Kontakt zwischen den Generationen verloren ge-
10 gangen. Kinder wissen nichts mehr von den Bedürfnissen älterer Menschen, ältere Menschen haben keinen Kontakt mehr zu den Jüngsten. Das ist in einem Mehrgenerationenhaus anders. Alle Generationen haben hier Kontakt miteinander und unterstützen sich ge-
15 genseitig. So passen die Rentner Ilse und Wilhelm auf die Kinder Tim und Nina auf, während deren Eltern berufstätig sind oder mal keine Zeit haben, sich um ihre Kinder zu kümmern. Sie spielen mit ihnen, erzählen ihnen Geschichten, geben ihre Lebenserfah-
20 rung an sie weiter. Und die Jüngeren helfen den älteren Leuten bei Dingen, die sie nicht mehr selbständig erledigen können. So hat Michael neulich Christel geholfen, die kaputte Glühbirne in der Lampe auszutauschen. Außerdem hat Michael letzten Freitag die
25 mittlerweile 80-jährige Gudrun, als sie wieder Rückenschmerzen hatte, zum Arzt gefahren. Marie bessert sich ihr Taschengeld damit auf, dass sie regelmäßig für Heinrich einkauft. Mark ist ganz stolz darauf, dass er Renate erklären konnte, wie ein Computer
30 funktioniert und wie man im Internet surft. So haben alle Generationen etwas davon, in einem Haus zu leben.

M4 SOS-Kinderdorf

Der Name SOS-Kinderdorf signalisiert: Hier finden Mädchen und Jungen, die nicht in ihrem eigenen Elternhaus aufwachsen können, ein neues Zuhause. [...] Die Kinder leben zusammen mit ihrer SOS-Kinderdorfmutter oder ihrem SOS-Kinderdorfvater und ihren 5 Geschwistern in einem Haus – dauerhaft und rund um die Uhr. Hier wird gespielt, gelacht, gestritten und gefeiert wie in einer richtigen Familie. Für die Kinder, die oft mit schmerzhaften Erfahrungen in ein SOS-Kinderdorf kommen, ist das ganz wichtig. Hier finden 10 sie wieder Menschen, zu denen sie langfristig Vertrauen aufbauen können, die zuverlässig da sind – eine Familie eben. [...] Zusammen mit der SOS-Kinderdorfmutter oder dem SOS-Kinderdorfvater gelingt es den Kindern, die schlimmen Erfahrungen der Ver- 15 gangenheit zu verarbeiten. So sagt der im SOS-Kinderdorf Worpswede groß gewordene Klaus über diese Einrichtung: „Im SOS-Kinderdorf habe ich gelernt, mich mit anderen zusammen wohl zu fühlen."

www.sos-kinderdorf.de

---

1 Erkläre, was Sozialwissenschaftler unter *Yettis* und *Dinkies* verstehen. Was haben beide Begriffe mit der These vom Ende der Familie zu tun? ➜ M1

2 Ist die Familie am Ende? Was denkst du darüber? Begründe deine Auffassung. ➜ M1

3 Wieso ist es immer noch nicht selbstverständlich, dass es Familien mit homosexuellen Eltern, sog. Regenbogenfamilien, gibt? ➜ M2

4 Sprecht über die auf dieser Doppelseite vorgestellten Formen des Zusammenlebens. Was haben diese Formen des Zusammenlebens mit einer (traditionellen) Familie gemeinsam, was unterscheidet sie davon? ➜ M2-M4

5 Informiert euch über Mehrgenerationenhäuser und SOS-Kinderdörfer und stellt eure Ergebnisse vor. ➜ M3-M4

6 Kennt ihr weitere Formen, wie Menschen zusammenleben? Welche? ➜ M2-M4

7 Wovon hängt es ab, ob das Zusammenleben in diesen Gemeinschaften gelingt? ➜ M1-M4

Aufgaben

1

M1 Sàwàddee kráb!

Mein Name ist Nattawud, aber alle nennen mich Jey. Bei uns in Thailand hat man fast immer zwei Namen – einen, den man zur Geburt bekommt und der offiziell ist, und einen, mit dem man immer gerufen wird.

Ich komme aus einer ländlichen Provinz im Süden. Meine Familie hat etwas Vieh und baut vor allem Reis an. Für uns spielt sich unser Leben hauptsächlich in der Familie ab. Wir Kinder gehen zwar zur Dorfschule, aber wir übernehmen auch Aufgaben in der Familie. Das ist wichtig, da eine Familie sich ja gegenseitig unterstützen muss.

Mein großer Bruder tut das auch. Er ist nach Bangkok gezogen, um ein Restaurant zu eröffnen und das macht er ziemlich gut, obwohl das Leben in der Hauptstadt nicht immer einfach ist. Ich besuche ihn im Moment und darf sogar seinen Computer benutzen. Sonst könnte ich euch all das, was ich gerade erzähle, gar nicht mitteilen.

Es gibt hier zwar viele tolle Sachen, z. B. Läden, Restaurants und Kinos, aber in ganz vielen Teilen Bangkoks leben die Menschen in Slums und manchmal sogar ohne Strom und fließendes Wasser. Da das Restaurant meines Bruders einigermaßen gut läuft, schickt er uns jeden Monat etwas Geld, um so seiner Familie zu helfen.

Bald werde ich für ein paar Monate in ein buddhistisches Kloster eintreten. Die meisten Jungen tun das, denn so können wir unsere Familien finanziell entlasten. Aber wenn ich groß bin, möchte ich auf jeden Fall versuchen, noch eine Schule oder vielleicht sogar die Universität zu besuchen. Lesen kann ich schon ganz gut.

„In der Stadt", sagt mein Bruder, „kannst du alles werden. Am besten ist es aber, wenn du mit Computern gut umgehen kannst." Das würde mir besonders viel Spaß machen – und wer weiß, vielleicht komm' ich ja eines Tages ganz groß raus.

👍 Gefällt uns   📄 Kommentare   mehr ○

M2 Salām!

Viele Grüße aus Indien! Ich bin's, Shankar. Wie ich höre, geht's dir in Thailand ähnlich wie mir. In meiner Familie sind wir Hindus. Auch wir sind Bauern und damit in der Kaste der Shudras. Obwohl das Kastenwesen eigentlich nicht mehr gilt, spielt es hier auf dem Land noch eine große Rolle. Als Shudras gehören wir der niedrigsten Kaste an.

Bei uns spielt der Zusammenhalt in der Familie ebenfalls eine ganz wichtige Rolle. Deshalb unterstütze ich meine Familie auch, wie ich nur kann. Das ist auch der Grund dafür, weshalb ich nicht mehr zur Schule gehe. Wir bauen zwar Reis an, aber wir können nur einen kleinen Teil selbst behalten, den größten Teil müssen wir abgeben oder verkaufen. Damit wir uns ein paar Dinge leisten können, arbeite ich schon, seitdem ich acht bin. Ich knüpfe Teppiche und manchmal helfe ich auch meiner Schwester, Fußbälle zu nähen. Das ist noch viel anstrengender, aber wir bekommen umgerechnet fast 30 Cent pro Ball. Mehr als vier Bälle pro Tag kann Ranyana aber nicht schaffen. Wenn ich ausnahmsweise etwas Zeit habe, dann verbringe ich sie bei dem Onkel meiner Freundin Putaliba. Der hat einen Computer, über den ich mich ein wenig bilden und mich über viele Dinge in der Welt informieren kann. Es wäre mein größter Traum, selbst so ein Gerät zu besitzen.

Was ich später machen will, weiß ich überhaupt noch nicht. Meine Eltern werden schon das Richtige für mich entscheiden. Vielleicht werden sie mich ja auch bald verheiraten und ich kann meine eigene Familie gründen.

Was du von der Großstadt schreibst, kann ich mir gar nicht richtig vorstellen. Ich verstehe auch nicht, warum man in einen Laden gehen soll, um sich dort von jemand anderem das Essen geben zu lassen. Das kostet doch total viel, oder? Vielleicht komme ich ja irgendwann mal in eine solche Stadt und verstehe dann, warum man das macht.

👍 Gefällt uns   📄 Kommentare   mehr ○

M3 Namaste!

Mein Name ist Nasreen, ich lebe in der Islamischen Republik Iran. Mein Hobby ist Fußballspielen. Ich finde, dass Fußball auch ein Sport für Mädchen und Frauen ist. Hier im Iran ist das nicht so
10 normal wie in westlichen Ländern. Wenn Frauen Fußball spielen, dürfen auch nur Frauen in das Stadion. Genauso ist es beim Männerfußball, da dürfen nur Männer zuschauen. Vor einiger Zeit hat ein 16-jähri-
15 ges Mädchen sich als Junge verkleidet und sich in ein Fußballstadion geschmuggelt. Beim Jubeln ist das aber aufgefallen und es wurde sofort die Polizei gerufen. Das Mädchen wurde vorerst festgenommen und
20 dann zu ihren Eltern gebracht. Das muss eine unglaubliche Schande für die Familie gewesen sein. Ich würde mich das nie trauen und ich will das auch gar nicht. Hier sind die Regeln halt anders. Wenn die Religion
25 eine ganz wichtige Rolle in der Familie spielt, tragen die Frauen einen Tschador, sodass man nur das Gesicht oder Teile des Gesichts sehen kann. Wir tragen fast alle eine Maghnee, ein Kopftuch und manche
30 tragen sogar Jeans dazu.
Auch wenn sich das für euch sehr fremd anhört, glaubt nicht, dass wir nicht auch ganz andere Interessen haben. Wir tragen auch manchmal Schminke – nur nicht in der
35 Öffentlichkeit – und unsere Zimmer sind mindestens genauso unordentlich wie eure. Frauen und Mädchen haben es aber nicht ganz einfach, wenn sie sich nicht den Männern unterordnen wollen. Wenn ich älter
40 bin, möchte ich deshalb nach Deutschland auswandern. Mal sehen, ob das klappt. Ich würde ja schon gerne mal in einem vollen Fußballstadion mitjubeln.

👍 Gefällt uns   📄 Kommentare   mehr ●

M4 So sieht's aus ...

Kinderarbeit
Nach Alter, Geschlecht, Arbeitsrisiko und Region, 2008

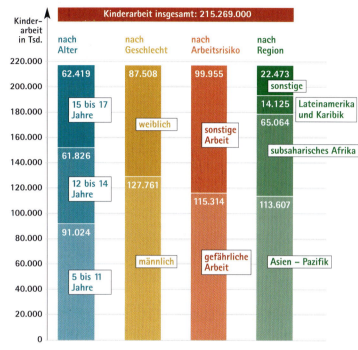

International Labour Organisation (ILO):
Accelerating action against child labour
nach Bundeszentrale für politische Bildung, 2010, www.bpb.de

Aufgaben

1 Lest die drei Blog-Einträge und sammelt die Bereiche aus dem Leben und dem Alltag, die jeweils angesprochen werden, in einer Tabelle mit den Spalten Familie, Freizeit, Einschränkungen und Hoffnungen. Markiert dann diejenigen Punkte rot, bei denen ihr Probleme hättet, wenn ihr die Rolle der Person einnehmen müsstet. ➜ M1–M3

2 Schreibe ebenfalls einen Blog-Eintrag und beschreibe dein Leben mit den Kategorien, die du oben gesammelt hast. Worin unterscheidet sich dein Eintrag von den anderen? ➜ M1–M3

3 Mit welcher Person würdest du am ehesten tauschen wollen? Begründe deine Antwort. ➜ M1–M3

4 Schau dir die Grafik zum Thema „Kinderarbeit" an und formuliere mindestens sechs Aussagen über Kinderarbeit damit. Beispiel: „Mehr als die Hälfte der arbeitenden Kinder erledigt gefährliche Arbeiten." ➜ M4

5 Erkundigt euch, in welchen Bereichen Kinderarbeit stattfindet. Habt ihr solche Produkte zuhause? Was kann man dagegen tun? ➜ M4

2 M1 **Ich möchte alles!**

 Mein Wunschzettel
2012, 2013, 2014, 2015 …

- ein neuer Computer
- eine neue Spielkonsole
- ein neuer mp3-Player
- eine All-inclusive-Reise nach Dubai
- eine neue Digitalkamera
- drei neue Games
- alles von Harry Potter
- alles von …

M2 **Ich möchte etwas**

Was ich mir am meisten wünsche?

… Lesen zu lernen

… Schreiben zu lernen

… ein Buch

… ein großes Festessen

… dass meine Schwester zurückkommt

… dass mein Vater mich nicht mehr zur Fabrik bringt

… dass wir ein Haus bekommen

… dass ich irgendwann in eine Stadt ziehen kann

M3 **Nadjas Leben**

Wenn Nadja ihr Zuhause verlässt, sieht sie auf der Straße jedes Mal lange Autoschlangen, aber sie fährt daran vorbei. Der Verkehr musste stoppen, denn Nadjas Wagen fährt mit Blaulicht und wird von einem weiteren Wagen begleitet. 5

Schaut Nadja aus dem Fenster, sieht sie einen großen Park. Am Ende kann man eine Mauer sehen, was dahinter ist, weiß sie gar nicht, aber sie hat gehört, dass dort die Leute wohnen, die im Haus arbeiten.

Oft wenn sie ihre Eltern sieht, muss sie einen gewissen 10 Abstand wahren. Das sind dann immer ganz besondere Situationen, bei denen sie eine eigene Rolle spielt. Was Nadja haben möchte, muss für sie gekauft oder für sie angefertigt werden. Sie trägt nur ganz spezielle Kleider und isst nur ganz besondere Lebensmittel. 15 Dann ist da noch die Frau, die ihr beibringt, wie man isst, wie man sitzt und wie man geht. Nadja geht auch nicht zur Schule. Jeden Tag kommt eine Lehrerin zu ihr und zeigt ihr, was sie wissen muss.

Sie wird vielleicht niemals lernen, wie man ein Auto 20 fährt. Sie wird vielleicht niemals eine Arbeit haben.

Aber Nadja weiß schon ganz genau, wie ihre Zukunft aussieht. Sie wird genau das bleiben, was sie jetzt ist – nur älter.

Fragt man sie, was sie sich für die Zukunft noch 25 wünscht, weiß Nadja überhaupt nicht genau, was sie antworten soll. Es gibt doch so viele Dinge, aber eigentlich hat sie alles.

Nadja ist neun Jahre alt, sie lebt in Moskau und sie hat ungefähr 15 Millionen Dollar. 30

M4 **Reich und arm**

REICH

ARM

M5 Ein reiches Lächeln

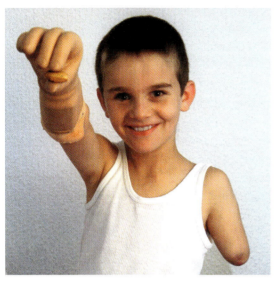

Der neunjährige Alaudin Ibrahimovic aus Bosnien-Herzegowina übt das Greifen mit seiner neuen künstlichen Hand. Beim Spielen mit der Sprengkapsel einer Bombe aus dem Bosnienkrieg hatte er im Jahre 2000 beide Unterarme und ein Auge verloren.

Armut

Von „Armut" spricht man, wenn jemandem etwas so fehlt, dass sein Leben dadurch stark beeinträchtigt wird. Meistens bezieht sich dies im Alltag auf Geld und auf die Möglichkeit, seine Grundbedürfnisse zu befriedigen. Bezogen auf das Einkommen ist jemand arm, wenn er weniger als 1,25 US-Dollar am Tag verdient (absolute Armut). Es gibt Länder, in denen das kaum der Fall ist. Dort sagt man, dass diejenigen arm sind, die weniger verdienen als die Hälfte des Durchschnitts aller Einkommen in einem Land (relative Armut). Aber auch diejenigen, die sich arm fühlen, weil sie z. B. immer in der Angst leben, sich bald nichts mehr leisten zu können, oder Ausgrenzung und Diskriminierung erfahren, werden als arm bezeichnet (gefühlte Armut).

M6 Wer ist Millionär?

Im Jahr 2009 erschien der Film *Slumdog Millionär* in den Kinos. In diesem Film geht es um Jamal Malik, einen Jungen aus den Slums von Mumbai in Indien. Jamal hat es auf den Sessel bei der Sendung *Wer wird*
5 *Millionär?* geschafft. Kurz bevor er die letzte Frage gestellt bekommt, ist die Sendung zu Ende und Jamal muss auf die nächste Sendung warten. In dieser Zeit wird er verhaftet und verhört, weil man glaubt, dass er ein Betrüger ist. Ein Junge aus den Slums könne
10 doch die Antworten zu den ganzen Fragen gar nicht wissen. Aber Jamal weiß sie. In seinem Leben musste er so viele Probleme und Gefahren meistern, dass er die Antworten aus seiner Erfahrung geben kann.

Dabei ist Jamal nicht in die Sendung gekommen, um
15 Millionär zu werden. Sein Ziel besteht vielmehr darin, das Mädchen, in das er sich verliebt hat, für sich zu gewinnen. Den Hauptpreis, 20 Millionen indische Rupien, nimmt er mit nach Hause. Doch am Ende stellt sich die eigentliche Frage: Wie hat er das geschafft?

- **A:** Er hat betrogen.
- **B:** Er hatte Glück.
- **C:** Er ist ein Genie.
- **D:** Es ist Schicksal.

Aufgaben

1 Formuliert zu jedem einzelnen Wunsch den Grund dafür, warum die Person sich dies wünscht. Was erfährt man über die Person und wie sie lebt? ➔ M1/M2

2 Welche Wünsche könnten auch deine sein? Tauscht euch darüber aus. ➔ M1/M2

3 Überlegt, was das Besondere an Nadjas Leben ist. Inwiefern ist sie arm oder reich? Was ist hier genau der Unterschied zwischen den Begriffen arm und reich? Begründe, warum du (nicht) mit ihr tauschen möchtest. ➔ M3

4 Beschreibt das Piktogramm. Entwerft dann einen Dialog zwischen den Personen oder Gedankenblasen für die jeweilige Person, die ihre Situation erklärt. Was sagt die Darstellung über die Gesellschaft aus? ➔ M4

5 Schau dir das Bild an und beschreibe den Gesichtsausdruck des Jungen. Entwirf einen Tagebucheintrag, in dem Alaudin sich zu seiner Situation Gedanken macht. ➔ M5 **S**

6 Erkundigt euch, was ein „Slumdog" ist und wie die Geschichte ausgeht. Welche Antwort – A, B, C oder D – stimmt eurer Meinung nach? ➔ M6 **F**

7 Inwiefern ist jemand arm, inwieweit nicht? Wie hätte sich der „Slumdog" entwickeln können, wenn er unter anderen Umständen groß geworden wäre, z. B. in Westeuropa oder Amerika? ➔ M6

3 **M1** Game Boy

Kind sein
ist kein
Kinderspiel

Game Boy?

Kinder haben das Recht,
nicht Soldat werden zu müssen.

terre des hommes

M2 Bei den Rebellen

In einem Gespräch mit einem Jungen erfährt der Erzähler hier, wie es Kindern geht, die gezwungen werden, als Kindersoldaten zu kämpfen.

An einem Morgen im Sommer des vergangenen Jahres war er auf einmal da. Er saß in einer Ecke des Raumes in der Hocke, mit dem Rücken an die Wand gelehnt und beide Arme vor dem Gesicht. Seine Hose war
5 zerrissen, sein Hemd durchlöchert, Schweißperlen standen auf seiner Stirn und glitzerten in seinen kurzen, schwarz gelockten Haaren. An den Füßen trug er etwas, was vielleicht einmal Sandalen gewesen waren. Drei Tage lang ging das so. Er saß einfach nur da,
10 und wenn niemand mehr im Raum war, aß er das, was ich ihm hingestellt hatte. Erst am vierten Tag reagierte er zum ersten Mal auf eine Frage von mir.
„Die meisten meiner Namen habe ich schon vergessen", begann er, „aber einige weiß ich noch. Jason,
15 zum Beispiel, oder Robert oder James oder Bernard oder Birahwe oder Salvator. Manchmal wurde ich auch Roberta oder Cécile genannt."

„Gut, dann nenne ich dich ... José."
„Nein, nicht José, so hieß einer der Rebellen, und der war ein Schwein!"
20 „Du warst bei den Rebellen?"
Er setzte sich auf den Boden und fing an zu erzählen. „Bereits im Morgengrauen machten wir uns auf den Weg. Alle Kinder bekamen von den Rebellen einen neuen Namen. Dies sei ein wichtiger Einsatz für uns,
25 und an mich gewandt sagte einer der Rebellen, ich sei jetzt Salvator. Wir sollten auf die Straße gehen und dort spielen. Ich freute mich auf diesen Einsatz. Wann hatte ich zum letzten Mal gespielt?
Am Anfang war es auch ganz lustig. Wir hatten
30 einen Ball dabei, den wir uns kreuz und quer über die Straße schossen. Die wenigen Autos, die um diese Stunde vorbeikamen, ließen wir einfach durch. So war unsere Anweisung. Erst als Militärfahrzeuge die Straße entlangkamen, setzten wir uns mitten auf die
35 Straße. Als die ersten Soldaten aus den Fahrzeugen ausstiegen, auf uns zukamen und uns befahlen, den Weg freizugeben, fielen Schüsse.
Ich begriff erst gar nicht, was da geschah. Als dann aber die ersten Toten auf der Straße lagen, rannte ich
40 weg. Geschosse flogen mir um die Ohren, prallten gegen Hauswände und hinterließen dort ihre Spuren. Hinter einer Hausecke suchte ich Schutz, warf mich lang auf den Boden und hielt mir die Augen und Ohren zu. Wie lange ich dort lag, weiß ich nicht
45 mehr, es kam mir wie eine Ewigkeit vor. Doch irgendwann war es still, ich hörte keine Schüsse mehr. Vorsichtig öffnete ich die Augen, robbte aus meinem Versteck so weit vor, bis ich die Straße überblicken konnte. Nur wenige Schritte vor mir lag Jacob. Jetzt
50 hatte er ein Loch in seiner Stirn, aus dem sich ein dünner Blutfaden zog. [...]
Plötzlich stand José vor mir, einer der Rebellen. Im ersten Augenblick war ich froh, ein vertrautes Gesicht zu sehen, und wäre ihm am liebsten um den
55 Hals gefallen, um mich auszuheulen. Aber dann befahl er mir, den toten Soldaten die Kleider auszuziehen. Dabei richtete er sein Gewehr auf mich."
An den folgenden Tagen erzählte er mir, wie er als Jason zusammen mit zwei anderen Kindern als Spä-
60

her Militärpositionen auskundschaftete, wie er später als Robert Schießübungen machen musste, die ihn für den Kampf gegen das Militär qualifizieren sollten, und wie er in dieser Zeit nachts von einigen der Re-
65 bellen als Roberta benutzt wurde. Er berichtete, wie er als Bernard zum ersten Mal mit einer Waffe kämpfen musste, ohne zu wissen, wofür.

Als sie ihn Birahwe nannten, war er seiner Erinnerung nach schon mindestens 12 oder 13 Jahre alt und
70 hatte zum ersten Mal gesehen, wie Menschen hingerichtet wurden. Monate später überfielen sie ein Dorf, und die Kinder, die sie gefangen hatten, wurden gezwungen, ihre Eltern zu erschießen.

Während dieser Zeit kamen die Erinnerungen an
75 seine eigene Familie wieder zurück und mit ihnen der Entschluss, die Rebellen zu verlassen. Schon in der nächsten Nacht lief er los. Fast eine Woche muss er unterwegs gewesen sein, bis er hier ankam.

nach Reiner Engelmann

M3 **Traumatisiert fürs Leben**

Mehr als 1,4 Millionen Menschen leben im Norden Ugandas auf der Flucht vor dem Terror der LRA [Lord's Resistance Army]. „Widerstandsarmee Gottes" bedeutet der Name der LRA übersetzt. Vermutlich hat die
5 LRA in den vergangenen Jahren mehr als 20000 Minderjährige verschleppt. Die Mädchen werden von den Rebellen als Sexsklavinnen gehalten, die Jungen trainieren sie zum Töten.

Phillip Kidega […] war ein Kindersoldat der LRA. Sie
10 entführten ihn auf dem Heimweg von der Schule, drei Jahre ist das her. Er erzählt mir, dass sie ihn schlugen, als er sich weigerte, ihre Ausrüstung zu tragen. Sie erniedrigten ihn, quälten ihn, drohten ihm. Seine Stimme wird immer leiser, wenn er das
15 erzählt. Das Lager bestand aus einigen Baracken, in denen Hunderte Kämpfer lebten. Es lag jenseits der Grenze, wo die Regierungstruppen Ugandas nicht angreifen können. Die meisten Soldaten waren Kinder, die meisten noch jünger als Phillip, jünger als 10.
20 Phillip war einige Tage dort, als sich alle Bewohner auf einem Platz versammeln mussten. Es geschah, was zur furchtbaren Strategie der Rebellen gehört: Sie machen die Minderjährigen hörig, indem sie diese

zwingen, ein Verbrechen zu begehen, so abscheulich, dass es ihr Schamgefühl verbietet, zu ihrer Familie 25 zurückkehren zu wollen. Phillip sieht mich an. „Ein Anführer gab mir einen Stock. Er zeigte auf einen jungen Mann und sagte: ‚Töte ihn!' Ich wollte nicht, natürlich wollte ich nicht. Der Anführer schrie: ‚Wenn du es nicht tust, bringen wir dich um, und dann 30 gehen wir in dein Dorf und bringen alle um, deine Eltern und deine Geschwister!'" Eine Pause entsteht, der Junge schweigt vor Scham. „Ich hatte keine Wahl, verstehst du?" „Denkst du oft daran?", frage ich ihn. „Ja, jeden Tag, und ich träume davon." Kindersolda- 35 ten sind für ihre Kriegsherren meist weniger wert als die Patronen, die sie verschießen. Oft werden sie als menschliche Schutzschilde eingesetzt, in Minenfelder geschickt, an besonders umkämpfte Straßen, um Sperren zu errichten. Nach Schätzungen der Vereinten Na- 40 tionen kämpfen in Afrika etwa 120000 Kinder unter Waffen, weltweit sollen es 300000 sein, in 36 Ländern. Von seiner Angst erzählt Phillip, von der Angst, getötet zu werden. Von der Einsamkeit. Niemandem konnte er sich anvertrauen. „Wie viele Gefechte mit Regie- 45 rungstruppen hast du erlebt?", frage ich ihn. „Nur drei. Während der letzten Kämpfe gelang mir die Flucht." Er kehrte in sein Dorf zurück, fand aber seine Familie nicht mehr. LRA-Kämpfer hatten seine Eltern und drei Brüder ermordet. Was er durchlitt, hat den 50 Teenager traumatisiert, wie Tausende andere auch, aber psychologische Hilfe gibt es nicht. Man hört ihm zu und fragt sich, wie viel Leid eine junge Seele aushalten kann.

nach Campino

---

1 Beschreibt das Bild und erläutert den Titel. ➜ M1 **B**

2 Erzählt die Geschichte nach und arbeitet heraus, wie der Junge ein Kindersoldat wurde. Welche Rechte werden dem Jungen in der Geschichte nicht gewährt? ➜ M2

3 Berichtet, welche Erfahrungen Campino mit Kindersoldaten in Uganda gemacht hat. (Vgl. hierzu auch S. 179, M2.) ➜ M3

4 Versetzt euch in die Lage von Phillip: Wie fühlt er sich und wie stellt er sich seine Zukunft vor? ➜ M3

Aufgaben

4 | M1 Was brauchen wir?

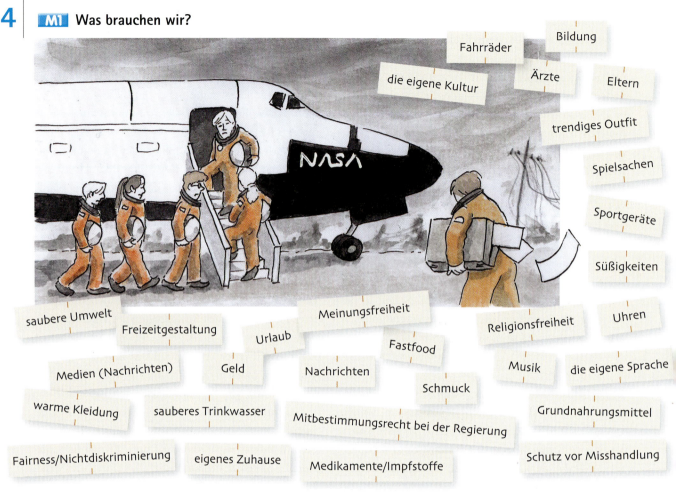

Fahrräder

Bildung

die eigene Kultur

Ärzte

Eltern

trendiges Outfit

Spielsachen

Sportgeräte

Süßigkeiten

saubere Umwelt

Meinungsfreiheit

Religionsfreiheit

Uhren

Freizeitgestaltung

Urlaub

Fastfood

Medien (Nachrichten)

Geld

Nachrichten

Musik

die eigene Sprache

Schmuck

warme Kleidung

sauberes Trinkwasser

Mitbestimmungsrecht bei der Regierung

Grundnahrungsmittel

Fairness/Nichtdiskriminierung

eigenes Zuhause

Medikamente/Impfstoffe

Schutz vor Misshandlung

Wir schreiben das Jahr 3018. Nachdem die Menschen ihren Planeten Erde unbewohnbar gemacht haben, machen sie sich auf den Weg zu anderen Planeten, um dort neue Siedlungen aufzubauen. Mittlerweile

5 sind die Lebenserwartungen auf der Erde so gesunken, dass die zentralen Aufgaben zur Umsiedlung von Kindern und Jugendlichen organisiert werden müssen. Tom79x ist einer von ca. 30 Jugendlichen, die mit einer Raumfähre auf dem Weg zum Planeten

10 Ix-Ypsi-Zett sind. An Bord der Raumfähre gibt es nicht viel. Die meisten Dinge, die man früher jeden Tag brauchte, wurden abgeschafft, weil sich herausgestellt hat, dass sie schädlich für den Organismus sind. Die Weltgemeinschaft des Planeten Erde hat

15 sich vielmehr darauf geeinigt, dass pro Siedlung nicht mehr als 30 Dinge bzw. Ansprüche festgelegt werden dürfen, die man braucht, um zu leben. Alles, was die Kinder mit sich herumtragen, ist ein

einziger Koffer, in dem sie 30 sogenannte Bedürfnis- und Anspruchsaktien haben, mit denen sie ihr Leben 20 gestalten wollen. Mit diesen Karten können sie handeln und sie gegen andere eintauschen.

Diese Karten werden bitter benötigt, denn wie sich herausgestellt hat, wird es auf dem Weg zum Planeten Ix-Ypsi-Zett *vier* Kontrollposten des Intergalakti- 25 schen Imperiums geben, das die Siedlung von Menschen im Weltall überwacht und eingrenzt. An jedem Kontrollposten müssen die Jugendlichen mindestens *drei* der Aktien abgeben. Da man aber nicht weiß, ob alle Kontrollposten auch wirklich besetzt sind, muss 30 man sich schon jetzt überlegen, auf welche Aktien man am ehesten verzichten kann, also welche man zuerst abgibt und welche man zum Leben auf dem neuen Planeten unbedingt behalten sollte. Tom79x und die anderen Jugendlichen setzen sich zusammen 35 und treffen die Auswahl.

M2 Die Bedürfnispyramide

Abraham Maslow entwickelte 1954 ein Modell, wonach die Bedürfnisse des Menschen hierarchisch gegliedert sind. Die Basis dieser „Bedürfnispyramide" bilden physiologische Bedürfnisse (Hunger, Durst,
5 etc.). Sicherheitsbedürfnisse (wie Schutz vor Gefahren oder eine stabile Lebenssituation) stellen die zweite Stufe dar. Darüber finden sich Zugehörigkeits- und Liebesbedürfnisse (wie Zuneigung und Identifizierung). Die Bedürfnisse nach Wertschätzung (Pres-
10 tige, Selbstachtung) und Selbstverwirklichung stellen die 4. und 5. Stufe dar. Nachträglich hat Maslow das Bedürfnis nach Transzendenz (also den spirituellen Bereich) hinzugefügt. Damit sich ein höheres Bedürfnis voll entwickeln kann, müssen nach Maslow
15 zuerst die niedrigeren Bedürfnisse befriedigt sein.
Ein Beispiel: Ein Schüler, dessen Lebenssituation momentan instabil ist (etwa durch die Scheidung der Eltern), verliert das Bedürfnis, seinem Interesse für Geographie nachzugehen oder die Wertschätzung der
20 Lehrperson zu erlangen. Erst wenn sich „die Wogen geglättet haben" (wenn er sich z. B. an die neue Situation gewöhnt hat und die Scheidung einigermaßen verarbeitet wurde), kann sein Interesse für Geographie wieder erwachen.   *David Krech u. a.*

M3 Bedürfnisse und ihre Bedeutungen

> „Es gibt keine wahren Genüsse ohne wahre Bedürfnisse."
>
> nach Voltaire

> „Nicht wer sehr wenig hat, sondern wer mehr begehrt, ist arm."
>
> nach Seneca

Grundbedürfnisse

Wenn jemand in der Lage ist, ein gesundes, zufriedenes und vor allem würdiges Leben zu führen, spricht man davon, dass seine Grundbedürfnisse befriedigt sind. Grundbedürfnisse bezeichnen daher mehr als das, was man zum reinen Überleben, aber weniger als das, was man für ein Leben in Luxus braucht. Der Begriff beinhaltet all jene Bedürfnisse, die ein reiches Leben garantieren.

Selbstverwirklichung
(Ideen umsetzen)

Ich-Bedürfnisse
(Macht, Status, Anerkennung)

Soziale Bedürfnisse
(Verhältnis zu Chef, Kollegen)

Sicherheitsbedürfnis
(Schutz vor Gewitter und Rauswurf)

Physiologische Bedürfnisse
(Essen, Trinken, Wärme, Sex, ...)

Aufgaben

1 Gruppenarbeit: Welche Aktien würdet ihr als Erstes abgeben? Erstellt eine Rangfolge und entscheidet begründet, welche Aktien am Ende auf jeden Fall zum neuen Planeten mitgenommen werden müssen. ➜ M1

2 Erläutert die Theorie der Bedürfnisse nach Maslow. ➜ M2

3 Ordnet eure Ergebnisse aus Aufgabe 1 in Maslows Pyramide ein. Wie schätzt ihr die Bedeutung seines neuen Stufenmodells ein? ➜ M2

4 Bezieht die Bedürfnispyramide einmal auf die Kindersoldaten (s. S. 118f.) und einmal auf den „Slumdog" (s. S. 117). Vergleicht die Ergebnisse miteinander. ➜ M2

5 Erörtert die Aussagen der beiden Philosophen. ➜ M3

6 Wendet die Aussagen der Philosophen auf die Bedürfnisse dieser Doppelseite an. Treffen sie immer zu? Was sagen sie uns darüber, was wir wirklich brauchen? ➜ M3

5

M1 Werde mein Pate!

World Vision

M2 Zusammenleben mit Behinderten

*Im Frühjahr 2011 leben im SOS-Kinderdorf Tuxtla Gutiér-
rez in Mexiko 45 Kinder und Jugendliche mit unterschiedlichen körperlichen oder geistigen Behinderungen sowie
26 Kinder ohne Behinderungen.*

Integration bedeutet für uns, die Familien aus Fami-
lienmitgliedern sowohl mit als auch ohne Behinderung zusammenzusetzen und ihre Grundbedürfnisse
wie etwa die Versorgung mit Nahrungsmitteln, die
5 gesundheitliche Versorgung und das Bedürfnis nach
formaler Bildung zu befriedigen. Das Wohl des Kindes steht hierbei immer an erster Stelle.
Wichtig ist uns, dass alle Familienmitglieder im für
sie möglichen Ausmaß am Aufbau eines Zuhauses
10 beteiligt sind, in dem alle das Gefühl haben, dass es
ihren Bedürfnissen gerecht wird, dass sie dort in ihrer
persönlichen Entwicklung unterstützt und gleichwertig behandelt werden. Das eigene Mitwirken soll Zufriedenheit geben. Gleichzeitig sollen sich alle sicher
15 sein, dass sie sich immer aufeinander verlassen können.
Dies war der Ausgangspunkt für verschiedene Maßnahmen, die darauf abzielten, dass die Kinder und
Jugendlichen mit jedem Tag unabhängiger aufwach-
20 sen können. Kinder und Jugendliche sollen an Entscheidungen, die sie selbst betreffen, teilhaben –

auch bei komplexen Angelegenheiten. Sie sollen auswählen, welche Kleidung sie tragen, an Haushaltsak-
tivitäten teilnehmen und entscheiden, wie sie ihr
Zimmer einrichten, was sie essen oder wohin sie spa- 25
zieren gehen möchten. Aufgrund all dieser Maßnahmen hat sich die Dynamik in den meisten Familien
verändert.
Die engen emotionalen Bindungen zwischen den
SOS-Kinderdorf-Müttern und den Kindern und Ju- 30
gendlichen einerseits sowie zwischen den Kindern
und Jugendlichen untereinander ist dabei besonders
für die Kinder und Jugendlichen mit schweren Behinderungen wichtig. Sie erfahren so in der Familie
Anregungen auf unterschiedlichen Ebenen. 35
Zum Beispiel im Bildungsbereich gibt es aber nach
wie vor Schwierigkeiten. Aufgrund mangelnden Wissens und mangelnder Sensibilität gegenüber Menschen mit Behinderungen konzentrieren sich die
Lehrer(innen) auf die Kinder ohne Behinderung. 40

nach Juan Carlos Flores Morales

M3 Sarnelli House

Thailand und Aids-Waisen? Die Regierung schafft es,
das Image von Thailand als einem frei von Not be-
findlichen Land konsequent aufrechtzuerhalten. Doch
trauigerweise sind hier mehrere hunderttausend
Kinder Aids-Waisen und viele von ihnen haben den 5
HI-Virus im Körper. Die *Kindernothilfe* fördert hier
das Sarnelli House, eine der wenigen Einrichtungen,
die sich um Kinder und ihre Angehörigen kümmert,
die von HIV/Aids betroffen sind.

₁₀ Vor allem im trockenen Nordosten, einer der ärmsten Gegenden des Landes an der Grenze zu Laos unterscheidet sich die Lebenssituation deutlich von der der touristischen Ballungszentren. Neben dem HIV-Problem gibt es große Armut, so dass viele Kinder bereits ₁₅ früh arbeiten müssen und die Schule vorzeitig verlassen. Dort liegt das Sarnelli House, eine der wenigen Einrichtungen in der Region, die sich um Kinder und ihre Angehörigen kümmert, die von HIV/Aids betroffen sind. Es ist entstanden, nachdem sich in den An- ₂₀ fangsjahren der Aids-Pandemie gezeigt hat, dass im ländlichen, buddhistischen Thailand HIV als karmische Strafe aus einem vorherigen Leben betrachtet wird und sich keiner um die Waisen kümmern wollte. Infizierte Menschen werden bis heute aus den örtli- ₂₅ chen Gemeinschaften ausgestoßen.

Im Sarnelli House finden Kinder eine Ersatzfamilie. Hier sind sie sicher untergebracht, werden medizinisch und psychologisch versorgt. Je nach Alter der Kinder sorgt man für den regelmäßigen Schulbesuch ₃₀ in öffentlichen Regelschulen und unterstützt sie bei der Arbeitsuche oder einer weiterführenden Schulbildung. Irgendwann sollen die Kinder auf eigenen Füßen stehen können: Alle Kinder gehen zur Schule und 98% schließen die High School ab. Man kann es ₃₅ kaum glauben, angesichts der schwierigen Umstände dieser Kinder. *nach Kindernothilfe*

M4 **Kampf für die Kinderrechte**

UNICEF ist das Kinderhilfswerk der Vereinten Nationen. 1946 wurde es als „United Nations International Children's Emergency Fund" gegründet, um Kindern in Europa zu helfen. Denn nach dem Zweiten Weltkrieg herrschte auch hier große Not. UNICEF versorgte ₅ die Kinder mit Lebensmitteln, Kleidung und Medikamenten.

Heute hilft UNICEF vor allem den Kindern in den Entwicklungsländern – in Afrika, Asien und Lateinamerika. Auch in Osteuropa ist UNICEF aktiv. UNI- ₁₀ CEF kämpft dafür, dass die Kinderrechte überall auf der Welt verwirklicht werden.

Andere Hilfsorganisationen, die sich wie UNICEF für die Rechte der Kinder weltweit einsetzen, sind z. B. auch neben den in M1-M3 bereits vorgestellten noch ₁₅ *Ärzte ohne Grenzen* oder *Save the Children*.

1 Begründe, warum du es für sinnvoll hältst, Patenschaften für Kinder zu übernehmen. → M1

2 Sprecht darüber, inwiefern die hier dargestellten Organisationen sich für Kinder einsetzen. → M2-M4

3 Internetrecherche: Teilt euch in Gruppen auf und informiert euch über die unterschiedlichen Kinderhilfsorganisationen. Fertigt Plakate an und stellt die verschiedenen Organisationen in einem Museumsgang vor. → M1-M4

MG

Aufgaben

1

M1 In Kontakt mit den Göttern

Im klassischen antiken Griechenland wurde der Mensch als das höchste Wesen in einer Stufenfolge des Lebendigen gesehen. So stellt der griechische Philosoph Aristoteles (384-324 v. Chr.) die Pflanzen als unterste Stufe des Lebendigen dar, die über die Grundfunktionen des Lebens verfügen, sich ernähren und sich vermehren können. Die Tiere besitzen darüber hinaus das Vermögen der Empfindung, sie fühlen z. B. Lust und Schmerz. Der Mensch zeichnet sich dadurch aus, dass er überdies noch denken kann. Seine geistigen Fähigkeiten bringt er in den Künsten, den Wissenschaften und der Philosophie zum Ausdruck, wie die Werke der griechischen Klassik eindrucksvoll zeigen. ❶

M3 Unter dem Auge Gottes

Das neuzeitliche Menschenbild ist entscheidend geprägt durch die Renaissance (wörtlich: Wiedergeburt), die Rückbesinnung auf die Ideale der griechischen Klassik, die im 15. Jahrhundert einsetzt. Nicht mehr das Himmlische, sondern das Irdische steht im Mittelpunkt des Interesses. Der Mensch versteht sich als ein mit Geist begabtes Wesen, das Wissenschaft betreibt, um die Bedingungen seines Daseins zu erforschen. Durch seinen Erfindungsreichtum sieht er sich in der Lage, seine Existenzbedingungen zu verbessern, Krankheit, Hunger, Armut usw. zu besiegen und so sein Geschick selbst in die Hand zu nehmen. ❸

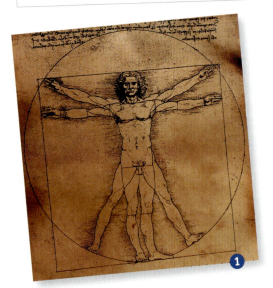

M2 Die höchste Lebensform

Im europäischen Mittelalter (6.–15. Jh.) versteht sich der Mensch als ein Geschöpf Gottes. Gott hat die Erde und den Menschen in den Mittelpunkt seiner Schöpfung gestellt. Sein Auge ruht auf den Menschen und wacht darüber, ob sie nach seinen Geboten leben. Die Engel sind zu ihrem Schutz abgestellt, der Teufel versucht, die Menschen vom rechten Weg abzubringen. Die Menschen haben die Freiheit, sich für das Gute oder Böse zu entscheiden. Sünder werden nach ihrem Tod durch Höllenqualen bestraft, Fromme durch ein ewiges Leben im Himmel belohnt. ❷

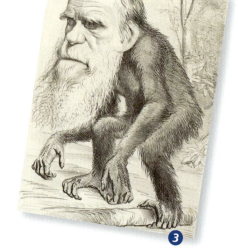

M4 Der Mensch im Mittelpunkt

Das gegenwärtige Verständnis des Menschen ist entscheidend durch die Evolutionslehre von Charles Darwin (1809-1882) geprägt. Der Mensch wird in seiner Abstammung und Entwicklung aus dem Tierreich heraus gesehen. Mit seinen geistigen Fähigkeiten ist er das höchst entwickelte Tier, kann Wissenschaft betreiben, Künsten nachgehen usw. Sein tierisches Erbe, z. B. seine Triebhaftigkeit und Aggressivität, besteht jedoch fort. Durch seine Vernunft kann der Mensch versuchen, dieses Erbe zu bändigen, seine Aggressivität im Zaum zu halten, was ihm aber niemals vollständig gelingt, wie sich an zahlreichen Beispielen aus der Geschichte belegen lässt.

❹

M5 Das Tier im Menschen

Das Menschenbild der griechischen Mythologie ist uns durch die Dichtungen Homers (um 850 v. Chr.) überliefert. Darin wird der Mensch als ein Wesen dargestellt, das in Kontakt zu den Göttern steht, die mächtiger sind als er. Die Götter stehen dem Menschen bei, sie können ihn aber auch ins Verderben stürzen. So wird in der *Ilias* – dem Epos vom Kampf um Troja – berichtet, dass die Göttin Athene dem griechischen Helden Achill half, den trojanischen Kämpfer Hektor zu besiegen. Als Apoll sah, wie viele Trojaner Achill erschlagen hatte, wurde er zornig und bestrafte ihn, indem er ihn mit einem Pfeil in die Ferse tötete – die einzige Stelle, an der er verwundbar war.

❺

1 Hier ist etwas durcheinandergeraten! Ordnet den Überschriften jeweils das passende Bild und den richtigen Text zu und beschreibt die jeweiligen Menschenbilder. ➜ M1-M5

2 Was hältst du von der Art und Weise, wie der Mensch in den verschiedenen Epochen angesehen wurde? Nimm Stellung. ➜ M1-M5

3 Wähle eine Epoche aus und schreibe einen Brief an einen Jugendlichen aus dieser Zeit. ➜ M1-M5

4 „Nichts auf der Bühne der Welt erscheint bewunderungswürdiger als der Mensch" lautet eine Aussage, die dem arabischen Philosophen Abdala zugeschrieben wird. Erörtert, worin in den verschiedenen Epochen jeweils das Bewunderungswürdige bzw. Besondere des Menschen gesehen wurde. ➜ M1-M5

2

M1 In Stein gemeißelt

M2 Aufgenommen

Jeden Tag dasselbe mulmige Gefühl. Wenn Niels in die Straßenbahn zur Schule einsteigt, sitzen die Jungs aus der Parallelklasse schon hinten und blockieren den Gang zu den Sitzplätzen, die noch frei sind. Sie
5 sehen so aus, als ließen sie niemanden vorbei – außer Niels. Denn mit Niels haben sie diesen Deal gemacht. Er beliefert sie mit Videos, die man sonst nirgendwo bekommt, mit Videos, die er selber dreht.
Das Ganze hatte eigentlich ganz anders angefan-
10 gen. Eines Tages war Niels gerade dabei gewesen, mit der neuen Digitalkamera seines Vaters Fotos zu schießen. Er brauchte sie für ein Pro-jekt, bei dem es um die sozialen Brennpunk-te seines Heimatortes ging. Auf einmal
15 kamen diese Jungs und nahmen ihm seine Kamera weg. Einer von ihnen sah sich die Bilder an und damit begann das große Pro-blem. „Hey, du Starfotograf, willst du deine Kamera zurückhaben? Dann musst du ab
20 jetzt für uns die Fotos machen, wenn wir mit unserer Gang unterwegs sind." Zuerst wollte Niels wegrennen, aber einerseits durfte er auf keinen Fall ohne die Kamera wieder zurück nach Hause kommen und andererseits wusste er, dass diese
25 Gang vor Gewalt nicht haltmachte. Schließlich hat-

ten sie die kleine Schwester von Ben schon oft vor allen ihren Freundinnen auf dem Schulhof festgehal-ten und verspottet und dem kurzsichtigen Mahmut die Brille weggenommen und ihn in die Toilette ein-
30 gesperrt. Und dann war da letzten Monat doch diese Sache bei der Straßenbahn, von der keiner wusste, ob diese Gang nicht doch Schuld an den Verletzungen des alten Mannes war. Der Anführer machte klar: „Von heute an gehörst du als Fotograf dazu und wir
35 sind die Stars. Halte dich bereit und sag keinem was, sonst ist das nicht nur das Ende für deine Kamera ..." Von da an hatte er wenigstens einen Platz in der Straßenbahn, aber sein schlechtes Gewissen wurde immer größer. Immerhin hatte er alles aufgezeichnet,
40 was in den letzten Tagen passiert war. Und die Fotos und Filme, die seine Mitschüler in albernen oder peinlichen Situationen zeigten, gab es jetzt auf dem Schulhof. Alle schauten sie sich an und lachten über das, was da zu sehen war. Wie konnte er nur aus die-
45 ser Lage wieder herauskommen? Er hatte die Gesich-ter derjenigen, die er fotografiert hatte, noch vor Augen, aber letztlich war er doch auch nur ein Opfer.

M3 Würdiges und Unwürdiges

M4 Würde als Selbstzweck

Immanuel Kant (1724-1804) schuf philosophische Grundlagen zum Verständnis der Menschenwürde.

Um zu verstehen, was Menschenwürde bedeutet, ist es wichtig, zwischen Personen und Sachen zu unterscheiden. Sachen sind zum Beispiel eine Schreibfeder oder ein Trinkglas. Sie dienen immer einem bestimmten Zweck. Menschen sind aber keine Sachen, sondern Personen. Man kann nicht sagen, dass der Mensch als Person zu einem höheren Zweck bestimmt ist wie die Schreibfeder zum Schreiben oder

15 das Trinkglas zum Trinken. Der Mensch ist sich vielmehr ein Selbstzweck, d. h. er ist kraft seiner Vernunft frei, sich selbst Zwecke zu setzen, sich selbst zu bestimmen. Eben darin, in der Selbstbestimmung oder *Autonomie*, besteht eben der besondere Wert,

20 die Würde des Menschen.

Jedoch besteht die Autonomie des Menschen nie in absoluter Form. Menschen werden von anderen Menschen ja auch immer als Mittel für deren Zwecke benutzt. Wenn ich z. B. zu einem Kaufmann gehe, dient

25 er mir zu dem Zweck, mir bestimmte Waren zu beschaffen. Allerdings geht der Kaufmann nicht darin auf, Mittel für meine und anderer Leute Zweck zu sein. Er ist ja zugleich jemand, der seine eigenen Zwecke verfolgt, er möchte z. B. an seinen Kunden

30 verdienen und den Verdienst dazu nutzen, ein selbstbestimmtes Leben zu führen.

Die Würde des Menschen respektieren heißt also, immer auch sein Selbstbestimmungsrecht und seinen Eigenwert als Person zu respektieren. Unwürdig wäre

35 es, ihn *ausschließlich* wie eine Sache zu behandeln, die fremden Zwecken dient. Dies wäre zum Beispiel gegeben, wenn ein absoluter Herrscher seine Macht dazu benutzt, Kritiker einfach einzusperren oder hinzurichten. Daraus lassen sich dann Rechte wie das

40 Recht auf Leben oder Freiheit, die sogenannten Menschenrechte, ableiten.

Menschenwürde

Menschenwürde ist etwas, das jedem einzelnen Menschen zukommt, unabhängig von Bestimmungen wie Alter, Geschlecht, Hautfarbe, Religionszugehörigkeit und sozialer Schicht. Der Mensch hat sie nicht durch etwas, das er leistet, das er kann oder das seine Eigenschaften ausmacht, sondern allein schon dadurch, dass er Mensch ist. Menschenwürde wird nicht von jemandem an jemanden verliehen und sie kann auch nicht genommen werden bzw. man kann auch nicht auf sie verzichten. Sie ist das Prinzip, auf dessen Grundlage wir uns gegenseitig als Menschen achten und behandeln und das auf unserem Selbstbewusstsein, der Selbstbestimmung und der möglichen aktiven Gestaltung unserer Umwelt beruht. Dieses Prinzip muss von allen geachtet werden.

Die Unantastbarkeit der Menschenwürde ist in § 1 des Grundgesetzes ebenso verankert wie in den Allgemeinen Menschenrechten der UNO. Die Anerkennung der Menschenwürde ist damit die Basis für die Bestimmung der Menschenrechte.

Die Missachtung der Menschenwürde ist eine Kriegserklärung an alle Menschen.

Gertrud Höhler

---

1 Sprecht darüber, was der Satz bedeutet. Warum beginnt wohl unser Grundgesetz mit diesen Worten? → M1

2 Gebt den Inhalt der Geschichte wieder und zeigt auf, was in der Geschichte über Niels falsch läuft. Überlegt, wie ihr an seiner Stelle handeln würdet, und begründet eure Entscheidung. → M2

3 Analysiert, welche menschenunwürdigen Aspekte auffallend sind. → M2

4 Finde Beispiele für die jeweiligen Begriffe, die die Unterscheidung von „menschenwürdig" und „menschenunwürdig" klarmachen. → M3

5 Erstellt in Gruppen eine Mindmap zu Kants Verständnis der Menschenwürde und überlegt euch, was Kant wohl zu Niels, aber auch zu den anderen Jungen sagen würde. → M4 **M**

6 Findet weitere Beispiele für die Missachtung der Menschenwürde. → M4

7 Schreibt einen kurzen Essay über die Aussage von Gertrud Höhler. **S**

Aufgaben

3 | **M1** Die Erklärung der Menschenrechte

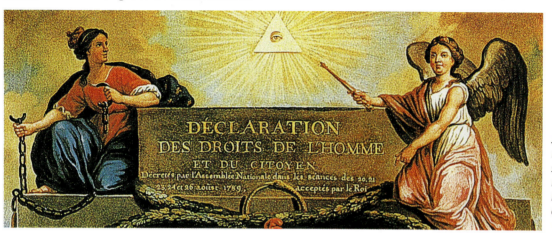

Jean-Jacques
Le Barbier, Repré-
sentation de la
Déclaration des
Droits de l'Homme
et du Citoyen de
1789 (Ausschnitt)

M2 Geht's noch? Oder geht's nicht mehr?

Es ist bekannt, dass ein Land im Nahen Osten terroristische Gruppen unterstützt. Deshalb wird jeder Passa-
gier mit dunklerer Hautfarbe, der in dieses Land
ausreisen will oder aus diesem Land einreisen will,
5 am Flughafen erst einmal bis auf Weiteres festgenommen und dann verhört.

Ein Gefangener wird dringend verdächtigt, über einen
Terrorangriff Bescheid zu wissen. Er schweigt aber
oder streitet alles vehement ab. Der diensthabende
10 Offizier des Gefangenenlagers gibt daraufhin die Anweisung, ihn mit Gewalt zum Reden zu bringen, um
mögliche Opfer bei dem Terrorangriff, von dem ver-
mutet wird, dass er am gleichen Tag noch stattfinden
soll, zu vermeiden. Zunächst soll man mit Schlägen,
15 Verbrennungen und Elektroschocks anfangen.

Auf die Frage, ob es ihm etwas ausmache, jeden Tag
12 Stunden in einer indischen Weberei für einen Hungerlohn zu arbeiten, sagt ein 13-jähriger Junge, dass er
ja schließlich seine Familie ernähren müsse. Ohne seine
20 Arbeit hätte die Familie kaum noch Einkommen.

Im amerikanischen Gefangenenlager Guantánamo
wurden Gefangene auf besondere Art „unterhalten":
Nachdem man sie in einer Hockposition am Boden
festgemacht hatte, wurde ihnen ein Kopfhörer aufge-
25 setzt oder ein CD-Player vorgesetzt. So bekamen sie
stundenlang, manchmal tagelang, z. B. die aktuelle
CD von Eminem oder von Britney Spears vorgespielt.
Dazu gab es noch Stroboskop-Licht vor das Gesicht
gestellt. Die Gefangenen konnten sich während der
ganzen Zeit nicht bewegen, hinlegen oder setzen. Das 30
nennt sich „no-touch torture".

M3 Die Regierung hat beschlossen

... **ab morgen** dürfen sich die Bürger höchstens zu
zweit treffen und unterhalten;

... **ab morgen** darf jeder, der verdächtigt wird, etwas
getan zu haben, in Haft genommen werden, so
lange bis er zugibt, dass er es getan hat;

... **ab morgen** dürfen Kinder nicht mehr zur Schule,
sondern müssen in den Fabriken aushelfen;

... **ab morgen** müssen alle die Hälfte ihres Besitzes
an den Bürgermeister abgeben;

... **ab morgen** gilt, dass jeder Junge das Mädchen
heiratet, das an seinem Wohnort genau nach ihm
geboren wurde, sobald beide 13 Jahre alt sind;

... **ab morgen** wird jedem, der irgendeine Straftat
begeht, ein Buchstabe auf die Stirn tätowiert,
den der Bürgermeister aussucht;

... **ab morgen** gilt, dass alle, die nicht völlig fehlerfrei
Deutsch sprechen, nicht mehr sprechen dürfen;

... **ab morgen** darf sich jeder nur noch in seiner Stadt
aufhalten;

... **ab morgen** darf jeder nur noch dann sagen, was
er gut oder schlecht findet, wenn der Bürgermeister ihm vorher die Erlaubnis dazu gegeben hat;

... **ab morgen** darf sich keiner mehr über diese Gesetze beschweren, sonst wird er verhaftet.

128

M4 Die Allgemeine Erklärung der Menschenrechte der Vereinten Nationen (AEMR) von 1948

» Wir alle sind von Geburt an frei und gleich an Rechten. Wir alle sind frei geboren. Alle Menschen sind mit Vernunft und Gewissen begabt.

nach Artikel 1 der AEMR

» Niemand darf grundlos unterschiedlich behandelt werden. Wir alle haben ein Recht auf Gleichbehandlung. Die Rechte in dieser Erklärung gelten für alle Menschen, wie auch immer sie sich nach Sprache, Aussehen, Hautfarbe oder Religion unterscheiden mögen.

nach Artikel 2 der AEMR

» Niemand hat irgendein Recht, uns grausam zu behandeln oder zu foltern.

nach Artikel 5 der AEMR

» Wir alle haben das Recht, in unserem Land zu leben, wo wir wollen, und dorthin zu reisen, wohin wir wollen.

nach Artikel 13 der AEMR

» Jeder Erwachsene hat das Recht, zu heiraten und eine Familie zu gründen, wenn er möchte. Mann und Frau haben in der Ehe und auch bei deren Auflösung die gleichen Rechte.

nach Artikel 16 der AEMR

» Jeder hat das Recht, etwas zu besitzen oder es mit anderen zu teilen. Niemand darf uns ohne guten Grund Dinge wegnehmen.

nach Artikel 17 der AEMR

» Wir alle dürfen uns unsere eigene Meinung bilden und denken, was wir wollen. Und wir dürfen sagen, was wir denken, und uns mit anderen über unsere Ideen unterhalten.

nach Artikel 19 der AEMR

» Wir alle haben das Recht, an der Regierung unseres Landes mitzuarbeiten. Jeder Erwachsene hat das Recht, seine Politiker selbst zu wählen.

nach Artikel 21 der AEMR

» Bildung ist ein Recht. Grundlegende Bildung (wie in der Grundschule) darf kein Geld kosten. Eltern können vorrangig bestimmen, was Kinder lernen sollen. Bildung muss die Achtung vor den Menschenrechten stärken und zu Verständnis, Toleranz und Freundschaft zwischen den Nationen und unter den Menschen beitragen.

nach Artikel 26 der AEMR

Sitz der Vereinten Nationen in New York

Menschenrechte

Ähnlich wie die Menschenwürde stehen auch die Menschenrechte jedem Menschen zu, allein weil er Mensch ist *(kategorische Gültigkeit)*. Die Menschenrechte sind in vielen offiziellen Erklärungen durch mehrere Staaten formuliert worden, die sich alle darauf geeinigt haben, sie einzuhalten. Sie gelten für jeden Menschen in jedem Land der Erde *(universelle Gültigkeit)*, und zwar immer gleich *(egalitäre Gültigkeit)*. Sie setzen sich aus vielen einzelnen Rechten zusammen, die miteinander verbunden sind, wie z. B. das Recht auf Leben, das Recht auf körperliche Unversehrtheit, das Recht auf Freiheit und Sicherheit. Die bekannteste Menschenrechtserklärung wurde durch die Vereinten Nationen (192 Staaten) im Jahr 1948 formuliert.

1 Was könnt ihr auf dem Bild erkennen? Worauf verweisen die beiden Frauen rechts und links von der Tafel und das goldene Auge zwischen den beiden Frauen? ➜ M1 **B**

2 Blitzlicht: Äußerst spontane Gedanken zu den dargestellten Fällen. ➜ M2 **BL**

3 Was haltet ihr von den Regierungsbeschlüssen? Kann es da Probleme geben? Warum? ➜ M3

4 Vergleicht eure Ergebnisse mit den Auszügen aus der AEMR. Welche Artikel treffen auf welche Regierungsentscheidung (M3) bzw. welche Situation (M2) zu? Mit welcher Begründung? ➜ M4

5 Erkundigt euch zu den Artikeln der AEMR. Jede Gruppe recherchiert zu einem Artikel und stellt Informationsmaterial dazu zusammen. ➜ M4

4 | M1 Alle Menschen sind gleich geboren!

John Trumbull,
*Declaration of
Independence,
1817-1819*

Am 4. Juli 1776 nahm der Kongress die von Thomas Jefferson ausgearbeitete Unabhängigkeitserklärung an. „Wir halten folgende Wahrheiten für selbstverständlich: dass alle Menschen gleich geschaffen sind;
5 dass sie von ihrem Schöpfer mit gewissen unveräußerlichen Rechten ausgestattet sind; dass dazu Leben, Freiheit und das Streben nach Glück gehören", heißt es [u. a.] in der [...] Erklärung, die zur Grundlage der amerikanischen Verfassung wurde. Sie markiert den
10 historischen Durchbruch der Idee der unveräußerlichen Grundrechte – auch wenn im damaligen Amerika die Sklaverei fortdauerte, die Indianer vertrieben wurden und die Frauen kein Wahlrecht erhielten.

M2 Der lange Kampf für die Freiheit

Die Vorstellung von angeborenen Menschenrechten und ihr rechtmäßiger Schutz entwickelten sich erst nach und nach im Laufe der Geschichte. [...] Bekannt ist die *Magna Charta Libertatum*, „die große Urkunde
5 der Freiheiten", die 1215 in England [insbesondere] die Adeligen und Geistlichen [...] vor maßlosen Steuern des Königshauses schützte.

Sie wurde zur wichtigsten Grundlage des englischen Verfassungsrechts. Ein immer wiederkehrendes Prinzip ist hier zu erkennen: Der Kampf um Leben, Frei-
10 heit und Gerechtigkeit beginnt oft dort, wo Herrscher oder Regierungen ihre Macht missbrauchen. Sie arbeiten nicht mehr zum Wohl des Volkes, sondern unterdrücken und quälen die Menschen für ihre persönlichen Interessen oder Ideologien. In vielen Ländern
15 und zu allen Zeiten geschehen grausame Verbrechen auf Staatsbefehl. [...] [Deshalb müssen] die Menschenrechte immer wieder neu bekräftigt und verkündet werden. Zum ersten Mal geschah das mit weitreichender Wirkung 1776 in der amerikanischen Unab-
20 hängigkeitserklärung.

Ungerechte Steuern waren [...] für die englischen Siedler in Nordamerika der Anlass für den Kampf um ihre Unabhängigkeit. Die englische Krone versuchte ihre Staatsschulden, die durch den Siebenjährigen
25 Krieg gegen Frankreich (1756-1763) entstanden waren, mithilfe ihrer Kolonien abzutragen. Die 13 Kolonien an der amerikanischen Ostküste aber widersetzten sich den neuen Steuern und den strengen Handels- und Zollgesetzen. Bei der berühmten *Boston Tea Party*
30 am 16. Dezember 1773 warfen Siedler die Ladung britischer Teeschiffe ins Hafenbecken. Die Kolonien schlossen sich zusammen, beriefen einen Kontinentalkongress ein und bildeten eine gemeinsame Armee unter dem Oberbefehl von George Washington, dem
35 späteren ersten Präsidenten der Vereinigten Staaten von Amerika.

M3 Freiheit, Gleichheit, Brüderlichkeit!

*Eugène Delacroix,
Die Freiheit führt das Volk,
1830*

In Frankreich empörten sich die Menschen fast zur selben Zeit gegen das „alte Regime". Der Staat war bankrott, die Hofhaltung der Könige und die kostspielige Kriegspolitik hatten die Kassen geleert. Jah-
5 relang hatte das Volk dafür bezahlt. Am 5. Mai 1789 wurde die Ständeversammlung berufen. Der dritte Stand, das Bürgertum, erklärte sich zur Nationalversammlung. Am 14. Juli 1789 begann der offene Aufstand mit dem berühmten Sturm auf die Bastille. Die
10 Nationalversammlung verkündete die Erklärung der Menschen- und Bürgerrechte. Artikel 1 lautet: „Der Mensch wird frei und gleich an Rechten geboren und bleibt es." Artikel 2: „Das Ziel aller politischen Gesellschaften ist die Erhaltung der natürlichen und unver-
15 äußerlichen Rechte des Menschen. Diese Rechte sind die Freiheit, das Eigentum, die Sicherheit und das Recht des Widerstands gegen willkürliche Bedrückung." Die in 17 Artikeln dargelegten Grundrechte fanden Eingang in die neue Verfassung vom 3. September 1791.
20 Zwar brachte die Französische Revolution auch viel Leid und Chaos über das Land – nach dem befreiten Aufschrei des Volkes folgten die Schreckensherrschaft der Jakobiner und die Zeit der Kriege unter Napoleon Bonaparte. Doch fortan kannten die Menschen ihre Rechte gegenüber dem Staat. Die *Déclaration des droits* 25 *de l'homme et du Citoyen* steht für einen Neubeginn des politischen Denkens und hatte Auswirkungen auf ganz Europa. Viele Verfassungen konnten ab diesem Zeitpunkt auf die angeborenen, unveräußerlichen und vom Staat zu schützenden Grundrechte des Menschen 30 nicht mehr verzichten. Die Franzosen feiern noch heute den 14. Juli als Nationalfeiertag.

M1–M3: Julia Lohrmann

B

1 Vergleicht die beiden Bilder miteinander. Worin sind sie gleich? Worin unterscheiden sie sich? ➔ M1/M3

2 Malt eine Wäscheleine mit Schildern, auf denen ihr die Stationen festhaltet, wie es zu den Menschenrechten gekommen ist. ➔ M2

3 Vergleicht die beiden Artikel und zeigt, worin das Ziel der beiden Erklärungen besteht. ➔ M1/M3

4 Wie beurteilt ihr nach eurer Auseinandersetzung mit dem Kampf um Menschenrechte das Bild *Représentation de la Déclaration des Droits de l'Homme et du Citoyen de 1789* (s. S. 128, M1)?

Aufgaben

5 | **M1** Henry Dunant

Lebenswert : Herr Dunant, Sie haben 1901 als Erster den Friedensnobelpreis erhalten, weil Sie als Vater des Roten Kreuzes und des Roten Halbmonds gelten. Wie ist es dazu gekommen?

10 **Dunant:** Ich war geschäftlich unterwegs, als ich nach dem Ende der Entscheidungsschlacht im Sardinischen Krieg von 1859 am Schlachtfeld in der Nähe von Solferino vorbeikam. Dort lagen etwa 38.000 Verwundete, Sterbende und Tote, ohne dass ihnen jemand Hilfe leistete. Ich war fassungslos und orga-

15 nisierte spontan mit Freiwilligen aus der Zivilbevölkerung eine notdürftige Versorgung der verwundeten Soldaten.

Lebenswert : Und die Soldaten welcher Truppe haben Sie versorgt? Die italienisch-französischen Truppen

20 auf der einen oder die österreichischen auf der anderen Seite?

Dunant: Natürlich die beider Seiten. Die Frauen um mich herum riefen immer wieder: „Tutti fratelli", was „Alle sind Brüder" bedeutet. Folglich haben wir uns

25 um alle Soldaten gekümmert.

Lebenswert : Stimmt es, dass Sie auf eigene Kosten Verbandsmaterial und Hilfsgüter herbeischaffen ließen?

Dunant: Ja, das musste ich doch tun. Und dennoch

30 starben zu viele Soldaten. Wir konnten nämlich 1. nur einen kleinen Teil der ca. 10.000 Verletzten behandeln; 2. gab es zu wenige Helfer; 3. fehlte es an Fachwissen und 4. hatten wir weder ausreichend medizinisches Material noch 5. genügend Verpflegung.

35 *Lebenswert* : Und dieses Erlebnis war der Ausgangspunkt ...

Dunant: ... für das Rote Kreuz. Ich veröffentlichte 1862 ein Buch, in dem ich meine Erlebnisse schilderte. Bereits 1863 wurde in Genf das Internationale Komi-

40 tee der Hilfsgesellschaften für die Verwundetenpflege gegründet, das seit 1867 unter dem Namen Internationales Komitee vom Roten Kreuz (IKRK) handelt. Außerdem habe ich dafür gesorgt, dass Hilfskräfte

während kriegerischer Auseinandersetzungen neutral behandelt und nicht angegriffen werden. 45

Lebenswert : Wieso heißt die Organisation eigentlich Rotes Kreuz?

Dunant: Als Schweizer habe ich unsere Fahne einfach umgekehrt. Alles was bleibt, ist ein rotes Kreuz.

M2 Nelson Mandela

Nelson Mandela ist das Symbol für den Sieg der Freiheit und für die Überwindung des Rassenhasses in Südafrika. Geboren 5 als Sohn eines Häuptlings des Stammes der Xhosa, studierte Mandela Rechts-

wissenschaft und ließ sich als Anwalt nieder. Er entwickelte sich frühzeitig zu einem Vorkämpfer für die 10 Überwindung der Rassentrennung und der Benachteiligung der schwarzen Bevölkerung (Apartheid) in dem ausschließlich von Weißen regierten Südafrika. Die Herrschenden betrieben von Anfang an eine unerbittliche Politik der Rassentrennung auf allen Ge- 15 bieten; Schwarze durften nicht einmal im gleichen Bus fahren wie Weiße. Dagegen gab es Widerstände, die zur Gründung der Organisationen *Speer der Nation* und des *African National Congress* (ANC) führten. Mandela setzte auf Massendemonstrationen und 20 Streiks, um die Regierung zum Umdenken zu bewegen. Als er erkannte, dass dieser Weg nicht zum Ziel führte, verübte er eine Reihe von Sabotageanschlägen, die ihn letztlich ins Gefängnis brachten. Unter der Anklage, für terroristische Anschläge verantwort- 25 lich zu sein, verurteilte man ihn zu einer lebenslangen Gefängnisstrafe. Als Mandela auf der Robben-Insel eingesperrt wurde, war er 46 Jahre, als er wieder in Freiheit kam, war er 72 Jahre alt. Südafrikas Staatspräsident Frederick Willem de Klerk 30 (geb. 1936) ließ Nelson Mandela schließlich auf internationalen Druck frei. Die Partei der Schwarzen, der ANC, wurde wieder zugelassen und Mandela wurde ihr Präsident. Als solcher fand er zusammen mit de Klerk einen Weg zur Abschaffung der Apartheid. 35 Dafür erhielten die beiden den Friedensnobelpreis.

Vier Jahre nach seiner Freilassung erfolgte die Wahl Mandelas zum Staatspräsidenten Südafrikas. In diesem Amt machte er sich für die Beteiligung aller Parteien und Gruppen am politischen und gesellschaftlichen Leben des Landes stark. Die Verfassung Südafrikas sichert allen Bürgern die gleichen Grundrechte zu.

Sandra Maischberger (Hg.)

M3 Rigoberta Menchú

Hallo, mein Name ist Rigoberta Menchú. Ich wurde 1959 in Guatemala geboren. Meine Familie waren Quiché-Indianer und sehr arm. Das kleine Stück Land, das uns gehörte, reichte nicht aus, um alle zu ernähren. Wie die Nachbarn im Dorf, die sich in der gleichen Lage befanden, mussten wir acht Monate im Jahr an der Küste in den Kaffee- oder Baumwollplantagen arbeiten. Als Arbeiter hatten wir praktisch keine Rechte, mussten bis zu 15 Stunden täglich arbeiten und erhielten einen Hungerlohn.

Das Leben auf den Plantagen war hart. Ich habe im Alter von acht Jahren begonnen, auf den Plantagen zu arbeiten, damit ich überhaupt etwas zu essen erhielt. Das hatte zur Folge, dass ich keine Schule besuchen konnte. Zwei meiner Brüder starben auf den Plantagen, einer aufgrund von Pestiziden, die auch gesprüht wurden, als wir auf den Feldern arbeiteten, der andere starb an Unterernährung.

Wir eingeborenen Indianer hatten in Guatemala auch keine Bürgerrechte. Diese blieben Menschen spanischer Abkunft vorbehalten. Der Willkürherrschaft waren damit Tür und Tor geöffnet. Als die vom Militär geführte Regierung und die reichen Großgrundbesitzer damit begannen, das bisschen Land, das wir noch besaßen, mit Gewalt in ihren Besitz zu bringen, wurde mein Vater, Vincente, zum Führer der Bauernbewegung, die sich dagegen zu wehren versuchte. Er schrieb eine Reihe von Petitionen, die sich aber als wirkungslos erwiesen. Die Folge waren Proteste, um den Indianern das Land zu sichern, auf dem sie bisher gelebt und das sie zum Teil auch selbst urbar gemacht hatten. Wegen seiner Aktivitäten wurde mein Vater mehrmals verhaftet und ins Gefängnis gesteckt. 1979 wurde mein Bruder Petrocino im Alter von 16 Jahren von Soldaten entführt, gefoltert und vor unseren Augen bei lebendigem Leib verbrannt. 1980 starb mein Vater zusammen mit 38 anderen Indianerführern in einem Feuer in der spanischen Botschaft, wo er gegen Menschenrechtsverletzungen an Indianern protestierte. Meine Mutter war übrigens auch in der Oppositionsbewegung aktiv. Sie wurde ein Jahr nach dem Tod meines Vaters entführt, vergewaltigt, gefoltert und umgebracht.

Da ich ebenfalls der Organisation meines Vaters angehörte, wurde auch ich von der Regierung Guatemalas gesucht. Nach Mutters Tod floh ich nach Mexiko. Dort diktierte ich 1983 einer Anthropologin meine Lebensgeschichte, die unter dem Titel *Ich ... Rigoberta Menchú* erschien. In diesem Buch erzähle ich nicht nur meine eigene Geschichte, sondern auch vom Leben und den Gebräuchen der Indianer Guatemalas. Dieses Buch und meine Kampagne für soziale Gerechtigkeit lenkte internationale Aufmerksamkeit auf den Konflikt zwischen uns Indianern und der Militärregierung in Guatemala.

1992 wurde mir dann als bisher jüngste Preisträgerin der Friedensnobelpreis verliehen.

Mit dem Preisgeld in Höhe von 1,2 Millionen Dollar habe ich eine Stiftung gegründet, die den Namen meines Vaters, Vincente, trägt, um den Kampf um Menschenrechte für die Indianer Guatemalas fortzusetzen. Mein Einsatz hat unter anderem dazu geführt, dass die Vereinten Nationen das Jahr 1993 zum „Internationalen Jahr für die Rechte eingeborener Völker" erklärten.

1 Arbeitet heraus, inwiefern die hier vorgestellten Personen dazu beigetragen haben, die Welt positiv zu verändern. ➜ M1–M3

2 Findet heraus, wieso der Friedensnobelpreis vergeben wird, und sprecht darüber, ob Dunant, Mandela und Menchú ihn zu Recht erhalten haben. ➜ M1–M3

3 Recherchiert, wer sich noch für das Wohl der Menschen eingesetzt hat. Stellt auf Plakaten dar, was sie bzw. er geleistet hat. ➜ M1–M3

Aufgaben

6 | M1 Rache für Säure-Anschlag

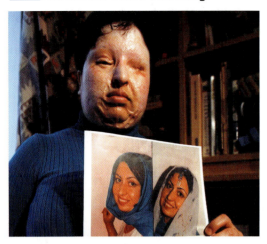

Es wäre eine [grausame] Szene – aber vieles spricht dafür, dass sie sich genau so abspielen wird, heute Mittag, im Justizkrankenhaus von Teheran. Ameneh Bahrami, 32 Jahre alt und seit sieben Jahren blind,
5 wird eine Pipette in der einen Hand halten, mit der anderen vorsichtig die Augen von Majid Movahedi ertasten. Dann wird sie Säure in die Augen des 27-jährigen Strafgefangenen tropfen lassen, der betäubt vor ihr auf einem OP-Tisch liegt. Wenn er erwacht,
10 wird er ebenso blind sein wie die junge Frau. „Das wird für mich nicht nur eine Genugtuung für all das Leid, das mir angetan wurde, sondern auch eine Initiative, um Täter vor solchen Aktionen abzuschrecken", erklärte Ameneh Bahrami gestern.
15 Majid Movahedi soll widerfahren, was er ihr angetan hat. 2004 studieren beide an der Universität Teheran. Als die angehende Elektrotechnikerin seine Annäherungsversuche zurückweist, einen Heiratsantrag ablehnt, lauert der Verschmähte ihr auf. Er übergießt ihr
20 Gesicht mit Schwefelsäure. Augen, Lippen und Zunge werden verätzt, die Studentin erleidet Verbrennungen an Rücken, Armen und Händen. „Als wäre ich mit kochendem Wasser übergossen worden", beschreibt sie später die Schmerzen. Ameneh Bahrami ist ent-
25 stellt, und sie bleibt blind. Das, und nicht die 20 000 Euro Blutgeld, das ihr zunächst zugesprochen wird, will sie auch für ihren Peiniger. Sie bekommt es. 2008 fällen die Richter ein Urteil, das für noch mehr Aufruhr sorgt als der Säure-Anschlag auf die Studentin.
30 Auge um Auge lautet der Grundsatz der Scharia, auf die die Richter ihre Entscheidung stützen: Opfer dürfen ihren Tätern das antun, was diese ihnen antaten. Weil es im gleichen Recht heißt, Frauen seien nur halb so viel wert wie Männer, soll Ameneh Bahrami zunächst nur ein Auge ihres Peinigers blenden dür-
35 fen. Sie legt Widerspruch ein. Und bekommt Recht. Seitdem hat sie darauf gewartet, den Termin für die Vollstreckung des Urteils mitgeteilt zu bekommen. Gestern reiste sie dafür von Barcelona nach Teheran, wo ihr Peiniger seine zwölfjährige Haftstrafe absitzt.
40 [In letzter Sekunde verzichtete Ameneh Bahrami auf Vergeltung.]

Rheinische Post vom 14.05.2011

M2 Menschenrechte – eine Erfindung des Westens?

Menschenrechte mit ihrem politisch-rechtlichen Anspruch auf Freiheit und Gleichheit sind in Nordamerika und Europa zum Durchbruch gelangt. Manche halten sie deshalb für eine Erfindung des Westens, die nur
5 beschränkt auf andere Kulturen übertragbar ist. Vorwiegend islamische Länder wie Sudan, Pakistan, Iran und Saudi-Arabien kritisieren die Allgemeine Erklärung der Menschenrechte, weil sie die kulturellen und religiösen Eigenheiten der nichtwestlichen Länder nicht
10 hinreichend berücksichtigt. Für sie sind die Menschenrechte Ausdruck einer spezifisch westlichen Lebenshaltung und Weltanschauung, die durch Anthropozentrismus und Individualismus gekennzeichnet ist. Mit Anthropozentrismus ist gemeint, dass das westli-
15 che Denken den Menschen in den Mittelpunkt stellt. Andere Kulturen und Religionen sind dagegen theozentrisch geprägt, sie stellen Gott ins Zentrum. So geht es im Islam nicht in erster Linie um die Rechte des Menschen, sondern darum, den Willen Gottes zu
20 erfüllen. Die Rechtsprechung basiert auf der Scharia, den Vorschriften Gottes für das menschliche Handeln, das auf dem Koran und der Tradition (Sunna) beruht. Der Individualismus der Menschenrechte zeigt sich vor allem darin, dass es sich um Ansprüche von Indi-
25 viduen gegenüber der Gemeinschaft handelt. Im Gegensatz dazu steht im Islam die *Umma*, die Gemeinschaft der Gläubigen im Mittelpunkt. Muslime haben daher weniger individuelle Rechte, sondern vor allem Pflichten gegenüber der Gemeinschaft.

M3 Kairoer Erklärung der Menschenrechte

Am 5. August 1990 beschlossen die Mitgliedsstaaten der Organisation der Islamischen Konferenz in Kairo eine Erklärung der Menschenrechte im Islam. Darin heißt es u. a.:

Artikel 2:

a) Das Leben ist ein Geschenk Gottes, und das Recht auf Leben wird jedem Menschen garantiert. Es ist die Pflicht des Einzelnen, der Gesellschaft und der Staaten, dieses Recht vor Verletzung zu schützen, und es ist verboten, einem anderen das Leben zu nehmen, außer wenn die Scharia es verlangt.

d) Das Recht auf körperliche Unversehrtheit wird garantiert. Jeder Staat ist verpflichtet, dieses Recht zu schützen, und es ist verboten, dieses Recht zu verletzen, außer wenn ein von der Scharia vorgeschriebener Grund vorliegt.

Artikel 6:

a) Die Frau ist dem Mann an Würde gleich, sie hat Rechte und auch Pflichten; sie ist rechtsfähig und finanziell unabhängig, und sie hat das Recht, ihren Namen und Ihre Abstammung beizubehalten.

b) Der Ehemann ist für den Unterhalt und das Wohl der Familie verantwortlich.

Artikel 7:

b) Eltern und Personen, die Elternteile vertreten, haben das Recht, für ihre Kinder die Erziehung zu wählen, die sie wollen, vorausgesetzt, dass sie dabei das Interesse und die Zukunft der Kinder mitberücksichtigen und dass die Erziehung mit den ethischen Werten und Grundsätzen der Scharia übereinstimmt.

Artikel 11:

a) Der Mensch wird frei geboren, und niemand hat das Recht, ihn zu versklaven, zu demütigen, zu unterdrücken oder ihn auszubeuten. Unterwerfung gibt es nur unter Gott, den Allmächtigen.

Artikel 12:

Jeder Mensch hat innerhalb des Rahmens der Scharia das Recht auf Freizügigkeit und freie Wahl seines Wohnortes, entweder innerhalb oder außerhalb seines Landes. Wer verfolgt wird, kann in einem anderen Land um Asyl ersuchen. Das Zufluchtsland garantiert seinen Schutz, bis er sich in Sicherheit befindet, es sei denn, sein Asyl beruht auf einer Tat, die nach der Scharia ein Verbrechen darstellt.

Artikel 18:

a) Jeder Mensch hat das Recht auf persönliche Sicherheit, auf Sicherheit seiner Religion, seiner Angehörigen, seiner Ehre und seines Eigentums.

Artikel 19:

a) Alle Menschen sind vor dem Gesetz gleich. Es gibt keinen Unterschied zwischen Herrscher und Untertan.

b) Jeder Mensch hat das Recht, sich an die Gerichte zu wenden.

d) Über Verbrechen oder Strafen wird ausschließlich nach den Bestimmungen der Scharia entschieden.

Artikel 22:

a) Jeder Mensch hat das Recht auf freie Meinungsäußerung, soweit er damit nicht die Grundsätze der Scharia verletzt.

M4 Die Zukunft der Menschenrechte

Bei allen Unterschieden zwischen „westlichen" und „islamischen" Menschenrechtsdebatten gilt, dass Menschenrechte hier wie dort erkämpft werden mussten und müssen. Sie sind nicht selbstverständlicher Bestandteil einer bestimmten kulturellen und religiösen Tradition, sondern bilden einen Gegenstand anhaltender politischer Auseinandersetzungen, im Verlauf deren sich kulturelle Selbstverständnisse verändern und sich auch neue Lesarten der religiösen Quellen entwickeln können. *Heiner Bielefeldt* 10

---

1 Diskutiert den Fall im Vergleich zum westlichen Verständnis von Menschenrechten. Welche Unterschiede fallen auf? ➜ M1

2 Erläutert, warum einige islamisch geprägte Staaten die *Allgemeine Erklärung der Menschenrechte* der Vereinten Nationen nicht anerkennen. ➜ M2

3 Diskutiert die Artikel der *Kairoer Menschenrechtserklärung*, auch im Hinblick auf Einschränkungen gegenüber der *Allgemeinen Erklärung der Menschenrechte*. Recherchiert dazu ggf. den vollständigen Text (http://www.dailytalk.ch/wp-content/uploads/Kairoer Erklaerung der OIC.pdf). ➜ M3

4 Erläutere, welche Möglichkeiten der Entwicklung der Menschenrechte Heiner Bielefeldt in islamisch geprägten Staaten sieht. Wie denkst du darüber? ➜ M4

5 Recherchiert die Banjul-Charta und diskutiert die Artikel der *Afrikanischen Erklärung der Menschenrechte*.

R

Aufgaben

Menschenwürde und Menschenrechte

7 | **M1** Rechte ohne Pflichten?

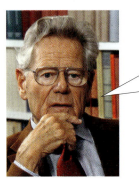

Hans Küng, Theologe

> Wir leben in einer Gesellschaft, in der einzelne Gruppen nur zu oft Rechte gegen andere geltend machen, ohne für sich selber irgendwelche Pflichten zu erkennen.

Helmut Schmidt, Bundeskanzler von 1974 bis 1982

> Keine Demokratie und keine offene Gesellschaft kann auf Dauer Bestand haben ohne das doppelte Prinzip von Rechten und Pflichten.

Mahatma Gandhi, indischer Freiheitskämpfer

> Der Ganges der Rechte entspringt dem Himalaya der Pflichten.

M2 Warum es Menschenpflichten geben muss

Otfried Höffe, Professor an der Universität Tübingen, ist einer der bedeutendsten Vertreter der politischen Philosophie. In seinem Werk Politische Gerechtigkeit *(1987) hat er sich auch mit den wechselseitigen Pflichten von Menschen befasst.*

lebenswert : Herr Höffe, Sie behaupten, dass es Menschenrechte nur geben kann, wenn es auch Menschenpflichten gibt. Bitte erklären Sie das unseren Lesern einmal.

Otfried Höffe: Gerne. Freiheiten sind nicht durch eigene Leistung, sondern nur durch fremde Leistungen möglich, das Lebensrecht beispielsweise durch den Tötungsverzicht der anderen. 5

lebenswert : Das hört sich plausibel an. Wenn es also nicht die allgemeine Pflicht gäbe, das Leben anderer zu respektieren, könnte es auch kein allgemeines Recht auf Leben geben. Menschenrechte und -pflichten bedingen sich wechselseitig. 10

Otfried Höffe: Ja. Genauer betrachtet sind Menschenrechte Ansprüche und Menschenpflichten Schuldigkeiten, die der Mensch als Mensch gegen seinesgleichen hat. Beide Seiten, die Menschenrechte und die Menschenpflichten, können nur durch gegenseitige Leistungen zustande kommen. Einen Anspruch auf das für ihn Vorteilhafte hat nur, wer sich den Vorteil durch eine Leistung verdient. 15 20

lebenswert : Das erinnert sehr an einen Kauf, den man ja auch als einen Tausch auffassen kann. Angenommen, jemand kauft sich ein Handy. Das gewährt ihm gewisse Vorteile. Wenn er diese Vorteile nutzen will, muss er dafür eine Leistung erbringen, einen bestimmten Preis zahlen. Und das bedeutet, dass er auf das Geld, das das Handy kostet, verzichten muss. Übertragen auf die Menschenrechte würde das bedeuten: Wenn jemand die Vorteile, die die Menschenrechte ihm bieten, nutzen will, muss er dafür einen Preis zahlen, die Menschenpflichten einhalten? 25 30

Otfried Höffe: Genau. Wer den Vorteil, den Tötungsverzicht der anderen, für sich in Anspruch nimmt, der ist auch verpflichtet, den notwendigen Preis zu zahlen, den eigenen Tötungsverzicht. Freiheiten sind Ansprüche, die man gegen die anderen hat, weil man gewisse Leistungen erbringt, die von anderen gewollt sind. 35

M3 Allgemeine Erklärung der Menschenpflichten

1997 legte der InterAction Council, eine Verbindung ehemaliger Staats- und Regierungschefs, der UNO den Entwurf einer *Allgemeinen Erklärung der Menschenpflichten* vor, die die *Allgemeine Erklärung der Menschenrechte* von 1949 ergänzen sollte. Darin werden Pflichten dargestellt, die jede Person, gleich welchen Geschlechts, welcher ethnischen Herkunft, welchen sozialen Status, welcher politischen Überzeugung, welcher Sprache, welchen Alters, welcher Nationalität oder Religion, gegenüber anderen Menschen hat. Dazu zählen:

– die **Pflicht**, alle Menschen menschlich zu behandeln

– die **Pflicht**, sich für die Würde und die Selbstachtung aller anderen Menschen einzusetzen

– die **Pflicht**, unter allen Umständen Gutes zu fördern und Böses zu meiden

– die **Pflicht**, im Geist der Solidarität Verantwortung zu übernehmen gegenüber jedem und allen, Familien und Gemeinschaften, Rassen, Nationen und Religionen

– die **Pflicht**, Leben zu achten

– die **Pflicht**, auf friedliche, gewaltfreie Weise zu handeln

– die **Pflicht**, Luft, Wasser und Boden um der gegenwärtigen Bewohner und der zukünftigen Generationen willen zu schützen

– die **Pflicht**, sich integer, ehrlich und fair zu verhalten

– die **Pflicht**, ernsthafte Anstrengungen zu unternehmen, um Armut, Unterernährung, Unwissenheit und Ungleichheit zu überwinden

– die **Pflicht** [aller Menschen], ihre Fähigkeiten durch Fleiß und Anstrengung zu entwickeln; sie sollen gleichen Zugang zu Ausbildung und sinnvoller Arbeit haben

– die **Pflicht**, alles Eigentum und allen Reichtum in Übereinstimmung mit der Gerechtigkeit und zum Fortschritt der Menschheit verantwortungsvoll zu verwenden

– die **Pflicht**, wahrhaftig zu reden und zu handeln

– die **Pflicht**, allgemeine ethische Maßstäbe einzuhalten

– die **Pflicht**, mit der Freiheit der Medien verantwortlich umzugehen und z. B. Sensationsberichte, welche die menschliche Person oder die Würde erniedrigen, zu vermeiden

– die **Pflicht**, Äußerungen von Vorurteilen und diskriminierende Handlungen gegenüber Andersgläubigen zu vermeiden

– die **Pflicht** aller Männer und Frauen, einander Achtung und Verständnis in ihrer Partnerschaft zu zeigen

– die **Pflicht** von Eheleuten zu Liebe, Treue und Vergebung und zur Gewährung von Sicherheit und gegenseitiger Unterstützung

– die **Pflicht** von Eltern und Kindern zu gegenseitiger Liebe, Achtung, Wertschätzung und Sorge

---

1 Diskutiert die Aussagen von Hans Küng, Helmut Schmidt und Mahatma Gandhi. → M1

2 Führt folgendes Gedankenexperiment durch: Angenommen, es gäbe keine Pflichten von Menschen gegenüber Menschen, wie sähe dann unser Leben aus? → M1 **G**

3 Schreibt einen Dialog, in dem ein Verfechter der Menschenpflichten einer Person, die sich zu nichts verpflichtet fühlt, erklärt, warum es bestimmte Pflichten von Menschen gegenüber Menschen geben muss. → M2 **S**

4 Beurteilt in Gruppen die vom InterAction Council vorgeschlagene Liste der Menschenpflichten. Welche Pflichten würdet ihr für euch selbst anerkennen, welche nicht? Gibt es Pflichten, die auf dieser Liste fehlen? Ergänzt gegebenenfalls. → M3

5 Diskutiert, ob die UNO dem Vorschlag des InterAction Councils folgen sollte, analog zur Allgemeinen Erklärung der Menschenrechte von 1948 eine Allgemeine Erklärung der Menschenpflichten zu verkünden. → M3 **D**

Aufgaben

1

M1 Hör auf!

M2 Die Geschichte von Goran

Ich kenne das gar nicht, dass es jemanden wirklich interessiert, wie es mir geht. Sie wollte das echt wissen und fragte weiter und weiter: Ob ich oft wütend bin? Ob ich oft Langeweile habe? Und, und, und.

5 Plötzlich konnte ich reden. Über meinen Vater und wie schnell er sauer wird und zulangt. Dass er nur meine Mutter und mich schlägt, nicht meinen kleinen Bruder. Dass man nie weiß, in welcher Laune er ist, wann man was Falsches sagt oder tut. Dass es schon

10 immer so war, naja, solange ich mich erinnern kann, jedenfalls.

Sie wollte von mir wissen, ob ich nach Hause zurückwill oder lieber eine Weile von zu Hause wegbleiben möchte. Ich habe mich entschieden wegzubleiben, bis

15 sich etwas geändert hat. Seitdem lebe ich in einer Kriseneinrichtung. Ich sehe meine Eltern regelmäßig bei Gesprächen mit meinem Bezugsbetreuer.

Mein Vater hat versprochen sich zu ändern, weil er uns nicht verlieren will. Er muss an einem Anti-

20 Gewalttraining teilnehmen und lernen mit seiner Wut umzugehen. Meine Mutter spricht mit einer Psychologin, sie möchte lernen, wie sie sich und uns Kinder vor Gewalt schützen kann. Sie hat meinem Vater gesagt, dass sie sich trennen wird, wenn er sie oder

25 mich nochmal schlägt.

Und ich? Ich will mich auch ändern. Ich will kein Vater werden, der seine Kinder schlägt. Mein Bezugsbetreuer findet, das ist ein schönes Ziel. Ich glaube, ich bin auf dem richtigen Weg. *www.gewalt-ist-nie-ok.de*

M3 So soll's sein!

Kinder haben ein Recht auf gewaltfreie Erziehung. Körperliche Bestrafungen, seelische Verletzungen und andere entwürdigende Maßnahmen sind unzulässig.

BGB, § 1631, Abs. 2

GEWALT IST NIE OK!

M4 Kinderrechte vor Gericht

Die Schülerin Jasmin interviewt hier eine Expertin für Kinderrechtsfragen.

Jasmin: Hallo Frau Meissen, vielen Dank, dass Sie sich für uns Zeit nehmen konnten. Sie haben ja eine ganz interessante Aufgabe übernommen. Können Sie mir erklären, was Sie machen?

Frau Meissen: Ich bin Verfahrensbeiständin, im Volks- 5 mund auch „Anwalt des Kindes" genannt.

Jasmin: Das hört sich ja unheimlich wichtig an. Welche Aufgaben haben Sie?

Frau Meissen: Ich trete eigentlich erst dann in Erscheinung, wenn es um ein familiengerichtliches Verfah- 10 ren geht, bei dem die Rechte des Kindes gefährdet sind. Meine Aufgabe ist es zunächst einmal, herauszufinden, was die Interessen eines Kindes oder eines Jugendlichen sind. Oft geht es um Streitigkeiten der Eltern nach einer Trennung, manchmal melden sich 15 aber auch andere Menschen oder Ämter beim Familiengericht, weil sie eine Gefahr für das Kind sehen, also bei Kindeswohlgefährdung. Das heißt, dass das Kind oder der Jugendliche unter den Bedingungen, unter denen er lebt, große Probleme hat, sich gut zu 20 entwickeln. Zum Beispiel kommt es vor, dass ein Kind oder ein Jugendlicher durch seine Eltern oder andere Betreuungspersonen Gewalt erfährt oder die Eltern sich nicht genügend um ihn kümmern können, so dass er etwa nicht regelmäßig zur Schule geht oder 25 kriminell wird. Das Familiengericht wird dann eingeschaltet, wenn die Eltern nicht bereit sind, mit dem Jugendamt zusammenzuarbeiten.

Jasmin: Das verstehe ich noch nicht so ganz. Wie läuft das genau ab? 30

Frau Meissen: Ich werde beispielsweise in gerichtlichen Verfahren tätig, in denen sich die Eltern aufgrund einer Trennung nicht einigen können, wo die Kinder leben sollen. Manchmal sind die Konflikte unter den Eltern so heftig, dass sie auf ihre Kinder keine Rücksicht mehr nehmen und das Kind zwischen ihnen steht. In solchen Fällen ist es oft so, dass ein Familiengericht entscheiden muss. Ich werde dann vom Richter bestellt und führe möglichst schnell ein Vorgespräch mit den Eltern, um zu erfahren, was bislang in der Familie passiert ist. Dann mache ich einen weiteren Termin mit den Kindern und erkläre, was meine Aufgabe ist.

Jasmin: ... und dann versuchen Sie den Konflikt zu lösen und die Eltern zu beraten? Was ist, wenn Sie selbst nicht auf einer der beiden Seiten sind?

Frau Meissen: Nein, darum geht es gar nicht. Ich stehe immer auf der Seite des Kindes. Jedoch heißt dies nicht, dass ich immer den Willen des Kindes vertrete. Kinder, denen es bei den Eltern nicht gut geht, weil sie beispielsweise misshandelt werden, haben oft den Wunsch, trotzdem noch bei ihren Eltern zu wohnen. In so einem Fall geht es darum, das Kind zu schützen. Es zeigt sich, dass es immer wieder wichtig ist, die Eltern wieder für ihre Kinder zu sensibilisieren.

Jasmin: Waren Sie denn nicht auch schon einmal anderer Meinung als das Kind?

Frau Meissen: Ja, das ist schon mal vorgekommen. Vor kurzem wurde ich als Verfahrensbeiständin für einen dreizehnjährigen Jungen bestellt. Die Mutter des Jungen ist seit Jahren starke Alkoholikerin und kümmert sich nicht genügend um ihn. Im Gegenteil, der Junge kümmert sich um seine Mutter und geht kaum noch zur Schule. Er wurde mehrmals von der Polizei aufgegriffen und war in kriminelle Aktivitäten verwickelt. Für den Jungen war meiner Meinung nach ein stabiles Umfeld wichtig und dies war bei seiner Mutter nicht zu finden. Der Junge wollte bei seiner Mutter bleiben. Aber in meiner Stellungnahme vor Gericht beziehe ich mich ja auf die langfristigen Rechte des Kindes, die ihm zukommen, auch wenn dieser Junge das in dem Moment nicht so sah.

Jasmin: Vielen Dank noch einmal, dass Sie mir meine Fragen beantwortet haben. Nur noch eine letzte:

Macht Ihnen diese Aufgabe eigentlich Spaß?

Frau Meissen: Die Aufgabe macht mir großen Spaß, weil ich denke, dass wir Erwachsenen sehr viel von den Kindern und Jugendlichen lernen können. Ich merke, dass die Meinung des Kindes im Verfahren sehr ernst genommen wird und die Richter sich immer daran orientieren, was für die Kinder die beste Lösung ist.

Physische und psychische Misshandlung

Als Misshandlung wird im deutschen Recht jede üble und unangemessene Behandlung eines anderen Menschen betrachtet, die dessen Unversehrtheit oder dessen Wohlbefinden schwerwiegend beeinträchtigt. Man unterscheidet zwischen physischer Misshandlung (z. B. Anwendung von körperlicher Gewalt, sexueller Missbrauch usw.) und psychischer Misshandlung (z. B. Beschimpfung, Demütigung, Einschüchterung).

Aufgaben

1 Was könnte das Kind in dieser Situation denken? Wie wird es wohl über den Erwachsenen urteilen? → M1

2 Partnerarbeit: Mit wem redet Goran hier und was erzählt er? Schreibt einen Dialog und achtet auf die Fragen der Gesprächspartnerin. Sprecht anschließend darüber, was die Fragen bei Goran auslösen. → M2

3 Erläutert, was im Gesetzestext mit „entwürdigenden Maßnahmen" gemeint ist. Wie lässt sich dieses Gesetz langfristig durchsetzen? → M3

4 Nennt Beispiele für verschiedene Formen von Gewalt. Warum ist Gewalt nie in Ordnung? Was sind Alternativen zur Gewalt? → M3

5 Schreibe einen Eintrag für ein Berufslexikon, in dem du erklärst, was ein Verfahrensbeistand macht, welche Eigenschaften er haben und was er können muss. → M4 **S**

Projekt: Anti-Gewalt-Poster **P**

Malt Bilder, erstellt Collagen oder gestaltet Poster mit Sprüchen und Bildern, die sich auf ernste oder witzige Weise entweder gegen Gewalt wenden oder zeigen, wie man ohne Gewalt auskommen kann. Stellt eure Kunstwerke anschließend in der Schule aus.

2

M1 Menschen zweiter Klasse?

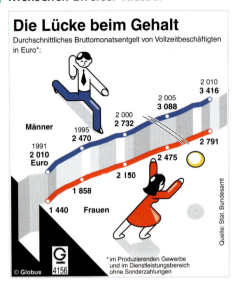

Die Lücke beim Gehalt

Durchschnittliches Bruttomonatsentgelt von Vollzeitbeschäftigten in Euro*:

Männer

1991 **2 010 Euro**
1995 **2 470**
2000 **2 732**
2005 **3 088**
2010 **3 416**

Frauen

1 440
1 858
2 150
2 475
2 791

Quelle: Stat. Bundesamt

© Globus
4156

* im Produzierenden Gewerbe und im Dienstleistungsbereich ohne Sonderzahlungen

Der Aufstieg in deutsche Führungsetagen gelingt Frauen wesentlich seltener als Männern. Und wenn doch, verdienen sie im Schnitt gut 1200 Euro weniger als ihre männlichen Kollegen. Der geschlechtsspezifi-
5 sche Verdienstunterschied in der Privatwirtschaft [...] lag im Jahr 2009 bei rund einem Viertel. Vollzeitbe-schäftigte Frauen in Führungspositionen verdienten demnach im Mittel rund 3700 Euro monatlich, Män-ner hingegen rund 4900 Euro [...].
10 Weibliche Führungskräfte in Frauenberufen erzielten 2009 im Schnitt monatlich knapp 2800 Euro, ihre Kol-leginnen in „Männerberufen" hingegen etwa 4300 Euro. Männliche Führungskräfte in Frauenberufen ver-dienten rund 1500 Euro mehr als ihre Kolleginnen in
15 Frauenberufen und immerhin fast neun Zehntel des-sen, was die männlichen Kollegen in Männerberufen bekamen. *Deutsches Institut für Wirtschaftsforschung, Berlin*

Diskriminierung

Das Wort Diskriminierung ist abgeleitet vom lateinischen Verb *discriminare* = trennen, abson-dern, unterscheiden. Damit bezeichnet man eine Ungleichbehandlung von Menschen, eine Benach-teiligung von einzelnen Personen oder Menschen-gruppen aufgrund bestimmter Merkmale, wie z. B. ihres Geschlechts. Solche Benachteiligungen stellen einen Verstoß gegen die Würde des Men-schen dar (vgl. S. 127).

M2 Der Weg zur Gleichberechtigung

1850: „Politischen Vereinen ist die Aufnahme von Frauenspersonen, Schülern, Lehrlingen verboten. Auch dürfen solche Personen nicht an Veranstaltun-gen und Sitzungen teilnehmen, bei denen politische Gegenstände behandelt werden." (§ 8 des Vereins-gesetzes, gültig bis 1908)

1865: In Leipzig gründen Luise Otto-Peters und ande-re Frauen den (bürgerlichen) „Allgemeinen Deutschen Frauenverein". Sie fordern die Erschließung aller Bil-dungsmöglichkeiten für Frauen, Recht und Anspruch auf Arbeit und das Recht der freien Berufswahl.

1900: Das Bürgerliche Gesetzbuch (BGB) tritt in Kraft. Mit seinen Regelungen zu Ehe und Familie verankert es die Rechtsstellung der Frau im Sinne der patriar-chalischen Tradition, d. h. dem Ehemann kommt das Entscheidungsrecht in allen Fragen des Ehe- und Familienlebens zu.

1901: Baden ist das erste Land, in dem Mädchen höhere Jungenschulen besuchen und sich an Hoch-schulen unter den gleichen Bedingungen wie Män-ner immatrikulieren können.

1918: Frauen erhalten am 30. November das aktive und passive Wahlrecht, verankert in Art. 109, Abs. 2 der Weimarer Verfassung vom 01.08.1919: „Männer und Frauen haben grundsätzlich dieselben Rechte und Pflichten."

1949: Die Gleichberechtigung von Mann und Frau wird im Grundgesetz, Artikel 3, Absatz 2 verankert.

1961: Erstmals wird mit Elisabeth Schwarzhaupt eine Frau Bundesministerin.

1977: Zum ersten Mal gibt es ein Gesetz zur Reform des Ehe- und Familienrechts (u. a. keine gesetzlich vorgeschriebene Aufgabenteilung in der Ehe mehr, Regelung von Unterhaltsansprüchen bei Scheidung).

1994: Das Zweite Gleichberechtigungsgesetz tritt in Kraft. Es beinhaltet u. a. eine Verschärfung des Ver-botes der Benachteiligung wegen des Geschlechts im Arbeitsleben.

1997: Durch das Inkrafttreten des neu gefassten § 177 des Strafgesetzbuchs wird Vergewaltigung in der Ehe unter Strafe gestellt.

2006: Das Allgemeine Gleichbehandlungsgesetz (AGG) tritt in Kraft. Damit werden EU-Gleichbehandlungs-richtlinien in Deutschland umgesetzt, die auch den Schutz vor Benachteiligungen wegen des Geschlechts bezwecken.

2010: Der zweite Erfahrungsbericht der Bundesre-gierung zum Bundesgleichstellungsgesetz verzeich-net eine positive Entwicklung (so stieg z. B. der An-teil von Frauen in Führungspositionen im Bundes-dienst bis 2009 auf 30 %).

...

nach Gabriele Meinhard und BMFS

M3 Zauberwort Moudawana

Geschlechtergleichstellung? Frauenrechte? Gibt es die in der islamischen Welt überhaupt? Beschränken sich die „Frauenrechte" nicht auf Kinderkriegen, Breirühren, Sockenstopfen? Nicht in Marokko. An der Nordwestspitze Afrikas entsteht allmählich ein moderneres Frauenbild, das mit dem Islam dennoch harmoniert. Moudawana – das ist das marokkanische Zauberwort. Moudawana heißt Familienrecht, doch es meint mehr: die Gleichberechtigung der Geschlechter. Das ist wichtig in einem Land, in dessen Dörfern die meisten Frauen immer noch nicht lesen und schreiben können, wo manche Väter und Onkel gern Töchter und Nichten minderjährig verheiraten, wo Ehemänner Gewalt gegen die Ehefrau nicht selten für ein Naturrecht halten. Die Moudawana ist, kaum dass sie nun gut zwei Jahre gilt, schon Legende. In den meisten anderen Ländern der arabischen Welt wäre sie schlicht nicht durchzusetzen. Das neue Familienrecht Marokkos macht den einen Angst, den anderen Hoffnung. Ob es Erfolg hat, entscheidet nicht der Gesetzesbuchstabe, sondern allein der Alltag in den Familien und in den Gerichten.

Ehen dürfen nicht mehr einfach in der Moschee, sondern müssen vor Familiengerichten geschlossen werden; das Heiratsalter wird auf 18 Jahre heraufgesetzt; Frauen brauchen nicht mehr die Zustimmung eines männlichen Familienmitglieds zur Heirat; Vielehen werden nur noch in Ausnahmefällen erlaubt; Frauen können von sich aus die Scheidung beim Familiengericht einreichen; die Ehe kann aufgelöst werden, wenn sie zerrüttet ist, und nicht nur, wenn beide es wollen; bei der Scheidung wird das gemeinsam erwirtschaftete Eigentum aufgeteilt; die Frau darf das Sorgerecht für die Kinder ebenso beantragen wie der Mann; sie und die Kinder haben das Recht auf Unterhalt nach der Ehe. „Ein Katalog", sagt Saadia Wadah, „der die alten marokkanischen Verhältnisse vom Kopf auf die Füße gestellt hat."

Die andere Seite der Moudawana: Viele Männer hegen die größten Befürchtungen, kennen ihre Rechte nicht, bemühen sich aber auch nicht, mehr darüber zu erfahren. Das ist ein Problem in ganz Marokko. Jamila Seftaoui, Projektleiterin der Gesellschaft für Technische Zusammenarbeit (GTZ) in Rabat, beschäftigt sich damit. Um Eheleute dazu zu bringen, sich über das Gesetz zu informieren, hat sich die GTZ etwas einfallen lassen. Sie gibt zusammen mit dem marokkanischen Familienministerium ein Buch heraus, das vor allem auf dem Lande mehr Licht ins Labyrinth des Familienrechts bringen soll. Zwischen Karikaturen, die so manchen kauzigen Brauch, aber nicht den Islam verlachen, stehen die Gesetzestexte in Kurzform auf Arabisch und Französisch.

Nicht alle erreicht Jamila Seftaoui damit. „Die Analphabetinnen auf dem Lande können auch dies nicht lesen." Und manche Männer wollen es vielleicht gar nicht. Aufklärung tut also not, darum kümmern sich die GTZ und viele Frauenverbände.

„Der Text ist das eine", sagt [die Islamistin und Frauenrechtlerin] Nadia Yassine, „die Erziehung das andere." Auf dem Land seien rund 80 Prozent Analphabeten. „Die neue Freiheit zu leben, von ihr zu profitieren, das ist das größte Problem vieler Frauen. Die Frauen auf dem Land brauchen vor allem Schulen, damit ihnen das neue Gesetz helfen kann." Nur bessere Erziehung, sagt die Islamistin, könne die Gleichstellung von Mann und Frau bringen. Sie kritisiert die Moudawana, weil diese der Frau nur die Scheidung nahelegt, wenn sich der Mann eine zweite Frau nimmt. „Er sollte sie um Erlaubnis fragen müssen." Denn die Polygamie komplett zu verbieten, so weit will sie nicht gehen. „Wenn es im Koran steht, kann man es nicht ganz abschaffen. Mehrehen sollten möglich sein, wenn sie krank wird, wenn sie keine Kinder bekommt. Aber die Frau muss unbedingt zustimmen." Das wäre, findet sie, eine Lösung im Einklang mit dem Koran. *nach Michael Thumann*

Aufgaben

1 Erläutert die Grafik und erörtert, warum Frauen beim Gehalt gegenüber Männern benachteiligt sind. → M1

2 Diskutiert, was zu tun ist, um die Gleichstellung der Frau zu verwirklichen. → M1/M2

3 Stellt dar, welche Formen der Diskriminierung der Frau es in Marokko gibt. Welche Schwierigkeiten bestehen bei der Umsetzung des Gleichstellungberechtigungsgesetzes? → M3

4 Recherchiert weitere geschlechtsspezifische Diskriminierungen in verschiedenen Ländern, z. B. bei terre des femmes. → M3

R

3

Norman
Rockwell,
The Problem
We All Live
With, 1964

M2 Ein langer Weg

Rosa Parks, eine Schwarze, wuchs in Alabama auf. Das ist ein Bundesstaat im Süden der USA. Es ist gar nicht so lange her, da gab es dort strenge Gesetze, die die Rassentrennung regelten. Es gab Schulen für Weiße
5 und Schulen für Schwarze. Parkbänke und Aufzüge, die für Weiße reserviert waren, durften von den Schwarzen nicht benutzt werden. Und in den Bussen waren die vorderen Sitze für die Weißen bestimmt, die hinteren für die Schwarzen. Hinten war immer
10 alles überfüllt. In der Mitte gab es Sitze, die von den Schwarzen benutzt werden durften. Aber wenn sich auch nur ein einziger Weißer dorthin setzte, musste die ganze Reihe von den Schwarzen geräumt werden. Im Jahr 1955 geschah in Montgomery, der Hauptstadt
15 von Alabama, Folgendes: Rosa Parks fuhr mit dem Bus zur Arbeit wie die meisten Schwarzen. Sie saß auf einem Platz in der Mitte, wo sie sitzen durfte, neben ihr drei Männer. Als sich ein Weißer in die Reihe setzen wollte, forderte der Busfahrer die Schwarzen auf,
20 ihren Platz zu räumen. Die Männer standen auf und gingen nach hinten. Dort mussten sie stehen. Nur Rosa Parks blieb sitzen. Der Busfahrer rief die Polizei und verlangte die Verhaftung von Rosa Parks. Sie

wurde festgenommen und ins Gefängnis gesteckt. Sie musste nur eine kleine Strafe bezahlen, verlor aber ihre 25 Arbeit, und es gab Morddrohungen. Die Bürgerrechts-vereinigung, zu der auch Rosa Parks und ihr Mann gehörten, rief zum Boykott der Busse auf. Länger als ein Jahr wurden in Montgomery die Busse nur von Weißen benutzt. Die Schwarzen bildeten Fahrgemein- 30 schaften oder gingen lange Strecken zu Fuß. Den Bus-Boykott leitete der später so berühmte schwarze Pastor Martin Luther King. Das Ergebnis des Boy-kotts: Das Oberste Gericht der USA urteilte 1956, dass die Rassentrennung in Bussen verfassungswidrig war. 35 Immer mehr Menschen forderten die Gleichberechti-gung von Schwarz und Weiß und setzten sich für die Bürgerrechte ein. 1963 gab es den Marsch nach Wa-shington. Über 200 000 Menschen aller Rassen ver-sammelten sich vor dem Capitol und demonstrierten 40 für Gerechtigkeit, unter ihnen auch Rosa Parks.
1964 wurde endlich ein Gesetz erlassen, das gleiche Rechte für alle garantierte, auch für die Schwarzen. Auch heute noch werden aber z. B. bei Polizeikontrol-len schwarze Jugendliche nur aufgrund ihrer Haut- 45 farbe häufiger festgehalten und härter angefasst als weiße Jugendliche.

M3 Ureinwohner am Rande der Gesellschaft

Mehr als 200 Jahre nach der Landung der ersten Weißen in Downunder sind die Nachfahren der damaligen Bewohner, den Aborigines, an den Rand der Gesellschaft gedrängt. Ein Großteil von ihnen lebt von
5 staatlichen Fürsorgeprogrammen; Arbeitslosigkeit, Kriminalität sowie Alkohol- und Drogenkonsum sind extrem hoch, und nicht nur die Polizei sieht sich immer wieder dem Vorwurf ausgesetzt, rassistisch zu sein. Daran ändert auch der alljährlich am 26. Mai began-
10 gene „Nationale Tag der Entschuldigung" nichts. Er soll an die Schandtaten erinnern, mit denen der Staat die Identität seiner Urbevölkerung auszulöschen suchte. Seit zehn Jahren liegt der Bericht „Bringing Them Home" vor, der umfassend dokumentiert, wie man
15 den Aborigines-Familien ihre Kinder wegnahm, um sie in Heimen zu „zivilisierten Weißen" umzuerziehen. Doch Regierungschef John Howard weigert sich bis heute, die „verlorene Generation" offiziell für das erlittene Unrecht um Verzeihung zu bitten.
20 1997 hatte der im Anschluss an eine landesweit durchgeführte Untersuchung zur Trennung von Kindern der Aborigines von ihren Eltern veröffentlichte Bericht festgestellt: „Seit den ersten Tagen der Okkupation Australiens durch die Europäer wurden die Kinder
25 der Ureinwohner mit Gewalt von ihren Familien und Gemeinden getrennt."
Eine im April von der „National Aboriginal Community Controlled Health Organisation" (NACCHO) und der nichtstaatlichen Hilfsorganisation „Oxfam Austra-
30 lien" veröffentlichte Dokumentation stellte fest, dass die durchschnittliche Lebenserwartung der männlichen Aborigines mit 56 Jahren um mehr als 20 Jahre niedriger ist als die der übrigen Bevölkerung. [...] Indigene Frauen werden im Mittel 63 Jahre alt, die übrigen
35 Australierinnen bringen es auf ein Durchschnittsalter von 82 Jahren.
Chronische Krankheiten, schlechte Lebensbedingungen und der oft fehlende Zugang zur medizinischen Versorgung sind hauptsächlich dafür verantwortlich, dass
40 Indigene viel früher sterben als andere Australier. Die Säuglingssterblichkeit indigener Babys ist mit 14,3 pro 1000 Lebendgeburten dreimal so hoch wie die in der übrigen Bevölkerung. *Thomas Berger / Stephen de Tarczynski*

M4 Rassismus

Rassismus bezeichnet eine Ideologie, die Menschen aufgrund körperlicher Merkmale oder kultureller Eigenarten oder aufgrund ihrer ethnischen, nationalen oder religiösen Zugehörigkeit in angeblich naturgegebene Gruppen – so genannte Rassen – einteilt und
5 diese hierarchisiert (wobei der Begriff „Rassen" in der heutigen Zeit nicht mehr verwendet werden soll, da es eben keine solchen gibt). Menschen werden hierbei nicht als Einzelpersonen, sondern als Mitglieder solcher „pseudoverwandtschaftlichen" Gruppen mit kol-
10 lektiven, weitgehend als unveränderbar betrachteten Eigenschaften beurteilt und behandelt.
Der klassische Rassismus beruhte auf der fälschlichen Annahme, die Menschheit lasse sich in genetisch voneinander unterschiedliche „Rassen", mit unterschiedli-
15 chen psychischen Eigenschaften unterteilen. Er diente der Rechtfertigung des Kolonialismus, der Sklaverei, der Verbrechen der Nazis oder des Apartheidregimes. Seit den 1960er-Jahren (Entkolonialisierung, Emanzipations- und Bürgerrechtsbewegung der Schwarzen
20 in den USA) wird Rassismus vielfach auch für direkte, indirekte, institutionelle und strukturelle rassische Diskriminierung verwendet.
Rassendiskriminierung ist jede Praxis, die Menschen aufgrund [...] ethnischer Herkunft und / oder kulturel-
25 ler Merkmale (Sprache, Name) [...] Rechte vorenthält, sie ungerecht oder intolerant behandelt, demütigt, beleidigt, bedroht oder an Leib und Leben gefährdet.

aha Jugendinformation

---

1 Beschreibt das Bild. Welche Situation ist hier dargestellt? Auf welches Problem in den USA der 60er Jahre will Rockwell aufmerksam machen? ➜ M1 **B**

2 Schreibe auf, was Rosa Parks durch den Kopf gegangen sein könnte, als sie einfach sitzen blieb. ➜ M2

3 Legt eine Tabelle an, aus der hervorgeht, wieso die Aborigines am Rande der Gesellschaft leben. Welche Gründe sind dafür ausschlaggebend? ➜ M3

4 Erläutert, inwieweit es sich bei den gezeigten Beispielen (M1-M3) um Rassismus handelt. ➜ M4

5 Worin besteht der Irrtum der rassistischen Ideologie? ➜ M4

6 Recherchiert zu rassistischen Tendenzen in Deutschland. **R**

4 | M1 Wir wissen's gleich!

Sekunde noch, Chef!
Der Fall steht kurz vor
seiner Aufklärung!

SOKO
MENSCHEN
RAUB

RECHTSSTAAT

Mester / Baaske Cartoons

M2 Rettungsfolter

Darf man foltern, um zu retten? Die abstrakte Frage verneinen die meisten. Doch diskutiert wird am konkreten Beispiel, und da gerät manch einer ins Wanken; in Deutschland ist das Beispiel der „Fall Dasch-
5 ner" [...]. Am 27. September 2002 wurde der elfjährige Jakob von Metzler entführt und ermordet. Polizisten drohten dem Tatverdächtigen mit Gewalt, falls er nicht das Versteck des Opfers preisgäbe. Es war der Frankfurter Polizeivizepräsident Wolfgang Daschner,
10 der angeordnet hatte, den inhaftierten Magnus Gäfgen „nach vorheriger Androhung, unter ärztlicher Aufsicht, durch Zufügung von Schmerzen (keine Verletzungen) erneut zu befragen". Schmerzen, wie er sie noch nie erlebt habe, sollten es sein, wenn er nicht
15 den Aufenthaltsort des vermeintlich noch lebenden Opfers preisgebe. Daschner hielt das in der Akte fest. Zudem informierte er einen Oberstaatsanwalt. Nach der Androhung lenkte der Beschuldigte ein. Dann fand man die Leiche.
20 Im Februar 2003 beantragte Gäfgens Verteidiger, das Verfahren einzustellen: Folter mache das Geständnis unverwertbar, bedeute ein Verfahrenshindernis. [...] Zu Prozessbeginn erklärte das Gericht die abgezwungenen Aussagen für unverwertbar. Es stützte sich hernach auf das erneut, freiwillig und nach „qualifizierter
25 Belehrung" vor Gericht wiederholte Geständnis von Gäfgen. Er wurde am 28. Juli 2003 wegen Mordes

aus Heimtücke, Habgier und zur Verdeckung einer Straftat, außerdem wegen erpresserischen
30 Menschenraubes zu lebenslanger Freiheitsstrafe unter Annahme besonderer Schuldschwere verurteilt.
Arthur Kreuzer

Am 20. Dezember 2004 wurde Daschner zu einer Zahlung von 10.800 Euro verurteilt. Das Gericht
35 sah es als erwiesen, dass der Polizeivizepräsident das fundamentalste Menschenrecht überhaupt verletzt habe. Strafmildernd war, dass seine Entscheidung, zum Wohle des Tatopfers die Grenzen des rechtlich Zulässigen zu überschreiten,
40 als „ehrenwerte, verantwortungsbewusste Gesinnung des Angeklagten" angesehen wurde. Daschner ist trotz der Verurteilung nicht vorbestraft.

M3 Folterverbot

Die ZEIT befragte den ehemaligen Präsidenten des Bundesverfassungsgerichts Hans-Jürgen Papier zu seiner Auffassung von Folter.

DIE ZEIT: Sind Sie sicher, dass dieses strenge Gebot [jede Verletzung der Menschenwürde zu unterlassen] noch akzeptiert wird? Nachdem der ehemalige Vizepräsident der Frankfurter Polizei dem Entführer und
5 Mörder eines Bankierssohnes Folter angedroht hatte, erhielt er viel Zuspruch – sogar von Richtern.
PAPIER: Das Grundgesetz ist eindeutig [...]. Die Menschenwürde gilt absolut. [...]
DIE ZEIT: Was würden Sie jemandem antworten, der
10 fragt: „Darf ich einem Verbrecher selbst dann nicht Schmerz zufügen, wenn ich damit das Leben vieler Menschen retten könnte?"
PAPIER: Hier geht es um elementare Grundsätze, um den Kern eines freiheitlichen Gemeinwesens. Die Fol-
15 ter missachtet jedes Menschsein und ist deshalb eines Rechtsstaats nicht würdig. Wir müssen akzeptieren, dass der Rechtsstaat um seiner selbst willen an Grenzen stößt, sogar an absolute, unveränderbare Grenzen. [...] Dass eine Verletzung der Menschenwürde
20 durch Folter oder auch die bloße Androhung immer gegen geltendes Recht [...] verstößt, steht für mich außer Zweifel.
Martin Klingst

 **Politische Folter**

Genfer Konventionen, Teil II, Artikel 13

„Die Kriegsgefangenen
müssen jederzeit mit Menschlichkeit
behandelt werden."

Folternde US-Soldaten, auf diesen Beweis westlicher Niedertracht haben islamistische Terroristen nur gewartet: Aus derlei Demütigungen schöpfen sie ihre eigene Rechtfertigung. Die Bilder haben eine verhee-
5 rende Wirkung. Das Ansehen Amerikas ist schwer beschädigt, ebenso die Moral der US-Armee und seiner Verbündeten.
Die US-Soldaten haben die Gefangenen nicht bloß roh angefasst, sie haben gefoltert und sich deshalb eines
10 Kriegsverbrechens schuldig gemacht. Denn spätestens seit der Haager Landkriegsordnung von 1907 und den Genfer Konventionen müssen Kriegsgefangene ehrenhaft behandelt werden. Dazu zählt auch das Verbot, aus ihnen mit Gewalt Informationen herauszupres-
15 sen. Selbst nach dem Ende der Kampfhandlungen bleibt eine Besatzungsmacht an das Kriegsvölkerrecht gebunden. Zudem verbieten alle Menschenrechtskonventionen die Folter – wie auch immer die Gefangenen selbst gehandelt haben mögen. Die Empörung
20 über die Untaten im Gefängnis von Abu Ghraib folgte prompt, und sie ist echt. Die Gräuel waren nicht nur die Tat von einzelnen, offenkundig gewissenlosen Soldaten. Offenbar kam es wiederholt zu grausamen Übergriffen, offenbar waren sie vom Geheimdienst der Armee angeordnet worden, um die Gefangenen 25 vor Verhören in Angst und Schrecken zu versetzen. „Es genügt, einem Menschen eine Uniform anzuziehen, ihn von seiner Familie zu trennen und die Trommel zu rühren, um ein wildes Tier aus ihm zu machen", schrieb Leo Tolstoi. Von jeher wecken Krie- 30 ge im Menschen alle Instinkte, auch die niedersten. Damit gleichwohl ein Minimum an Menschlichkeit gewahrt bleibt, hatten sich die Völker bereits Anfang des 20. Jahrhunderts Regeln gegeben. Der Grundsatz, dass selbst im Krieg noch ein Rest von Menschlichkeit 35 walten soll, war ein Zivilisationsgewinn: Im Zweiten Weltkrieg geriet er [allerdings] völlig in Vergessenheit. Umso verhängnisvoller ist es, dass ausgerechnet amerikanische Soldaten, die ausgezogen waren, dem unterdrückten irakischen Volk seine Zivilität zurück- 40 zubringen, gegen diese Prinzipien verstoßen.
Amerikaner und Briten ging es um eine Mission: um die Verbreitung von Menschenrechten, Freiheit und Demokratie. An diesem Anspruch müssen sie sich messen lassen. *nach Martin Klingst* 45

Aufgaben

1 Interpretiert die Karikatur. ➔ M1
2 Diskutiert, ob Daschner – aus eurer Sicht – richtig oder falsch gehandelt hat. Recherchiert, was sich hinter dem Begriff Rettungsfolter verbirgt. ➔ M2 **DD**
3 Stellt euch vor, Terroristen planen mit einer Zeitbombe einen Anschlag auf eine deutsche Großstadt. Ein Mitwisser konnte gefasst werden. – Diskutiert das Dilemma: Dürfen staatliche Organe zum möglichen Schutz der Bevölkerung in diesem Fall ein Geständnis mit Gewalt erpressen, um die Bombe zu finden? **DD**
4 Stellt dar, wie der ehemalige Präsident des Bundesverfassungsgerichts das Folterverbot aus rechtlicher Sicht beurteilt. ➔ M3
5 Was mögen die Gefangenen auf dem Foto wohl denken? – Erläutert den abgedruckten Artikel der Genfer Konventionen mit Bezug auf das Bild. ➔ M4
6 Beurteilt, inwieweit die Amerikaner und Briten sich an ihrem hohen Ziel (Z. 42-45) messen lassen müssen. ➔ M4

5

M1 Gelbe Mama

Der elektrische Stuhl in Atmore, Alabama. Die Aufseher nennen ihn „Gelbe Mama". Auf ihm sind in den letzten Jahren 16 Menschen gestorben. Insgesamt wurden in den USA zwischen 1977 – dem Jahr der Wiedereinführung der Todesstrafe – und 2009 1.156 Menschen hingerichtet. Weltweit sitzen zurzeit mehr als 20.000 Menschen in Todeszellen und warten auf ihre Hinrichtung. Nach Zahlen von 2002 ist die Todesstrafe in 112 Staaten abgeschafft (in der BRD seit 1949, der DDR seit 1987), in 83 Staaten existiert sie weiterhin.

M2 Auge um Auge, Zahn um Zahn

Staaten, die die Todesstrafe praktizieren, berufen sich u. a. auf folgende Argumente:

- Es soll Gleiches mit Gleichem vergolten werden – so steht es schon in der Bibel.
- Wer tötet, hat das Recht auf das eigene Leben verwirkt.
- Durch Hinrichtung von Mördern wird sichergestellt, dass sie nicht mehr morden können.
- Die Todesstrafe schreckt Menschen wirksamer von Straftaten ab als langjährige Haftstrafen.

M3 Todesstrafe contra Menschenrechte!

Das Recht auf Leben und das Recht, keiner grausamen, unmenschlichen oder erniedrigenden Strafe unterworfen zu werden, werden in der Allgemeinen Erklärung der Menschenrechte der Vereinten Nationen, zu deren Einhaltung sich alle UN-Mitgliedsstaaten verpflichtet haben, anderen internationalen Menschenrechtsabkommen und vielen nationalen Verfassungen geschützt. [...] 5

Die Todesstrafe verstößt jedoch unwiderruflich gegen das Recht auf Leben und ist immer grausam, unmenschlich und erniedrigend. Deshalb ist das Eintreten gegen die Todesstrafe seit langem fester Bestandteil der Arbeit von Amnesty International. 10

Die Vollstreckung eines Todesurteils durch den Staat bedeutet, dass der Staat genau die Handlung vornimmt, die das Gesetz strengstens verurteilt. Alle Rechtssysteme der Welt bedrohen die vorsätzliche Tötung mit schwersten Strafen – es gibt jedoch keine Tötung, die so vorsätzlich oder kaltblütig geschieht, wie die Hinrichtung eines Menschen! 15 20

Die Grausamkeit der Todesstrafe beschränkt sich nicht auf den tatsächlichen Moment der Hinrichtung. Schon die Erfahrung, in der Todeszelle auf die Hinrichtung warten zu müssen, ist grausam und unmenschlich und kann nicht durch die Entwicklung „humanerer" Hinrichtungsmethoden aufgewogen werden. Der Verurteilte wird lange vor der Hinrichtung gezwungen, mit der Vorstellung zu leben, an einem festgesetzten Tag exekutiert zu werden. Die ganze Zeit über steht er vor der quälenden Zerreißprobe zwischen Lebenswillen und Hoffnung einerseits und der Notwendigkeit, sich auf den möglicherweise drohenden Tod vorzubereiten, andererseits. Die Androhung, einen Gefangenen zu töten, kann eine der grauenerregendsten Formen der Folter sein. Als Folter ist dies verboten. Wie kann es dann gestattet sein, einen Gefangenen eben dieser Androhung in Form eines Todesurteils auszusetzen – in einem Rechtsstaat, auszuführen durch die Behörden?!? 25 30 35

Amnesty International wendet sich grundsätzlich und in jedem Fall gegen die Todesstrafe. Aus diesen wie aus zahlreichen anderen Gründen: In vielen Ländern genügen Todesstrafverfahren nicht internationalen 40

Rechtsstandards – zum Beispiel erhalten die Ange-
45 klagten keinen Anwalt oder ihnen werden Berufungs-
möglichkeiten verwehrt.

Die Todesstrafe wird in so gut wie jedem Anwender-
staat in unverhältnismäßigem Umfang gegen sozial
benachteiligte Personen oder Gruppen verhängt. Doch
50 selbst wenn sich die Auswirkungen rassischer Diskriminierung oder wirtschaftlicher Ungleichheit beseitigen ließen, würden in jedem System, das von
Menschen mit all ihren Schwächen errichtet und verwaltet wird, andere mögliche Ungleichheiten und
55 Fehlerquellen fortbestehen!

Vor allem: Kein noch so ausgeklügeltes Rechtssystem
kann Fehlurteile verhindern. Denn Todesurteile wurden und werden immer wieder auch gegen Unschuldige verhängt und vollstreckt! Und dies nicht nur in
60 Staaten, die für ihre unfairen Gerichtsverfahren bekannt sind, sondern auch in Staaten mit langwierigen
Berufungsverfahren wie den USA. Seit 1973 mussten
in 26 Bundesstaaten nicht weniger als 139 Menschen
wegen erwiesener Unschuld aus dem Todestrakt ent-
65 lassen werden, 55 von ihnen allein seit Anfang 2000.
Einige von ihnen hatten nur wenige Stunden vor ihrer
Hinrichtung gestanden, sie verbrachten zwischen 2
und 22 Jahren unschuldig im Todestrakt. Wie viele
gleichfalls Unschuldige, aber weniger glückliche Ge-
70 fangene noch in US-Todeszellen sitzen und auf ihre
Hinrichtung warten – oder gar hingerichtet wurden –,
wird wohl nie mit Sicherheit festzustellen sein. [...]
Die Todesstrafe wirkt nicht abschreckender als eine
Freiheitsstrafe und auch der Schutz vor Wiederho-
75 lungstätern – bei Tötungsdelikten trotz der immer
wieder schlagzeilenträchtigen Fälle ohnehin selten –
kann auch anderweitig gewährleistet werden. Eine
Gefängnisstrafe oder die Einweisung in eine Anstalt
zum Zwecke der Isolierung des Straftäters von der
80 Gesellschaft bietet gegenüber der Todesstrafe als Mittel
zum Schutz vor Rückfalltätern einen entscheidenden
Vorteil: Justizirrtümer lassen sich zumindest teilweise
wieder korrigieren. Mit der Todesstrafe hingegen wird
sowohl das Leben von möglicherweise rehabilitier-
85 baren Straftätern wie auch das Leben von unschuldig
Verurteilten ausgelöscht.   *Amnesty International*

M4 Dead Man Walking – Sein letzter Gang

Dead Man Walking ist der Ruf der Gefängniswärter,
wenn ein zum Tode Verurteilter aus seiner Zelle zum
Hinrichtungsraum geführt wird. In dem gleichnamigen
Film wird dargestellt, wie die Nonne Helen Prejean dem
wegen Mordes zum Tode Verurteilten Matthew Ponce-
let in den letzten Tagen vor der Hinrichtung geistlichen
Beistand leistet. In ihrer Auseinandersetzung mit dem
Sinn der Todesstrafe begegnet sie auch den Angehörigen der Opfer und lernt deren Auffassung kennen.

1 Stellt die Gedanken und Gefühle, die Bild und Text in
  euch auslösen, in Form eines stummen Schreibge-
  sprächs dar. ➜ M1
2 Recherchiert, in welchen Staaten die Todesstrafe noch
  praktiziert wird. ➜ M1
3 Erarbeitet die Argumente, die nach Amnesty International gegen die Todesstrafe sprechen. ➜ M3
4 Führt eine Rollendiskussion zwischen Befürwortern
  und Gegnern der Todesstrafe durch. ➜ M2/M3
5 Seht euch den Film *Dead Man Walking – Sein letzter
  Gang* (USA 1995) an. Beurteilt die Todesstrafe aus der
  Sicht des Täters, aus der Sicht der Angehörigen der
  Opfer und aus der Sicht Helen Prejeans. Stelle anschließend deine eigene Auffassung in einem Brief an
  eine der Personen des Films dar. ➜ M4

F
S

Aufgaben

6

M1 Menschenrechte – Beispiel China

IN 57 STAATEN GIBT ES POLITISCHE GEFANGENE

AMNESTY GREIFT EIN: MIT INFORMATION UND AKTION

AMNESTY INTERNATIONAL

2008, im Jahr der Olympischen Sommerspiele in Peking, führte Amnesty International die Kampagne *Gold für Menschenrechte* durch, der sich weltweit über 650 000 Menschen anschlossen. Die chinesische
5 Regierung hatte 2001 bei der Olympiakandidatur versprochen, die Menschenrechtssituation in ihrem Land zu verbessern, aber wenig davon gehalten. Nach wie vor können in China Oppositionelle und andere unerwünschte Personen allein auf Anordnung der Polizei
10 in „Umerziehungslager" gesperrt werden. Mutige Menschenrechtsaktivisten werden eingeschüchtert, unter Hausarrest gestellt, verhaftet. Ethnische Minderheiten wie Tibeter oder Uyguren werden kulturell und politisch unterdrückt und verfolgt, zum Teil sogar
15 getötet. Das Land ist noch immer Weltmeister im Hinrichten (ca. 8000 Hinrichtungen pro Jahr).

M2 Es ist besser, eine Kerze anzuzünden, als sich über die Dunkelheit zu beklagen

Am Anfang von Amnesty International steht ein Trinkspruch: Zwei portugiesische Studenten stoßen in einem Café in Lissabon auf die Freiheit an. Doch in den Sechzigerjahren herrscht in Portugal eine Diktatur, die keine
5 Kritik duldet – die Erwähnung des Wortes „Freiheit" ist verboten. Die zwei Studenten werden festgenommen und später zu sieben Jahren Haft verurteilt.

1.500 Kilometer entfernt fährt der 39-jährige Anwalt Peter Benenson
10 im November 1960 mit der Londoner U-Bahn in seine Kanzlei, als er in der Zeitung eine Meldung über das Urteil gegen die beiden Portugiesen liest. Benenson will nicht
15 mehr länger von solchem Unrecht lesen, er will etwas tun, weiß nur nicht, was. In der Kirche St. Martin in the Fields kommt ihm der Gedanke: „Wenn eine einzelne Person
20 protestiert, bewirkt das nur wenig, aber wenn es viele Leute gleichzeitig tun, könnte es einen nachhaltigen Eindruck hinterlassen".

Am 28. Mai 1961 veröffentlicht er in der Zeitung „The Observer" den
25 Artikel „The Forgotten Prisoners", der mit den Worten beginnt: „Schlagen Sie Ihre Zeitung an irgendeinem beliebigen Tag auf, und Sie werden eine Meldung aus irgendeinem Teil der Welt lesen: Ein Mensch ist ein-
30 gekerkert, gefoltert, hingerichtet worden, weil seine Ansichten oder religiösen Überzeugungen nicht mit denen der Regierung übereinstimmen."

Benenson fordert die Leser auf, mit Appellschreiben öffentlichen Druck auf die Regierungen zu machen
35 und von ihnen die Freilassung politischer Gefangener zu fordern. Dieser „Appeal for Amnesty" ist der Beginn von Amnesty International.

Heute ist Amnesty International eine weltweite Bewegung, die in über 150 Ländern vertreten ist. Über drei Millionen Mitglieder, Unterstützer und Aktivis-
40 ten setzen sich dafür ein, dass auch 50 Jahre nach Benensons Appell die politischen Gefangenen dieser Welt nicht vergessen werden.

Amnesty International (Hg.)

AMNESTY INTERNATIONAL

M3 Briefe gegen das Vergessen

Ilkhom Ismanov wurde vermutlich in der Haft gefoltert. Am 3. November 2010 nahmen ihn Polizisten in der Stadt Chudschand fest. Seine Ehefrau konnte ihn drei Tage darauf besuchen. Sie berichtete von Schnitt-
5 wunden an seinem Hals und Narben an seinen Händen. Außerdem verstießen die Behörden gegen die Strafprozessordnung Tadschikistans: Erst neun Tage nach seiner Festnahme wurde Ilkhom Ismanov einem Richter vorgeführt. Seine Anwältin soll ihren Man-
10 danten erstmals bei der Anhörung getroffen haben.
In Fällen wie diesem, in denen politischen Gefangenen eine lange Gefängnisstrafe ohne fairen Gerichtsprozess droht, wird Amnesty International auf eine besondere Weise aktiv. Gemeinsam mit weiteren
15 Informationen zu dem konkreten Fall, bittet die Organisation alle Menschen, einen „Brief gegen das Vergessen" zu schreiben. Diese Briefe, die an das Schicksal des politischen Gefangenen erinnern sollen, werden an die Verantwortlichen in den jeweili-
20 gen Staaten geschickt.
Den Aufrufen von Amnesty International folgen oft mehrere tausend Menschen.
Auf diese Weise wird vielen der politischen Gefangenen geholfen. Amnesty International berichtet, dass
25 fast in der Hälfte aller Fälle die Aktion zur Verbesserung der Situation des Betroffenen führt.

Amnesty International (Hg.)

Ein ehemaliger politischer Gefangener schreibt in einem Brief an Amnesty International:

> „Es gab Gerüchte, dass sich draußen etwas für uns tat, es gab geschmuggelte Briefe und geklopfte Nachrichten von Zelle zu Zelle. Vieles aber verstanden wir nicht genau: dass es irgendwo da draußen in der Welt Menschen geben sollte, die unser Leben verteidigten, ohne selbst einen Nutzen daraus zu ziehen, erschien uns seltsam und fast ein bisschen unglaubwürdig."

www.amnesty-jugend.de

M4 Worum es geht und wer sich darum kümmert

Sklaverei – Zwangsarbeit – Menschenhandel – Kinderarbeit – Korruption – Streubomben – Einschränkung der Meinungsfreiheit – Zensur – Todesstrafe – Gewalt gegen Frauen – Vertreibung – Völkermord

1 Beschreibt das Bild und informiert euch über die Situation in China (z. B. den Fall des Friedensnobelpreisträgers Liu Xiaobo). Seht euch ggf. auch das Video *China Kampagne – Gold für Menschenrechte* auf Youtube an. Was haltet ihr von der Kampagne? → M1
2 Lies die Entstehungsgeschichte zu Amnesty International und erkläre die Textüberschrift und das Logo von Amnesty International. → M2
3 Schreibe den Tagebucheintrag von Peter Benenson für den Tag, als er beschloss, etwas gegen die Geschehnisse in der Welt zu tun. → M2
4 Recherchiere auf http://www.amnesty.de/briefe-gegen-das-vergessen, welche Fälle es aktuell gibt, und schreibe einen Brief zu einem Fall. → M3
5 Erkundigt euch zu den verschiedenen Menschenrechtsorganisationen und stellt dar, worin ihre Schwerpunkte liegen. → M4

Aufgaben

S

R

1 M1 Zwischen Teddybär und Kreuz

„Mir bedeuten zum Beispiel meine Freunde sehr viel. Außerdem ist es mir wirklich wichtig, ja vielleicht kann man doch schon sagen heilig, dass ich frei über Dinge entscheiden und mein eigenes Leben führen kann – soweit das eben möglich ist, wenn man noch zu Hause wohnt und mehr oder weniger von den Eltern abhängig ist. Ich bin evangelisch und glaube auch an etwas wie einen Gott. Ich gehe zwar nie in die Kirche, aber ich denke, dass man auch an Gott glauben kann, wenn man das nicht tut.

16-jährige Schülerin, Hamburg

„Mir sind meine Familie und Frieden heilig! Die Natur und alles Leben! Was ist in meinem Glauben heilig? Gott, Kreuz und Bibel.

15-jährige, Oldenburg, Angehörige einer Freikirche

„Heilig? Ja, mein Teddybär. Mein Teddy ist irgendwie ein Glücksbringer für mich. Einmal, da hat ihn mir mein Bruder versteckt, und an diesem Tag ging alles schief. Es hört sich blöd an, aber ich glaube daran.

11-jährige Schülerin, Göttingen

„Mir ist der Sonntag heilig. Der gehört nämlich nur meiner Familie. Alles andere muss dann bis Montag warten.

42-jähriger Freiberufler, Hannover

„Was ist mir heilig? Die Fähigkeit, über mein Denken nachzudenken und nicht das gehorsam zu übernehmen, was andere sich ausgedacht haben. Ein individuelles Lebewesen zu sein. Ich bin Atheist.

Student, 25 Jahre, Hamburg

„MEINE HONDA, DA ICH SIE MIT VIEL HARTER ARBEIT ERSPART HABE. AUCH MEIN STURZHELM, DA ER MIR BEREITS ZWEIMAL DAS LEBEN RETTETE.

17-jähriger Berufsschüler, Emden

„Was mir heilig ist? Nichts – denn es gibt keinen Sinn des Lebens!

Studentin, 19 Jahre, Bremen

„Na ja, vielleicht ist mir meine Plattensammlung heilig. Die darf niemand außer mir anfassen. Ich besitze ca. 400 Platten, manche davon sind ganz seltene Stücke. Musik ist eben mein großes Hobby.

Lehrer, 38 Jahre, Goslar

„Mein Armband, weil ich es von meiner Mutter geschenkt bekam, die ich sehr geliebt habe. Sie ist vor drei Jahren gestorben.

50-jährige Angestellte, Osnabrück

M2 Martin und die Gänse

Treffen sich zwei Gänse.
Fragt die eine: „Kennst du ‚Spiel mir
das Lied vom Tod?'" – „Klar", sagt die andere:
„Sankt Martin, Sankt Martin ...".

5 Rund zehn Millionen Gänse landen in Deutschland
jedes Jahr zwischen Kirchweih und Weihnachten
knusprig gebraten auf den Festtagstellern. Sollte der
heilige Martin von Tours aber wirklich schuld daran
sein, dass zu seinem Namenstag am 11. November
10 Gänse geschlachtet werden?

Es ist einfach eine schöne Legende: Der barmherzige
Martin teilt als Soldat seinen Mantel mit einem Bett-
ler, lässt sich danach taufen und unterstützt fortan
arme und kranke Menschen. Der Gründer des ersten
15 französischen Klosters sollte nach dem Willen der
Bürger von Tours ihr neuer Bischof werden. Beschei-
den wie er ist, so die Legende, will Martin diese Verantwortung nicht annehmen und versteckt sich in
einem Gänsestall, um der Wahl zu entgehen. Doch
20 das Geschnatter der Gänse verrät ihn: Im Jahr 371
wird der Widerstrebende zum Bischof geweiht.

„Sie haben Sankt Martin verraten, drum müssen sie
jetzt braten", heißt es lakonisch im Volksmund über die
Martinsgänse. Statt für ihre Geschwätzigkeit geehrt
25 zu werden, geht es ihnen bis heute an den Kragen.

Carola Renzikowski

M3 Namenstage

Markus, Charlotte, Jonas – sie alle haben ihren
Namen bei ihrer Geburt von den Eltern bekommen.
Er macht sie unverwechselbar und wird sie für ihr
weiteres Leben prägen. Doch woher kommen die
5 Namen? Was bedeuten sie?

Viele sind eng mit dem Christentum verbunden und
stammen aus der Bibel. Der Name Markus zum Beispiel ist zurückzuführen auf den Jünger Jesu und
Evangelisten des Neuen Testamentes. Andere Namen
10 wiederum beziehen sich auf Heilige und Märtyrer.
Wie der Name Charlotte. Sie war eine Ordensfrau aus
dem Kloster in Compiègne zur Zeit der französischen
Revolution und wurde enthauptet, weil sie der Kirche
und nicht dem Staat die Treue schwor.

Diese und viele andere Namen verweisen auf einen 15
christlichen Namenspatron, der im Heiligenkalender
festgehalten ist. Der Namenstag markiert den Gedenk-
und Sterbetag des jeweiligen Heiligen. Zu den Heiligen gehören alle, die in einem besonderen Maß als
tugendhaft und glaubensstark galten und deshalb 20
von der Kirche heiliggesprochen wurden. [...]

Im Zuge der anwachsenden Heiligenverehrung im
Mittelalter erhielten die Kinder den Namen des Tages-
heiligen ihres jeweiligen Geburts- oder Tauftages. Das
Kind sollte in die Obhut des Namenspatrons gegeben 25
werden, damit auch dessen Tugenden ihm zuteil werden konnten.

nach Saskia Gamradt

Das Heilige

Das Wort *heilig* ist mit dem Adverb *heil* (ganz) und
dem Nomen *Heil* verwandt. Das Heilige bezeichnet also wörtlich etwas, das als ganz bzw. vollkommen angesehen wird.

Im religiösen Sprachgebrauch hat *heilig* die Bedeutung von „einer Gottheit geweiht", „zu Gott
gehörend", und wird oft als Gegenbegriff zu *welt-
lich* (profan) gebraucht.

Auch Menschen können heilig genannt werden.
Als Heiliger wird eine Persönlichkeit bezeichnet,
die in besonderer Verbindung zu Gott steht und
als in religiöser und ethischer Hinsicht vollkommen angesehen wird. Im Laufe des Kirchenjahres
gibt es bestimmte Tage, an denen der Heiligen
gedacht wird.

---

1 Nehmt Stellung zu den Aussagen. ➔ M1

2 Berichtet, was euch selbst heilig bzw. unheilig ist. ➔ M1

3 Erläutert, warum St. Martin als Heiliger verehrt wird. ➔ M2

4 Sucht Legenden von anderen Heiligen und präsentiert sie im Kurs. ➔ M2

5 Erläutert, was der ursprüngliche Grund dafür ist, dass Eltern ihren Kindern oft den Namen von Heiligen geben. ➔ M3

6 Recherchiere, ob dein Name in Verbindung mit einem Heiligen steht. ➔ M3

Aufgaben

2

M1 Jesus – Warum uns dieser Mann nicht loslässt

Jesus – Rekonstruktion der Universität Manchester

Es war eine unruhige Zeit. Aufruhr lag in der Luft. Und Hass: auf die römischen Besatzer und die korrupte Elite. Die Juden fieberten einem Befreier entgegen. Wanderprediger zogen durch Palästina und heizten die Stimmung an. Und dann kam er: Jesus aus Nazareth. Das ist der Anfang von Ereignissen, die die Welt verändern sollten.

M2 Stationen eines bewegten Lebens

Geburt

In Bethlehem wird Jesus als Kind von Maria und Josef geboren, heißt es beim Evangelisten Lukas. Mit diesem Ereignis beginnt eine neue Zeitrechnung, die bis
5 heute für große Teile der Welt gilt. Doch war es wirklich das Jahr eins? Historiker halten den Zeitraum von 4 vor bis 6 nach Chr. für wahrscheinlich.

Die ersten Jünger

Mit 30 Jahren tritt Jesus an die Öffentlichkeit. [...]
10 Unter einfachen Fischern gewinnt Jesus seine ersten Anhänger: die Brüderpaare Simon (Petrus) und Andreas sowie Jakobus und Johannes. Als er sie am See Genezareth anspricht, lassen sie alles stehen und liegen, um ihm zu folgen. Diese entschiedene Haltung
15 macht Jesus später zur Bedingung für jeden, der sich ihm anschließen will. Denn: „Suchet zuerst das Reich Gottes – der Rest wird euch dazugegeben."

Heilungen

Aussätzige, Fieberkranke, Psychotiker, Gelähmte –
20 zahllose Kranke soll Jesus geheilt haben. Der Glaube an Wunderheilungen ist fester Bestandteil der jüdischen und (bis heute) der christlichen Tradition. Die Erklärung, die Jesus zu seinen Heilungen gibt: Nicht ich – sondern dein Glaube hat dir geholfen.

25 #### Die Bergpredigt

Sie gilt als ein Höhepunkt und Konzentrat der christlichen Lehre – die Ansprache, die Jesus schon kurz nach Beginn seiner Tätigkeit als Wanderprediger hält.

[...] Berühmt ist die Bergpredigt durch ihre „Seligpreisungen", mit denen Jesus gerade die „Anti-Helden" 30 und sogar die Underdogs der Gesellschaft anspricht: Selig sind die schlichten Gemüter, die Verfolgten, die sanftmütigen, friedfertigen und von der Mühsal ihres Lebens schwer beladenen Menschen, sagt er, denn sie alle sind Gott besonders nahe. 35

Der gute Hirte

Ein Bild, das die fromme Kunst des Alten Europa stark geprägt hat: Jesus trägt in den Armen ein verlorenes Schaf, das er geduldig gesucht und endlich gefunden hat. Mit dem Gleichnis vom guten Hirten beschreibt 40 Jesus die Liebe Gottes zu unterschiedslos allen Menschen. Jeder zählt, egal, wie arm, ungebildet oder rechtlos – dieser Gedanke ist nicht nur tröstlich, sondern für das hierarchische Denken der damaligen Zeit sehr überraschend. 45

Frauen

Für die streng patriarchalische Zeit sehr ungewöhnlich: Zu den Anhängern Jesu gehören von Anfang an Frauen. Eine der berühmtesten Frauengestalten ist die „Sünderin", die Jesus – während er gerade isst – 50 spontan den Kopf mit kostbarem Öl salbt, seine Füße wäscht und küsst. Die Männer am Tisch reagieren unwillig. Warum lässt sich der Meister von einer „unreinen" Frau berühren? Die Antwort Jesu verschlägt ihnen die Sprache: „Ihre Sünden sind ihr vergeben, weil sie mir so viel Liebe gezeigt hat." 55

Die letzten Stationen

Zu Lebzeiten Jesu ist Jerusalem wie ganz Palästina Teil des Römischen Reiches. Die Oberhoheit hat der Prokurator Pontius Pilatus. Die politische und religi-60 öse Elite der Stadt versucht, sich mehr oder weniger mit der römischen Besatzungsmacht zu arrangieren. Herzstück der Stadt ist der Tempelberg, auf dem Priester und Schriftgelehrte das Sagen haben. Selbstverständlich zieht es auch Jesus dorthin. 65

Aufruhr im Tempel

Der Tempel von Jerusalem, einer der größten Prachtbauten im östlichen Mittelmeerraum, ist nicht nur ein Ort des Gebets, sondern auch des Handels. Viele Geldwechsler haben hier Stände, denn im Tempel kann man 70 nur mit Silbermünzen aus Tyrus zahlen. Die Pilger kaufen Devotionalien, Opfertauben und müssen Tem-

pelgebühren entrichten. Jesus, der ein sehr kritisches Verhältnis zum „Mammon" hat, empfindet die Geschäftemacherei als Beleidigung für die Heiligkeit des Ortes. Zornig kippt er die Tische einiger Geldwechsler und Taubenverkäufer um. Als die Priester davon erfahren, sind sie empört! Die Schlinge um Jesus zieht sich zu.

Anklage

Nach der Gefangennahme wird Jesus in das Haus des Hohepriesters Kaiphas gebracht. Ob dort auch die Gerichtsverhandlung vor dem „Hohen Rat" stattfand, ist unbekannt. Der Rat, eine Versammlung angesehener Schriftgelehrter, Priester und Honoratioren, hat das Recht, bestimmte innerjüdische Probleme ohne Absprache mit der römischen Obrigkeit zu regeln. Jesus wird der Gotteslästerei bezichtigt. Zeugen werden gehört, die diese Anklage stützen. Als man Jesus fragt, ob er der Sohn Gottes sei, antwortet er: „Ihr sagt es, ich bin's!" Diese Worte bedeuten den Tod.

Todesurteil

Weil der Hohe Rat kein Todesurteil aussprechen darf, wird Jesus zu Pontius Pilatus gebracht. Vor ihm klagen sie Jesus als Aufrührer und Steuersünder an. Jesus verteidigt sich nicht, Pilatus ist irritiert und ratlos. Erst als die Schriftgelehrten ihn erpressen – er mache sich selbst des Verrats am Kaiser schuldig –, verurteilt er Jesus zum Tod.

Kreuzigung

In aller Eile soll das Todesurteil vollstreckt werden, denn der Sabbat naht. Bevor er sich auf den Weg zur Richtstätte machen muss, wird Jesus angespuckt, ausgelacht und gefoltert. Gefolgt von einer johlenden Menschenmenge trägt er sein Kreuz zum westlich gelegenen Golgatha. [...]

Sterben

Gegen neun Uhr morgens ist Jesus ans Kreuz genagelt worden – gegen drei Uhr nachmittags stirbt er. Selbst die hartgesottenen Römer bezeichnen den Kreuzestod als schrecklich. Noch am Kreuz zeigt Jesus seine unerschütterliche Nächstenliebe: „Vater, vergib ihnen, denn sie wissen nicht, was sie tun", sagt er, als anwesende Soldaten und Priester ihn verhöhnen.

M1/M2: Sabine von Schwabenthan / P. J. Blumenthal

M3 **Jeder ist willkommen**

Aufgaben

1 Untersucht in arbeitsteiliger Gruppenarbeit, warum uns Jesus auch heute noch nicht loslässt. ➜ M1/M2

2 Welche Typen sind wohl auf dem Bild dargestellt? Versetzt euch in ihre Lage und stellt szenisch dar, was sie über Jesus denken. ➜ M3 **B**

3 M1 Der barmherzige Samariter

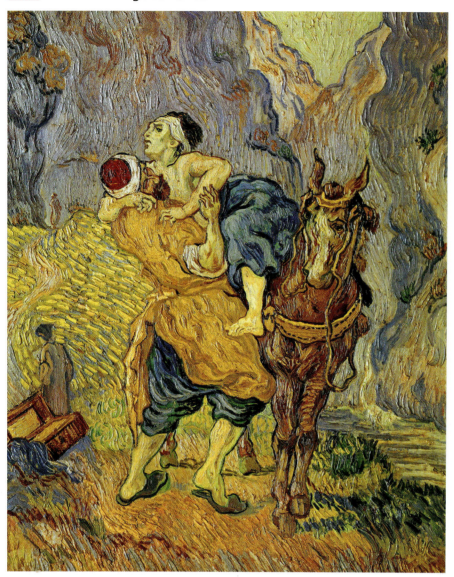

Vincent van Gogh, Der barmherzige Samariter, 1890

Jesus sagte zu ihm: Du hast richtig geantwortet. Handle danach und du wirst leben.

Der Gesetzeslehrer wollte seine Frage rechtfertigen und sagte zu Jesus: Und wer ist mein Nächster? Darauf antwortete ihm Jesus: Ein Mann ging von Jerusalem nach Jericho hinab und wurde von Räubern überfallen. Sie plünderten ihn aus und schlugen ihn nieder; dann gingen sie weg und ließen ihn halb tot liegen. Zufällig kam ein Priester denselben Weg herab; er sah ihn und ging weiter. Auch ein Levit kam zu der Stelle; er sah ihn und ging weiter. Dann kam ein Mann aus Samarien, der auf der Reise war. Als er ihn sah, hatte er Mitleid, ging zu ihm hin, goss Öl und Wein auf seine Wunden und verband sie. Dann hob er ihn auf sein Reittier, brachte ihn zu einer Herberge und

M2 Das Beispiel des Samariters

Da stand ein Gesetzeslehrer auf, und um Jesus auf die Probe zu stellen, fragte er ihn: Meister, was muss ich tun, um das ewige Leben zu gewinnen?

Jesus sagte zu ihm: Was steht im Gesetz? Was liest du dort?

Er antwortete: *Du sollst den Herrn, deinen Gott, lieben mit ganzem Herzen und ganzer Seele, mit all deiner Kraft und all deinen Gedanken, und: Deinen Nächsten sollst du lieben wie dich selbst.*

sorgte für ihn. Am andern Morgen holte er zwei Denare hervor, gab sie dem Wirt und sagte: Sorge für ihn, und wenn du mehr für ihn brauchst, werde ich es dir bezahlen, wenn ich wiederkomme.

Was meinst du: Wer von diesen dreien hat sich als der Nächste dessen erwiesen, der von den Räubern überfallen wurde?

Der Gesetzeslehrer antwortete: Der, der barmherzig an ihm gehandelt hat. Da sagte Jesus zu ihm: Dann geh und handle genauso!

Lukas 10,25–37

M3 Liebe ohne Schranken

Ihr habt gehört, dass gesagt worden ist: *Du sollst deinen Nächsten lieben* und deinen Feind hassen. Ich aber sage euch: Liebt eure Feinde und betet für die, die euch verfolgen, damit ihr Söhne eures Vaters im Him-
5 mel werdet; denn er lässt seine Sonne aufgehen über Bösen und Guten, und er lässt regnen über Gerechte und Ungerechte. Wenn ihr nämlich nur die liebt, die euch lieben, welchen Lohn könnt ihr dafür erwarten? Tun das nicht auch die Zöllner? Und wenn ihr nur
10 eure Brüder grüßt, was tut ihr damit Besonderes? Tun das nicht auch die Heiden? Ihr sollt also vollkommen sein, wie es auch euer himmlischer Vater ist.

Matthäus 5,43-48

Ihr habt gehört, dass gesagt worden ist: *Auge für Auge*
15 und *Zahn für Zahn.* Ich aber sage euch: Leistet dem, der euch etwas Böses antut, keinen Widerstand, sondern wenn dich einer auf die rechte Wange schlägt, dann halt ihm auch die andere hin. Und wenn dich einer vor Gericht bringen will, um dir das Hemd weg-
20 zunehmen, dann lass ihm auch den Mantel. Und wenn dich einer zwingen will, eine Meile mit ihm zu gehen, dann geh zwei mit ihm. Wer dich bittet, dem gib, und wer von dir borgen will, den weise nicht ab.

Matthäus 5,38-42

25 Ein neues Gebot gebe ich euch: Liebt einander! Wie ich euch geliebt habe, so sollt auch ihr einander lieben. Daran werden alle erkennen, dass ihr meine Jünger seid: wenn ihr einander liebt. *Johannes 13,34-35*

M4 Feindesliebe – geht das?

Schließlich will ich nicht, dass die Mutter den Peiniger umarmt, der ihren Sohn von den Hunden zerreißen ließ! Sie darf sich nicht unterstehen, ihm zu verzeihen! Wenn sie will, mag sie verzeihen, soweit es sie selbst
5 angeht; sie mag dem Peiniger ihr maßloses Mutterleid verzeihen: aber die Leiden ihres zerfleischten Kindes zu verzeihen, hat sie kein Recht; sie darf es nicht wagen, dem Peiniger zu verzeihen, auch wenn das Kind selber ihm verziehe. *Fjodor Dostojewski*

Ich weiß auch, dass eure Lehren, die im sogenannten 10 Evangelium stehen, so erhaben und groß sind, dass, wie ich glaube, kein Mensch sie beachten kann; mit Interesse habe ich sie nämlich gelesen.

Tryphon nach Justinus

Gewiss ist es nicht leicht, seine Feinde zu lieben. Dass 15 es möglich ist, bewies der 2005 verstorbene Papst Johannes Paul II. Im Juli 1981 überlebte er schwer verletzt ein Attentat. Bereits wenige Tage nach dem Unglück äußerte er sich zu dem Vorfall und besuchte den Attentäter später in der Haft. 20
„Ich bete für den Bruder, der auf mich geschossen hat. Ich habe ihm von Herzen verziehen."

Spiegel Spezial 03/2005

Das Gebot der Nächsten- und Feindesliebe

Nächstenliebe (gr. *agape*, lat. *caritas*) bedeutet, dass man den Anderen so annimmt, wie er ist, und ihm bedingungslos Gutes tut. Sie zeigt sich z. B. darin, dass man sich denen zuwendet, die am Rande der Gesellschaft stehen (Arme, Behinderte etc.). Nächstenliebe ist nicht an Grenzen gebunden und soll sogar die Menschen mit einbeziehen, die einem feindlich gesonnen sind. Durch das Gebot der Nächsten- und Feindesliebe wendet sich Jesus gegen das alttestamentarische „Auge um Auge, Zahn um Zahn".

---

1 Beschreibt die vier Personen auf dem Bild. Welche Situation aus dem Gleichnis wird im Bild dargestellt? ➔ M1/M2

2 Versetzt euch in die Lage der Personen aus dem Gleichnis und überlegt, welche Gedanken ihnen durch den Kopf gehen. ➔ M1/M2

3 Beurteilt das Verhalten der Personen. ➔ M1/M2

4 Findet Beispiele für „Samariter" in der heutigen Zeit und erstellt dazu eine Collage. ➔ M1/M2

5 Welchen Stellenwert haben „Gottesliebe" und „Nächstenliebe" in Bezug auf die Zehn Gebote (vgl. 2. Moses 20,3-17)? ➔ M2/M3

6 Vergleicht die unterschiedlichen Auffassungen zur Feindesliebe und nehmt Stellung dazu. ➔ M4

Aufgaben

4 M1 Das Endgericht

M2 Das Gleichnis vom Senfkorn

Er sagte: Wem ist das Reich Gottes ähnlich, womit soll ich es vergleichen? Es ist wie ein Senfkorn, das ein Mann in seinem Garten in die Erde steckte; es wuchs und wurde zu einem *Baum und die Vögel des Himmels nisteten in seinen Zweigen.* Lukas 13,18-19

M3 Reich Gottes – jetzt oder später?

Lebenswert : Herr Zink, Sie als Theologe können uns doch sicher ganz genau sagen, was das „Reich Gottes" eigentlich ist.

Zink: Nun, ich will es gerne versuchen, aber ganz so
5 einfach ist das nicht. Denn normalerweise scheiden sich die Gemüter daran, dass die einen sagen: Das Reich Gottes ist nichts anderes als ein Ausdruck für ein friedliches und gerechtes Miteinander, das wir auf dieser Erde verwirklichen sollen ...

10 *Lebenswert* : ... das meint Jesus wohl auch, wenn er sagt: „Das Reich Gottes ist (schon) mitten unter euch" (Lukas 17,21), oder?

Zink: Ja, andererseits gibt es aber auch diejenigen, die meinen: Das Reich Gottes kommt erst, wenn die Welt
15 untergegangen ist. Es ist noch nicht angebrochen und löst diese Welt nach dem Ende ihrer Geschichte ab ...

Lebenswert : ... schließlich heißt es im Vater unser ja auch: „Dein Reich komme." Das sind ja nun zwei völlig unterschiedliche Sichtweisen. Welcher von bei-
20 den stimmen Sie denn zu?

Zink: Keiner. Ich denke, dass die einen die Erwartung der zukünftigen Gottesherrschaft und die anderen die soziale und politische Dimension des Reichs Gottes außer Acht lassen.

25 *Lebenswert* : Sie selbst halten das Reich Gottes demnach für zukünftig und gegenwärtig?

Zink: Ja genau: Es scheint mir kein Zufall zu sein, dass in den Aussagen Jesu die Gegenwart und die Zukunft immer wieder ineinander fließen. Sie haben ja selbst
30 zwei entsprechende Zitate angeführt. Ich verstehe die Verknüpfung so: Weil die Gottesherrschaft im Kommen ist, hat sie schon Einfluss auf das gegenwärtige Leben der Menschen. Dies kann sich zum Beispiel darin äußern, dass wir Christen uns gegen Lüge und
35 Gewalt, Terror und Ausbeutung wenden.

Lebenswert : Herzlichen Dank für Ihre Ausführungen.

M4 Paradies

Wer kann schon sagen, was mit uns geschieht,
vielleicht stimmt es ja doch,
dass das Leben eine Prüfung ist,
in der wir uns bewähren sollen.

Nur wer sie mit Eins besteht,
darf in den Himmel kommen.
Für den ganzen dreckigen Rest
bleibt die Hölle der Wiedergeburt.

Als Tourist auf Ibiza,
als Verkehrspolizist,
als ein Clown in einer Zirkusshow,
den keiner sehen will.

Um diesem Schicksal zu entfliehen,
sollen wir uns redlich bemühen,
jeden Tag mit 'nem Gebet beginnen
an Stelle von Aspirin.
Nur wer immer gleich zum Beichtstuhl rennt,
als wär es ein Wettlauf,
und dort alle seine Sünden nennt,
der handelt einen Freispruch aus.

Ich will nicht ins Paradies,
wenn der Weg dorthin so schwierig ist.
Ich stelle keinen Antrag auf Asyl,
meinetwegen bleib ich hier. [...]

Ich will nicht ins Paradies,
wenn der Weg dorthin so schwierig ist,
wer weiß, ob es uns dort besser geht –
hinter dieser Tür.

Die Toten Hosen

---

1 Was würde Jesus der jungen Frau auf ihre Frage antworten? → M1

2 Überlegt, was der Vergleich mit dem Senfkorn über das Reich Gottes aussagt. → M2

3 Fertigt ein Schaubild an, aus dem hervorgeht, wie der Theologe Jörg Zink das Reich Gottes versteht. → M3

4 Erläutert, welche Haltung die Toten Hosen zum Paradies haben und warum. → M4

5 Bildet Kleingruppen und diskutiert in Schreibgesprächen, wie plausibel ihr die verschiedenen Sichtweisen findet. Tragt eure wichtigsten Argumente anschließend im Plenum zusammen. → M3/M4

S

Aufgaben

5

M1 Aufträge Jesu

Einmal sagte Jesus zu Petrus, der ihn als Messias erkannt hatte: „Du bist Petrus, der Fels, und auf diesen Felsen will ich meine Kirche bauen."

nach Matthäus 16,18

Beim letzten Abendmahl mit seinen Jüngern nahm Jesus das Brot, reichte es ihnen und sagte: „Nehmt und esst; das ist mein Leib." Dann nahm er den Kelch, sprach das Dankesgebet und reichte ihn den Jüngern mit den Worten: „Trinkt alle daraus; das ist mein Blut, das Blut des Bundes, das für viele vergossen wird zur Vergebung der Sünden. Tut dies zu meinem Gedächtnis!"

nach Matthäus 26,20-28 und Lukas 22,17-19

Nach seiner Auferstehung erschien Jesus am See Tiberius dem Simon Petrus und sagte zu ihm, nachdem dieser sich zu ihm bekannt hatte: „Weide meine Lämmer!"

nach Johannes 21,15

M2 Von Jesus zum Christentum

Sophie: Du, Theo, ich habe da eine Frage, die mir nicht aus dem Kopf geht. Vielleicht kannst du mir sie als angehender Priester ja beantworten: Jesus war doch Jude und wollte den jüdischen Glauben reformieren.
5 Wie ist es denn zur Entstehung einer neuen Religion, dem Christentum, gekommen?

Theo: Also, nach der Hinrichtung Jesu praktizierten die Männer und Frauen, die sich Jesus angeschlossen hatten, die Lebenshaltung, die er ihnen vermittelt hatte,
10 weiterhin. Es handelte sich um verstreute Gruppen, die kein Bedürfnis hatten, sich vom Judentum abzugrenzen. Sie verstanden sich als Juden, gingen zur Synagoge und befolgten die Thora, die überlieferten religiösen Vorschriften.
15 Als sich in Jerusalem eine Gemeinde von Jesus-Anhängern bildete, kam es dort bald zu Spannungen zwischen einheimischen Anhängern, den Hebräern, und Anhängern aus dem griechischsprachigen Ausland, den Hellenisten. Diese hatten ein gelockertes,

teilweise auch kritisches Verhältnis zur Thora und 20 wurden deshalb eines Tages von den Hebräern der Stadt verwiesen.

Sophie: Und dann sind die Betroffenen in andere Städte gezogen, wo sie ihren Glauben ausüben konnten?

Theo: Genau, einige wurden bis nach Phönizien, in 25 den heutigen Libanon, auf die Insel Zypern und in die Stadt Antiochia in der heutigen Südtürkei verstreut. Dort wurden sie nicht als Juden angesehen, weil sie sich von den jüdischen Synagogen fernhielten, und so fand man einen eigenen Namen für sie. 30 Weil sie immer von Jesus als „Christos", d. h. dem „Gesalbten" sprachen, nannte man sie Christen.

Sophie: Aber das Zentrum der Christen ist doch heute Rom? Wie kamen die Christen denn dorthin?

Theo: Das hat vor allem mit Paulus zu tun, der ur- 35 sprünglich Saulus hieß. Als gesetzestreuer Jude verfolgte er zunächst die Anhänger Jesu mit großem Hass, bis ihm – wie berichtet wird – in Damaskus Jesus

erschien und er sich zum Christentum bekehrte. Von
40 da ab nannte er sich Paulus und verstand sich als Ver-
künder des Christentums für alle Völker. Er und Petrus
und noch einige andere bereisten als Missionare den
gesamten östlichen Mittelmeerraum, wo viele christliche Gemeinden entstanden, so auch in Rom. Als Zei-
45 chen der Aufnahme in die Gemeinde genügte es jetzt,
sich taufen zu lassen; die Beschneidung, die noch bei
jüdischen Männern üblich war, entfiel. Damit setzte
sich das Christentum endgültig vom Judentum ab.
Übrigens sollen sowohl Petrus als auch Paulus von
50 den Römern gefangen genommen, nach Rom überführt
und dort hingerichtet und begraben worden sein.
Sophie: Der Petersdom wurde nach ihm benannt?
Theo: Ja, er soll direkt über seinem Grab errichtet
worden sein.
55 **Sophie:** Aber wieso wurden denn die Christen überhaupt von den Römern verfolgt?
Theo: Das Christentum wurde im römischen Reich als
Gefährdung der Sitten und Bedrohung der öffentlichen Ordnung wahrgenommen. Daher waren die
60 Christen nicht sehr beliebt. Dann kam es im Jahr 64
in Rom zu einem verheerenden Brand, bei dem zehn
von vierzehn Stadtteilen vernichtet wurden, und Kaiser Nero beschuldigte die Christen als Brandstifter. Er
ließ viele von ihnen gefangen nehmen und am Kreuz
65 hinrichten. Von da an versteckten sich die Christen in
Rom in unterirdischen Gewölben, den Katakomben.
Sophie: Aber irgendwann wurde das Christentum
dann doch die herrschende Religion?
Theo: Ja, die Christenverfolgung hörte 313 auf, als
70 Kaiser Konstantin allen Bürgern Roms Religionsfreiheit gewährte. Das hängt damit zusammen, dass er
eine Schlacht im Zeichen des Sonnengottes gewonnen
hatte und den Tag, an dem er verehrt wird und auch
die Christen ihren Gottesdienst feiern, zum gesetzlichen
75 Ruhetag machte. Er ließ seine Söhne christlich erziehen, und unter Konstantin II. begann dann eine Entwicklung, die das Christentum schließlich zur Staats-
religion werden ließ. Es verbreitete sich in allen Teilen
des römischen Reiches, also auch bis nach West- und
80 Nordeuropa, von da aus auch auf alle anderen Konti-
nente. Heute ist es mit rund 2,26 Milliarden Anhängern
die am meisten verbreitete Religion der ganzen Erde.

M3 **Der oberste Hirte**

Hast du dich einmal gefragt, warum der Papst eigentlich Papst heißt? Das Wort *Papst* kommt von lat. *papa*,
was Vater bedeutet. Der Papst ist also gewissermaßen
der Vater aller Christen. Er versteht sich als Nachfolger
von Petrus und als Stellvertreter Gottes auf Erden. 5
Der Papst ernennt die Bischöfe, die wiederum Priester
berufen. Er selbst wird nicht ernannt, sondern von
einem Konklave gewählt. Das ist eine Versammlung
von besonderen Bischöfen, den Kardinälen, die sich
einschließen, bis sie sich auf einen aus ihrer Mitte 10
geeinigt haben. Durch weißen Rauch, der durch das
Verbrennen von Stroh im Kamin entsteht, wird dann
aller Welt signalisiert, dass es einen neuen Papst gibt.
Dem Papst wird Unfehlbarkeit nachgesagt, allerdings
nur in Glaubensfragen. Als Mensch kann er natürlich
Fehler machen wie wir alle. 15

1 Formuliert eigene Fragen zu der Abbildung und den
Bibelzitaten. ➜ M1
2 Sucht in den nachfolgenden Texten Antworten zu euren
Fragen aus Aufgabe 1. Recherchiert zu dem, was euch
noch unklar ist, im Internet. ➜ M2/M3
3 Schreibt die einzelnen Stationen der Entwicklung des
Christentums auf Kärtchen und ordnet diese richtig an
(z. B. auf einer Leine). ➜ M2
4 Beschreibt und diskutiert die Rolle des Papstes in der
Kirche. ➜ M3

Aufgaben

6

M1 Sag mal, ...

Beck Cartoons

M2 Mönchsgezänk

1517. Martin Luther nimmt in der Wittenberger Stadt-
kirche die Beichte ab und bekommt Scheine präsentiert, immer mehr. Auf so einem Schein steht etwa:
„Wir tun kraft der uns verliehenen Gewalt durch die-
5 sen Brief kund und zu wissen, dass der M. Menner
von dem von ihm verübten Totschlag freigesprochen
ist. Wir befehlen allen und jedem Einzelnen, kirchli-
chen Amtspersonen und Laien, dass niemand diesen
M. Menner irgendwie wegen dieses Totschlages an-
10 klage, verurteile oder verdamme. Kostenpunkt: 7 Dukaten." Unterschrift: der Papst.
Ein Ablassbrief, verkauft vom Dominikanermönch
Johann Tetzel. Luther ist die Ablasspraxis seit langem
bekannt. Tetzel bewirbt seinen Handel mit dem Spruch:
15 „Sobald das Geld im Kasten klingt, die Seele in den
Himmel springt!" Es ist auch bekannt, dass mit dem
Geld der Bau des Petersdoms in Rom finanziert wer-
den soll. Aber sieben Dukaten für einen Totschlag?
Straffreiheit nicht nur im Himmel, sondern schon auf
20 Erden, nur weil sieben Dukaten bezahlt wurden?
Einen Dom zur Ehre Gottes mit Blutgeld erbauen?
Luther tobt und weigert sich, den Beichtenden ihre
Sünden zu erlassen. Daraufhin gehen diese zu Tetzel
und beschweren sich über Luther. Nun ist es Tetzel,
25 der wütet und tobt und ankündigt, er werde jeden
Ketzer, der der heiligen katholischen Kirche, dem
Papst und seinem Ablass entgegenträte, verbrennen.

M3 Gegen die katholische Kirche

Das – wie es scheint, kleine – Mönchsgezänk zwischen Luther und Tetzel hat dramatische Folgen. Dadurch kommt eine
Maschinerie in Gang, die schließlich zur
Reformation und zur Kirchenspaltung führt. 5
Zunächst reagiert Luther auf den Handel
mit Ablassscheinen am 31. Oktober 1517
mit dem berühmten Anschlag seiner 95
Thesen an die Tür der Wittenberger
Schlosskirche, in denen er sich mit der 10
Frage nach der Buße und der Ablasspraxis
auseinandersetzt. Als Geistlicher fühlt er
sich dafür verantwortlich, die unwissen-
den Menschen vor der falschen Hoffnung
zu bewahren, sich vom Fegefeuer freikau- 15
fen zu können. Außerdem will Luther eine
öffentliche Diskussion über den Ablass, vor allem
über die Frage, warum der Papst Geld nimmt für den
Sündenerlass. Wenn er schon die Macht hat, Sünden
zu vergeben, warum erlässt er sie dann nicht den 20
Menschen aus Liebe und Barmherzigkeit? Oder, und
da kündigt sich bereits der spätere, schärfere, den
Papst nicht fürchtende Luther an: Warum erbaut der
Papst, der reicher ist als die reichsten Leute, nicht den
Petersdom mit seinem eigenen Geld? 25
Luthers Thesen verbreiteten sich sehr schnell. Er hat
auch keine Angst, sich mit dem Papst anzulegen. So
schreibt Luther ihm, dass alles, was Päpste in den
vergangenen zwölfhundert Jahren verkündet und
gelehrt, was Konzilien beschlossen und Kurien ver- 30
ordnet haben, Menschenwerk und daher nur verbind-
lich sei, wenn es mit der Bibel in Einklang stehe. Die
Bibel, die Schrift, das Wort Gottes, sei die allein verbindliche Verfassung für
den Christenmenschen.
Rom antwortet ihm mit
gelassener Arroganz, der
Papst sei als Stellvertreter
Gottes auf Erden unfehl-
bar und folglich sei, „wer
im Blick auf Ablässe sagt,
die römische Kirche dürfe
nicht das tun, was sie tat-

sächlich tut", ein Ketzer. Basta. Luther bezeichnet
45 daraufhin den Papst als „Antichrist" und die römische Kurie als „Satansschule". Rom fordert Luther
auf, seine Behauptungen zu widerrufen, und alles sei
wieder im Lot. Doch nicht für Luther. „Niemals", sagt
er. Dieser Luther wird sich nichts und niemandem
50 mehr beugen. Er lässt nur noch einen Herrn über sich
zu: Gott.
Damit hat Luther endgültig mit der katholischen
Lehre gebrochen. Rom versucht weiterhin, Luther
zum Schweigen zu bringen. Weil der Mönch aber
55 partout nicht widerrufen will, wird der Bann über ihn
gesprochen. Luther muss sich verstecken und kommt
als Junker Jörg auf der Wartburg unter, wo er eine
weitere Großtat vollbringt. Er übersetzt das Neue
Testament ins Deutsche.
60 Im Reich aber zeigt sich, dass Luthers Ideen auch
ohne ihn weiterwirken. Wieder in Wittenberg, zieht
er die Mönchskutte aus und ruft die Klosterbrüder
auf, es ihm gleichzutun, denn die Möncherei sei in
der Bibel nicht verlangt. Scharenweise folgen Mön-
65 che und Nonnen seinem Aufruf. Als Luther am 13.
Juni 1525 die entlaufene Nonne Katharina von Bora
heiratet, ist dies allein schon eine skandalträchtige
Tat. Aber Luther wäre nicht Luther, wenn er es nicht
verstünde, immer noch eins draufzusetzen: Er muss
70 heiraten, denn seine Katharina erwartet ein Kind. Der
Skandal ist perfekt.
Die allumfassende Macht der römischen Kirche ist
gebrochen. Sie kann Luther nichts mehr anhaben. Die
Heirat zwischen Mönch und Nonne war Luthers vor-
75 letzte reformatorische Tat. Die letzte Tat vollbringt er
gemeinsam mit seiner Frau Katharina: Die Art, wie
beide das Pfarrhaus führen, wird zum Urbild protes-
tantischer Pfarrhäuser in Deutschland. Hier werden
nun die Kinder erzogen, findet christliches Familien-
80 leben statt. In solch friedlicher Umgebung verbringt
Luther den Rest seines Lebens, bis er 1546 stirbt.
Im Jahr 1555 ist Deutschland zu neunzig Prozent
evangelisch. Es gibt jetzt offiziell zwei Kirchen. Also
auch zwei Wahrheiten. Wenn es aber zwei Wahrhei-
85 ten gibt, kann es dann nicht auch drei, vier, viele
Wahrheiten geben? Oder vielleicht gar keine, jedenfalls keine absolute?   *M2/M3: nach Christian Nürnberger*

M4 Vielfalt der Kirchen

Baptisten

Anglikaner

Evangelisch-methodistische Kirche
Methodisten

AMG
Mennoniten

Alt-Katholisch

Orthodoxe Kirche

Aufgaben

1 Worin besteht die Pointe des Witzes, und was will der Karikaturist zum Ausdruck bringen? ➔ M1
2 Erklärt, was Ablassscheine sind und warum es zwi-schen den Mönchen Tetzel und Luther deshalb einen Streit gegeben hat. ➔ M2
3 Stellt dar, welchen Beitrag Luther zur Reformation geleistet hat und welche wichtigen Änderungen sich dadurch für eine große Zahl von Christen ergeben haben. ➔ M3
4 Recherchiert, welche christlichen Kirchen es sonst noch gibt. Erstellt anschließend auf einer Wandzeitung eine Übersicht der Kirchen und ihrer zentralen Merkmale. Berücksichtigt dabei auch die römisch-katholische und die evangelisch-lutherische Kirche. (Zu Freikirchen siehe auch die Website der Vereinigung evangelischer Freikirchen: www.vef.de) ➔ M4   **WZ**

Projekt: Kirchen   **P**
- - - - - - - - -
Besucht evangelische und katholische Kirchen, macht Fotos und dokumentiert die Unterschiede in der Einrichtung der Gotteshäuser.
Ladet Geistliche beider Konfessionen in den Unter-richt ein und sprecht mit ihnen darüber, wie diese Unterschiede zu erklären sind.

1

M1 **Weihnachten daheim?**

Einige Freunde chatten über ihre Pläne am Heiligen Abend:

320. Micki schrieb am 15. 12. 2011 um 17:22 Uhr:

Hallo allerseits – wer von euch ist an Weihnachten @home? Vielleicht können wir uns ja auch sehen? Gibt es irgendwelche Pläne?

321. Micki schrieb am 15. 12. 2011 um 17:33 Uhr:

Sorry, die Weihnachtsgrüße ganz vergessen! Also: Grüße an alle!

322. Jack schrieb am 17. 12. 2011 um 14:20 Uhr:

Gruß zurück! Wie fändet ihr denn am Heiligabend „Back to the Roots" im Tropi?

323. hansolo schrieb am 17. 12. 2011 um 17:40 Uhr:

ich fänd's toll, wenn wir uns heiligabend im tropi treffen könnten!

324. luke schrieb am 19. 12. 2011 um 21:25 Uhr:

sorry... heiligabend kann ich nicht – wegen der familie! meine mutter fände das nicht sehr cool, wenn ich da abtauchen würde. aber sonst immer gerne im tropi. wünsch euch eine schöne weihnachtsfeier, wo auch immer! ☺

325. angel schrieb am 20. 12. 2011 um 16:59 Uhr:

Weihnachten und Heiligabend ist bei uns grundsätzlich Familie angesagt, da kenn ich nix. Aber am 23. wäre Party absolut supi. Was meint ihr?

M2 **Ein Fest der Hektik und des Konsums?**

Besinnliches Beisammensein unter dem liebevoll mit selbstgebastelten Strohsternen geschmückten Tannenbaum, fröhliche Familienzusammenkunft im weihnachtlich dekorierten Wohnzimmer [...]. Weihnachten.
5 Das Fest der Liebe, des Friedens und der Familie. Ich glaube davon kein Wort. Ich kenne Weihnachten, jawohl. [...]
Meistens beginnt die größte Geburtstagsparty der Welt ja ungefähr im September. Endlich gibt es Schoko-
10 weihnachtsmänner und Lebkuchen, na, Gott sei Dank! Bei 25 Grad und Sonnenschein brauche ich nichts dringender ... Aber ich will schließlich nicht unfair sein. Weihnachten ist für die meisten Menschen das Highlight des Jahres. Für mich beginnt das Fest der
15 Liebe am 23. Dezember. Weihnachtsbasare, -märkte und unglaublich besinnliche Konzerte ignoriere ich

bis dahin erfolgreich. Doch am Tag vor Heiligabend kann auch ich mich nicht mehr wehren. [...] Also renne ich los und kaufe bergeweise Geschenke. [...]
Ich gebe zu: Die Feiertage sind ein Härtetest für 20 meine Nerven. Nach 22 Jahren Weihnachtserfahrung kann ich sagen: Ich bin stark. Ich bin tapfer. Ich habe Nerven wie Drahtseile. Putzaktionen, Krippenspiele, Flötendarbietungen unmusikalischer Verwandter – ich kann alles ertragen. Ich überlebe das Heilig- 25 abend-Fondue [...]. Ich überlebe die Bescherung [...]. Am späten Abend können wir endlich fliehen. Es ist der Abend des zweiten Weihnachtstages. Und dann kommt endlich der wirklich friedliche Teil von Weihnachten. Meine Eltern, meine Schwester und ich sitzen 30 gemeinsam im Schlafanzug vor dem Fernseher.

www.eisbergonline.de

M3 Weihnachten – Fest des Friedens

Erster Weltkrieg an der Westfront: Britische und deutsche Soldaten legen über Weihnachten die Waffen nieder und begehen ein gemeinsames Weihnachtsfest auf dem Schlachtfeld:

Am Weihnachtsmorgen 1914 geschieht Unerhörtes. Frieden bricht aus mitten im Krieg. Als es dunkel wird, leuchten Tannenbäume auf dem Stacheldraht, die Feinde von gestern singen gemeinsam die Bot-
5 schaft von [...] Weihnachten [...], ein jeder in seiner Sprache, Lieder vom Frieden auf Erden. [...] Anfangs ist es nur einer, der „Stille Nacht, heilige Nacht" vor sich hin singt. Leise klingt die Weise von Christi Geburt, verloren schwebt sie in der toten Landschaft
10 Flanderns. Doch dann brandet Gesang wie eine Welle übers Feld, „[...] und von der ganzen langen dunklen Linie der Schützengräben klang es empor: ,Schlafe in himmlischer Ruh'‘". Diesseits des Feldes, hundert Meter entfernt, in den Stellungen der Briten, bleibt es
15 ruhig. Die deutschen Soldaten aber sind in Stimmung, Lied um Lied ertönt ein Konzert aus „Tausenden von Männerkehlen rechts und links" [...]. Als der letzte Ton verklungen ist, warten die drüben noch eine Minute, dann beginnen sie zu klatschen und „*Good,*
20 *old Fritz*" zu rufen, und: „*Encore, encore*", „*More, more*". Zugabe, Zugabe. Die derart hoch gelobten Fritzens antworten mit „*Merry Christmas English-men*" und „*We not shoot, you not shoot*", und was sie da rufen, das meinen sie ernst. *Michael Jürgs*

M4 Weihnachten weltweit

Weihnachten wird – je nach Land – ganz unter-schiedlich gefeiert. In den USA steht nicht so sehr das religiöse Fest der Geburt Jesu als vielmehr der Kon-sum im Vordergrund. So kommt Santa Claus in der
5 Nacht vom 24. auf den 25. Dezember durch den Kamin, um neben die dort angebrachten *stockings* Berge an Geschenken zu legen. Geschenke gibt es z. B. auch in den Niederlanden und Belgien. Dort werden sie von Sintaklaas und seinem Helfer, dem Zwarte
10 Piet bereits am 6. Dezember gebracht, während der 25. Dezember dem religiösen Ereignis vorbehalten ist. Ohne Konsum geht das Weihnachtsfest in Mexiko vonstatten und dauert vom 15.-24. Dezember. In die-

Weihnachten in der Streichholzschachtel: eine Weihnachtskrippe armer Menschen in Kolumbien

ser Zeit wird die Suche von Maria und Joseph nach einer Herberge von vielen Menschen auf den Straßen 15 nachgespielt. Man klopft an Türen, um vom Hausei-gentümer hereingebeten zu werden und ein Getränk und Früchte zu erhalten. Am 24. Dezember legen die Familien dann nach einem großen Mahl um Mitter-nacht das Jesuskind in die Krippe, um seine Geburt 20 anzuzeigen.

Selbst im buddhistisch geprägten Japan wird mittler-weile Weihnachten gefeiert, auch wenn es ein Fest ohne religiösen Bezug ist. Aber Weihnachtsfeiern sind mittlerweile sehr beliebt, weil sich Verliebte etwas 25 schenken und an den romantischen (von den großen Firmen gesponsorten) Weihnachtsbeleuchtungen vor-beispazieren. Außerdem gibt es eine weiße, mit Erd-beeren verzierte Weihnachtstorte, die ein Geschenk für das Christkind darstellen soll. 30

---

1 Führe den Chat fort, indem du deine eigenen Vorstel-lungen kurz mitteilst. → M1
2 Was ist der eigentliche Sinn von Weihnachten? Schreibt dazu einen eigenen Text. (Informiert euch gegebenen-falls in LebensWert 1, S. 159.) → M2
3 Diskutiert, inwiefern die Autorin dieser Glosse mit ihrer Meinung recht hat oder nicht. → M2
4 Sprecht darüber, wie man ein derartiges Verhalten er-klären kann. → M3
5 Erstellt eine Wandzeitung zum Thema: Advent und Weihnachten in aller Welt. → M4

Aufgaben

WZ

163

2

M1 Osterhase und Co.

Osterhase:

Er gilt als Symbol der Fruchtbarkeit.
Aber auch eine biblische Deutung ist möglich:
So ist in Psalm 104,18 die Rede von [...] Hasen
bzw. Kaninchen. In Byzanz galt der Hase
als Symbol für Jesus Christus.

nach www.kirchenweb.at

Gefärbte Ostereier:

Das Ei ist Symbol für Fruchtbarkeit und Leben.
Es verweist damit zu Ostern symbolisch auf das neue
Leben Jesu Christi nach seiner Auferstehung von den
Toten. In der Passionszeit verzichten Christen häufig auf
lieb gewonnene Gewohnheiten oder Genussmittel. In der
Vergangenheit auch auf Eier, die man als „flüssiges
Fleisch" betrachtete und die damit während der Fastenzeit verboten waren. Um Eier dennoch für die Zeit
nach Karfreitag haltbar zu machen, wurden sie
gekocht und eingefärbt. So unterschied man
sie auch von frischen Eiern.

nach www.ostern.at

Osterlamm / Lammfleisch essen:

Erinnerung an das Opfer Jesu Christi, Symbol für
Opfer, Tod und Auferstehung von den Toten. Das Lamm –
oder eine junge Ziege – ist Symbol der Wehrlosigkeit
gegen wilde Tiere, den Scherer und den Schlächter, es ist
das klassische Opfertier im Alten Testament. Auch Jesus
Christus wird als Lamm bezeichnet: „Siehe, das Lamm
Gottes, das die Sünden der Welt hinwegnimmt" (Joh 1,
29). Im christlichen Altertum legte man Lammfleisch
unter den Altar. Es wurde geweiht und am Aufer-
stehungstag als erste Speise verzehrt.

nach www.heiligenlexikon.de

M2 Um Ostern herum

Jens: Sag mal, Katrin, warum feiern wir überhaupt
Ostern?

Katrin: Du bist mir ja vielleicht ein toller Christ. Aber
ich will dir auf die Sprünge helfen. Ostern ist unser
höchstes Fest, weil wir die Auferstehung Jesu von den 5
Toten feiern. Jesus ist nämlich am dritten Tag nach
seinem Tod auferstanden. Seine Mutter und Maria
Magdalena fanden sein von römischen Soldaten
bewachtes Grab leer vor, als sie seinen Leichnam sal-
ben wollten. 10

Jens: Ach, so ist das. Aber mit Ostern hängen doch
auch irgendwie Gründonnerstag, die Fastenzeit und
Karfreitag zusammen, oder nicht?

Katrin: Mein Gott, du hast ja wirklich keine Ahnung.
Das erkennt man schon daran, dass du die Reihenfol- 15
ge der einzelnen religiösen Zeiten und Feiertage bis
zur Auferstehung Jesu nicht kennst. Die Zeit nach
Karneval, die mit dem Aschermittwoch beginnt, wird
als Vorbereitung auf das Osterfest betrachtet. Der
Name Aschermittwoch geht übrigens auf den Brauch 20
zurück, dass sich Menschen zum Bekenntnis ihrer
Verfehlungen Asche auf den Kopf streuten. Noch
heute gibt dir ein katholischer Pfarrer am Aschermittwoch das Aschekreuz auf die Stirn.

Jens: O.K. Das habe ich verstanden. Und mit dem 25
Aschermittwoch beginnt bestimmt die Fastenzeit.

Katrin: Richtig. Die Fastenzeit, die genau 40 Tage
dauert, symbolisiert wahrscheinlich die Zeitspanne,
die Jesus nach seiner Taufe allein in der Wüste verbracht und wo er Verzicht geleistet hat. Deshalb dür- 30
fen Christen in dieser Zeit eigentlich weder Fleisch
essen noch Alkohol trinken. Fisch und Wasser sind
dagegen erlaubt. Es handelt sich also um eine Zeit
der Neuorientierung. In der evangelischen Kirche
wird diese Fastenzeit als Passionszeit bezeichnet, weil 35
sie eine Vorbereitung auf das Leiden Christi darstellt.
Mit Passion sind seine Verurteilung zum Tode, sein
Leidensweg, auf dem er die Dornenkrone und sein
eigenes Kreuz bis zum Berg Golgatha tragen musste,
und seine Kreuzigung gemeint. 40

Jens: Und der Tag, an dem Jesu am Kreuz stirbt, ist
Karfreitag, nicht wahr?

Katrin: Ja, das stimmt zwar, aber dem Karfreitag geht

noch der Gründonnerstag voraus. Bevor du fragst,
45 will ich es dir lieber gleich sagen: Bis heute ist nicht
sicher geklärt, wo der Name herkommt oder wie er
entstanden ist. Wichtig ist aber zu wissen, dass am
Gründonnerstag alle christlichen Kirchen das letzte
Abendmahl Jesu mit seinen Jüngern am Abend vor
50 seiner Kreuzigung feiern. Vor dem Mahl hat Jesus
seinen Jüngern übrigens noch die Füße gewaschen.

Jens: Waaas? – Warum hat er das denn gemacht?

Katrin: Jesus wollte dadurch deutlich machen, dass in
einer Gemeinschaft jeder jedem dienen muss, auch
55 wenn man – wie er – Arbeiten übernimmt, die sonst
nur von Sklaven verrichtet werden.

Jens: Und was ist mit Karfreitag?

Katrin: Der folgt auf Gründonnerstag und ist der Tag
der Trauer. Der Name leitet sich von dem althoch-
60 deutschen Wort *kara* ab, das Klage, Kummer oder
Trauer bedeutete. Wir Christen denken an diesem
sehr stillen Tag an den Kreuzigungstod Jesu. Dazu
habe ich eine Abbildung:

Jens: Und die Osterzeit endet mit der Auferstehung,
65 oder?

Katrin: Oh nein, sie endet erst an Pfingsten. Davor
wird aber noch Christi Himmelfahrt gefeiert. Du solltest nämlich wissen, dass Jesus nach seiner Auferstehung noch 40 Tage auf der Erde blieb und seine
70 Jünger aufforderte, seine Botschaft in aller Welt zu
verkünden. Dann wurde er von einer weißen Wolke
umhüllt und zum Himmel emporgehoben. Vor den
Jüngern standen zwei Männer in weißen Gewändern
und sprachen: „Warum steht ihr hier und starrt zum
75 Himmel? Dieser Jesus ist nicht für immer fortgegan-
gen. So wie ihr ihn in den Himmel auffahren saht, so
wird er auch eines Tages zurückkommen." Die Jünger
mussten nicht lange warten, bis sie sich trennten und
in die verschiedensten Teile der Welt reisten.

Zu erklären, was es mit Pfingsten auf sich hat, dauert
etwas länger. Ich erzähle es dir ein anderes Mal.

1 Sprecht über die Bedeutung der Osterbräuche. Sucht
nach weiteren. → M1
2 Bring die einzelnen Stationen der Osterzeit in die richtige Reihenfolge. → M2
3 Diskutiert, welchen Sinn die Fußwaschung hat. → M2
4 Erläutere, was es bedeutet, wenn Jesus sagt: „Vater, in
deine Hände empfehle ich meinen Geist." → M2

Aufgaben

3 | M1 Einander verstehen

El Greco, Die Ausgießung des Heiligen Geistes (Ausschnitt), um 1605

Wenn Petrus und die Apostel noch einen letzten Beweis für ihren Glauben brauchten – jetzt erhalten sie ihn. Eines Tages, während sie alle versammelt sind, erscheinen über ihren Köpfen feurige Zungen,
5 so berichtet die Apostelgeschichte, „und sie wurden alle voll des Heiligen Geistes". Plötzlich beginnen sie in fremden Sprachen zu reden, heißt es weiter [...].
Es gibt nach christlicher Überzeugung viele Erfahrungen dieses Geistes Gottes, die Skala reicht von
10 mächtiger gemeinsamer Begeisterung der Christen bis hin zum dauernden Trost für innere Bedürfnisse des Menschen. So überwindet Gottes Geist menschliche Grenzen, innere und äußere, z. B. verschiedene Sprachen. [...] Aus diesem Glauben heraus ergibt sich die
15 gegenwärtige Bedeutung des Pfingstereignisses, das die Christen auch heute noch [...] feiern. Sie glauben, dass durch das Wirken des Geistes Gottes die Christen in aller Welt und in allen Sprachen Teil der einen christlichen Gemeinschaft sind. Aus diesem Grund
20 wird zu Pfingsten auch der Geburtstag der Kirche gefeiert.
Pfingsten ist also das Fest des Heiligen Geistes. Doch [...] [viele] Menschen können mit diesem „Wesen" nur wenig anfangen. Selbst bekennende Christen haben
25 mit ihm ihre Schwierigkeiten. Er hat eben etwas Undefinierbares an sich. Die kindliche Vorstellung verbindet mit dem Wort Geist vielleicht das Wesen eines Gespenstes. Ein Gespenst geistert jedoch durch die Nacht und gilt als Schreckgestalt. Der Heilige Geist, der Geist Gottes, [...] verbreitete keine Angst, 30 sondern erfüllte im Gegenteil die Menschen mit Mut und Kraft. Diese Eigenschaft wird ihm auch heute noch zugeschrieben. Nach kirchlicher Lehre wurde der Heilige Geist ausgesandt, um Person, Wort und Wirken Jesu Christi lebendig zu halten. Im theologi- 35 schen Sinne ist der Heilige Geist eine der drei Gestalten Gottes. Zusammen mit Gott, dem Vater, und Jesus Christus, dem Sohn, bildet er die „Trinitas Dei", die göttliche Dreifaltigkeit.

nach P.M. Magazin, www.ekd.de, www.pfingsten-info.de

M2 Die Gaben des Heiligen Geistes

Bereits im Alten Testament hat der Prophet Jesaja die Gaben des Heiligen Geistes vorausgesagt.
Doch aus dem Baumstumpf Isais wächst ein Reis hervor, ein junger Trieb aus seinen Wurzeln bringt Frucht. Der Geist des Herrn lässt sich nieder auf ihm: der Geist der Weisheit und der Einsicht, der Geist des Rates und der Stärke, der Geist der Erkenntnis und der Gottesfurcht.

Jesaja 11,1-3

M3 Pfingsttreffen

Zu Pfingsten bezeugen viele Christen ihren Glauben durch den Besuch eines Gottesdienstes, der oft im Freien abgehalten wird. Das Bild zeigt die evangelische Kirchengemeinde Sehnde am See in Gretenberg.

M4 Pfingsten und Brauchtum

Die vielerorts stattfindenden Brunnenfeste zu Pfingsten waren und sind neben anderen Pfingstbräuchen ebenso von der beginnenden Sommerzeit wie auch von vorchristlichen Fruchtbarkeitskulten geprägt. Für
5 das Brunnenfest werden die Dorfbrunnen bereits am Pfingstsonnabend festlich mit Blumen und Birkenstämmchen geschmückt, an denen bunte Bänder und Ketten mit ausgeblasenen und bemalten Eiern hängen. Dieses Brunnenschmücken ist vorwiegend in Franken
10 beheimatet. Im Raum Basel am Rhein (Schweiz) existierte ein anderer Pfingstbrauch im Zusammenhang mit dem Dorfbrunnen. Junge Burschen oder auch eine aus Stroh, Tannenzweigen und Moos gebastelte Puppe, Pfingstlümmel (Pfingstsprützlig, Pfingstblütt-
15 lig) genannt, wurden in den Brunnen getaucht. Mädchen und junge Frauen ließen sich anschließend von dem Pfingstlümmel bespritzen, ein Vorgang, der wohl in den Bereich der Fruchtbarkeitsriten gehört. [...] Im Zusammenhang mit Pfingsten hat sich ein Tier
20 einen besonderen Namen gemacht: der Pfingstochse. In vielen Gegenden war Pfingsten traditionsgemäß der Tag, an dem das Vieh zum ersten Mal auf die Weide getrieben wurde. Dies geschah in Form eines feierlichen Zugs oder gar einer Pfingstprozession
25 durch die Gassen des Ortes und über die Felder. Das

kräftigste Tier, der sogenannte Pfingstochse, wurde festlich mit Blumen, Stroh, Bändern, Glocken und Kränzen geschmückt. So entstand auch die Redensart „herausgeputzt wie ein Pfingstochse", die vornehmlich auf Männer bezogen war. [...]
30 Bis ins 19. Jahrhundert war es in ländlichen Gebieten ein weit verbreiteter Brauch, dass die Metzger an Pfingsten zu einem Pfingstessen zusammenkamen. Aus diesem Anlass wurde ein ebenfalls prächtig geschmückter Pfingstochse, manchmal auch ein Pfingst-
35 hammel, durch das Dorf getrieben, bevor er sein Ende auf der Schlachtplatte fand. Der Ursprung dieses Brauchs dürfte in den germanischen Festen im Mai gelegen haben, mit denen unsere Vorfahren den Beginn des Sommers begrüßt haben. Damit verbunden war
40 die Darbringung eines Tieropfers. Mit der Einführung des Christentums wurde Pfingsten auf die germanischen Frühlingsfeste übertragen.   *nach www.pfingsten-info.de*

1 Beschreibt zunächst das Bild. Sprecht danach über den Zusammenhang des Textes mit dem Bild. ➜ M1
2 Erkläre eine der mit dem Heiligen Geist in Verbindung gebrachten Gaben in einem Zwei-Minuten-Vortrag. ➜ M2
3 Stellt dar, welche Bedeutung Pfingsttreffen und Pfingstbräuche haben. ➜ M3/M4

Aufgaben

4 | **M1** Christliche Zeichen und Bräuche

Symbol

Sýmbolon bedeutete im Griechischen ursprünglich „Zusammengefügtes". Darunter verstand man ein Erkennungszeichen, das in zwei Teile zerbrochen wurde. Beide Parteien erhielten je eine Hälfte, die ihnen bei einem erneuten Treffen als „Ausweise" („Code", „Passwort") dienten, indem sie die zwei Bruchstücke erfolgreich „zusammenfügten" *(symbállo)*. Über diese Bedeutung hinaus wird *Sýmbolon* heute vor allem als „Kennzeichen" verstanden. Dementsprechend wird der Begriff Symbol als *Zeichen für etwas* benutzt: So steht beispielsweise eine *weiße Taube* als Zeichen für Frieden.

M2 Das Kirchenjahr

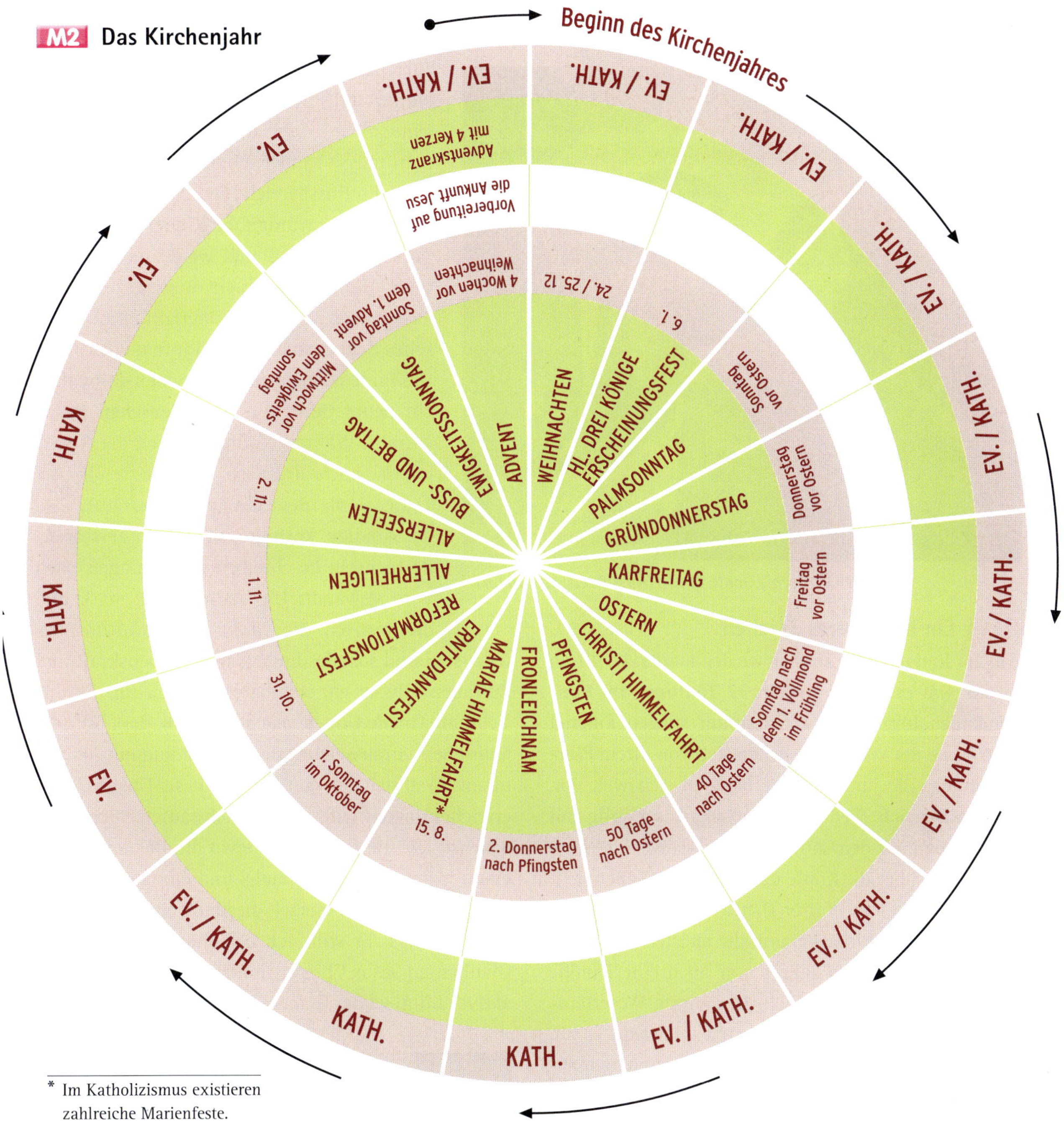

Beginn des Kirchenjahres

EV. / KATH.
EV. / KATH.
EV.
EV. / KATH.
EV.
EV. / KATH.
EV.
KATH.
EV. / KATH.
KATH.
EV. / KATH.
KATH.
EV. / KATH.
EV.
EV. / KATH.
EV. / KATH.
KATH.
EV. / KATH.
KATH.

Adventskranz mit 4 Kerzen
Vorbereitung auf die Ankunft Jesu
4 Wochen vor dem Weihnachten
Sonntag vor dem 1. Advent
Mittwoch vor dem Ewigkeitssonntag
24. / 25. 12
6. 1.
Sonntag vor Ostern
Donnerstag vor Ostern
Freitag vor Ostern
Sonntag nach dem 1. Vollmond im Frühling
40 Tage nach Ostern
50 Tage nach Ostern
2. Donnerstag nach Pfingsten
15. 8.
1. Sonntag im Oktober
31. 10.
1. 11.
2. 11.

EWIGKEITSSONNTAG
ADVENT
WEIHNACHTEN
HL. DREI KÖNIGE ERSCHEINUNGSFEST
PALMSONNTAG
GRÜNDONNERSTAG
KARFREITAG
OSTERN
CHRISTI HIMMELFAHRT
PFINGSTEN
FRONLEICHNAM
MARIAE HIMMELFAHRT*
ERNTEDANKFEST
REFORMATIONSFEST
ALLERHEILIGEN
ALLERSEELEN
BUSS- UND BETTAG

* Im Katholizismus existieren zahlreiche Marienfeste.

Brauch

Ein Brauch ist eine Gewohnheit, die sich im Laufe der Zeit innerhalb einer Gemeinschaft verankert. Er ist dadurch bestimmt, dass er in regelmäßigen Abständen wiederkehrt und für die Gruppe, die diese Handlung ausübt, eine Bedeutung hat.

1 Ordne die Zeichen und Bräuche dem jeweiligen Jahres- oder Lebensfest zu. ➔ M1/M2

2 Sucht selbst nach Zeichen für die übrigen evangelischen und katholischen Feiertage. ➔ M1/M2

3 Erklärt, warum die Christen die im abgebildeten Kirchenkalender dargestellten Feiertage begehen. ➔ M1/M2

Aufgaben

5

M1 **Getauft**

Andrea del Verocchio, Taufe Christi (Ausschnitt), um 1473/78

M2 **Ein besonderes Zeichen**

Am 26. Juni machten sie sich wieder auf den Weg zum Strom, war es wieder soweit: 12 Täuflinge im Konfirmandenalter und etwas darunter stiegen knietief ins Wasser der Weser und ließen sich von ihrem Pfar-
5 rer taufen. Die jungen Leute beugten sich weit vor. Pfarrer Dietrich Diederichs-Gottschalk schöpfte mit den Händen aus dem auflaufenden Wasser der Weser und ließ es über die Köpfe der Täuflinge fließen. [...] 125 Menschen hat Pfarrer Dietrich Diederichs-Gott-
10 schalk auf diese Weise getauft, die meisten von ihnen Jugendliche. Vor drei Jahren war auch eine Familie dabei: Vater, Mutter, Tochter. Der älteste Wesertäufling war 41 Jahre alt, die jüngsten immerhin so alt, dass sie aktiv an den Kindergottesdiensten teilneh-
15 men können. Säuglinge tauft der Pfarrer allerdings ganz traditionell in der Kirche. Da wären ihm wohl die sechs Meter Tidenhub der Weser zu gefährlich.
Dass sich Menschen jeden Alters taufen lassen, ist eine erfreuliche Entwicklung in den Kirchen. Lange
20 Zeit galt die Säuglingstaufe als der Normalfall, die Taufe Jugendlicher oder Erwachsener als Ausnahme. Das ist theologisch nicht zu rechtfertigen, allenfalls zu erklären. Bis ins fünfte Jahrhundert hinein galt die Taufe vor allem als Angebot an Erwachsene. Je mehr

sich aber das Christentum ausbreitete und 25
zur gesellschaftlich bestimmenden Kraft wurde und je populärer die kirchliche Erb- sündenlehre und die Vorstellung wurde, man müsse Kinder möglichst frühzeitig aus dem Einflussbereich des Satans befreien, 30
desto jünger wurden die Kinder getauft. Die Vorstellung, der Teufel werde unweigerlich seine Hand nach einem ungetauften Kind ausstrecken, ist lange überholt. Ein magi- sches Schutzritual ist die Taufe nicht. 35
Die Taufe ist vielmehr ein Zeichen dafür, dass ein neuer Geist von dem Menschen Besitz ergreift. Während Martin Luther, der Refor- mator, noch drastisch formulierte, in der Taufe werde der „alte Adam" ersäuft, also 40
der sündige, korrupte, sich selbst zerstören- de Mensch, beschreiben es Theologen nach vorn gewandt: Die Taufe macht stark und optimistisch, sie weckt Verantwortungsbe- wusstsein und soziales Engagement, Lebenskraft und 45
Zutrauen: Sie ist ein sichtbares Zeichen für die un- sichtbare Gnade Gottes, macht deutlich, dass Gott die Menschen voraussetzungslos und bedingungslos an- nimmt. Weil sich der Täufling von dieser Gnade Gottes erreichen lassen will, lässt er sich taufen, nicht um- 50
gekehrt: Die Taufe ist nicht etwa die Belohnung für einen frommen Lebenswandel und eine perfekte Be- kehrung. Zugleich besiegelt die Taufe ein Versprechen des Täuflings: Er will sich bemühen, weiter in den Glauben an Jesus Christus hineinzuwachsen und ein 55
aktives Mitglied der Gemeinde zu werden. *Eduard Kopp*

M3 Die Bedeutung von Konfirmation und Firmung

Erneuerung des Taufversprechens

Mit 14 Jahren gelten Jugendliche in Deutschland als religionsmündig, d. h. sie dürfen nun selbst über ihre Zugehörigkeit zu einer Religionsgemeinschaft und die
5 Teilnahme am schulischen Religionsunterricht entscheiden. Etwa im selben Alter bekräftigen auch viele junge Menschen ihren Glauben und ihre Zugehörigkeit zur katholischen oder evangelischen Kirche noch einmal ganz bewusst, indem sie sich firmen oder
10 konfirmieren lassen. Mitglied der Kirche wird man durch die (zumeist im Kindesalter stattfindende) Taufe, bei der Eltern und Paten stellvertretend für den Täufling das Taufversprechen abgeben und beteuern, dass sie das Kind im christlichen Sinn erziehen wollen und
15 werden. Die katholische Firmung und die evangelische Konfirmation – von lat. *(con)firmare* = bekräftigen, bestärken – können als Ergänzung und Vollendung bzw. Erneuerung der Taufe angesehen werden. Im (außerschulischen) Firm- und Konfirmationsunter-
20 richt werden die Kinder und Jugendlichen in Glaubensfragen unterwiesen und auf den feierlichen Anlass vorbereitet. Die Jugendlichen erneuern ihr Taufversprechen vor der versammelten Gemeinde im Gottesdienst selbst, empfangen den Segen und gelten
25 dann als vollwertige Gemeindemitglieder.

Teilnahme an Abendmahl- bzw. Eucharistiefeier

Junge evangelische Christen nehmen am Konfirmationstag zum ersten Mal an der Feier des Abendmahls teil, die an das letzte Abendmahl Jesu und seiner
30 zwölf Jünger erinnern soll (s. S. 164f.). Brot bzw. Hostie und Wein weisen dabei auf den Leib und das Blut Jesu hin, der nach christlichem Glauben sein Leben zur Errettung der Menschen am Kreuz hingegeben hat.
35 Katholische Christen gehen in der Regel bereits im Grundschulalter zur „Ersten heiligen Kommunion", um an der Eucharistie, der Wandlung von Brot und Wein, teilhaben zu können. Katholische Christen glauben, dass in der Eucharistiefeier Jesus Christus in Leib
40 und Blut gegenwärtig ist. Taufe und Erstkommunion sind Voraussetzung für die spätere Firmung.

Am Konfirmandenunterricht können dagegen auch ungetaufte Jugendliche oder Erwachsene teilnehmen, die dann am Ende des Konfirmandenunterrichts getauft werden und zum Abendmahl zugelassen sind. 45
Die Konfirmation als Erneuerung des Taufversprechens ist in diesem Fall nicht mehr nötig, wird aber oft zusammen mit der Taufe gefeiert.

Firmung und Konfirmation als Sakramente

Sakramente sind Rituale, die im Glauben der Christen 50
auf das Wirken Jesu selbst zurückgehen. Die Protestanten kennen nur zwei Sakramente: Taufe und Abendmahl, während es für die Katholiken insgesamt sieben gibt: Taufe, Buße/Beichte, Eucharistie, Firmung, Ehe, Krankensalbung, Priesterweihe. 55
Firmung und Konfirmation sind bedeutungsverwandt, beide markieren wichtige Einschnitte im Lebensweg der Gläubigen und zeigen als sogenannte Initiationsriten ein Hineinwachsen in den Glauben an.

Bekenntnis

Bekenntnis heißt im Lateinischen *confessio*. Im Deutschen findet sich noch heute der Begriff Konfession, der auf die Zugehörigkeit, auf das Bekenntnis zu einer religiösen Gemeinschaft verweist. Die beiden bekanntesten Konfessionen sind die römisch-katholische und die protestantische. Sie unterscheiden sich teilweise in Lehre, Organisationsstruktur und Ritualen (z. B. im Gottesdienst oder in Spendung und beim Empfang von Sakramenten).

Aufgaben

1 Beschreibt, wodurch sich die beiden auf den Bildern dargestellten Formen der Taufe unterscheiden. M1/M2
2 Findet heraus, was in der Bibel über das Ritual der Taufe zu erfahren ist. ➜ M1
3 Erläutere, wofür die Taufe ein Zeichen ist. ➜ M2
4 Diskutiert, wann der richtige Zeitpunkt für die Taufe ist. ➜ M2
5 Stellt euch vor, ihr bekommt Besuch von Außerirdischen. Erklärt ihnen die Bedeutung von Konfirmation und Firmung für Christen. ➜ M3

6 | M1 Sich trauen

Abenteuer Ehe
- wir trauen uns!

Wagnis aus Liebe
Vertrauen: Mit dir gelingt's
Sehnsucht: Du und das für immer

Goldene Hochzeit feiern morgen **Monika und Günther Schneider.** Die beiden Kinder, Schwiegerkinder, die drei Enkel und alle Verwandten und Freunde gratulieren.

Goldene Hochzeit
Monika und Günther
Schneider

M2 Macht heiraten glücklich?

Eßlinger Zeitung: Macht heiraten Menschen glücklich oder heiraten glückliche Menschen [...]?

Stutzer: Die Antwort ist ein doppeltes Ja. Menschen, die zufriedener sind, heiraten mit einer größeren
5 Wahrscheinlichkeit. [...] Positive Menschen gehen eher auf andere zu.

Eßlinger Zeitung: Und sie werden durch das Heiraten noch zufriedener?

Stutzer: Genau. Auch wenn man diesen Aspekt be-
10 rücksichtigt, dass die Menschen schon vorher im Schnitt zufriedener waren, erhöht die Heirat die Zufriedenheit erneut.

Eßlinger Zeitung: Sind Menschen, die in eheähnlichen Gemeinschaften leben, ähnlich zufrieden?
15 **Stutzer:** Sie sind zufriedener als Singles, aber weniger zufrieden als Verheiratete. [...]

Eßlinger Zeitung: Sie haben herausgefunden, dass Ehepaare, bei denen ein Teil arbeitet, während der andere Teil zu Hause ist, am glücklichsten sind. [...]

Stutzer: Es lässt sich [...] vermuten, dass ein Hinter-
20 grund die Kinder-Betreuungsfrage ist. [...]

Eßlinger Zeitung: Das bedeutet also nicht, dass die Frauen [...] ihre Erfüllung im Hausfrauendasein finden.

Stutzer: Nein, das heißt nur, dass in der ersten Zeit nach der Hochzeit jene Paare glücklicher sind, die
25 sich die Erwerbstätigkeit und die Arbeit im Haushalt aufteilen. [...]

Eßlinger Zeitung: Unabhängig von Kindern und Berufstätigkeit geht die Glückskurve einige Jahre nach der Hochzeit wieder bergab. [...]
30

Stutzer: Die Zeit kurz vor bis ein bis zwei Jahre nach der Hochzeit ist [...] die glücklichste Zeit im Leben. Naheliegend ist, dass sich die Menschen entschließen zu heiraten, wenn die Beziehung am besten Zeitpunkt ist. [...] Nach der Hochzeit setzt ein neuer Alltag ein.
35 Oft kommen dann Kinder und die Paare lernen sich in einer neuen Situation kennen, die nicht immer einfach ist. *Eßlinger Zeitung*

M3 Die Vereinigung von Mann und Frau

Gott, der Herr, baute aus der Rippe, die er vom Menschen genommen hatte, eine Frau und führte sie dem Menschen zu.

Gott hat sowohl den Mann als auch die Frau nach seinem Ebenbild geschaffen. Obwohl sie verschieden sind, ist dennoch keiner von beiden mehr wert und es steht keiner von beiden über dem anderen.

Darum verlässt der Mann Vater und Mutter und bindet sich an seine Frau und sie werden ein Fleisch.

Der Mann ist im Garten Eden zunächst allein, während alle Tiere einen Partner haben. Da Gott den Menschen ebenfalls als Gemeinschaftswesen angelegt hat, will er ihm eine Partnerin zur Seite stellen.

Beide, Adam und seine Frau, waren nackt, aber sie schämten sich nicht voreinander.

Gott entfernt etwas aus dem Körper des Mannes und erschafft daraus die Frau. Von nun an ist der Mensch ohne das andere Geschlecht nicht mehr vollständig.

Da ließ Gott, der Herr, einen tiefen Schlaf auf den Menschen [= Adam] fallen, sodass er einschlief, nahm eine seiner Rippen und verschloss ihre Stelle mit Fleisch.

Wenn Mann und Frau einander lieben, brauchen sie nichts voreinander zu verstecken. Wollen sie ihre Liebesbeziehung zueinander aufrechterhalten, bilden Ehrlichkeit und Vertrauen dafür die Basis.

Gott schuf also den Menschen als sein Abbild; als Abbild Gottes schuf er ihn. Als Mann und Frau schuf er sie.

Als Adam die Frau sieht, weiß er, dass er nicht mehr alleine leben muss, sondern wie die Tiere einen Partner hat, der ihm ähnlich ist.

Und der Mensch sprach: Das endlich ist Bein von meinem Bein und Fleisch von meinem Fleisch. Frau soll sie heißen, denn vom Mann ist sie genommen.

Sowohl der Mann als auch die Frau verlassen ihre Elternhäuser, um miteinander zu leben. Ihre Liebe zueinander zeigen sie, indem sie sich vereinigen.

Dann sprach Gott, der Herr: Es ist nicht gut, dass der Mensch allein bleibt. Ich will ihm eine Hilfe machen, die ihm entspricht.

Gott erschafft die Frau aus der Rippe des Mannes. Sie ist das, was ihm fehlt. Obwohl Mann und Frau als Wesen zusammengehören, stehen sie sich dennoch gegenüber.

nach Ralf Krumbiegel

1 Beschreibt die Bilder und sprecht darüber, welche Aussagen sie transportieren. ➜ M1
2 Gestaltet in Kleingruppen Poster, die die Forschungsergebnisse von Prof. Stutzer ohne Worte deutlich machen. Nehmt Stellung zu seinen Ergebnissen. ➜ M2
3 Die blauen Kästen enthalten Zitate aus der Bibel (Genesis 1 und 2) und liefern eine Begründung dafür, wieso Mann und Frau eine eheliche Beziehung miteinander eingehen. Bringt sie dazu in die richtige Reihenfolge. ➜ M3
4 Die orangefarbenen erklären die blauen Kästen genauer. Ordnet die jeweiligen Kästen einander zu. ➜ M3
5 Beurteilt, ob ihr die Auslegungen für plausibel haltet. ➜ M3

V

Aufgaben

7

M1 Von uns gegangen

Edvard Munch, Der Tod im Krankenzimmer, 1896

M2 Highway to Heaven – Highway to Hell

Die Bischöfin Dorothea Greiner und der Bestatter und Trauerbegleiter Fritz Roth im Interview:

Trauernde berichten, sie hätten sich von der Kirche abgewandt, weil der Pfarrer gesagt habe, dieser Tod sei Gottes Wille.

Greiner: Der Satz, es war Gottes Wille, steht in keiner
5 Liturgie. Den muss der Pfarrer selbst gesagt haben. Ich erlebe unsere Trauerliturgie als äußerst hilfreich. Die alten Psalmen sind tragende Worte, zum Beispiel Psalm 73: Dennoch bleibe ich stets an dir, denn du hältst mich bei meiner rechten Hand und nimmst mich
10 am Ende in Ehren an ... Alles andere wird oft banal.

Freie Trauerredner haben auch weise Worte aufzubieten.

Greiner: Aber es fehlt die Hoffnung unseres Glaubens, die dem Tod nicht das letzte Wort lässt; das ewige Leben, das schon hier in unser Leben reinleuchtet. Ich
15 glaube, dass die Sehnsüchte der Menschen mehr sind als die gerade artikulierten Bedürfnisse. [...]

Manche wollen aber eine „Bestattung in aller Stille" ...

Roth: ... ich kann das nicht mehr hören! Leben braucht Gemeinschaft, Trauer braucht Gemeinschaft.
20 „Von Beileidsbekundungen bitten wir Abstand zu nehmen" – meine Mitarbeiter sind angehalten, die

Menschen, die zu uns kommen, zu überzeugen, diesen Satz zu streichen. Weil
25 wir immer sprachloser werden in den bedeutenden Situationen des Lebens.

Greiner: Oft soll man auch die Tränen nicht sehen. Aber Tränen sind so wichtig! Das ist doch eine notwendige Reaktion von Körper und Seele, dass es rausfließen
30 kann und nicht in uns bleibt!

Und wenn für den Trauergottesdienst eine Diashow mit Fotos des Verstorbenen gewünscht wird?

Roth: Das ist zeitgemäß. Ich habe einige
35 Trauerfeiern gehalten für Opfer des Tsunami. Da war kein Toter mehr. Aber da lag sein Motorradanzug, daneben eine Flasche Rotwein. Wenn ich den Trauernden vermitteln will, dass der Verstorbene auf einer
40 anderen Ebene weiter mit ihnen verbunden ist, brauche ich Instrumentarien, die die Leute berühren. Das ist keine Aufgabe von Grundsätzen, sondern zeigt, wie zeitlos Glaube sein kann.

Greiner: Ja und nein. Wenn alles möglich ist in unse-
45 ren christlichen Trauerfeiern, werden sie profillos und werden auch nicht mehr gebraucht. Es muss uns gelingen, beides zu vereinbaren: auf die Menschen einzugehen und unser Evangelium zum Strahlen zu bringen. Es ist mir noch immer gelungen, mit den
50 Angehörigen einen Weg zu finden.

Jetzt sagt ein Angehöriger: Mein Bruder hasste Orgelmusik, sein Lieblingslied war „Highway to Hell" – was dann?

Greiner: Es muss nicht alles in den Trauergottesdienst selbst. Und nicht alles, was der Bruder des Verstorbe-
55 nen will, hilft auch der Schwester. [...]

Roth: Für mich wirkt Gott in „Highway to Hell" wie auch in „Befiehl du deine Wege". In der Trauerfeier sollte man die Persönlichkeit des Einzelnen zum Aus-
60 druck bringen – dann kommt es darauf an, darin das Wirken Gottes zu finden und eine Perspektive. Trauerwege sind Wüstenwege, da brauche ich meine Oasen, etwas Vertrautes, um irgendwann wieder in den Auen des Lebens anzukommen. Da kann „High-
65 way to Hell" eine Möglichkeit sein.   *Chrismon 7/2011*

M3 Der Glaube an das ewige Leben

Der Glaube an das ewige Leben gehört zu den grundlegenden christlichen Glaubensinhalten. Christen glauben, dass Jesus durch seine Auferstehung den Tod endgültig besiegt hat, und dass die, die ihm nachfol-
5 gen, das ewige Leben erlangen.

Oft wird die Rede vom ewigen Leben wörtlich genommen. Viele Gläubige gehen davon aus, dass zwar der Leib des Menschen sterblich ist, dass es aber etwas im Menschen gibt, das den Tod überdauert: die Seele.
10 Nach mittelalterlichen Vorstellungen werden Menschen, die ein sündiges Leben geführt haben, dafür durch ewige Höllenqualen bestraft oder müssen sich in einem Fegefeuer von ihren Sünden reinigen; dagegen werden die Seelen der Menschen, die immer
15 fromm und gottesfürchtig gelebt haben, in den Himmel, das Reich Gottes, aufgenommen.

M4 Gibt es das ewige Leben wirklich?

Aus einem christlichen Internetblog:
Spricht der Begriff des „Ewigen Lebens" tatsächlich von einem Leben, das niemals endet?
Auf den ersten Blick klingt die Frage hirnlos – wer lesen kann, ist klar im Vorteil, du Blödmann! Da steht
5 „ewig", genau, da steht es ganz deutlich! Ja, okay – aber dennoch, irgendetwas stimmt hier nicht so ganz. Wusstest du, dass Jesus den Begriff „Ewiges Leben" in Johannes 17,3 für uns definiert hat? Und dass ein Leben, welches niemals endet, in keiner Weise ein
10 Teil dieser Definition ist?

„Vater, die Stunde ist gekommen; verherrliche deinen Sohn, damit dein Sohn dich verherrliche! Gleichwie du ihm Vollmacht gegeben hast über alles Fleisch, auf dass er ewiges Leben gebe allen, die du ihm gege-
15 ben hast. Das ist aber das ewige Leben, dass sie dich, den allein wahren Gott, und den du gesandt hast, Jesus Christus, erkennen."

Also: Laut Jesus bedeutet „Ewiges Leben", dass wir den wahren Gott kennen und Jesus selbst.
20 Was hat das mit einem endlosen Leben im Himmel zu tun? Nun ja, gar nichts, zumindest nicht direkt.
Das Ewige Leben bedeutet, Gott (intim und durch und durch) zu kennen. Ein Leben, gelebt aus der Beziehung zu Jesus. Diese Definition unterscheidet sich

gewaltig von der, die wir normalerweise anwenden. 25 Denn normalerweise setzen wir den Begriff „Ewiges Leben" gleich mit einem endlosen Leben im Himmel – bis in alle Ewigkeit. [...]

Ich bin der Meinung, der Begriff „Ewiges Leben" beschreibt die Qualität, die unser Leben bekommen kann, 30 während wir in unserer Erkenntnis Gottes wachsen. An dieser Stelle ist nicht etwa gemeint, mehr und mehr Wissen über Gott und die Bibel anzusammeln. Ich spreche hier davon, Gott aus persönlicher Erfahrung zu kennen, ihn zu kennen als die sehr präsente, 35 liebende Person, mit der ich mein tägliches Leben verbringe und in dessen Abbild ich täglich mehr transformiert werde. [...]

Verfälschst du hier nicht ein wenig die eigentliche Bedeutung des Wortes „ewig"? 40

Eigentlich nicht. [...] Auf Hebräisch heißt das Wort „l'olam." [...] Dieses Wort wird oft übersetzt mit Ewigkeit, [also:] kontinuierliche Zeitspanne, die niemals endet. Dem hebräischen Denken nach beschreibt es [aber] einfach das, was jenseits des Horizontes liegt, 45 eine weit entfernte Zeit. [...]

[Demnach ist] das ewige Leben [...] die ungeheure Größe des Lebens, die sich vor uns bis zum Horizont und über ihn hinaus erstreckt und scheinbar niemals endet. Es beschreibt die gewaltige Größe Gottes, zwar 50 schwierig zu erfassen und genau zu bestimmen, aber danach zu streben ist das Bedeutendste, das wir tun können und jeden Augenblick wert! Ewiges Leben ist das Leben Gottes, das uns erfüllt und wächst, je näher wir ihm kommen.   *Jim Gettmann* 55

---

1 Beschreibt das Bild und stellt die Beziehung der sich im Raum befindenden Personen zu dem/der Toten dar. ➜ M1   **B**

2 Versetze dich in eine der Personen und versuche, deren Gefühle nachzuempfinden. Stell dir ferner vor, diese Person würde ein Tagebuch führen. Wie sähen ihre Aufzeichnungen aus? ➜ M1

3 Formuliert die Meinungen von Greiner und Roth in Form von Thesen und nehmt Stellung dazu. ➜ M2

4 Erarbeitet die unterschiedlichen Auffassungen des ewigen Lebens und stellt die Gründe dafür zusammen. Welcher Auffassung würdest du dich anschließen? ➜ M3/M4

Aufgaben

1

M1 **Eine interessante Frage**

EXOTEN

Plaßman /
Baaske Cartoons

M2 **„Lasset die Kinder zu mir kommen"**

Manche sind erst drei. Klein und blond, mit etwas zu
großen Schuhen und etwas zu dünnen Jacken tippeln
sie zwischen Plattenbauten entlang. Stapfen die Treppe zur „Arche" hinauf, durch das Geschrei und Ge-
5 johle der anderen, finden ganz allein den Weg in den
Speisesaal. Dann ist Kinderstunde. Einem kleinen
Mädchen fallen die Augen zu, dann rutscht es vom
Stuhl. Es rappelt sich wieder hoch, setzt sich wieder
hin, schläft ein. Egal. Hier ist sie sicher. Wer weiß,
10 wann sie am Vorabend ins Bett gekommen ist – oder
ob überhaupt. Vielleicht ist sie einfach nur liegen
geblieben in irgendeiner Ecke wie eine Socke, einge-
nickt, und wer weiß, wie laut der Fernseher lief. Die
Kinder kommen, wenn die Arche öffnet, und sie
15 gehen, wenn sie schließt. [...]
[Zum Beispiel] Florian und Jasmin, die Kinder von
Andrea T. Florian, oft krank und etwas übergewich-
tig, Jasmin vielleicht etwas zu dünn. Sie hat Bulimie,
sagt die Mutter, stecke sich nach dem Essen den Fin-
20 ger in den Mund, weil sie sich zu dick finde und vielleicht auch sonst einiges zum Kotzen, mit sieben. Die
Mutter ist alleinerziehend „und arm", sagt sie, „wegen
der Arbeitslosigkeit, wegen der Schulden und weil der

Vater auch nichts zahlen kann". Sie hat eine
Dreizimmerwohnung, mit drei Katzen, 25
zwei Hunden, einem Kaninchen und einem
Großsittich, im Moment ist aber nur ein
Zimmer begehbar. Die Kinder schlafen mit
ihr im Wohnzimmer, in den anderen sta-
pelt sich Krempel, und in Jasmins Zimmer 30
bricht der Schrank zusammen. Frau T.
hofft, das Sozialamt zahlt einen neuen.
Der 13-jährige Dünne mit den großen
Augen und den süßen Sommersprossen
sitzt auch fast jeden Tag in der Arche am 35
Tisch. Seine Mutter hat gesagt, das Schul-
essen sei zu teuer und er alt genug, sich
um sich selbst zu kümmern, aber er kann
nicht kochen, und der Kühlschrank ist
auch immer leer. Mandy ist sieben und mit 40
ihrer dreijährigen Schwester Saskia gekommen, allein natürlich. Sie ist das erste Mal
hier, aber morgen bringt sie vielleicht auch
noch die vierjährige Patrizia mit. Ein Einzelfall – wie
der von der Frau mit drei Kindern, die kürzlich den 45
Herd verkauft hat, das Letzte, was noch irgendeinen
Wert besaß. Ziemlich viele Einzelfälle gibt es hier in
Hellersdorf-Nord, zu viel eigentlich für das, was ein
Viertel vertragen kann. [...]
Vielleicht muss man an höhere Mächte glauben, um 50
hier ein Projekt wie die Arche aufzumachen. Vielleicht
muss man eine Mission haben, um mit sechs eigenen
Kindern aus dem idyllischen Schwarzwald und weg
von einer gesicherten Pastoren-Existenz nach Berlin-
Hellersdorf zu ziehen, weil das der Platz ist, an dem 55
man glaubt, gebraucht zu werden. [...] Begonnen
haben Bernd und Karin Siggelkow 1995 im eigenen
Wohnzimmer. Mit ein paar Gleichgesinnten sind sie
von Spielplatz zu Spielplatz gezogen, um Kinder ein-
zuladen für eine Kinderstunde, einmal in der Woche. 60
Siggelkow arbeitete als Halbtagspastor, jobbtc im
Hotel, um die Familie und das Projekt zu finanzieren.
[...] Im Jahr 2001 überließ ihnen der Bezirk die leer-
stehende Schule Am Beerenpfuhl. Sie renovierten mit
Spendengeldern, richteten den Speisesaal ein, boten 65
warmes Mittagessen an für die Kinder. Seitdem kommen immer mehr. Mittlerweile sind es rund 250 –

jeden Tag. [...]
Alles finanziert aus
Spenden. [...] Die
meisten davon kom-
men unregelmäßig.

Wenn morgen ein Großspender ausfällt, haben sie
übermorgen ein Problem. Wenn noch ein paar Briefe
kommen wie der gestern vom Bauamt, dann haben
sie heute schon ein Problem. Der Behinderteneingang
in der Arche entspreche nicht den gültigen Vorschriften, findet die Behörde, er habe überdacht zu sein
und müsse sich mit einem Summer öffnen lassen,
und eine Klingel im Büro habe anzuzeigen, dass ein
Behinderter kommt. Bernd Siggelkow rauft sich die
Haare. Ob sich ein Spender auch dafür findet? Oder
für die Stellen im nächsten Jahr? Ob es die Arche dann
noch gibt? Wie hält man das aus? „Gottvertrauen",
sagt Siggelkow. „Hoffnung", sagt Mirjam.
Wegen der Hoffnung haben sie gerade ein neues Projekt aufgemacht, im Stadtteil Friedrichshain, wieder
eine Arche. Arche, wie das Schiff, das ein paar Lebewesen aufnahm, weil man alles drum herum verloren
gegeben hatte.
Frauke Hunfeld

M3 Ein Herz für Obdachlose

STUTTGART. Ein Drittel aller Deutschen leistet in der
Freizeit ehrenamtliche Hilfe. Die Engagierten sind der
Kitt der Zivilgesellschaft – und bleiben doch weitge-
hend unbeachtet. [...]
Seit 23 Jahren kümmern sich Ulrich Endreß und seine
Frau Barbara um das Haus [Wohngemeinschaft für
ehemals obdachlose Menschen in der Stuttgarter
Föhrichstraße], und zwar völlig ehrenamtlich und
meist ohne Einmischung der Stadt. [...]
Die Männer [...] danken es Barbara und Ulrich Endreß
auf ihre Weise – große Worte machen ist ihre Sache
nicht. Der 70-jährige Walter sagt halt schlicht: „Wir
haben manchmal Meinungsverschiedenheiten – aber
Gott sei Dank sind die beiden hier." [...] Über die
innersten Motive dafür haben sich Barbara und
Ulrich Endreß kaum Gedanken gemacht, die Frage
nach der Motivation löst bei ihnen eher Stirnrunzeln
aus. „Wir tun es aus christlichem Glauben heraus und
aus Menschenliebe", sagen sie, spüren aber selbst,

dass diese Antwort ein so langes Engagement nicht
erklärt. Und so fügt Ulrich Endreß den Satz an: „Wir
haben viele erschütternde Geschichten gehört, und ich
weiß: Mit ein bisschen weniger Glück hätte mir das
auch passieren können." Längst sind einige Bewohner
für Ulrich und Barbara Endreß zu Freunden geworden, zur Familie, und manche sitzen gar an Weihnachten bei ihnen zu Hause beim Festmahl. Früher
haben manche Nachbarn oder Mitglieder der Kirchengemeinde noch den Kopf geschüttelt: Muss denn
die Fürsorge gleich derart weit gehen? „Ja", lautet die
Antwort der beiden Stuttgarter. Für sie ist der Umgang mit obdachlosen Menschen längst das Normals-
te von der Welt. „Es sind einfach so viele nette Kerle
darunter", sagt Ulrich Endreß.
Thomas Faltin

Ebenbildlichkeit Gottes

Nach dem Schöpfungsbericht der Bibel hat Gott
die Welt geschaffen. Der Mensch zeichnet sich
vor allen anderen Geschöpfen dadurch aus, dass
Gott ihn „als sein Abbild" geschaffen hat (vgl.
Gen. 1,27). Er ist ein irdisches – und damit un-
vollkommenes – Bild des himmlischen Gottes mit
seiner Allmacht, Allwissenheit und Allgüte.
Im christlichen Glauben gilt die Auslegung, dass
Jesus das vollkommene Abbild Gottes auf Erden
ist und die Menschen sich bemühen sollen, nach
seinem Vorbild zu leben. So sollen sie sich unter
anderem an den von Jesus gepredigten Grundsatz der Nächstenliebe halten.

1 Was macht man denn so als Christ? Sammelt auf Karten möglichst viele Antworten und bringt sie in eine
sinnvolle Ordnung. → M1
2 Es entspricht christlicher Moralvorstellung und Ethik,
soziale Verantwortung zu übernehmen und zu Gegen-
wartsfragen Stellung zu beziehen. Diskutiert, wie die
in den Texten genannten Personen bzw. Institutionen
dies umsetzen und von welchem Menschenbild sie dabei ausgehen. → M2/M3
3 Tragt zusammen, in welchen anderen Bereichen sich
Christen in heutiger Zeit engagieren.
4 Informiert euch über das christlich-soziale Engagement in eurem Heimatort und gestaltet ein „Plakat der
guten Taten".

V

2

M1 **Adveniat**

Weltweit engagieren sich kirchliche Hilfsorganisationen und versuchen, Elend zu lindern, Menschen in Not zu helfen, seelischen Beistand zu leisten oder Unterstützung beim Aufbau von (Land-) Wirtschaft zu bieten. Adveniat hat sich der Hilfe in Lateinamerika verschrieben.

M2 Missio

Vorrangiges Ziel von Missio ist es, sich um die ärmsten Menschen der Welt (in Afrika, Asien und Ozeanien) zu sorgen. Die missionarische Organisation setzt sich auch für die Verständigung der Religionen ein und versucht, einen Beitrag zu Frieden und Versöhnung zu leisten.

„Ich habe getötet!" Immer wieder diese Worte. Die schreckliche Schuld, einen Menschen getötet zu haben, lässt die ehemaligen Kindersoldaten nie los. Äußerlich scheinen ihre Wunden verheilt. Doch die zerstör-
5 ten Seelen der Kinder-Krieger finden keine Ruhe. Ergebnis der langjährigen Auseinandersetzungen in Uganda: 1,7 Millionen Vertriebene, 200.000 Tote und über 30.000 Jungen und Mädchen, die von den Rebellen entführt und als Soldaten missbraucht wurden.
10 Pater Josef Gerner lebt seit 11 Jahren in dieser Hölle. Er sagt selbst: „Als Kirche haben wir eine enorme Verantwortung. Wir müssen uns um das spirituelle Wohl der Menschen kümmern, damit sie nicht den Mut verlieren, aber auch um das Materielle. Oft geht
15 es ums nackte Überleben. Aber wir Priester haben immer gesagt: Wir lassen niemand alleine. Die ehemaligen Kindersoldaten brauchen uns. Wenn sie zu uns kommen, suchen sie das Gespräch. Dann sprudelt alles aus ihnen heraus. Man kann das Erlebte nicht
20 ungeschehen machen oder auslöschen. Aber die Gespräche helfen den Jungen und Mädchen, sich mit ihren Erlebnissen auseinanderzusetzen und sie zu verarbeiten. Wir müssen ihnen zuhören, sie aufbauen, damit sie sich selbstbewusst der Zukunft stellen ..."
25 Pater Gerner versteht und macht Mut. Er bietet diesen Jugendlichen ein Dach über dem Kopf und etwas zu essen. Er schickt sie zur Schule und gibt ihnen Halt. Der Durchhaltewillen von Pater Gerner scheint Früchte zu tragen. Langsam beginnen auch die ehemaligen
30 Kindersoldaten an das Wunder vom Frieden zu glauben. Zögernd kehren einige zurück in ihre Dörfer und helfen beim Wiederaufbau der Häuser mit. In Gesprächen mit dem Pater lernen die Älteren, den Kindersoldaten zu vergeben. Sie beginnen zu verstehen, dass
35 die Kinder als Werkzeuge missbraucht wurden, und wissen, dass eine neue und friedliche Gesellschaft nur entstehen kann, wenn sie ihnen verzeihen und sie in die Gesellschaft integrieren. *nach Claudia Schäble*

M3 Brot für die Welt

Brot für die Welt setzt sich unter anderem für Entwicklungspolitik, Sicherung der Ernährung, Menschenrechte, Frieden, fairen Handel, Gesundheit und Bildung ein.

Die indische Wirtschaft boomt – aber nicht überall. In Westbengalen und Orissa bekämpft der Lutherische Weltdienst Indien (LWSI) Armut und Hunger durch ein umfassendes ländliches Entwicklungsprogramm,
in dessen Mittelpunkt Bildung steht. 5
Auf die zwei Stunden Unterricht hat sich Bandana Dalai den ganzen Tag gefreut. Kerzengerade sitzt die 13-Jährige auf dem Boden. Vor einer Tafel steht Kursleiterin Punam Hembran und schreibt Zahlen an.
Bandana Dalai geht jeden Abend in den Kurs, der 10 Schulabbrechern den Weg zurück ins staatliche Bildungssystem ebnen soll. „Ich möchte unbedingt wieder zur Schule gehen", sagt sie. Nach der vierten Klasse verbot der Vater ihr den Besuch einer weiterführenden Schule. Der hätte nämlich umgerechnet zehn 15 Euro Büchergeld pro Jahr gekostet und fünf Euro für die Schuluniform. Viel Geld für den Tagelöhner.
Dieser Kurs ist Teil eines von „Brot für die Welt" unterstützten Programms des LWSI. Die Analphabetenrate in Westbengalen und Orissa liegt weit über 20 dem indischen Durchschnitt. In Orissa können gerade einmal 30 Prozent der Frauen lesen und schreiben. Wer aber lesen und schreiben kann, versteht die Gebrauchsanweisung für Saatgut, unterschreibt keine Verträge von Geldverleihern und kann ein Konto er- 25 öffnen. Vor allem aber kann er sich über seine Rechte informieren – und sie einfordern. Deswegen sitzt Bandana Dalai jeden Abend auf ihrem ausrangierten Reissack und schreibt Zahlenkolonnen von der Tafel ab. Wenn die 13-jährige so weitermacht, wird sie 30 später nicht als Tagelöhnerin arbeiten müssen. Und sie wird ihren Kindern eine bessere Zukunft ermöglichen können. *nach www.brot-fuer-die-welt.de*

---

1 Bildet je eine Gruppe zu M1–M3. Fertigt ein Plakat über das jeweilige Projekt an und präsentiert eure Ergebnisse. Beurteilt, welches der Projekte euch besonders sinnvoll erscheint. → M1–M3
2 Recherchiert, welche weiteren christlichen Hilfsorganisationen es gibt und wie sie arbeiten.

Aufgaben

3

M1 Frauen im Konflikt

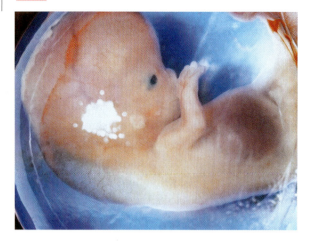

Hilfe, ich bin schwanger!

Was soll ich nur tun? Ich bin doch erst 16 und stehe noch nicht auf eigenen Füßen.
Mein Freund ist noch in der Berufsausbildung und kann noch keine Familie ernähren.
Darf ich die Schwangerschaft abbrechen? Mache ich mich dann nicht schuldig?

So wie Melanie ergeht es jährlich zigtausend Frauen in der Bundesrepublik, die ungewollt schwanger werden, vergewaltigt wurden oder bei denen eine schwere Missbildung des Kindes zu erwarten ist. Sie stehen in
5 einem schweren seelischen Konflikt: Sie müssen eine Entscheidung treffen zwischen den eigenen Rechten und denen des ungeborenen Lebens.
§ 218 des Strafgesetzbuches in der Fassung von 1995 besagt, dass ein Schwangerschaftsabbruch gesetzes-
10 widrig ist, aber unter gewissen Voraussetzungen straf-frei bleibt. Dazu muss die Schwangere aber an einer Beratung bei einer anerkannten staatlichen Beratungs-stelle teilnehmen. Nachdem der Bundestag die Reform des § 218 in dieser Form verabschiedet hatte, ent-
15 stand in der katholischen Kirche, die bisher die Bera-tungsstellen für schwangere Frauen unterhalten hatte, eine heftige Diskussion um die Schwangerschafts-konfliktberatung, die damit endete, dass ab 1999 keine Beratungsscheine mehr ausgestellt wurden. Die
20 evangelische Kirche beteiligt sich dagegen weiterhin an der Pflichtberatung mit Nachweis.

M2 Mensch von Anfang an

Sophie: Eins verstehe ich nicht, und vielleicht kannst du mir das als angehender Priester ja erklären. Warum ist die katholische Kirche aus der Schwangerschafts-konfliktberatung ausgestiegen? Sie könnte doch vie-len Frauen in Not mit Rat zur Seite stehen. 5

Theo: Nach ihrer Auffassung würde sie sich der Bei-hilfe zur Tötung schuldig machen, wenn sie Bera-tungsscheine ausstellen würde, die zur Abtreibung berechtigen.

Sophie: Aber ein Embryo entwickelt sich doch erst mit 10 der Zeit zum Menschen. Zwölf Wochen nach der Emp-fängnis ist doch noch kein voll entwickelter Mensch vorhanden.

Theo: Gerade weil sich der Mensch kontinuierlich ent-wickelt und weil man keine klaren Einschnitte angeben 15 kann, wo das Menschsein anfängt, muss man sagen, dass es schon mit der Verschmelzung von menschli-cher Ei- und Samenzelle beginnt. Zu diesem Zeitpunkt sind alle Voraussetzungen zur Entwicklung eines Menschen gegeben. Alle genetischen Merkmale des 20 späteren unverwechselbaren Individuums, z. B. Augen-farbe, Haarfarbe, die endgültige Körpergröße usw., sind der befruchteten Eizelle bereits eingeprägt. Die befruchtete Eizelle ist potenziell, d. h. der Möglich-keit nach, ein Mensch. Der Mensch ist Mensch von 25 Anfang an und nicht erst nach einer gewissen Zeit.

Sophie: Aber wie steht es mit der Frau, wenn sie ungewollt schwanger ist? Wird ihre existenzielle Notlage von der Kirche nicht berücksichtigt?

Theo: Doch, es geht der Kirche auch um die schwan- 30 gere Frau. Aber viele Schwierigkeiten lassen sich eben nicht sofort, sondern erst mit der Zeit lösen.

Sophie: Was würdest du denn einer schwangeren Frau raten, wenn sie keine Möglichkeit sieht, das Kind zu behalten? 35

Theo: Es gibt immer Möglichkeiten. Die Schwanger-schaftsberatungsstellen der Caritas z. B. können Hilfe vermitteln, auch finanzielle Unterstützung. Es gibt vie-le Menschen und Institutionen, die bereit sind, Müttern in schwierigen Situationen zu helfen. Und außerdem 40 ist es noch möglich, das Kind zur Adoption frei zu geben. Dadurch würde man sogar anderen Paaren helfen, die sich vergeblich ein Kind gewünscht haben.

M3 **PID – Stellungnahmen der Kirchen**

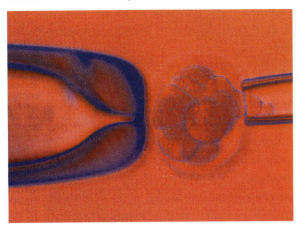

Bei der Präimplantationsdiagnostik (PID) handelt es sich um die Untersuchung von Embryonen, die außerhalb des Mutterleibs gezeugt wurden. Mit den Tests können befruchtete Eizellen aussortiert werden, die geschädigtes Erbmaterial enthalten. Seit 2011 ist PID in Deutschland begrenzt zugelassen.

Deutsche Bischofskonferenz

Die katholische Kirche [geht] davon aus, dass mit der Vereinigung von menschlicher Ei- und Samenzelle ein neues menschliches Leben entstanden ist. Daraus ergibt sich konsequent, dass die Präimplantationsdi-
5 agnostik (PID) unter keinen Umständen zugelassen werden kann, da diese Technik aus sich heraus mit Selektion und damit der Tötung von menschlichem Leben einhergeht. [...]
Bei der Beurteilung der PID hat die katholische Kirche
10 deutlich die Konfliktsituationen von Ehepaaren und Eltern vor Augen, die Angst vor einem (weiteren) Kind mit schwerer Behinderung haben, vor einer (weiteren) Fehl- oder Totgeburt oder einer drohenden Kinderlosigkeit. Der Wunsch nach einem gesunden Kind
15 ist nachvollziehbar und überaus verständlich. [...]
Für die katholische Kirche steht bei der Frage einer Zulassung der PID die große Sorge um das Schutzbedürfnis derer, die ihren eigenen Willen noch nicht äußern können, im Vordergrund. PID ist ethisch des-
20 wegen nicht zu rechtfertigen, weil die Auswahl eines mutmaßlich gesunden Kindes notwendig mit der Selektion und Verwerfung von Embryonen einhergeht. [...] Auch ein behindertes Kind ist ein von Gott geschenktes Kind. Auch ein behindertes Kind hat ein
25 Recht auf Leben. *www.domradio.de*

Rat der Evangelischen Kirche

Das christliche Menschenbild gründet darauf, dass der Mensch nicht sein eigener Schöpfer ist, sondern dass sich alles Leben Gott verdankt. Darin, dass jeder Mensch zum Gegenüber Gottes geschaffen ist, liegt die [...] Würde eines jeden Menschen begründet. [...] 5
Die Zulassung der PID relativiert dieses Menschenbild, wenn sie dazu dient, auszuwählen und letztlich festzulegen, welches Leben „lebenswert" ist und welches nicht. Auch könnte ein noch so sorgfältig erarbeiteter Kriterienkatalog keine überzeugende Grenze 10 zwischen lebensunverträglicher und zu bejahender Behinderung angeben.
Unter den Mitgliedern des Rates gibt es unterschiedliche Meinungen zur Bewertung von Konstellationen, bei denen die Anwendung der PID nicht die Funktion 15 hätte, zwischen behinderten und nicht behinderten Embryonen zu unterscheiden, sondern die Aufgabe, lebensfähige Embryonen zu identifizieren. Die hier angesprochenen Fälle unterscheiden sich von anderen dadurch prinzipiell, dass es nicht um die Frage 20 von Krankheit und Gesundheit, von behindert und nicht behindert, von „lebenswert" und „nicht lebenswert" geht, sondern um Lebensfähigkeit und Lebensunfähigkeit. Nur in diesen Fällen würde die IVF [In-Vitro-Fertilisation] in Verbindung mit der PID 25 allein dem Ziel dienen, Leben zu ermöglichen. Es gilt deshalb zu bedenken, ob eine Zulassung der PID mit dem Ziel verantwortbar ist, lebensfähige Embryonen zu identifizieren. Liegt bei Eltern eine solche genetische Veranlagung vor, dass mit sehr hoher Wahrschein- 30 lichkeit der Embryo schon während der Schwangerschaft lebensunfähig ist, könnte die Möglichkeit eingeräumt werden, die PID zuzulassen. *www.ekd.de*

1 Erkläre, welche Konflikte von Frauen im Text angesprochen werden. ➜ M1

2 Stelle die gesetzliche Regelung des § 218 und die Haltung der Kirchen zur Schwangerschaftskonfliktberatung in eigenen Worten dar. ➜ M1

3 Erarbeitet, warum die katholische Kirche einen Schwangerschaftsabbruch ablehnt. ➜ M2

4 Stellt die Haltung der katholischen und evangelischen Kirche zur PID in einer Podiumsdiskussion gegenüber und nehmt dazu Stellung. ➜ M3

Aufgaben

D

M1 Katholikinnen aller Länder vereinigt euch!

Priesterinnenweihe

Ihr Katholikinnen aller Länder, warum handelt ihr nicht? Fast zweitausend Jahre sind seit der Geburt jenes Mannes vergangen, der sich wie keiner vor ihm als Freund der Frauen zeigte. Fast zweitausend Jahre ist es her, dass dieser Mann für sein Ideal von der Gleichheit aller Menschen den Tod am Kreuz erlitt. Doch ihr verharrt vor den Herren eurer Kirche noch immer in Demut-
20 stellung, gebärdet euch nach wie vor wie Gläubige zweiter Klasse.

Sie lassen euch in eurer Kirche nicht predigen. Sie lassen euch nicht den Kelch in Händen halten. Sie lassen euch nicht die Gemeinde segnen. Sie erlauben
25 keiner von euch, ein Paar zu trauen, ein von euresgleichen geborenes Kind zu taufen, einem von euch betrauerten Toten die Messe zu lesen. [...]

Nun, ihr Katholikinnen aller Länder, warum tut ihr nichts? Wenn Frauen und Männer gleiche Rechte und
30 gleiche Pflichten haben – warum nehmt ihr euch nicht, was euch an Macht und Verantwortung zusteht?

Ihr wollt kirchliche Ämter? Dann verschafft sie euch doch! Ihr möchtet eurer Göttin als Priesterin, Bischöfin, Kardinalin dienen? So tut es! Ihr wünscht an der
35 Spitze eurer Kirche eine Päpstin zu sehen? Die könnt ihr doch haben!

Aber nicht durch frommes Wünschen. [...] Ihr müsst endlich handeln! [...] Und sagt jetzt nicht, dass das gefährlich wäre. [...] Was würdet ihr denn mit einem
40 Protest riskieren? [...] Nichts. Nicht einmal Exkommunikation. Denn ihr seid ja in der Kirche in der Mehrheit. Und wie könnte ein Verein auf die Mehrheit seiner Mitglieder verzichten?   *Esther Vilar*

M2 Frauen in der Kirche zweitklassig?

Es stimmt [...] nicht, wie heute oft behauptet wird, dass Frauen nur zu „niedrigen" Diensten in der katholischen Kirche zugelassen würden. Frauen sind in der Kirche als Theologinnen, Religionsprofessorinnen, Psychologinnen, Juristinnen etc. auch in hochqualifizierten   5
Berufen tätig. Sie leiten katholische Schulen, Bildungshäuser, Spitäler und Zeitungsredaktionen. [...]
„Warum gibt es dann keine Priesterinnen?", fragen viele. Die oben genannten Fakten zeigen, dass es unfair wäre, [dem Papst] zu unterstellen, er *wolle* Frau-   10
en keine wichtigen Ämter in der Kirche übertragen. Vielmehr ist es so, dass der Papst im Anschluss an die Heilige Schrift und die kirchliche Tradition und in Übereinstimmung mit allen Ostkirchen der Überzeugung ist, dass *„die Kirche keinerlei Vollmacht hat,*   15
Frauen die Priesterweihe zu spenden." (Ordinatio Sacerdotalis 1994). Es ist – so erklärt der Papst – kein zeitbedingter Zufall und auch keine Minderbewertung der Frau, wenn Jesus in den „Kreis der Zwölf" nur Männer erwählt hat und bis heute nur Männer   20
Priester werden dürfen. Es geht hier nicht um eine Frage der Würde, sondern der *Symbolik*. In der Bibel wird Christus öfter als *„Bräutigam"* und die Kirche bzw. Gemeinde als seine *„Braut"* bezeichnet. Der *männliche* Priester ist demnach – besonders in der   25
Feier der Eucharistie – der Repräsentant des *„Bräutigams"* Christus, der seiner *„Braut"*, der Gemeinde, gegenübersteht. Das Mann-Sein – so der Papst – gehört zur grundlegenden Symbolik des Priesteramtes, die nicht beliebig verändert werden darf (ähnlich   30
wie man bei der Eucharistie Brot und Wein nicht durch Obst und Wasser ersetzen darf).

Den meisten Menschen heute ist diese altchristliche Bräutigam-Braut-Symbolik nicht unmittelbar einsichtig. Auch vielen Theologen scheint sie als Argument   35
gegen die Priesterweihe von Frauen nicht ausreichend zu sein. Die Theologie [...] ist daher gefordert, noch tiefer über die Dimensionen des geistlichen Amtes nachzudenken: Wohin will der Heilige Geist die Kirche führen? Eines muss klar sein: Auch unterschiedliche Be-   40
rufungen dürfen niemals als Ungleichheit in der Würde interpretiert werden oder als Vorwand zur Herrschaft der einen über die anderen dienen.   *Karl Veitschegger*

M3 Wenn das Weib nicht mehr schweigt

Margot Käßmann, 1999-2009 Landesbischöfin der Evangelisch-Lutherischen Kirche der Landeskirche Hannover

Im Gegenüber zur römisch-katholischen und auch zu manch anderer Kirche sind Pfarrerinnen typisch evangelisch: Frauen im Talar, Frauen auf der Kanzel, Frauen als Leiterinnen einer Gemeinde oder eines
5 Kirchenbezirks. Das war nicht immer so und ist auch heute noch – weltweit betrachtet – nicht in allen evangelischen Kirchen so. Die Geschichte der Pfarrerinnen ist noch jung: Vor gerade einmal 40 Jahren, im berühmten Jahr 1968, wurde in der Württember-
10 gischen Landeskirche die Frauenordination eingeführt. Und erst vor 30 Jahren, 1978, erreichten die Pfarrerinnen in der EKD die volle rechtliche Gleichstellung gegenüber ihren männlichen Kollegen. [...] Ab 1904 [konnten Frauen] in Württemberg Theologie
15 studieren. [...] Ab 1927 [wurde ihnen] der Dienst als Religionslehrerin gestattet, sie wurden dafür mit dem Titel ausgestattet „Höher geprüfte kirchliche Religionshilfslehrerin". [...] Die Notzeit des 2. Weltkrieges führte dann dazu, dass Theologinnen in der Praxis
20 alle Aufgaben eines Pfarrers inklusive der Leitung von Gemeinden übernehmen mussten. Als immer mehr Vikare und Pfarrer zum Kriegsdienst eingezogen wurden, sollte das gottesdienstliche und gemeindliche Leben weitergehen: Kinder waren zu taufen, Gottes-
25 dienste für Erwachsene und Kinder sollten gehalten werden, Verstorbene mussten bestattet werden. [...] Als nach 1945 die Pfarrer und Vikare zurückkamen, mussten die Frauen das Feld wieder räumen. Was in der Notzeit möglich gewesen war, [...] war nun von
30 einem Tag auf den anderen mit dem Wesen der Frau

nicht mehr vereinbar. Es wurde tatsächlich 1948 ausdrücklich festgestellt, dass der schöpfungsmäßige Unterschied zwischen Mann und Frau Leitungsaufgaben allein Männern vorbehalte. [...] Den Frauen zuzugestehen, dass sie ordentliche Pfarrerinnen mit 35 Talar und allen Kompetenzen sein können, fiel vor allem den männlichen Kollegen schwer; die Gemeinden hatten damit erheblich weniger Probleme. Vielen Menschen in den Gemeinden schien es irgendwann nicht mehr plausibel, dass Frauen keine Pfarrerinnen 40 sein sollten.

Das Jahr 1968 brachte dann den Theologinnen in Württemberg die Feststellung: „Der Dienst der Theologin und des Theologen sind gleichwertig." Nun konnten Frauen ins Pfarramt ordiniert werden, durf- 45 ten öffentlich in Gemeindegottesdiensten das Wort verkündigen, Kinder taufen und Abendmahlsgottesdienste feiern. Nur in der Bezahlung waren Theologinnen und Theologen noch 10 weitere Jahre nicht gleichgestellt. [...] 50

Schaut man sich die Entwicklung an den Universitäten an, dann kann man in der Theologie seit vielen Jahren einen kontinuierlichen Anstieg der Zahl der Studentinnen sehen. An der Universität Tübingen haben an der Evangelisch-theologischen Fakultät die Frauen 55 die Männer überholt. [...] So wird es in ein paar Jahren vermutlich mehr Vikarinnen als Vikare und in ein paar Jahrzehnten mehr Pfarrerinnen als Pfarrer geben. Aber nicht erst dann werden die Frauen dem Pfarramt ein neues Gesicht geben. Das geschieht bereits jetzt. 60 [...] Wenn das Weib nicht mehr schweigt ... Wie arm wäre die Kirche, wenn sie auf die Gaben ihrer Pfarrerinnen verzichten würde.

Sabine Bayreuther

1 Bereitet ein Streitgespräch vor: Die Mädchen überlegen sich Argumente, warum es Frauen erlaubt sein soll, Priesterinnen zu werden, die Jungen argumentieren dagegen. Bewertet anschließend die Argumente jeder Seite. → M1/M2

2 Stellt in Form eines Schaubildes dar, wie es dazu gekommen ist, dass es in der evangelischen Kirche Pfarrerinnen gibt. → M3

3 Nehmt Stellung zu der Aussage: „Wie arm wäre die Kirche, wenn sie auf die Gaben ihrer Pfarrerinnen verzichten würde." → M3

5 | **M1** **Ein Krankenhaus für Lambaréné**

Der Theologe, Philosoph und Mediziner Albert Schweitzer (1875–1965) stellte einen großen Teil seines Lebens in den Dienst der Menschlichkeit. So lebte er lange im heutigen Gabun und baute dort mit den Einheimischen ein Krankenhaus im Urwald.

Zu Schweitzers Zeit meiden viele Einheimische die modernen Krankenhäuser in Libreville, die daher oft leer stehen und kommen lieber zu ihm. Denn er bietet Menschlichkeit statt Gerätemedizin und will keinen
5 technischen Großbetrieb in Lambaréné [...].

Bereits damals kamen 500 Patienten jährlich in die Krankenstation. Ausdrücklich wurde Lambaréné nie als sterile Klinik, sondern immer als Hospital nach dem Modell eines afrikanischen Dorfes geführt, ein
10 gastfreundlicher Ort für alle, die kommen wollten. So ließen sich auch viele weiße Patienten lieber bei Schweitzer als im französischen Gouvernements-hospital behandeln. Die Sterblichkeitsrate war auch deutlich geringer.

15 Man kann sich fragen, ob vielleicht gerade die Tatsa-che, dass die Patienten gemeinsam mit ihren Familien und Haustieren dort lebten, d. h. von den eigenen Angehörigen bekocht und gepflegt wurden, zu ihrer Heilung beitrug. Schweitzer sah sich mit dem Auf-
20 enthalt der ganzen Familien inklusive Hausstand konfrontiert, weil die Patienten über den Fluss ge-bracht und die Tiere weiterversorgt werden mussten. So ist aus der praktischen Notwendigkeit eine pflege-rische Tugend entstanden, die außerdem zu einer
25 großen verantwortungsvollen, engagierten Gemein-

schaft von Gesunden und Kranken führte: Die Versor-gung aller wurde in gemeinsamem Anbau der Lebens-mittel, der Tierpflege, sowie dem Bau von Schlafgele-genheiten sichergestellt.

Dass der weiße, in westlicher Kultur ausgebildete Dok- 30 tor dabei auch auf Widerstände in den Riten und Tra-ditionen seiner afrikanischen Patienten stieß, war selbstverständlich: Böse Geister und ein gefährlicher „Wurm" wurden als Krankheitsursache angesehen und mussten entweder vertrieben oder herausgeschnitten 35 werden. Dies kollidierte häufig mit der Medikation und Pflege durch Schweitzer und seine Mitarbeiter. Hier galt es, einen wirkungsvollen Weg von Respekt und Autorität zu finden im Umgang mit Krankheit und Tod. In der Tat war es Aufgabe der Ärzte in Lambaréné, 40 schwerste Krankheiten wie Malaria, Schlafkrankheit, Tuberkulose, Lepra etc. mit teils einfachsten Mitteln unter schwierigen hygienischen Verhältnissen zu be-handeln und dafür Vertrauen zu gewinnen. Dies schaffte Schweitzer mit persönlicher Zuwendung wie 45 täglicher Visite durch ihn selbst, abendlichem „Gute-Nacht"-Sagen und auch regelmäßigem Musizieren und Beten. Den ausgestoßenen Leprösen ermöglichte er durch deren Einbeziehung in den Arbeitsalltag ihre Rehabilitierung. 50

Dass er auch beim Roden, der Tier- und Pflanzen-pflege, dem Bauen und Reparieren mangels einheimi-scher Handwerker selbst Hand anlegte, ist kein idyl-lischer Mythos, sondern war schlichte Notwendigkeit, um im Urwald einen Lebensraum zu planen und zu 55 erhalten.

Nicht als ein gutes Werk, sondern als eine unabweis-liche Pflicht soll uns das, was unter den Farbigen zu tun ist, erscheinen.

Er selbst begriff dieses Hospital als „Improvisation, 60 als Versuch eines gelebten Ethos", wie seine Enkelin Christiane Engel einmal sagte. Dieser Gedanke taucht auch im Namen des Ortes auf: In der Galoa-Sprache heißt „lembareni" – „Wir wollen es versuchen".

Lambaréné ist heute ein modernes Spitaldorf mit allen 65 medizinischen Fachrichtungen, einem Tropeninstitut und Solartechnik. [...] Waren bis zu den 80er Jahren noch alle Ärzte weiß, sind heute fünf von neun Ärz-ten Afrikaner.

Cornelia Hermann

M2 **Anderen helfen und dabei Liebe fühlen**

Mutter Teresa (1910–1997) gründete 1950 in Kalkutta den Orden der „Missionarinnen der Nächstenliebe". 1979 wurde sie mit dem Friedensnobelpreis ausgezeichnet.

SPIEGEL: Mutter Teresa, Sie wurden zuletzt beschuldigt, Not und Armut zu Ihrem Ruhm zu nutzen. In Ihren Heimen würden die Menschen nicht die angemessene medizinische Pflege finden. Hat diese Kritik Sie getroffen?

Mutter Teresa: Solche Gehässigkeiten sind normal. Sogar Jesus ist angegriffen worden. Das gehört zum Leidensweg.

SPIEGEL: Trifft es denn zu, dass in Ihren Hospizen Liebe wichtiger ist, als es Medikamente sind?

Mutter Teresa: Unsere Heime sind keine üblichen Krankenhäuser. Sie sind Zufluchtsorte für Menschen, die niemand haben möchte. Wir geben diesen Verlassenen das Gefühl, zu einer Gemeinschaft zu gehören und geliebt zu werden [...].

SPIEGEL: Man hat Sie als die mächtigste Frau der Welt bezeichnet, weil Sie Präsidenten und Regierungschefs beeinflussten. Sie konnten an jeden appellieren und erhielten Millionenspenden.

Mutter Teresa: Ich gebe den Menschen eine Chance, ihre Liebe zu Gott zu zeigen. Wenn sie mir helfen, helfen sie den Armen. Aber ich nehme kein Geld, an das Bedingungen geknüpft sind [...].

SPIEGEL: Sie sind für viele junge Menschen Vorbild, besonders für solche aus dem Westen. Sie kommen nach Kalkutta und arbeiten in Ihren Heimen. Was zieht sie an?

Mutter Teresa: Die wunderbare Arbeit, die hier geleistet wird. Wer andern hilft, fühlt Liebe [...].

SPIEGEL: Als Missionarin ist die Bekehrung von Andersgläubigen ein Teil Ihrer Arbeit. Das missfällt den Hindus und Moslems. Besonders hier in Indien wirft man Ihrem Orden vor, Menschen zum Christentum zu pressen.

Mutter Teresa: Ich brachte niemals jemanden mit Druck dazu, Christ zu werden. Wenn ein Hindu oder Moslem stirbt, helfe ich ihm einfach, zu Gott zu beten, seinem Gott. Ich spreche meine Gebete, er spricht die seinen. Wenn allerdings jemand sagt, dass er getauft werden möchte, können wir nicht nein sagen. Dann öffnen wir ihm das Tor zu unserem Glauben. Es liegt an ihm, ob er eintreten will.

SPIEGEL: Hatten Sie jemals Zweifel an Ihrem Glauben und an Ihrer Arbeit?

Mutter Teresa: Wenn man sein Leben Gott gewidmet hat, kann es keine Zweifel mehr geben. Denn er bestimmt über alles. Das Leben ist Liebe, und die Frucht dieser Liebe ist Frieden. Das ist die einzige Lösung für alle Probleme der Welt [...].

SPIEGEL: Wie wird die Zukunft Ihres Ordens ohne Sie aussehen?

Mutter Teresa: Die Zukunft liegt nicht in meinen Händen. Gott wird entscheiden. Er hat mich ausgewählt, er wird einen anderen auswählen, um die Arbeit fortzuführen – seine Arbeit. *Der SPIEGEL 35/1996*

---

1 Das Fernsehen plant ein Interview mit Albert Schweitzer (s. auch S. 52f.). Bereitet das Interview vor und setzt es szenisch um. ➜ M1

2 Verfasse zu dem Interview eine kurze Zeitungsmeldung unter dem Titel „Mutter Teresa spricht über ihre Arbeit". ➜ M2

Projekt: „Stars" des Christentums **P**

Recherchiert im Internet oder in Büchern nach weiteren christlichen Vorbildern (z. B. Elisabeth von Thüringen, Adolph Kolping, Dietrich Bonhoeffer). Erstellt in Gruppen Beiträge zu einer Jugendzeitschrift, in der diese Vorbilder als Stars präsentiert werden.

Aufgaben

Methodenüberblick

Neben den allgemein bekannten und üblichen Verfahren des Lernens und Arbeitens
werden in diesem Unterrichtswerk einige Methoden besonders hervorgehoben,
die helfen können, Informationen zu beschaffen, Sachverhalte adäquat zu erfassen,
Probleme zu lösen und den Unterricht interessant und abwechslungsreich zu gestalten.

B Bildbetrachtung

Die Lebenswelt der Jugendlichen ist in zunehmendem Maße durch Medien geprägt. Neben der Möglichkeit, die audiovisuellen Medien zur Veranschaulichung von Sachzusammenhängen zu nutzen, geht es im Unterricht auch darum, zu thematisieren, wie durch Medien manipuliert wird. Im Rahmen eines Buches liegt der Schwerpunkt naturgemäß bei Bildern, insbesondere Gemälden, Comics und Cartoons. Bei einer Bildbetrachtung könnten u. a. folgende Fragen leitend sein:

1. Was ist zu sehen?
2. Was fällt besonders auf?
3. Wie ist das Bild gestaltet?
4. Was löst es in mir aus?
5. Welche Wirkung hat es auf mich?
6. Wie ist das Dargestellte zu deuten?
7. Welche Fragen oder Probleme werden durch das Bild aufgeworfen? ■

BL Blitzlicht

Bei dieser Methode werden Stimmungen bzw. Meinungen in einer Momentaufnahme festgehalten. Reihum erhält jeder Teilnehmer die Möglichkeit, kurz die eigene Befindlichkeit oder Meinung wiederzugeben. Die einzelnen Äußerungen dürfen nicht von den anderen kommentiert werden. ■

D Diskussion

Mit einer Pro- und Contra-Diskussion oder einem Streitgespräch können unterschiedliche Standpunkte zum Ausdruck gebracht und auf ihre Tragfähigkeit hin geprüft werden. Eine Diskussion bietet sich dann an, wenn ein umstrittenes Thema oder eine Entscheidungsfrage ansteht. Der in der Sache harte, aber faire Austausch von Argumenten soll die gegnerische Partei von der eigenen Meinung überzeugen. Eine Diskussion kann z. B. so geführt werden:

1. Vorstellung des zu diskutierenden Problems
2. Erste Abstimmung
3. Sammeln von Argumenten in Pro- und Contra-Gruppen
4. Vorstellen der Argumente vor der Klasse
5. Gedankenaustausch über die Argumente
6. Zweite Abstimmung ■

DD Dilemmadiskussion

Die Auseinandersetzung mit moralischen Dilemmata, in denen jeweils zwei Werte miteinander konkurrieren, kann einen wichtigen Beitrag zur moralischen Urteilsbildung der Schülerinnen und Schüler leisten. Sobald sie sich auf die dargestellte Situation eingelassen haben, sehen sie sich herausgefordert, sich für einen der beiden Werte zu entscheiden und diese Entscheidung zu rechtfertigen.

Für die Bearbeitung eines Dilemmas lässt sich folgendes Grundschema aufstellen:

1. Beschreibung der Situation
2. Bestimmung der konkurrierenden Normen
3. Rechtfertigung der Norm A
4. Rechtfertigung der Norm B
5. Versuch einer Abwägung zwischen den Normen A und B ■

F Filmanalyse

Aufgrund der Allgegenwart bewegter Bilder ist die Ausbildung der Kompetenz, Filme analysieren zu können, eines der wichtigsten fächerübergreifenden Ziele. Damit das Ansehen von Filmen im Unterricht nicht mit Kino verwechselt wird, bedarf es einer klaren Anbindung an philosophische Fragen und Problemstellungen. Wegen der Komplexität von Filmen und der Flüchtigkeit der Informationen ist im Unterricht in der Regel eine Analyse von kürzeren Sequenzen mit Hilfe von vorgegebenen Beobachtungsaufgaben zu empfehlen. Um solche Ausschnitte in das Ganze einordnen zu können, empfehlen sich Inhaltsangaben, die z. B. in Online-Filmlexika zugänglich sind.

Beobachtet werden können die Schauplätze, der Gang der Handlung, das Verhalten der Figuren, die filmischen Gestaltungselemente (Kameraeinstellung, Filmschnitt, Lichtführung, Sound und Geräusche, Musik, Spezialeffekte), Probleme, die zur Sprache kommen. ∎

FR Fantasiereise

Fantasie-, Märchen- oder Traumreisen sind imaginative Verfahren, bei denen man in der Regel zu einer körperlich-seelischen Entspannung gelangt. Die Schülerinnen und Schüler stellen sich innere Bilder zu einem vorgetragenen Text vor, in die möglichst viele angenehme Sinneseindrücke eingebaut sind.

Eine Fantasiereise besteht üblicherweise aus fünf Teilen:

1. Schaffen einer angenehmen Atmosphäre
2. Entspannungsübung als Einleitung
3. Hauptteil mit einer ca. 15 Minuten dauernden Geschichte, die durch Pausen von bis zu 2 Minuten unterbrochen wird, damit die Schülerinnen und Schüler Zeit haben, sich die Bilder vorzustellen und sich in sie einzufühlen
4. Zurückholen in die Wirklichkeit, z. B. durch Herunterzählen von 10 bis 1, durch tiefes Durchatmen bzw. Gähnen, damit der Kreislauf wieder aktiviert wird

5. Gespräch oder kreative Aufgabe zur Auswertung ∎

G Gedankenexperiment

Im Gedankenexperiment abstrahieren die Schülerinnen und Schüler von (faktischen oder erdachten) Gegebenheiten und ziehen Konstellationen in Betracht, die in der Realität zwar nicht existieren, aber existieren könnten. So werden sie angeregt, fiktive alternative Lösungen für bestimmte Probleme zu finden, d. h. neue Sichtweisen, Fragerichtungen und Modelle zu entwickeln und zu erproben. Ein Gedankenexperiment wird in folgenden Schritten durchgeführt:

1. Formulierung einer Grundfrage, auf die das Gedankenexperiment Antwort geben soll
2. Versuchsanordnung: Annahme („Angenommen, …", „Stell dir einmal vor, …")
3. Versuch: Durchführung des Experiments („… was wäre dann?")
4. Folgerungen aus dem Experiment („Was folgt aus dem Gedachten bezüglich der anfangs gestellten Frage?") ∎

GP Gruppenpuzzle

Das Gruppenpuzzle ist eine der wichtigsten Formen des kooperativen Lernens. Angenommen, in einer Gruppe von 16 Schülern sind vier verschiedene Texte zu bearbeiten, so bilden sich zunächst vier Stammgruppen, in denen jedes Mitglied die Zuständigkeit für einen Text übernimmt. Alle Schülerinnen und Schü-

ler, die den gleichen Text zu bearbeiten haben, treffen sich dann in Expertengruppen, in denen sie sich gemeinsam ein Verständnis des Textes erarbeiten und sich Notizen für eine Präsentation machen. Schließlich kehren sie als Experten für den jeweiligen Text in die Stammgruppe zurück, wo sie den anderen die Ergebnisse aus der Expertengruppe vermitteln. Der Lernerfolg kann durch Kontrollfragen gesichert werden, die jeder Experte an die anderen richtet. Entsprechend der Schülerzahl der Lerngruppe ist die Gruppeneinteilung zu modifizieren. ∎

K Kreatives Gestalten

Kreative Verfahren wie das **Zeichnen, Collagieren,** Gestalten von **Plakaten** usw. tragen nicht nur zur Entwicklung schöpferischer Fähigkeiten bei, sondern bieten Schülerinnen und Schülern Gelegenheit, Erfahrungen, Fragen und Ergebnisse des Unterrichts nicht nur intellektuell-kognitiv, sondern auch affektiv zu verarbeiten. ∎

M Mindmapping

Die Schülerinnen und Schüler bringen ihre Gedanken, Assoziationen etc. zu einem Thema zum Ausdruck, indem sie Wörter oder kurze Sätze zu einem Thema aufschreiben und deren Zusammenhang grafisch gestalten. ∎

MG Museumsgang

Zunächst werden die Arbeitsergebnisse unterschiedlicher Gruppen (Expertengruppen) z. B. in Form eines Lernplakats festgehalten und anschließend wie in einer Ausstellung vorgestellt. Dafür werden die Lernplakate möglichst weit entfernt voneinander aufgehängt. Es werden neue Gruppen gebildet, in denen jeweils ein Mitglied aus der Expertengruppe stammt. Hatte man vorher fünf Expertengruppen, müssen jetzt in jeder Museumsgruppe fünf Experten aus den unterschiedlichen Expertengruppen sein. Die einzelnen Gruppen wandern in einem vorgegebenen Zeittakt von Lernplakat zu Lernplakat. Das jeweilige Gruppenmitglied, das bei der Erstellung des Plakats beteiligt war, präsentiert den anderen Mitgliedern der Museumsgruppe die Ergebnisse. ■

nach http://www.learn-line.nrw.de/angebote/sinus/zentral/tagungen/modtagung/doc/SAMMLUNG_METHODEN.DOC (Stand: 07.10.10)

P Projektlernen

Projekte geben Schülerinnen und Schülern die Möglichkeit zur selbstgesteuerten Organisation und Durchführung von Lernprozessen. Dazu sind folgende Schritte nötig:
1. Wahl der Projektaufgabe
2. Planung des Projektweges
3. Ausführung
4. Dokumentation
5. Reflexion des Projektes ■

R Recherche

Infolge der Vernetzung durch die neuen Medien werden Erkenntnisse und Problemlösungen zunehmend schneller überholt bzw. umgewichtet. Daher wird in diesem Unterrichtswerk Wert gelegt auf die Förderung der Fähigkeit zur selbständigen Beschaffung und Verarbeitung von Informationen. Schülerinnen und Schüler erhalten Anregungen in Lexika, im Internet usw. ■

RB Realbegegnung

Realbegegnungen stellen Möglichkeiten dar, Schülerinnen und Schüler authentische Erfahrungen machen zu lassen und die Schulwirklichkeit stärker als bisher mit der außerschulischen Wirklichkeit zu verbinden. Dies kann geschehen durch die Verlagerung des Lernorts von der Schule nach außen (Besuch von Behörden, Institutionen usw.) bzw. die Einbeziehung der außerschulischen Realität in den Unterricht (Einladen von Vertretern von Behörden, Institutionen usw. in die Schule). ■

RS Rollenspiel

Plan-, Entscheidungs- und Rollenspiele bieten die Möglichkeit, spielerisch die Realität zu simulieren, Argumentationsmuster zu erproben und auf Probe zu handeln. Individuelle oder gesellschaftliche Konflikte können aufgegriffen und in verteilten Rollen in Hinblick auf mögliche Lösungsalternativen durchgespielt werden. Dadurch werden insbesondere auch ganzheitliches Lernen und selbstbestimmtes Handeln gefördert. Ein Rollenspiel kann folgendermaßen durchgeführt werden:
1. Vorbereitungsphase: Das Rollenspiel wird geplant, die Rollenbesetzung festgelegt und die Spielhandlung abgesprochen.
2. Spielphase: Während eine Gruppe ihr Rollenspiel aufführt, beobachten die anderen Schüler die Vorführung unter festgelegten Kriterien.
3. Reflexionsphase: Auswertung des Rollenspiels unter anderem aufgrund der Rückmeldung der Beobachter. ■

S Schreiben

Schüler und Schülerinnen erhalten durch Schreibanlässe Anstöße, ihre eigenen Gedanken und Gefühle zu formulieren und dadurch eigene Antworten auf bestimmte Fragen zu finden. Geeignet sind neben journalistischen Formen wie **Zeitungsartikeln** auch subjektive Formen wie **philosophisches Tagebuch** und **Brief**. Weitere Schreibformen sind z. B. das **Schreibgespräch**, das **Weiterschreiben von Szenen oder Geschichten**, das Erstellen von **Steckbriefen**, **Definitionen** oder **Dialogen**. ■

Visualisierung

Visualisierungen dienen entweder dazu, ein erstes Verständnis eines Gegenstandes zu gewinnen, das in dem sich anschließenden Unterrichtsgespräch vertieft wird, oder dazu, sprachlich-diskursiv erarbeitete Ergebnisse zu veranschaulichen und nachhaltig zu sichern. ∎

WZ Wandzeitung

Eine Wandzeitung kann dazu dienen, Arbeitsergebnisse zu präsentieren oder zusätzliche Informationen zu vermitteln. Sie besteht aus einer Sammlung von Zeitungsartikeln, selbstgeschriebenen Texten, Fotos etc. Bei der Herstellung muss darauf geachtet werden, dass die Seiten einen klaren Aufbau haben, dass die einzelnen Beiträge eine Struktur aufweisen und gestalterische Teile beinhalten. Vgl. hierzu auch:
http://www.bpb.de/methodik/WOPSKW,0,0,3_Wandzeitung_gestalten.html ∎

Lösungen

zu S. 15, Aufgabe 2

M1, Bilder 1 + 2: Whitney Houston – M2, Absatz 3
M1, Bilder 3 + 4: Amy Winehouse – M2, Absatz 1
M1, Bilder 5 + 6: Diego Maradona – M2, Absatz 4
M1, Bilder 7 + 8: Wolfgang Neuss – M2, Absatz 2

zu S. 43, Aufgabe 3

1A, 2B, 3C, 4B, 5A, 6C, 7A, 8C, 9A, 10C

Weitere Informationen zu den hier vorgestellten und anderen Methoden gibt es im Internet:

http://www.learnline.de/angebote/methodensammlung

http://de.wikipedia.org/wiki/Liste_der_Unterrichtsmethoden

http://www.teachsam.de/arbtec.htm

Personenregister

Sachregister

Abhängigkeit 14ff.
Abtreibung 180
Aids-Waisen 122f.
Alkoholmissbrauch 20f.
Altruismus 100
Amische 70
Amnesty International 148f.
Anthropozentrismus 74f.
Armut 116f.
Atomkraft 68
Auferstehung 164f.
Autonomie 127

Bedürfnispyramide 121
Bedürfnisse 120f.
Bekenntnis 171
Bevölkerungsexplosion 60f.
Bildung 179
Biozentrismus 74f.
Brauch 169

Cannabis 24f.
Carpe diem 12f.
Christentum, Entstehung 158f.
christliches Leben 162ff.
Computersucht 16f.

Dilemma 144
Diskriminierung 140ff.
Drogen, illegale 24ff.
Drogen, synthetische 28f.
Drogenentzug 32f.
Drogenkonsum, Folgen 28f.
Drogenprävention 34f.

Ebenbildlichkeit 177
Ecstasy 26f.
Egoismus 100
Ehe 172f.
Eltern-Kind-Konflikt 82f.
Endgericht 156
Energieversorgung 68f.
Entwicklungsaufgaben 90
Entwicklungsprogramm 179
Erdcharta 72f.
Erwärmung, globale 60f.
Essstörungen 18f.
Esssucht 19
Ethik, christliche 176ff.
Evolutionslehre 125
Ewiges Leben 175

Familie 106ff.
Familie, Konflikte 110f.
Familienmodelle 112f.
Fantasiereise 90
Fastenzeit 164f.
Feindesliebe 155
Feste, christliche 162ff.

Filme
  Club der toten Dichter 12
  Christiane F. 24, 32
  Dead Man Walking 147
  Jim Carroll 30f.
  Slumdog Millionär 117
Firmung 171
Folter 144f.
Frauen in der Kirche 182f.
Frauenbilder 88f., 182f.
Frauenrechte 140f., 182f.
Freiheit 130
Freude 7
Freuden, primäre und sekundäre 10f.
Freundschaft 92ff.
Friedensnobelpreis 132f.
Frust 8f.

Gebot der Nächstenliebe 154f.
Gehirnumbau 84
Geschlechtlichkeit 78ff.
Gewalt 138f.
Gleichberechtigung 140f.
Gleichnis 157
Glück 9
Grundbedürfnisse 121
Grundgesetz 126

Haustiere 44, 46f.
Heilige / Heiliges 150f.
Heiliger Geist 166
Heroinsucht 24f.
Hilfe, ehrenamtliche 177
Hilfsorganisationen, kirchliche 178f.
Hochzeit 172f.
Holismus 74f.
Homosexualität 101, 112
Hormone 84

Indianerrechte 133
Integration 122
Islam, Menschenrechte 134f.

Jainismus 53
Jesus Christus 152ff.

Kaufsucht 16f.
Kernenergie 68
Kinderarbeit 115
Kinderhilfswerk 123
Kindernothilfe 122f.
Kinderrechte 123, 138f.
Kindersoldaten 118f., 179
Kirchen, christliche 160f.
Kirchenjahr 169
Klimaschutz 66f., 76f.
Klimawandel 58ff.
Kohlendioxid 60f.
Konfessionen, christliche 160f., 171

Textnachweise

1 Fragen nach dem Ich

Sein Leben gestalten
S. 6/7: M2 Rolf, Bernd; M3 Savater, Fernando: Tu was du willst. Ethik für die Erwachsenen von morgen, übersetzt von Wilfried Hof, Campus Verlag, Frankfurt am Main / New York ⁵1998, S. 119 und S. 123-126
S. 8/9: M2 Boomer, John (Stalfort, Jonas): Interview mit Lust. Vom Autor umgearbeitete Version der Internetausgabe auf: http://www.john-boomer.de/hm/lust.html (Stand: 10.04.2010); M3 Hirschhausen, Eckart von: Sieben Dinge über das Glück, die Sie nie wissen wollten, aber eigentlich schon wissen, auf: http://www.hirschhausen.com/glueck/hirschhausen-theorie.php (Stand: 20.11.2011)
S. 10/11: M2/M3 De Crescenzo, Luciano: Also sprach Bellavista. Neapel, Liebe und Freiheit, Diogenes Verlag AG, Zürich 1986, S. 100-102, 103-105, 108
S. 12/13: M1 Kleinbaum, Nancy H.: Der Club der toten Dichter, übersetzt von Ekkehard Reinke, Gustav Lübbe Verlag, Bergisch Gladbach 1990, S. 28-30; M2 Savater, Fernando: Tu was du willst. Ethik für die Erwachsenen von morgen, übersetzt von Wilfried Hof, Campus Verlag, Frankfurt am Main / New York ⁵1998, S. 120-123

Der Sucht verfallen
S. 14/15: M2 Peters, Jörg: Originalbeitrag (basierend auf diversen Internet-Artikeln); M3 Rolf, Bernd: Originalbeitrag, frei nach Interviews von Klaus F. Schmidt mit verschiedenen Fernsehsendern, vgl. http://www.nichts-geht-mehr.info/ (Stand: 20.06.2011); Infokasten Sucht: Peters, Jörg; Peters, Martina; Rolf, Bernd: Originalbeitrag
S. 16/17: M2/M4 Rolf, Bernd: Originalbeiträge; M3 nach http://www.internet-abc.de/kinder/computersucht.php (Stand: 23.06.2011); M5 http://www.internet-abc.de/kinder/computersucht.php (Stand: 23.06.2011); M6 Kaufen: Rolf, Bernd: Originalbeitrag; Computer: nach http://www.internet-abc.de/kinder/computersucht.php (Stand: 23.06.2011)
S. 18/19: M2/M3 Gerstberger, Anja, http://www.juppidu.de/juppidu/fitness/magersucht.html#anchor3 (Stand: 23.06.2011); M5 Bundeszentrale für gesundheitliche Aufklärung (Hg.): Über Drogen reden, BzgA, Köln 2005, S. 69; Infokasten Essstörungen: Peters, Jörg; Peters, Martina; Rolf, Bernd: Originalbeitrag
S. 20/21: M2 Bundeszentrale für gesundheitliche Aufklärung (Hg.): Über Drogen reden, BzgA, Köln 2005, S. 12-13; M3 http://www.kenn-dein-limit.info/index.php?id=39 (Stand: 27.06.2011); M5 Warum nicht mal ein Bierchen mit den Kindern, Herr Schmid? Ein Interview von Heribert Klein und Franz Josef Görtz, Frankfurter Allgemeine Zeitung, 29.08.1997, Beilage, S. 42-43
S. 22/23: M2 Unger, Angelika: Jugendliche und Rauchen: „Affig, von 'nem Stängel abhängig zu sein", stern.de, http://mc.cellmp.de/op/stern/de/ct/-X/detail/gesundheit/Jugend liche-Rauchen-Affig–St%E4ngel/589741/ (Stand 20.06.2011); M3 Questions for David Davies, Senior Vice-President, Corporate Affairs, Philip Morris International, National Press Club, Canberra, March 23 2005, Question 7 (Q7), auf: http://www.docstoc.com/docs/32450314/2351-Tobacco-Facts-Press-Club (Stand: 20.06.2011, Übersetzung: Jörg Peters); M4 nach Carr, Allen: Was passiert, wenn ich mit dem Rauchen aufhöre?", auf: www.allen-carr.de/privat/rauchen-aufhoeren.aspx. (Stand: 22.11.1011); M5 Peters, Jörg; Peters, Martina: Originalbeitrag
S. 24/25: M2 Rolf, Bernd: Inhaltsangabe zu: Christiane F.: Wir Kinder vom Bahnhof Zoo. Nach Tonbandprotokollen aufgeschrieben von Kai Hermann und Horst Rieck, Gruner + Jahr, Hamburg ³¹1990; M3 Zinkant, Kathrin: Vom Joint An die Nadel, http://www.zeit.de/online/2006/28/cannabis-einstiegsdroge (Stand: 26.06.2011); Infokasten Illegale Drogen: Rolf, Bernd: Originalbeitrag
S. 26/27: M1-M3 Frey, Jana: Höhenflug abwärts. Ein Mädchen nimmt Drogen, Loewe, Bindlach ²2006, S. 69-70, 157-158, 165-166
S. 28/29: M2/M3 Magerl, Sabine: Die Geister, die ich rief, in: Die Zeit 20/1998, Zeitmagazin, S. 21-25, 27-28

Eine starke Persönlichkeit
S. 30/31: M1/M2 Peters, Jörg: Transkription aus dem Film Jim Carroll – In den Straßen New Yorks (USA 1995), Originaltitel: The Basketball Diaries, Regie: Scott Kalvert, Laufzeit: 102 Min., 0:53:28-0:54:30, 1:25:51-1:30:06
S. 32/33: M2 Christiane F.: Wir Kinder vom Bahnhof Zoo. Nach Tonbandprotokollen aufgeschrieben von Kai Hermann und Horst Rieck. Hamburg: Gruner+Jahr, ³¹1990, S. 145, 146, 148, 150; M3 Rolf, Bernd: Originalbeitrag; M4 Absatz 1: Peters, Jörg / Peters, Martina / Rolf, Bernd: Originalbeitrag; Absatz 2 und Kasten: nach Niedersächsisches Ministerium für Inneres und Sport, http://buergerservice.niedersachsen.de/modules/bs/serviceportal/index.php?mode=static&OP%5B0%5D%5Bc%5D=contentdiv&OP%5B0%5D%5Bf%5D=search&OP%5B0%5D%5Bp%5D%5BLLG_ID%5D=8664490&dclp=c534cae0e7281a4eb6f2e5b35a6911d2&fs=0 (Stand: 08.07.2011)
S. 34/35: M2 Warum nicht mal ein Bierchen mit den Kindern, Herr Schmidt? Kinder stark machen. Ein Interview von Heribert Klein und Franz Josef Görtz, FAZ Beilage vom 29.08.1997, S. 42-43; M3 Focus Schule online vom 23.9.2009, http://www.focus.de/schule/gesundheit/tid-13459/modedrogen-drogenpraevention-so-erreicht-man-jugendliche_aid_373380.html (Stand: 03.07.2011); Infokasten Drogenprävention: Rolf, Bernd: Originalbeitrag (frei in Orientierung an Wikipedia „Drogenprävention")
S. 36/37: M2-M4 Rolf, Bernd: Originalbeiträge
S. 38/39: M1-M3 Sign-Unterrichtsmaterial: Der Neinsager und sein Verführer; Hand aufs Herz; Das Experiment, jeweils auf: www.sign-project.de (Stand: 01.07.2011)
S. 40/41: M1/M2 Sign-Unterrichtsmaterial: Notfallkoffer, auf: www.sign-project.de (Stand: 01.07.2011)

2 Fragen nach der Zukunft

Tiere als Mitlebewesen
S. 42/43: M2 nach http://www.denksport.de/juniorecke/tierquiz/ (Stand: 03.01.2009); M3 Gaarder, Jostein: Hallo, ist da jemand?, übersetzt von Gabriele Haefs, Carl Hanser Verlag, München ²1999, S. 47-48; M4 Peters, Jörg / Rolf, Bernd
S. 44/45: M2 Mann, Thomas: „Herr und Hund", in: Mann, Thomas: Taschenbuchausgabe in zwölf Bänden, Bd. 2: Die Erzählungen, Fischer Bücherei, Frankfurt am Main 1967, S. 408, 412-413, 425-427; M3 Heine, Heinrich: „Dass ich dich liebe, o Möpschen",

in: Heine, Heinrich: Sämtliche Schriften, Carl Hanser Verlag, München 1975, hier zitiert nach: Hildebrandt, Dieter (Hg.): Wenn der Biber Fieber kriegt. Komische Tiergedichte, Sanssouci im Verlag Nagel & Kimche AG, Zürich 2002. S. 22; M4 Peters, Jörg / Rolf, Bernd
S. 46/47: M1 Peters, Jörg; M3-M5: Stermann, Arndt
S. 48/49: M2 Stermann, Arndt; M3 Peters, Jörg; M4 nach http://starke-pfoten.de/pic/upload/zirkus.pdf (Stand: 10.02.2009)
S. 50/51: M2 Bundesministerium der Justiz: Tierschutzgesetz, auf: http://bundesrecht.juris.de/bundesrecht/tierschg/gesamt.pdf (Stand: 22.02.2009); M3 nach Deutscher Tierschutzbund e.V: „Schweine im Freigehege", in: Broschüre des Deutschen Tierschutzbundes zur Schweinehaltung: Schweine – Haltung und Verhalten, S. 3-4, auf: http://www.tierschutzbund.de/fileadmin/mediendaten bank free/Broschueren/Schweine_Haltung_und_Verhalten.pdf (Stand: 17.01.2009); M4 Deutscher Tierschutzbund e.V: „Mastschweine in der Massentierhaltung", in: Broschüre des Deutschen Tierschutzbundes zur Schweinehaltung: Schweine – Haltung und Verhalten, S.13-15, auf: http://www.tierschutzbund.de/fileadmin/ mediendatenbank_free/Broschueren/Schweine_Haltung_und_ Verhalten.pdf (Stand: 17.01.2009); M5 Stermann, Arndt
S. 52/53: M1 Rosenberg, Thomas und Susanne, auf: http://www.kindergarten-workshop.de/index.html?/lesen/texte/ sonstige/franz_von_assisi.htm (Stand 07.04.09); M2 Schweitzer, Albert: Die Entstehung der Lehre der Ehrfurcht vor dem Leben und ihre Bedeutung für unsere Kultur, in: Schweitzer, Albert: Die Ehrfurcht vor dem Leben. Grundtexte aus fünf Jahrzehnten, Beck, 10. Auflage, München 1997, S. 13-14, 69-70, 32: M3 Rolf, Bernd

Natur und ihre Gefährdung
S. 54/55: M2 Rolf, Bernd; Infokasten Natur – Kultur: Rolf, Bernd: Originalbeitrag
S. 56/57: M1 Rolf, Bernd; M2 Rolf, Bernd, frei nach Homer, Ilias, und Ovid, Metamorphosen; M3 www.singenundspielen.de/id69.htm (Stand: 22.02.2009); M4 Rolf, Bernd
S. 58/59: M2 Rolf, Bernd; Diagramm aus: Gore, Al: Eine unbequeme Wahrheit. Die drohende Klimakatastrophe und was wir dagegen tun können. Riemann Verlag, München 2006, S. 64f. – IPCC
S. 60/61: M1, Z. 1-26: Rolf, Bernd; Z. 27-50: Gore, Al, a. a. O., S. 26f.; M2 Diagramm CO_2-Konzentration aus: Gore, Al, a. a. O., S. 66/67 – Quelle: Science Magazine; M3 Rolf, Bernd
S. 62/63: M1/M5 Rolf, Bernd; M3 Rolf, Bernd nach Informationen aus Gore, Al, a. a. O., S. 196f.; M4 Boyle, T. C.: Hoffnung? Keine! aus: Die Zeit, Nr. 17 vom 19.04.2007, S. 47, aus dem Englischen von Brigitte Jakobeit; Infokasten Ökologie und Verantwortung: Rolf, Bernd: Originalbeitrag

Verantwortung für die Natur
S. 64/65: M3 nach: Gore, Al, a. a. O., S. 253 – World Ressources Institute; M5 Ulrich, Bernd: Erst kommt die Moral, Die Zeit, Nr. 11 vom 08.03.2007, S. 1
S. 66/67: M1, Zitat: http://webplaza.pt.lu/public/greenpea/oil/ bush.htm (Stand: 03.06.2007); M2/M3/M5 Zitate nach: Illner, Maybritt, ZDF, 5.7.2007; M4 Gore, Al: a. a. O., S. 270f.; M6 nach: http://de.wikipedia.org/wiki/Stern-Report und Die Zeit, Nr. 28 vom 5.7.2007, S. 32 (Kristina Steenbock / Ralf Fücks)
S. 68/69: M2 Rolf, Bernd: Originalbeitrag; M3 Rolf, Bernd nach Informationen von Michael Straub, DESERTEC; M4 nach Pawlak, Britta: Umweltfreundliche Energie: Ökostrom, http://www.helleskoepfchen.de/artikel/2242.html (Stand: 30.11.2009)
S. 70/71: M1 Text: Rolf, Bernd nach http://de.wikipedia.org/wiki/Amische (Stand 30.11.2009);

M2 nach Donath, Anne: Wie viel Technik braucht der Mensch? Rückschritt und Fortschritt im Dialog. http://www.zukunftsfaehig. de/ergebnis/1fdonath.htm (Stand: 30.11.2009); Infokasten Lebensstandard und Lebensqualität: Rolf, Bernd: Originalbeitrag
S. 72/73: M2 nach: Meyer-Abich, Klaus Michael: Aufstand für die Natur, Von der Umwelt zur Mitwelt, Hanser Verlag, München 1990, S. 25-55, 125-134; M3 Erdcharta, in: You can change the world. Report des Club of Budapest, Horizonte Verlag, Stuttgart 2002, S. 131-134; Zitat in der Abbildung aus: Gore, Al, a. a. O., S.13; Infokasten Ressourcen und Nachhaltigkeit: Rolf, Bernd: Originalbeitrag
S. 74/75: M2-M4, Absatz 1: jeweils nach: Teutsch, Gotthard M.: Lexikon der Umweltethik, Vandenhoeck und Ruprecht, Patmos, Göttingen, Düsseldorf 1985, S. 8-9, 83-84, 17; M2-M4, Absatz 2 und M5 jeweils nach: Müller-Gut, Andrea: Grundpositionen der Umweltethik, auf: http://www.treffpunkt-ethik.de/download/ umweltethik_Grundpostitionen_MGut_J.pdf (Stand 26.02.2007); Infokasten Anthropozentrismus, Pathozentrismus, Biozentrismus, Holismus: Herrmann, Gernot
S. 76/77: M2 nach: Gore, Al, a. a. O., S. 181 und 280f. (Grafik – Quelle: NRDC/von Pacala und Socolow); M3 nach Gore, Al, a. a. O., S. 306-321

3 Fragen nach Moral und Ethik

Geschlechtlichkeit und Pubertät
S. 78/79: M2 Linda Mertens: Aufbruch, auf: http://www.e-stories.de/gedichte-lesen.phtml?69603 (Stand: 20.10.2009); M3 Jandl, Ernst: aus dem wirklichen Leben: Gedichte und Prosa, Verlag Luchterhand (Sammlung Luchterhand), München 2002, S. 52; M4 Paola: „Wer bin ich?", in: Koch, Klaus / Koch, Jörg: Bloß nicht wie „die Alten"!, Ullstein Verlag, Frankfurt a. M. – Berlin 1991, S. 17; M5 Levent, Martina nach einer Idee von Wilms, Heiner / Wilms, Ellen: Erwachsen werden, Life-Skills-Programm für Schülerinnen und Schüler der Sekundarstufe I, Handbuch für Lehrer, Lions Club International, Gesamt-District 111 – Deutschland, Wiesbaden, 2005, KV II-4.
S. 80/81: M2 Dawirs, Ralph / Moll, Gunther: Endlich in der Pubertät! Vom Sinn der wilden Jahre, Beltz Verlag, Weinheim und Basel 2008, S.138f.; M3 Levent, Martina; M4 Strauch, Barbara: Warum sie so seltsam sind. Gehirnentwicklung bei Teenagern, aus dem Amerikanischen von Vogel, Sebastian, Berliner Taschenbuch Verlag, Berlin 2004, S. 40f., 131
S. 82/83: M2 Urlaub, Farin: Junge, © PMS Musikverlag GmbH, Berlin; M3 nach Helle, Anke: „Chill mal, Mama!", in: Focus Schule Nr. 3/09, S. 16, 20; M4 Procházková, Iva: Die Nackten, Sauerländer Verlag, Düsseldorf ²2008, S. 18f., 30ff.
S. 84/85: M1/M3/M4/M5 Levent, Martina: Originalbeiträge; M2 Rolf, Bernd
S. 86/87: M2 Olsson, Sören / Jacobson, Anders: Berts romantische Katastrophen, Verlag Friedrich Oetinger, Hamburg 1990, S. 128f., 142f.; M4 Marie: Ein unvergesslicher Abend, auf: http://www.erstes-mal.com/geschichten/geschichte-861 (Stand: 20.05.2010)
S. 88/89: M2 Grönemeyer, Herbert: Männer, © EMI Kick Musikverlag GmbH, Hamburg / Grönland Musikverlag, Berlin; M3 Rolf, Bernd; Infokasten Rollenverhalten: Peters, Martina; Rolf, Bernd: Originalbeitrag
S. 90/91: M2 nach Klosinski, Gunther: Pubertät heute. Lebenssituationen, Konflikte, Herausforderungen, Kösel Verlag, München 2004, S. 26; M3 Gatterburg, Angela von / Musall, Bettina: „Meine Eltern. Meine Freund. Meine Träume. Und ich. Lara de Diego,

16", in: Der Spiegel Wissen 2/10: Die Pubertät, S. 124; M4 Preuschoff, Gisela: Von 12 bis 16. Abenteuer Pubertät, PapyRossa Verlag, Köln 2001, S. 140f.

Freundschaft und Liebe

S. 92/93: M1 Bohschke, Christa; M2/M3 Herkendell, Beate / Knödler, Christine: zu zweit, zu dritt, zusammen: Freundschaft, dtv pocket reader, München 2002, S.16f., 22f.

S. 94/95: M1 Rowling, Joanne K.: Harry Potter und der Stein der Weisen, übers. von Fritz, Klaus, Carlsen Verlag GmbH, Hamburg [17]1998, S. 305-308; M2 Cicero: Laelius - Über die Freundschaft, Heyne Ex Libris, Wilhelm Heyne Verlag, München 1976, § 22, S. 32-34; Aristoteles: Nikomachische Ethik, übers. und Nachwort von Dirlmeier, Franz, Anmerkungen von Schmidt, Ernst A., RUB 8586, Philipp Reclam jun., Stuttgart 1987, S. 213-218 (1155 a 3 - 1156 b 9), gekürzt; Schopenhauer, Arthur: Aphorismen zur Lebensweisheit, hrsg. von Marx, Rudolf, Alfred Kröner Verlag, Stuttgart 1974, S. 208f., gekürzt; Montaigne, Michel de: Die Essais, hrsg. von Franz, Arthur, Sammlung Dieterich, Bd. 137, Dieterich'sche Verlagsbuchhandlung, Leipzig 1953, S. 111; Infokasten Freundschaft: Rolf, Bernd: Originalbeitrag

S. 96/97: M2 Bohschke, Christa / Peters, Jörg: basierend auf: http://www.gutefrage.net/frage/wie-findet-ihr-diesen-spruch-von-einer-freundin (Stand 01.01.2010); M3 Knigge, Adolph Freiherr von: Über den Umgang mit Menschen, Kap. 6,13, auf: http://gutenberg.spiegel.de/?id=5&xid=1491&kapitel=32&cHash=f35075d8c02#gb_found (Stand: 10.07.2010); M4 Herder, Johann Gottfried: Der Löwe und die Stiere, in: Rotenberg, Anne M. (Hg.): Der Löwe und die Maus und andere große und kleine Tiere in Fabeln, Geschichten und Bildern, ©Ellermann, München 1971, Insel Taschenbuch, Frankfurt a. M. 1976, S. 21f.

S. 98/99: M1 Thor-Wiedemann, Sabine: Liebe, Sex & Co., Ravensburger Buchverlag, Ravensburg 2006, Seite 50f.; M2 Bohschke, Christa; M3 Grönemeyer, Herbert: Es hat mich wieder erwischt, ©Grönland Musikverlag, Berlin

S. 100/101: M2 Rolf, Bernd, basierend auf: Fromm, Erich: Die Kunst des Liebens, übersetzt von Eichel, Günter, Ullstein Verlag, Frankfurt a. M. – Berlin – Wien 1956, S. 40, 44, 63, 70-73, 79; M4 Metin, Kader / Hassun, Zeinab / Boukhari, Zineb: Eine verbotene Liebe, auf: http://www.siegessaeule.de/berlin/respektpreis-an-neukoellner-maedchen-rap-gruppe.html (Stand: 02.03.2010); M5 Mattei, Roberto de (Hg.): Kirche und Homosexualität. Die Gründe einer unwandelbaren Verurteilung, Christiana-Verlag, 1996, auch auf: http://www.babycaust.at/sexualit/homo/homo01.htm (Stand: 04.01.2010); van der Ploeg, Hilde: Homosexualität, auf: http://www.sexwoerterbuch.info/homosexualitat.html (Stand: 04.01.2010). Infokasten Egoismus – Altruismus und Infokasten Homosexualität: Peters, Martina; Rolf, Bernd: Originalbeiträge

S. 102/103: M2 Sprechblasen von Boris und Simone, basierend auf: Thor- Wiedemann, Sabine: Liebe, Sex & Co. Das Aufklärungsbuch für Jugendliche, Ravensburger Buchverlag, Ravensburg 2006, S. 63; Sprechblase von Max, basierend auf: Holighaus, Kirstin: Im Chaos der Gefühle, Beltz & Gelberg, Weinheim – Basel – Berlin 2003, S. 99f.; Sprechblasen von Philipp, Anna, Judith: Bohschke, Christa; M3 Kloss, Stefanie / Nowak, Andreas / Stolle, Johannes / Stolle, Thomas: Symphonie, © Arabella Musikverlag GmbH, Berlin / EMI Music Publishing Germany GmbH & Co. KG; M4 Bohschke, Christa, basierend auf: Lenzen, Wolfgang: Liebe, Leben, Tod. Eine moralphilosophische Studie, Philipp Reclam jun., Stuttgart 1999, S. 81f.

S. 104/105: M1 nach Nuber, Ursula: Partnerwahl: Wer passt zu mir?, in: Psychologie heute 01/97, S. 24, 28 (Marianne und Stefan; Natalia und Richard) und nach Engelen, Henning: Liebe.

Weshalb wir lieben und leiden, uns verbinden, trennen und betrügen müssen, in: GEO 01/97, S. 24f., 28f. (Marianne und Heinrich; Bernhard und Josie); M2 Wolf, Doris: Eine Partnerschaft muss keine Lotterie sein, auf: http://www.partnerschaft-beziehung.de/ (Stand: 05.01.2010)

Zusammenleben

S. 106/107: M2 nach Wölfel, Ursula: Du wärst die Pienek. Spielgeschichten, -entwürfe, -ideen. Aurich, Weinheim, Neuausgabe 1995, S. 219-221; M3 Rolf, Bernd: Originalbeitrag

S. 108/109: M2 Marshall-Taylor, Geoffrey: Der verlorene Sohn, Lukas 15, in: ders.: Die Bibel. Ein Lese- und Bilderbuch für Kinder, illustriert von Andrew Aloof, Jon Davis, Dick Eastland, Colin Shearing, Barrie Thorpe, Naumann & Göbel, Verlagsgesellschaft, Köln 1991, S. 192; M3 Böhm, Winfried; M4 Rolf, Bernd: Originalbeitrag (nach Aristoteles: Politik)

S. 110/111: M1 Pink: Family Portrait,http://www.dailymotion.com/video/xkpt_pink-family-portrait_music (Stand: 09.04.2011), übersetzt von Peters, Martina; M2 Bröger, Achim: Ich mag dich! Bertelsmann, Stuttgart, Wien 1986, S. 42-44; Infokasten Patchworkfamilie: Peters, Jörg: Originalbeitrag

S. 112/113: M1, Z. 1-15, 33-36: Rolf, Bernd; Z. 15-33: nach Markus Oliver Peick, http://www.3sat.de/3sat.php?http://www.3sat.de/nano/bstuecke/09458/index.html (Stand: Herbst 2007); M2 Susanne Weingarten: Zwei Männer und ein Baby, in: Spiegel Spezial 4/2007: Sehnsucht nach Familie. Die Neuerfindung der Tradition, S. 60-61; M3 Rolf, Bernd: basierend auf: http://mehrgenerationenhaus-schwalbach.de/was-ist-das-mehrgenerationenhaus.html (Stand: 09.04.2011); M4 www.sos-kinderdorf.de/sos_info/sos_in_deutschland (Stand: 09.04.2011)

4 Fragen nach der Wirklichkeit

Wie Menschen leben

S. 114/115: M1-M3 Gillissen, Matthias: Originalbeiträge; M4 Copyright © 2010 International Labour Organization (ILO): Accelerating action against child labour, Bundeszentrale für politische Bildung, 2010, www.bpb.de

S. 116/117: M1-M3; M6; Infokasten: Armut: Gillissen, Matthias: Originalbeiträge

S. 118/119: M2 nach Engelmann, Reiner: Kein Kinderspiel – Aus dem Leben eines Kindersoldaten, in: Reiner Engelmann / Urs M. Fiechtner (Hg.): Kinder ohne Kindheit. Ein Lesebuch über Kinderrechte, Patmos Verlag, Düsseldorf 2006, S. 63-69; M3 nach Campino: Leben nach dem Töten, in: Frankfurter Rundschau vom 01.07.2007, in: Menschenrechte, Informationen zur politischen Bildung 297, hrg. von der Bundeszentrale für politische Bildung (BpB), Bonn 2007, S. 39

S. 120/121: M1 Gillissen, Matthias nach: Deutsches Institut für Menschenrechte u.a. [Hgg.]: Compasito. Handbuch zur Menschenrechtsbildung mit Kindern. Themen und Materialien, Bonifatius Druck Buch Verlag, Paderborn 2009, S. 60-67; M2 Krech, David; Crutchfield, Richard; Livson, Norman, Wilson, William A jr.; Parducci, Allen: Grundlagen der Psychologie, hrsg. von Hellmuth Benesch, Beltz – PsychologieVerlagsUnion, Weinheim [5]1992, S. 35; M3 Bedürfnisse und ihre Bedeutungen, aus: Philosophie für Jedermann. Heiter & hintergründig. Illustrationen von Olaf Gulbransson, Garant-Verlag, Renningen 2010, S. 12 (Seneca) und S. 57 (Voltaire); Infokasten Grundbedürfnisse: Gillissen, Matthias: Originalbeitrag

S. 122/123: M2 Flores Morales, Juan Carlos: Inklusion leben: Wir und ihr und wir alle zusammen, auf: http://www.sos-kinderdorfinternational.org/News-und-Stories/Storys/Betreuung-von-Kindern/Pages/Inklusion-leben.aspx (Stand: 25.10.2011); M3 Wir sind Familie – HIV-infizierte Kinder und von Aids betroffene Waisenkinder in Thailand, auf: http://www.kindernothilfe.de/Rubriken/Projekte/Asien/Thailand/Hilfe+f%C3%BCr+HIV_infizierte+Kinder.html (Stand: 25.10.2011); M4 Kampf für Kinderrechte, auf: http://www.unicef.de/fileadmin/content_media/mediathek/F_0003_Was_tut_UNICEF.pdf (Stand: 20.11.2011)

Menschenwürde und Menschenrechte
S. 124/125: M1-M5 Rolf, Bernd: Originalbeiträge; Zitat in Aufgabe 4 nach Giovanni Pico della Mirandola, Rede über die Würde des Menschen, in: Wetz, Franz Josef: (Hrsg.): Texte zur Menschenwürde, Philipp Reclam jun., Stuttgart 2011, S. 82
S. 126/127: M2-M3; Infokasten Menschenwürde: Gillissen, Matthias: Originalbeiträge; M4 Rolf, Bernd: Originalbeitrag, basierend auf: Kant, Immanuel: Grundlegung zur Metaphysik der Sitten, BA 64-67, in: Immanuel Kant, Werke in zehn Bänden, hrsg. v. Wilhelm Weischedel, Bd. 6: Schriften zur Ethik und Religionsphilosophie, 1. Teil, Wissenschaftliche Buchgesellschaft, Darmstadt 1983, S. 59-61; M5 Höhler, Gertrud, www.zitate.de/kategorie/Menschenwürde/ (Stand: 21.11.2011)
S. 128/129: M2-M3: Gillissen, Matthias: Originalbeiträge; M4 nach Allgemeine Erklärung der Menschenrechte der Vereinten Nationen (AEMR) von 1948, auf: http://www.un.org/depts/german/grunddok/ar217a3.html (Stand: 23.10.2011); Infokasten Menschenrechte: Gillissen, Matthias: Originalbeitrag
S. 130/131: M1-M3 Lohrmann, Julia: Geschichte der Menschenrechte, auf: http://www.planet-wissen.de/politik_geschichte/menschenrechte/geschichte_der_menschenrechte/index.jsp (Stand: 19.10.2011)
S. 132/133: M1 Peters, Jörg: Originalbeitrag, basierend auf: http://de.wikipedia.org/wiki/Henry_Dunant (Stand: 27.10.2011); M2 Maischberger, Sandra (Hg.): Die musst du kennen. Menschen machen Geschichte, cbj, München 2004, S. 280; M3 Peters, Jörg: Originalbeitrag, basierend auf: Rigoberta Menchú – eine Kurzbiographie, auf: http://www.dadalos.org/deutsch/vorbilder/vorbilder/rigoberta/leben.htm (Stand: 26.10.2011)
S. 134/135: M1 Rheinische Post vom 14.05.2011, auch http://nachrichten.rp-online.de/panorama/rache-fuer-saeureanschlag-1.1228856 (Stand: 23.10.2011); M2 Rolf, Bernd: Originalbeitrag; M3 Kairoer Erklärung der Menschenrechte im Islam, auf: http://www.dailytalk.ch/wp-content/uploads/Kairoer%20Erklaerung%20der%20OIC.pdf (Stand: 25.10.2011); M4 Bielefeldt, Heiner: Philosophie der Menschenrechte. Grundlagen eines weltweiten Freiheitsethos. Wissenschaftliche Buchgesellschaft, Darmstadt 1998, S. 145
S. 136/137: M1 Zitate nach Stiftung Weltethos, http://www.global-ethic-now.de/gen-deu/0c_weltethos-und-politik/0c-02-menschenrechte/0c-02-200-menschenpflichten.php (Stand: 23.10.2011); M2 Rolf, Bernd: fiktives Interview, nach Höffe, Otfried: Politische Gerechtigkeit. Grundlegung einer politischen Theorie von Recht und Staat, Frankfurt am Main, Suhrkamp 1987, S. 400, 401; M3 nach InterAction Council: Allgemeine Erklärung der Menschenpflichten, http://www.interactioncouncil.org/sites/default/files/dc_udhr%20ltr.pdf (Stand: 23.10.2011)

Menschenrechtsverletzungen weltweit
S. 138/139: M2 Mara Stone: Die Geschichte von Goran, Berliner Initiative gegen Gewalt an Frauen – BIG e. V. (Hg.), auf: http://www.gewalt-ist-nie-ok.de/was-ist/kennstDuGoran.htm (Stand: 20.10.2011); M3 BGB; M4 Gillissen, Matthias: Originalbeitrag; Infokasten Physische und psychische Misshandlung: Rolf, Bernd: Originalbeitrag

S. 140/141: M1 Deutsches Institut für Wirtschaftsforschung Berlin, http://www.diw.de/de/diw_01.c.370000.de/themen_nachrichten/diw_in_fuehrungspositionen_verdienen_frauen_ein_viertel_weniger_als_maenner.html (Stand: 06.11.2011); Infokasten Diskriminierung: Rolf, Bernd: Originalbeitrag; M2 nach Meinhard, Gabriele: Der lange Weg zur Gleichberechtigung in Deutschland, auf: http://www.meinhard.privat.t-online.de/frauen/chronik.html (Stand: 06.11.2011); letzter Punkt (2010) nach BMFS, Bundesministerium für Familie, Senioren, Frauen und Jugend, Meldung vom 16.12.2010, auf: http://www.bmfsfj.de/BMFSFJ/gleichstellung,did=165668.html (Stand: 06.11.2011); M3 nach Thumann, Michael: Majestät wünschen Emanzipation, in: Die Zeit Nr. 6 vom 01.02.2007, http://www.zeit.de/2007/06/Marokko (Stand: 25.10.2011)
S. 142/143: M2 Engels, Helmut; M3: Berger, Thomas / de Tarczynski, Stephen: Tod und Freispruch. Die Unterdrückung der Aborigines ist in Australien immer noch ein aktuelles Thema, auf: http://www.ag-friedensforschung.de/regionen/Australien/aborigines.html (Stand: 26.10.2011); M4 aha, Tipps & Infos für junge Leute: Rassismus & Menschenrechte, auf: www.aha.li/leben-a-z/downloads/rassismus/at_download/file (Stand: 21.11.2011)
S. 144/145: M2 Kreuzer, Arthur: Zur Not ein bisschen Folter?, in: DIE ZEIT, Nr. 20 vom 13.05.2004, S. 6 (Essay Politik); letzter Absatz: Peters, Jörg, basierend auf: http://de.wikipedia.org/wiki/Daschner-Prozess (Stand: 25.10.2011); M3: Klingst, Martin: „Das Grundgesetz ist eindeutig. Die Menschenwürde gilt absolut", in: DIE ZEIT, Nr. 20 vom 13.05.2004, S. 6 (Essay Politik); M4 Klingst, Martin: Ein Kriegsverbrechen, in: DIE ZEIT, Nr. 20 vom 13.05.2004, Titelseite
S. 146/147: M2 Rolf, Bernd: Originalbeitrag; M3 Amnesty International Deutschland, Gruppe 1020: Todesstrafe contra Menschenrechte, auf http://www.amnesty1020.de/index.php?i=5#a1 (Stand: 15.10.2011); M4 Rolf, Bernd: Originalbeitrag
S. 148/149: M1 Rolf, Bernd: Originalbeitrag; M2 Amnesty International (Hg.): 50 Jahre Amnesty International, Sektion der BRD e.V., Beilage zu Amnesty Journal, Magazin für die Menschenrechte, April/Mai, 2011, S. 10; M3, Absatz 1: Amnesty International (Hg.): Amnesty Journal. Magazin für die Menschenrechte, Sektion der BRD e.V., April/Mai, 2011, S. 71; Brief: http://www.amnesty-jugend.de/erfolge/erfolge.html (Stand: 10.04.2010)

5 Fragen nach Weltreligionen und Weltanschauungen

Die in diesem Kapitel zitierten Bibelstellen richten sich nach:
Die Bibel. Einheitsübersetzung der Heiligen Schrift. Gesamtausgabe. Herausgegeben im Auftrag der Bischöfe Deutschlands, Österreichs, der Schweiz, des Bischofs von Luxemburg, des Bischofs von Lüttich, des Bischofs von Bozen-Brixen. Für die Psalmen und das Neue Testament auch im Auftrag des Rates der Evangelischen Kirche in Deutschland und der Deutschen Bibelgesellschaft. Lizenzausgabe der Katholischen Bibelanstalt Stuttgart, Auflage 2007

Das Leben Jesu und seine Lehre
S. 150/151: M1 z. T. nach Schüler 2005: Auf der Suche nach Sinn. Beitrag: Familie, Freunde, Feuerstuhl. Was Jugendlichen heilig ist, Friedrich Verlag, Seelze 2005, S. 22-23 (Texte, Alters- und Ortsangaben z. T. bearbeitet); M2 Carola Renzikowski: Verräter im Bräter, auf: http://www.katholisch.de/25214.html (Stand: 15.07.2011); M3 nach Saskia Gamradt: Markus, Charlotte oder Jonas. Namenstage haben eine besondere Bedeutung, auf:

http://www.katholisch.de/20703.html (Stand: 15.07.2011);
Infokasten Das Heilige: Peters, Jörg; Peters, Martina; Rolf, Bernd:
Originalbeitrag
S. 152/153: M1 Schwabenthan; Sabine von; Blumenthal, P. J:
Jesus – Warum uns dieser Mann nicht loslässt, in: P.M. Welt des
Wissens 12/2004, S. 69-78
S. 154/155: M2/M3 Die Bibel. Einheitsübersetzung der Heiligen
Schrift. Lukas 10,25-37; Matthäus 5, 43-48, Matthäus 5, 38-42,
Johannes 13, 34-35; M4 Dostojewski, Fjodor: Feindesliebe ist
unmoralisch; Tryphon: Die Gebote sind nicht erfüllbar, in: Die
Bergpredigt – Problematisierungen, auf: http://www.ruhr-uni-
bochum.de/imperia/md/content/nt/nt/dasmatthaeusevangelium/
bergproblem.pdf (Stand: 23.09.2011); Spiegel Spezial 3/2005,
S. 82; Infokasten Nächsten- und Feindesliebe: Peters, Jörg;
Peters, Martina; Rolf, Bernd: Originalbeitrag
S. 156/157: M1 Pai, Anant (Hg.): Jesus Christ, Script: Rev. Dr.
Drakshathota, Illustrations: Pratap Mulick, Amar Chitra Katha
Pvt Ltd, Mumbai 1980, reprinted 2011, S. 42 (übersetzt von Peters,
Jörg); M2 Die Bibel. Einheitsübersetzung der Heiligen Schrift.
Lukas 13,18-19; M3 Peters, Martina: fiktives Interview mit Jörg
Zink, basierend auf: Zink, Jörg: Eine Handvoll Hoffnung, Kreuz
Verlag, Stuttgart 1979, S. 89-90; M4 Frege, Andreas: Paradies.
© Edition DTH / Musik Edition Discoton GmbH, Berlin
S. 158/159: M1 Die Bibel. Einheitsübersetzung der Heiligen
Schrift. Nach Matthäus 16,18; Matthäus 26,20-28, Lukas 22,
17-19; Johannes 21,15; M2/M3 Rolf, Bernd: Originalbeiträge
S. 160/161: M2/M3 nach Nürnberger, Christian: Martin Luther.
Auf der Suche nach dem gnädigen Gott, in: ders.: Mutige Men-
schen für Frieden, Freiheit und Menschenrechte, mit Illustratio-
nen von Katharina Bußhoff, Gabriel Verlag (Thienemann Verlag
GmbH), Stuttgart – Wien 2008, S. 80-81, 81-93

Christliche Feste und christliches Leben
S. 162/163: M1 Kröger, Sylvia; M2 Ostermeyer, Jasmin, auf:
http://www.eisbergonline.de/a2005-IV/2005,12,29,jas,glosse,
lichterkettenundtanten.htm (Stand: Herbst 2007); M3 Jürgs,
Michael: Der kleine Frieden im Großen Krieg. Westfront 1914:
Als Deutsche, Franzosen und Briten gemeinsam Weihnachten
feierten. 2. Auflage, Taschenbuchausgabe, Wilhelm Goldmann
Verlag, München, November 2005, S. 2, 7
S. 164/165: M1 nach http://www.kirchenweb.at/osterhase/,
http://www.ostern.at/osterhase_124.html,
http://www.heiligenlexikon.de/Kalender/Ostern.html (Stand jeweils:
22.11.2011); M2 Peters, Jörg: Originalbeitrag; Comic: Mastrandea,
Tommaso / Ramello, Guiseppe / Rinaldi, Roberto: Die Bibel,
Comic, Bd. 2: Auferstehung, Apostelgeschichte, übers. von
P. Adalbero Heussinger, Styria Verlag, Graz 2002, S. 47, 59
S. 166/167: M1, Absatz 1: Jesus ist tot. Was nun?, Die Geburt
des Christentums, Teil 1, in: P.M. Magazin, Welt des Wissens,
12/2004, S. 83; Absatz 2: z. T. nach http://www.ekd.de/glauben/
feste/pfingsten/stichwort_pfingsten.html; Absatz 3 nach
http://www.pfingsten-info.de/name-bedeutung/index.html
(Stand jeweils: 22.11.2011); M2 Die Bibel. Einheitsübersetzung der
Heiligen Schrift. Jesaja 11,1-3; M4 Weltliche Pfingstbräuche,
Frühjahrsbräuche, Pfingstbaum, Pfingstsingen, auf: http://www.
pfingsten-info.de/pfingstbraeuche-pfingstbaum/index.html
(Stand:18.07.2011)
S. 168/169: M2 Kröger, Sylvia; Infokästen Symbol; Brauch:
Peters, Jörg; Peters, Martina; Rolf, Bernd: Originalbeiträge
S. 170/171: M2 Kopp, Eduard: Religion für Einsteiger: Wann ist

der richtige Zeitpunkt für die Taufe? Chrismon. Das evangelische
Magazin 7/2011, S. 24-25; M3 Lücking, Sebastian; Peters, Jörg:
Originalbeitrag; Infokasten Bekenntnis: Rolf, Bernd: Originalbeitrag
S. 172/173: M2 Eßlinger Zeitung im Gespräch mit Alois Stutzer:
Macht heiraten glücklich oder heiraten Glückliche?, auf:
http://www.elk-wue.de/fileadmin/mediapool/elkwue/dokumente/
hochzeit_17-23_01-Feb-2007.PDF (Stand: 20.11.2011); M3 blaue
Kästen: Die Bibel. Einheitsübersetzung der Heiligen Schrift.
Genesis 1 und 2; orangene Kästen: nach Krumbiegel, Ralf:
Partnerschaftliche Liebe und Sexualität. Mann und Frau im
Schöpfungsbericht der Bibel, auf: http://www.reli-mat.de/down-
loads/material/cd_v1_2/liebe5.pdf (Stand: 20.11.2011)
S. 174/175: M2 Hochzeit und Beerdigung – wie viel Eigensinn
tut gut und wie viel Tradition? Eine Bischöfin und ein Bestatter
über heikle Fragen. Chrismon. Das evangelische Magazin 7/2011,
S. 26-29; M3 Rolf, Bernd: Originalbeitrag; M4 Gettmann, Jim:
Dauert das ewige Leben wirklich ... ewig? The Wateringhole Blog,
19. November 2010, http://thewaterhole.eu/html/110119.html
(Stand: 17.07.2011)

Christliche Ethik in heutiger Zeit
S. 176/177: M2 Frauke Hunfeld: „Lasset die Kinder zu mir kom-
men", in: Stern 16/2005, http://www.stern.de/panorama/
kinderarmut-lasset-die-kinder-zu-mir-kommen-539489.html
(Stand: 06.10.2011); M3 Thomas Faltin, www.stuttgarter-zeitung.de
(Stand: Herbst 2007); Infokasten Ebenbildlichkeit: Peters, Jörg;
Peters, Martina; Rolf, Bernd: Originalbeitrag
S. 178/179: M1 Das Adveniat Perú Projekt, auf:
http://www.adveniat.de/fileadmin/user_upload/Bilder_Content/
Service/peru_comic_final_korrektur.pdf (Stand: 06.10.2011); M2
nach Schäble, Claudia: M8 Pater Josef Gerner lebt für seine und
mit seinen ehemaligen Kindersoldaten, in: dies.: Licht über Afrika
– Modul 3: Du sollst nicht töten, missio, ohne Ort und Jahr, auf:
http://www.missio-hilft.de/media/pdf/licht_ueber_afrika/unter-
richtsentwurf-modul3.pdf (Stand: 06.10.2011); M3 Brot für die
Welt: Indien – Lernen unter freiem Himmel, auf:
http://www.brot-fuer-die-welt.de/weltweit-aktiv/index_8451_
DEU_HTML.php (Stand: 06.10.2010)
S. 180/181: M1/M2 Rolf, Bernd: Originalbeiträge; M3 Deutsche
Bischofskonferenz (Hg.): Katholischer Erwachsenenkatechismus,
http://www.domradio.de/comet/pdf/2011_044_anl_2_pid.pdf
(Stand: 03.10.2011) und aus: Stellungnahme des Rates der Evan-
gelischen Kirche in Deutschland zur Präimplantationsdiagnostik
(PID), http://www.ekd.de/download/pm40_2011_
stellungnahme.pdf (Stand: 03.10.2011)
S. 182/183: M1 Vilar, Esther: Katholikinnen aller Länder verein-
igt Euch, Bastei Lübbe, Bergisch Gladbach 1995, S. 10, 13, 21, 22;
M2 Veitschegger, Karl: Frauen in der Kirche zweitklassig? State-
ment als Referent für Kath. Glaubensinformation zum Thema
„Frau und Kirche", April 2002, http://members.aon.at/veitschegger/
texte/frauen.htm (Stand: 03.10.2011); M3 Bayreuther, Sabine:
Wenn das Weib nicht mehr schweigt ..., www.kirchenbezirk-
geislingen.de/fileadmin/mediapool/bezirke/KB_Geislingen/KIBEZ_
08_09.pdf (Stand: 03.10.2011)
S. 184/185: M1 nach Cornelia Hermann: Albert Schweitzer.
Ein Leben für Afrika. Unterrichtsmaterial zum Film, NFP
(Neue Film Produktion), ohne Ort 2009, S. 14-15, vgl. auch:
http://www.albertschweitzer-derfilm.de/downloads/Schweitzer_
SchulM_Download.pdf (Stand: 20.11.2011); M2 Der Spiegel 35/
1996, S. 130f.

Bildnachweise

S. 118 terre des hommes
S. 120 Boris Braun, Hamburg
S. 122 World Vision Canada / www.worldvision.ca; Kindernot-hilfe/Gerd Klasen
S. 123 Kindernothilfe/Martina Kiese; UNICEF
S. 124 fotolia.com/Janaka Dharmasena; Bettina Brüggemann, Berlin; bridgemanart.com
S. 125 dtv-Atlas Philosophie, München, 11. akt. Aufl. 2003; http://de.wikipedia.org/wiki/Orbis_sensualium_pictus
S. 126 Michael Rechl, Kassel
S. 127 akg-images, Berlin
S. 128 Musée Carnavalet, Paris
S. 129 Vario-images
S. 130/ picture-alliance/akg-images (2)
131
S. 132 Lineair/Ron Giling; picture-alliance/Graeme Williams/ Africamediaonline
S. 133 Süddeutsche Zeitung Photo/Poklekowski, Doris
S. 134 picture-alliance/dpa/epa/Alberto Estevez
S. 136 picture-alliance (3): ©dpa/Bernd Weißbrod // ©dpa/DB // ©akg-images
S. 138 picture-alliance/ANP/Roos Koole; BIG e.V., Berliner Initiative gegen Gewalt an Frauen
S. 140 picture-alliance/dpa-infografik
S. 142 Norman Rockwell, A classic treashury ©by Broompton Books Corporation, Greenwich
S. 144 Baaske Cartoons/Gerhard Mester
S. 145 Ullstein Bild-AP
S. 146 ddp images/AP
S. 147 Cinetext Bildarchiv
S. 148 Amnesty International Deutschland, Berlin (2)
S. 149 ©ROG-Reporter ohne Grenzen e.V., Berlin; ©FIAN-Deutschland e.V., Köln; ©Human Rights Watch, Verein zur Wahrnehmung der Menschenrechte e.V., Berlin; ©TERRE DES FEMMES Menschenrechte für die Frau e.V., Berlin; ©antislavery.org
S. 150 fotolia.com (5): ©racamani // ©picsfive // ©kk-artworks // ©Photo Stocker // ©macroart
S. 152 BBC/Uni Manchester
S. 153 Boris Braun, Hamburg
S. 154 akg-images/Album Oronoz

S. 156 Jesus Christ www.amarchitrakatha.com; Amar Chitra Katha Pvt. Ltd. 1980; Reprinted May 2011, Mumbai, India
S. 158 fotolia.com/fotobeam.de
S. 159 Human Empire/Jan Kruse
S. 160 Beck Cartoons, Leipzig; akg-images, Berlin
S. 161 ©www.baptisten.de; Bund Evangelisch-Freikirchlicher Gemeinden in Deutschland K.d.ö.R.; ©Anglikanische Kirchengemeinschaft; ©Evangelisch-methodistische Kirche; ©Arbeitsgemeinschaft Mennonitischer Gemein-den in Deutschland K.d.ö.R.; ©Orthodoxe Kirchenge-meinschaft; ©Alt-Katholiken in Deutschland
S. 162 Sylvia Kröger, Bodelshausen
S. 163 Fastenopfer, Luzern
S. 164 Ullstein Bild/AKG-Pressebild
S. 165 ©Die Bibel – Comic / Auferstehung-Apostelgeschichte, Graz 2002, Verlag Styria, Verlagsgruppe SMB GmbH & Co. KG, S. 47+59
S. 166 CORBIS/Francis G. Mayer
S. 167 Kirchengemeinde Sehnde/Claudia Wagener
S. 168 picture-alliance (7): ©Arco Images GmbH/F. Gierth // ©Sueddeutsche Zeitung Photo/Filser, Wolfgang // ©dpa-Bild/archiv dpa // ©Presse-Bild-Poss/Oscar Poss // ©dpa/Jan Woitas // ©Presse-Bild-Poss/Uta Poss // ©KAN-Bild/Barbara Esser; fotolia.com/Patrick Poendl
S. 170 picture-alliance/akg-images/Rabatti Domingie; fotolia.com/Tomy
S. 172 fotolia.com (4): ©Markus Bormann // ©bilderstoeckchen // ©vision images // ©GordonGrand; Konzept und Gestal-tung, Catalina Kirschner, Freiburg; Stefanie Perraut-Wendland, Bamberg
S. 174 akg-images, Berlin/©The Munch Museum/The Munch Ellingen GmbH/VG Bild-Kunst, Bonn 2012
S. 176 Baaske Cartoons/Thomas Plaßmann
S. 177 DIE ARCHE – Christliches Kinder- u. Jugendwerk e.V., Berlin, www.kinderprojekt-arche.de
S. 178 Adveniat/Gerd Striepecke (Vision C)
S. 180 Helga Lade/H.R. Bramaz
S. 181 Agentur FOCUS, Hamburg
S. 182 picture-alliance/epd/Gion Pfander
S. 183 picture-alliance/dpa/Jens Schulze
S. 184 picture-alliance/dpa-Bildarchiv/Hilgers
S. 185 picture-alliance/dpa-Fotoreport/epa afp